suhrkamp taschenbuch 2731

W0047780

Daß das Geheimnis der Erlösung Erinnerung heißt und daß Vergessen das Exil verlängert, ist ein Schlüsselsatz jüdischen Denkens und Glaubens. Er steht in Yad Vashem, der Gedenkstätte in Jerusalem für die sechs Millionen von Deutschen ermordeten Juden. Was, vor allem aber: wie erinnern Täter und Opfer den Holocaust, die millionenfache Ermordung? Welchen Ausdruck findet das Gedächtnis, die Erinnerung?

James E. Youngs *Beschreiben des Holocaust* ist der erste systematische Versuch, das Erzählen vom Holocaust darzustellen – und Erzählen umfaßt hier jede Form der Vermittlung des Geschehenen: Tagebücher und Erinnerungen, Märchen, Novellen und Romane, das dokumentarische Theater – vor allem die Stücke von Peter Weiss –, israelische Lyrik, den Dokumentationsfilm »Shoah« – Young deutet hier die Körper- und Sprachgestik der Zeugen, die das Grauen der Vernichtungslager überlebten – und die Architektonik der Gedenkstätten in Yad Vashem, im Babi Yar Park in Denver, in Auschwitz, Bergen-Belsen, Neuengamme. Sein bemerkenswertes Buch deckt verborgene Analogien auf, macht Differenzen in den verschiedenen nationalen Gedenkstätten sichtbar, die man bislang nicht sah.

Beschreiben des Holocaust ist nicht nur in Amerika zu einem Standardwerk der Holocaust-Forschung geworden; die Originalausgabe erhielt den Preis »Choice Outstanding Academic Book of 1989«.

Inhalt

Vorwort

Am Anfang meiner Studien stand die Erkenntnis, daß wir, die Nachgeborenen des Holocaust, die Ereignisse jener Zeit allein durch das erfahren können, was uns in dieser oder jener Form davon überliefert ist. Jahrelang habe ich versucht, möglichst alles über die Vernichtung der europäischen Juden während des Zweiten Weltkriegs in Erfahrung zu bringen, und dabei begriff ich, daß meine Kenntnis und mein Verständnis jener Zeit geprägt sind von der Art und Weise, wie die Ereignisse sich in den Tagebüchern der Opfer, im Zeugnis überlebender Memoirenschreiber, in den Forschungsergebnissen der Historiker und Philosophen, ja, selbst in der heutigen jüdischen Liturgie und den Gedenktagen unserer Gemeinden darstellen. Indem ich mich mit dieser Zeit zu beschäftigen begann, mußte ich mich folglich zugleich mit dem Problem ihrer Darstellung befassen. Daraus ergab sich auch die doppelte Zielsetzung meiner Forschungs- und Lehrtätigkeit auf dem Gebiet der Holocaust-Literatur, bei der es mir zum einen natürlich darum geht, ein umfassendes und gründliches Wissen über die Ereignisse selbst zu vermitteln, zum anderen aber auch darum, die Quellen bewußt zu machen, aus denen wir dieses Wissen gewinnen.

Leider hat das schiere Entsetzen über den Holocaust nicht selten andere, wichtigere historische und literarische Fragen verdrängt. Für manchen Forscher wird die emotionale Ergriffenheit, die Empörung, die zahlreiche Wissenschaftler dazu bewegt, sich mit dieser Periode auseinanderzusetzen, und andere veranlaßt, sie ganz zu umgehen, zum eigentlichen Gegenstand der Holocaustforschung. Für diese Literaturwissenschaftler beginnt und endet die kritische Beschäftigung mit der Holocaust-Literatur mit der Frage, wie das Grauen des Massenmords dargestellt oder die grauenvolle Dimension solchen Leidens begriffen werden. Der vorliegenden Studie geht es nicht in erster Linie darum, die Bluttaten zu thematisieren. Ihr Interesse gilt vor allem der Art und Weise, wie die Ereignisse von der Literatur dargestellt werden. Sie bleibt nicht bei dem lähmenden Entsetzen stehen, das der planmäßige Mord an einem Volk hervorgerufen hat, sie fragt nach den präzisen Mechanismen, nach denen das Erinnern an die historischen Fakten, ihr

Verständnis und ihre Bedeutung in der literarischen Darstellung des Holocaust konstruiert sind.

Ähnlich gehen die Dozenten an der Jerusalemer Yad Vashem Gedenkstätte für Holocaust und Heldentum vor, wenn sie Studentengruppen, Touristen und Soldaten mit ihrer Darstellungsweise vertraut machen. »Wir beginnen unsere Studien zum Holocaust damit, schicken sie voraus, »daß wir uns fragen, wie die Deutschen die Juden, die unter ihnen lebten, sahen und welchen Einfluß diese Sicht darauf hatte, daß sie den Massenmord an Unschuldigen begingen. Als nächstes stellen wir uns die nicht minder wichtige oder gar noch wichtigere Frage, wie die Juden damals ihre eigene Bedrängnis und die Absichten der Deutschen sahen – und zu welchen spezifisch jüdischen Antworten diese Sicht führte.« Auch ich habe in meiner eigenen Lehrtätigkeit in Yad Vashem und an amerikanischen Universitäten diese Fragen gestellt, und von diesem Ansatz aus kam ich auf das Problem, wie wir, die nachfolgende Generation, das ganze Wesen der Ereignisse verstehen können. Denn wie der Begriff, den sich Mörder und Opfer von den Ereignissen gemacht haben, ihr Handeln beeinflußt hat, so ergeben sich meines Erachtens unsere Reaktionen auf die uns umgebende Welt ganz unmittelbar aus unserem Verständnis der Ereignisse und aus der Art und Weise, wie wir diese erinnern. Ich habe mich gefragt, wie ich selber in der Welt nach dem Holocaust lebe und auf sie reagiere, und diese Frage war es, die mich auf dieses Forschungsthema gebracht hat und die seither das Leitmotiv meiner Arbeit bildet.

Die gleichen unlösbaren Fragen, die mich vor langer Zeit veranlaßten, nicht länger dem Gesang von Keats' Nachtigall zu lauschen, sondern mich der leisen Stimme der Überlebenden des Holocaust zuzuwenden, haben schon viele Wissenschaftler vor mir dazu bewogen, sich mit dieser Literatur auseinanderzusetzen. Diese Autoren haben den kritischen Dialog in Gang gesetzt, den ich in aller Bescheidenheit fortführen möchte, und dafür stehe ich in ihrer Schuld. Was speziell diese vorliegende Studie betrifft, so bin ich vor allem Alwin Rosenfeld, Lawrence Langer, David Roskies und Alan Mintz zu Dank verpflichtet – und ganz besonders danke ich Sidra Ezrahi, deren Werk mich nach Israel geführt hat, die mir dort mit ihrem einfühlsamen Rat beistand und mich nicht nur in die Gemeinschaft ihrer eigenen Familie aufnahm, sondern mir auch half, Anschluß zu finden an die große geistige Gemeinschaft des Volkes Israel. Und noch zwei Lehrer gibt es, deren Anteil an dieser Studie größer ist, als ihnen bewußt sein mag: Thomas A. Vogler, der mich mit seinem Glauben daran, daß das Schreiben und das, was ich darüber zu sagen habe, diese Welt ein wenig verändern kann, wieder zur Literatur zurückgebracht hat, und Murray Baumgarten, der mir den Weg in die Gemeinde der kritisch denkenden Juden wies.

Etliche liebe Freunde und Kollegen, die Teile dieses Manuskripts gelesen und ihr Wissen mit mir geteilt haben, werden feststellen, daß auch sie diesem Buch ihren Stempel aufgedrückt haben, das ich ohne die überaus wertvollen Ratschläge von Paul Mann, Susan Shapiro, Robert McMahon, Geoffrey Hartman, Anita Norich und Saul Friedländer, ohne ihre Ermutigung, niemals hätte zu Ende bringen können. Eher indirekt, wenngleich deutlich spürbar, haben auch Benni und Tali Bar-Yosef, Peter Brod, Toman und Libuse Brod, Daša Najbrtova, Wiebke Suhrbier, Clive und Fran Sinclair, Dan und Elly Wolf und Rabbi Alfred Wolf den Geist dieses Buches geprägt.

Sehr zu Dank verpflichtet bin ich überdies Joy Ungerleider-Mayerson und der Dorot Foundation für das Dorot-Lehrstipendium an der Universität New York, mit dessen Hilfe der größte Teil dieses Buches geschrieben worden ist. Mit besonderer Dankbarkeit seien auch der Leiter des English Department der New Yorker Universität, John Maynard, und der außerordentliche Vizepräsident für Forschungsangelegenheiten, Leslie Berlowitz, erwähnt, deren großzügige Vergabe des Dorot-Stipendiums es ermöglicht hat, daß meine Lehrtätigkeit und mein Schreiben über jüdische Literatur sich wechselseitig befruchten konnten. Und es gibt noch weitere Institutionen und Personen, die mich während meiner Arbeit an diesem Buch großzügig unterstützt haben. Ich danke der University of California und ihrer Leitung für ihre Grants; dem YIVO Institute in New York für die menschliche Hilfe und die Erlaubnis, die dortigen Archive zu benutzen; dem Institute of International Education und der israelischen Regierung für ihr großzügiges Stipendium; dem Institute of Contemporary Jewry und seinem Direktor Yehuda Bauer für das Alexander-Silberman-Forschungsstipendium an der Hebräischen Universität in Jerusalem; der National Endowment for the Humanities für das

Sommerstipendium; Elly Dlin und Shalmi Bar-Mor vom Education Office der Gedenkstätte für die Märtyrer und Helden Yad Vashem in Jerusalem für die Möglichkeit, dort zu lehren und zu lernen; Joanne Rudof und Sandra Rosenstock vom Video Archive for Holocaust Testimonies der Universität Yale für ihre sachkundige Hilfe sowie T. Carmi und Limor Raviv für die Durchsicht meiner Hebräisch-Übersetzungen.

Bleibt noch meine Familie zu erwähnen. Ihr schulde ich den tiefsten Dank, einen Dank, den in Worte zu fassen mir am schwersten fällt. Ich danke meinen Eltern, meinem Bruder und meiner Schwester für ihre Ermutigung, Liebe und Geduld während jedes Schritts auf diesem Weg, der bisweilen ebenso schwer zu begreifen wie zu beschreiten war; meinen Großeltern, die mich als erste gelehrt haben, daß Liebe zu Ideen und Liebe zum Leben wirklich ein und dasselbe sind; und meiner Frau, Lori J. Friedman, deren Liebe meinem Lebenswerk einen neuen Sinn gibt, auch wenn sie die Arbeit an diesem Buch um einige Monate verlängert hat. Diesen Menschen, die in meinem Leben einen ganz besonderen Platz einnehmen, und anderen, die hier nicht genannt sind, bin ich zu bleibender Dankbarkeit verpflichtet. Aber ich hoffe, diese Dankesschuld künftigen Generationen zurückzahlen zu können, und ihnen widme ich diese Studie.

Danksagung

Teile dieser Studie sind vorab in anderer Form erschienen. Ich möchte den Herausgebern folgender Zeitschriften und Sammelbände für die Erlaubnis danken, Auszüge aus Artikeln nachzudrucken: Geoffrey Hartman (Hg.), *Bitburg in Moral and Political Perspective,* Bloomington: Indiana University Press, 1986; *Clio: A Journal of Literature, History and the Philosophy of History; Contemporary Literature; Dimensions: A Journal of Holocaust Studies; Jewish Chronicle; Midstream; Modern Judaism; New Literary History; Partisan Review; Philological Quarterly; PMLA; Studies in Contemporary Jewry, New York:* Oxford University Press, 1986 und 1987, Bd. III und IV; und *University of Hartford Studies in Literature: A Journal of Interdisciplinary Criticism.*

Für ihre vorzüglichen Fotos von Denkmalen in Polen danke ich Monika Krajewska. Sarah Talbot von New York Films sowie dem Yale University Office of Public Information danke ich für die mir zur Verfügung gestellten Standfotos aus *Shoah* und Videobänder der in Yale aufgezeichneten Zeugen-Interviews.

Darstellung und Konsequenzen der Interpretation

> Die Menschen leben nicht allein in der objektiven
> Welt, noch leben sie allein in der Welt des gesell-
> schaftlichen Handelns, wie gemeinhin angenom-
> men wird, sondern sie sind sehr weitgehend in der
> Gewalt der jeweiligen Sprache, die sich als Aus-
> drucksmittel ihrer Gesellschaft herausgebildet
> hat. Es ist ziemlich illusorisch zu glauben, daß
> man sich der Realität im wesentlichen anpassen
> könne, ohne die Sprache zu gebrauchen, und daß
> die Sprache nur ein nebensächliches Mittel zur
> Lösung spezifischer Probleme von Kommunika-
> tion oder Reflexion sei... Unser Sehen, unser
> Hören, unsere ganze Wahrnehmung ist in hohem
> Maße dadurch geprägt, daß die Sprachgewohn-
> heiten unserer Gesellschaft eine bestimmte Aus-
> wahl von Interpretationen vorgeben.
>
> *Edward Sapir*

1. Den Holocaust schreiben

Die wissenschaftliche Auseinandersetzung mit dem Holocaust hat
seit jeher stark interdisziplinären Charakter. Seine historische Erforschung wirft politische und soziologische Fragen auf, die philosophische und religiöse indes führt unweigerlich zu weiterreichen-
den literarischen Fragestellungen. Die moderne Literatur- und
Geschichtstheorie hat den Holocaust-Forschern zunehmend bewußt gemacht, daß man die Darstellungen des Holocaust und die
Ereignisse des Holocaust nicht losgelöst voneinander interpretieren kann. Denn sowohl die Ereignisse als auch ihre Darstellungen
sind letztlich von den Formen, der Sprache und der kritischen
Methode abhängig, mit denen sie erfaßt werden. In der Holocaust-
Literatur werden, ebenso wie in den Bezeichnungen, Periodisie-
rungen, Genres und Symbolen, die wir mit dieser Zeit verbinden,
religiöse Bedeutung und Signifikanz, historische Ursachen und
Wirkungen reflektiert und zugleich produziert. Was vom Holocaust erinnert wird, hängt davon ab, wie es erinnert wird, und wie

die Ereignisse erinnert werden, hängt wiederum von den Texten ab, die diesen Ereignissen heute Gestalt geben.

Dieser Ansatz will nicht etwa die Ereignisse von ihrer Darstellung abspalten; er geht lediglich davon aus, daß die literarische und die historische Wahrheit des Holocaust wohl nicht gänzlich voneinander zu trennen sind. Das heißt, niemand kann heutzutage mehr behaupten, die Wahrheiten des Holocaust, und zwar die faktische ebenso wie die interpretatorische, könnten von uns nicht verstanden werden; wir müssen vielmehr sehen, daß diese Wahrheiten unseren Formen, die Geschichte des Holocaust zu verstehen, zu interpretieren und zu schreiben, inhärent sind. Und da die Fakten des Holocaust letztlich nur in ihrer erzählenden und kulturellen Rekonstruktion Bestand haben, können wir sagen, daß die Fragen der literarischen und der historischen Interpretation, die ohnedies miteinander verknüpft sind, im Gegenstand der »literarischen Historiographie« zusammenfließen. Damit soll freilich die tiefe Wahrheit in jedem uns überlieferten Bericht keineswegs in Frage gestellt werden; wir wollen vielmehr die Wahrheit der allen Versionen des Holocaust immanenten Interpretation suchen, und zwar sowohl jener Interpretation, die der Autor bewußt leistet, als auch derjenigen, die sein Text zwangsläufig für ihn schafft.

In gewissem Sinne gab es den kritischen Impuls zu einer gleichzeitigen Bestandsaufnahme der historischen Ereignisse und der Formen, die diese im Schreiben annehmen, bereits Jahrhunderte vor der modernen »Zeichen«-Obsession. Als Musterbeispiel für eine solche Kritik kann die behutsame Art und Weise gelten, mit der sich im sechzehnten Jahrhundert der jüdische Geschichtsschreiber Azarja de'Rossi in seiner Sammlung von Essays über die Antike mit dem Titel *Me'or Einajim* eine ähnliche Untersuchungsaufgabe stellt. Azarja befaßt sich mit der historischen Signifikanz einander widersprechender talmudischer Schriften zum Massaker an den Juden von Alexandria und gelangt dabei zu der keineswegs überraschenden Feststellung, daß in drei verschiedenen Versionen drei verschiedene Personen als die Hauptschuldigen an dem Mord dargestellt werden:

> Wir haben drei verschiedene Passagen dazu vor Augen, denn im jerusalemischen Talmud heißt es, der böse Mörder sei der Kaiser Trajan gewesen ... und im babylonischen Talmud heißt es im Traktat *Sukka*, es sei Alexander von Makedonien gewesen, wäh-

rend im Traktat *Gittin* eine andere Meinung geschrieben steht, daß es nämlich Hadrian gewesen sei. Und wenn wir uns nun daran gemacht haben, die [historische] Wahrheit dieser Dinge zu untersuchen, so tun wir das nicht um der Sache an sich willen, denn was war, war [*mai de-hawah hawah*], sondern nur weil wir besorgt sind, wenn sich die Worte unserer Weisen bei der Erzählung bekannter Ereignisse zu widersprechen scheinen… Wie dem auch sei, selbst wenn wir zugeben müßten, daß einige Geschichten den Weisen mit einer gewissen Verzerrung zu Ohren kamen und sie sie uns so erzählten, so tut das ihrer Bedeutung doch nicht den geringsten Abbruch… Und wenn auch dieses Kapitel hauptsächlich aus eitlen Untersuchungen besteht […], denn man wird sagen, »was gewesen ist, ist gewesen, und es hat keine Bedeutung für Gesetz oder Regel«, so sehnt sich der geläuterte Geist doch danach, von allem die Wahrheit zu wissen.[1]

»Von allem die Wahrheit«, das meint hier nicht allein die widersprüchlichen und vormals als unanfechtbar geltenden Fakten. Als kritischer Historiker bestreitet de'Rossi nicht die grundlegenden Fakten; er zieht nur die Art und Weise, wie diese Fakten wiedergegeben wurden, in Zweifel: »Was gewesen ist, ist gewesen«, erinnert er uns. Wie aber das, »was gewesen ist«, berichtet, erinnert und in Legenden und Gesetzen gestaltet wird, das interessiert den kritischen Historiker, selbst um den Preis, offenkundige Widersprüche aushalten zu müssen. Wie wir von Yerushalmi wissen, hatte diese Art der Geschichtsschreibung zur Folge, daß Azarja von den konservativsten Kreisen geächtet und als Ketzer gebrandmarkt wurde, und dies nicht in erster Linie deshalb, weil er die Autorität oder die Legitimität dieser Texte in Frage gestellt hatte. Der Stein des Anstoßes lag, wie Yerushalmi sagt, in etwas anderem: »Grundsätzlich neu war bei seiner Methode der Versuch, die rabbinischen Legenden nicht im Lichte der Philosophie oder der Kabbala zu untersuchen, die für ihre jeweiligen Anhänger Quellen der Wahrheit darstellen, sondern die profane Geschichte heranzuziehen. Diese aber bedeutete nur für eine verschwindend kleine Minderheit eine Wahrheit, an welcher man auch die Worte der Weisen messen konnte.«[2] Das heißt, der Affront gegen die Tradition lag darin, die geschriebene Geschichte als Wiedergabe von Ereignissen *und* Legenden zu betrachten und damit sowohl die

Historizität solcher Texte als auch die Legenden, die ihnen zugrunde liegen, scheinbar Lügen zu strafen.

Zwar werden in Studien zur Holocaust-Literatur seit einiger Zeit gelegentlich hermeneutische Fragen dieser Art aufgeworfen, doch gibt es zugleich einen unübersehbaren Widerstand gegen eine allzu theoretisch orientierte Lektüre solcher Literatur. Diese Ablehnung ist vielfach wohlbegründet und erwächst aus der Sorge, ein allzu großes Interesse an der kritischen Methode als solcher oder an der literarischen Konstruktion von Texten könnte nicht nur die Literatur, sondern auch die schrecklichen Ereignisse, die im Mittelpunkt unserer Forschung stehen, überlagern. Das heißt, wenn die Holocaust-Literatur nur ein System von Zeichen ist, die sich lediglich auf andere Zeichen beziehen, wo bleiben dann die Ereignisse selbst? Wenn wir zum Beispiel der Poetik einer Zeugenaussage größere Aufmerksamkeit widmen als dem Inhalt des Zeugnisses, könnte es geschehen, daß wir die Ereignisse, um die es geht, vollständig verdrängen. Mit ihrer übertriebenen Konzentration auf die Darstellungsweisen, in denen uns vom Holocaust berichtet wird, laufen die Kritiker offenbar Gefahr, dessen Realitäten nahezu auszublenden und die bloße Form ihrer Auseinandersetzung zu deren Inhalt zu machen. Die Kritiker vergrößern damit also die Distanz zwischen dem Leser und den Ereignissen, anstatt sich stärker diesen Ereignissen selbst zuzuwenden. Andere mögliche und gleichermaßen unannehmbare Konsequenzen einer grenzenlosen Dekonstruktion des Holocaust könnten bis hin zu der Behauptung reichen, die Ereignisse hätten außerhalb der Texte gar nicht stattgefunden und alle in den verschiedenen Darstellungen erzeugten Bedeutungen der Ereignisse seien nur relativ.

Die Tatsache, daß wir für unser Wissen auf vermittelnde Texte angewiesen sind, macht diese Texte jedoch weder zum alleinigen Gegenstand unserer Untersuchungen, noch mindert sie den Wert der in diesen vermittelten Versionen hervorgebrachten Bedeutungen. Denn die Signifikanz und die Bedeutung, welche die Texte den Ereignissen geben, spiegeln oft nur wider, wie diese Ereignisse damals von den Opfern begriffen wurden. Und weil es diese »bloßen« Interpretationen waren, die zu den Reaktionen der Opfer führten, sind es die interpretierten Versionen des Holocaust in ihrer Textgestalt, die uns dazu bringen, in einer vom Holocaust überschatteten Welt so oder so zu handeln. Das heißt, wenn der

Kritiker von heute diese Interpretationen als Triebkraft in den Ereignissen begreift, kann er sowohl die Historizität der Ereignisse als auch den entscheidenden Einfluß der damaligen Interpretation auf diese Ereignisse anerkennen. Damit wird nicht bestritten, daß die historischen Fakten des Holocaust auch außerhalb ihrer textlichen Darstellung existieren. Es wird lediglich auf unsere Schwierigkeiten verwiesen, diese Fakten jenseits der Formen, in denen wir sie gestalten, zu interpretieren, sie auszudrücken, uns in unserem Handeln zu ihnen zu verhalten.

Wenn die moderne Theorie allerdings nicht behutsam angewandt wird, kann sie mit ihrem oft alles nivellierenden Vokabular in dieser Literatur ebensoviel verschleiern, wie sie zu erhellen sucht. Eine ihrer größten Schwächen liegt darin, daß sie für diejenigen, die ihren methodologischen Code nicht beherrschen, vergleichsweise unzugänglich ist, was ihrer praktischen Anwendung auf nichtkritische Texte Grenzen setzt. Das ist überaus bedauerlich, da viele ihrer Pioniere (zum Beispiel Barthes, Lévi-Strauss und selbst Susan Sontag) durchaus nicht die Absicht hatten, mit diesem Ansatz die kulturellen, geschichtlichen und literarischen Bewegungen unserer Zeit sowie deren unvermeidliche gegenseitige Durchdringung zu mystifizieren, sondern diese im Gegenteil aufklären wollten. Deshalb soll hier wohlweislich auf gewisse Aspekte der Dekonstruktion und der semiotischen Analyse verzichtet werden, insbesondere auf jene, die uns von den historischen Realitäten ablenken. Anderen durch die moderne Forschung gestützten Qualitäten der kritischen Analyse aber, wie beispielsweise ihrer Sensibilität für hermeneutische Aktivitäten bei der Texterzeugung, wird in dieser Studie großes Gewicht beigemessen. Denn diese Aspekte scheinen uns ideal dazu geeignet, das Verhältnis von Ursache und Wirkung, die Art und Weise, wie im Verlauf der Ereignisse diese selbst und ihre Interpretationen einander wechselseitig durchdringen, tiefer zu verstehen und zu erkennen, in welcher Weise die Holocaust-Literatur die Ereignisse nachträglich in einem bestimmten Licht reflektiert, ihnen bestimmte Bedeutungen unterlegt und uns zu diesen Bedeutungen hinführt.

Man muß sich in der Tat, wie Robert Alter sagt, fragen, womit den »übergreifenden gesellschaftlichen und kulturellen Zielen der Wissenschaft besser gedient ist, ob mit dem Nachdenken über die literarischen Brechungen des Massenmordes... oder mit einer kritischen Biographie von Scholem Alejchem«.³ Indem wir allerdings voraussetzen, daß diese beiden wissenschaftlichen Zielsetzungen sich gewissermaßen gegenseitig ausschließen, übersehen wir, daß die »literarischen Brechungen des Massenmordes« und Scholem Alejchems Weltsicht in gewisser Weise tatsächlich alles miteinander zu tun haben könnten. Was nur zeigt, daß die reine Welt der Literatur und die reine Welt der Geschichte niemals wirklich rein und voneinander losgelöst existiert haben, sondern oft genug auf allzu tragische Weise miteinander verknüpft sind.⁴ Entgegen der Auffassung, daß die Welt und die Art und Weise, wie wir sie darstellen, keinerlei Einfluß aufeinander nähmen, gibt es seit jeher eine wechselseitige Durchdringung von »Leben« und »geschriebenem Leben«, von Katastrophe und unseren Reaktionen auf die Katastrophe, so daß die Literatur, selbst dann, wenn sie unsere praktischen Reaktionen auf die Krise der Gegenwart zum Ausdruck bringt, doch noch immer auch an vergangene Zerstörungen erinnert.

Denn »die moderne kritische Theorie gestattet uns«, so Hayden White, »zuversichtlicher denn je daran zu glauben, daß das ›Poetisieren‹ kein Schweben über den Dingen, keine das Leben ›oder die Wirklichkeit transzendierende, von diesen abgespaltene Tätigkeit ist, sondern eine Form der Praxis darstellt, die als unmittelbare Grundlage aller kulturellen Aktivität dient...«⁵ Erkennen wir nun diese Tätigkeit des »Poetisierens« auch als eine der Grundlagen der Praxis an, so folgt daraus, daß wir uns an dieser Stelle nicht nur »den Fakten« des Holocaust zuwenden können, sondern uns auch mit ihrer »poetischen«, das heißt literarischen Gestaltung beschäftigen müssen und damit, wie bestimmte Formen der Darstellungen die Autoren sowohl zu bestimmten Interpretationen der Ereignisse als auch zu ihren praktischen Reaktionen auf diese Ereignisse gebracht haben. Und dann wird schmerzhaft deutlich, daß das Handeln der Holocaust-Opfer oder auch der Mörder selbst nicht durch »die Fakten« an und für sich determiniert wurde, sondern daß es das strukturell mythologische und metaphorische Begreifen dieser Fakten war, das sie dazu gebracht hat, so oder so zu handeln.

Eine kritisch-literarische Historiographie des Holocaust ist demnach weder dadurch legitimiert, daß wir nach neuen Bedeutungen im Holocaust suchen, noch dadurch, daß wir seine Texte scharfsinnig interpretieren, sondern vielmehr dadurch, daß wir uns die möglichen *Konsequenzen* der Interpretation dieser Texte – und zwar sowohl für die Opfer dieser Zeit als auch für die Überlebenden und für ihr Verständnis einer Welt nach dem Holocaust – betrachten. Das kritische Ziel einer solchen Lektüre darf daher niemals allein die Dekonstruktion des Holocaust in soundso viele Kolumnen von inhärenten Mythen, grammatischen Strukturen und rhetorischen Figuren sein. Wir wollen uns hier nicht mit der sterilen Erkundung mythologischer, religiöser und linguistischer Tiefenstrukturen befassen, die nur für die literarischen Texte des Holocaust gelten. Unser Ziel besteht vielmehr darin, sowohl die durch diese Texte erzeugte Vielfalt von Bedeutungen des Holocaust *als auch* die Handlungen zu erforschen, die diese Bedeutungen außerhalb der Texte nach sich ziehen. Es geht mir weniger um eine bloße Dekonstruktion oder eine vollständige Enthistorisierung der literarischen Darstellung oder ihrer Kritik als um deren Rehistorisierung, und das verlangt, nicht bei der Interpretation stehenzubleiben, sondern nach den Konsequenzen der Interpretation für die Geschichte zu fragen.

Bislang beschäftigen sich die Historiker mit der literarischen Darstellung des Holocaust nicht selten in der Absicht, seine Mythen und Tropen zu entschleiern, um so die »historische Wirklichkeit« der Ereignisse zu ergründen. Zwar haben sich auch die Literaturwissenschaftler bemüht, zu den Fakten, die der Darstellung zugrunde liegen, vorzudringen, häufiger indes galt ihr Interesse vorrangig den Erzählstrategien, mit denen Schriftsteller den Holocaust darstellen. Einige Kritiker haben sich überdies, gleich vielen der traditionellen Exegeten vor ihnen, ebensosehr als Hüter wie als Interpreten dieser Texte gesehen. Aus ihrer Sicht bestand die Aufgabe der Kritik unter anderem darin, Texte wie die Heilige Schrift und die Zeugnisse von Überlebenden vor »ketzerischen« Lesarten, die die Autorität dieser Texte in Frage stellen könnten, zu schützen, ja, sie sogar gegenüber anderen Darstellungen zu privilegieren. Die Folge war, daß selbst die klügsten und theoretisch gebildetsten Literaturwissenschaftler es häufig vorzogen, bis dahin unbekannte Werke über den Holocaust auszugraben und sie literaturgeschichtlich zu klassifizieren, um sie entweder einer historischen oder einer neuen kritischen Analyse unterziehen zu können. Unser Ziel ist es hingegen, zu verstehen, wie die historische Wirklichkeit und die Formen, in denen sie uns übermittelt wird, miteinander verknüpft sein können: Es geht uns darum, das Was der Ereignisse aus dem Wie ihrer Darstellung zu erkennen.

Das läuft auf die These hinaus, daß die Ereignisse des Holocaust in ihrer literarischen Darstellung nicht nur *post factum* gestaltet werden, sondern daß sie von Anfang an, das heißt schon während sie stattfanden, von den Schemata geprägt waren, nach denen sie begriffen und ausgedrückt wurden und die schließlich zu bestimmten Formen des Handelns geführt haben. Auf diese Weise wird das, was früher vielleicht ausschließlich als Frage der kulturellen, religiösen oder nationalen Perspektive des Holocaust galt, zur Triebkraft in diesen Ereignissen. So können bestimmte Weltsichten nicht nur die Katastrophe herbeigeführt haben, sondern auch die Perspektive abgeben, aus der sie später dargestellt wurde. Das heißt, die Geschichte entfaltet sich niemals unabhängig davon, wie wir sie verstehen; und im Falle des Holocaust kann die Art und Weise, wie die historischen Ereignisse – als sie sich ereigneten – interpretiert und strukturell wahrgenommen wurden, in letzter Instanz bestimmend gewesen sein für den grauenvollen Verlauf, den sie schließlich nahmen.

Wenn wir also verstehen wollen, wie verschiedene literarische Formen, kulturelle und religiöse Traditionen und vorausgegangene Erfahrungen den tatsächlichen Verlauf des Holocaust beeinflußt haben, dürfen wir nicht bei der Frage stehenbleiben, ob die literarischen oder historischen Darstellungen des Holocaust »der Perspektive unterliegen« oder nicht. Auf diese Weise kann der kritische Leser erkennen, wie diese »Versionen des Holocaust« wohl nicht nur die von ihnen hervorgerufenen historischen Reaktionen geprägt haben (einschließlich der Handlungen, durch die wir letztlich zu dem Wissen, das wir besitzen, gelangt sind), sondern auch das Verständnis determiniert haben, das spätere Generationen aus diesen Versionen gewinnen. Ein behutsamer und feinfühliger Umgang mit diesen Fragen kann entscheidend zu unserem Verständnis sowohl des Holocaust, wie er sich ereignet hat, als auch seiner Geschichte, wie sie in der Literatur geschrieben steht, beitragen.

2. Die Holocaust-Literatur interpretieren

In seiner Rezension der ersten umfassenden Studie über die Holocaust-Literatur wirft Edouard Roditi dem Autor Irving Halperin vor, er habe die, wie Roditi sagt, »philosophisch-religiösen und kultursoziologischen Hintergründe ignoriert, anhand deren eine klare Unterscheidung der verschiedenen Einflüsse möglich wäre, von denen die Haltungen und Reaktionen der Zeugen, deren Schriften er analysiert hat, determiniert sind: Primo Levis liberal-positivistischen, kleinbürgerlich geprägten italienischen Hintergrund, Viktor Frankls akademischen und typisch deutschen philosophischen Idealismus, Elie Wiesels Chassidismus, der später durch den französischen Nachkriegsexistentialismus modifiziert wurde, Chaim A. Kaplans jüdisches Aufklärertum etc ...«[6] Zwar dürfte sich Roditi der theoretischen Implikationen dieser Kritik bewußt gewesen sein, doch führten weder er noch seine unmittelbaren Nachfolger diese kritische Untersuchung weiter. Statt dessen vertrat Roditi die allgemeine Position, die die Literaturkritik während des folgenden Jahrzehnts der Holocaust-Literatur gegenüber bezog, als er erklärte, daß im Grunde nur die »hartnäckig objektiven Beobachtungen von Augenzeugen«, von Tagebuchautoren wie Kaplan, Herman Kruk, Selig Kalmanowitsch und Mary Berg, für uns wirklich von Wert seien. Roditi behauptet also, nicht die Art und Weise, wie die Zeugen ihre Erfahrungen wahrgenommen und erzählt haben, sondern die »hartnäckig objektive« Qualität ihres Schreibens mache den Wert ihrer Literatur aus. Die »vielfältigen Einflüsse«, die die verschiedenen Reaktionen der Zeugen wohl tatsächlich determiniert haben, werden so vorschnell den eigentlichen Fakten untergeordnet, die diesen Einflüssen letzten Endes Gestalt gaben.

Diese Unterscheidung zwischen den harten Fakten des Holocaust und der vermeintlichen Aufweichung dieser Fakten in der literarischen Rekonstruktion wird auch von Historikern betrieben, die der potentiellen Verdrängung der harten Geschichte durch ihre novellistischen Versionen besonders mißtrauisch gegenüberstehen. So bemerkt beispielsweise Yerushalmi am Ende seines Buches über jüdische Geschichte und jüdisches Gedächtnis: »Der Holocaust ist schon heute mehr als irgendein anderes Ereignis in der jüdischen Geschichte Gegenstand historischer Untersuchungen, aber ich zweifle nicht im mindesten daran, daß sein Bild nicht auf dem Amboß des Historikers, sondern im Schmelztiegel des Schriftstellers gestaltet wird.«[7] Es trifft zwar zu, daß das »Bild des Holocaust« in der fiktionalen Literatur gestaltet wird, doch könnten wir uns andererseits fragen, worin eigentlich der Unterschied zwischen dem »Amboß des Historikers« und dem »Schmelztiegel des Schriftstellers« besteht. Ist es wirklich der Unterschied zwischen eisenharter Geschichte und den luftigen Erfindungen der Schriftstellerphantasie? Sind die historischen Traktate über den Holocaust weniger durch die Phantasie vermittelt, weniger in Tropen und rhetorischen Figuren gefaßt oder letztlich weniger interpretatorisch als die literarischen Darstellungen des Holocaust? Wie »literarisiert« der Historiker, wie »historisiert« der Schriftsteller? Welches sind die Unterschiede zwischen den verschiedenen Arten von Wissen über den Holocaust, die uns jede dieser beiden Darstellungsformen vermittelt?

Es mag richtig sein, daß die Juden, wie Yerushalmi meint, »selbst da, wo sie ihre Geschichte nicht von vornherein ablehnen, nicht bereit sind, sich ihr direkt zu stellen, sondern auf einen neuen, metahistorischen Mythos zu warten scheinen, für den der Roman zumindest vorläufig einen modernen Ersatz bietet«.[8] Ebenso richtig ist aber, daß die alten »metahistorischen Mythen« auch alles das durchdringen, ja sogar ausmachen, was heute als jüdische Historiographie gilt. Denn die Frage ist wohl nicht nur, ob wir bereit sind, uns der Geschichte direkt, ohne die »metahistorischen Mythen«, die den Rahmen unseres Diskurses bilden, zu stellen und sie auf diese Weise zugleich darzustellen, sondern ob wir die Geschichte ohne diese Mythen überhaupt darstellen können. Die Aufgabe der alten Schriftgelehrten und Rabbiner hat niemals darin bestanden, die konkreten historischen Details der Katastrophe im Gedächtnis wachzuhalten; ihnen oblag es vielmehr, die Erinnerung an die traditionellen Paradigmen zu bewahren, nach denen die Ereignisse verstanden und interpretiert werden konnten. Ebenso verhält es sich mit den heutigen Erzählern des Holocaust, die feststellen müssen, daß auch sie nur mehr die metahistorischen Mythen im Gedächtnis lebendig halten können, durch deren Vermittlung sie die Geschichte erfahren haben.[9] Die harten Fakten der Geschichte und die Erinnerung an bestimmte Ereignisse sind wohl stets der Bedeutung dieser Geschichte, ihrer Interpretation im

Rahmen der Tradition und der Gestalt, die die traditionellen Paradigmata im Gefolge solcher Geschichte annehmen, untergeordnet. Die hermeneutischen Unterscheidungen zwischen Geschichte und literarischer Aufarbeitung des Holocaust werden noch nebulöser, wenn wir uns vergegenwärtigen, daß die modernen Formen der historischen Erzählung teilweise auf dem englischen Roman basieren, wie er sich bis zum neunzehnten Jahrhundert entwickelt hat.[10] Selbst ein bedeutender Historiker des Holocaust wie Yehuda Bauer warnt davor, nur nach dem zu fragen, was er als »metaphysische Auffassung« des Holocaust bei den Literaten bezeichnet, und gibt statt dessen konkreteren Fragen den Vorzug wie: »Was sind die Grundlagen des Judenhasses? Wer waren die Mörder? Wann und wie wurde der Massenmord geplant? Gab es eine Möglichkeit der Rettung? Welche Auswirkungen hatte der Holocaust für das jüdische Volk in Israel und in der Diaspora?«[11] Aber auch er übersieht vielleicht sowohl die metaphysischen Quellen dieser Fragen als auch die metaphysischen Prämissen, die jeder literarischen Formulierung ihrer Antworten zugrunde liegen. Bauer fürchtet, die literarischen Arbeiten von Jizchak Katzenelson, Elie Wiesel, Abba Kovner und Nelly Sachs könnten unverständlich oder bedeutungslos sein, wenn man diesen Fragen ausweicht: »Wenn wir uns nicht von neuem der ... schweren Aufgabe stellen, tatsächlich etwas über den Holocaust zu erfahren, werden die symbolischen Beschreibungen, die ganz zu Recht im Zentrum der Holocaust-Literatur stehen, nur zu einem weiteren Fluchtweg für die Oberflächlichen.«[12] Wenn wir jedoch den auf eine subtilere Weise symbolischen Charakter des historischen Diskurses an sich aus den Augen verlieren, laufen wir zugleich Gefahr, in eine gewisse unkritische Selbstzufriedenheit zu verfallen, in der wir eine Art von Wissen über den Holocaust einer anderen vorziehen, wo wir doch vielleicht nur verschiedene Arten von Wissen miteinander vergleichen sollten. Denn dieses »Wissen«, das wir über den Holocaust besitzen, hat wohl zu tun mit dem unausweichlich literarischen Charakter des historischen Wissens schlechthin.[13]

Um möglichen Einwänden gegen dieses literarische Herangehen an die Geschichte zuvorzukommen – Einwänden, die ihre Ursache in der legitimen Befürchtung haben, daß der literarische Diskurs die »Geschichte des Holocaust« gänzlich usurpieren könnte–, sei hier nochmals auf die explizit ontologischen Unterschiede zwischen historischen und fiktionalen Ereignissen verwiesen, die auch Hayden White angesichts ähnlicher Bedenken ins Feld führt. *»[H]istorische Ereignisse* unterscheiden sich von *fiktionalen Ereignissen* in genau der Weise, wie diese Unterschiede gemeinhin seit Aristoteles charakterisiert werden«*, schreibt White, denn, so fährt er fort:

> Die Historiker befassen sich mit Ereignissen, die mit bestimmten Zeit-Raum-Konstellationen in Verbindung gebracht werden können, Ereignissen, die im Prinzip beobachtet oder wahrgenommen werden können (oder konnten). Die Literaten hingegen – die Dichter, Romanschriftsteller, Dramatiker – befassen sich sowohl mit solchen als auch mit vorgestellten, hypothetischen oder erfundenen Ereignissen. Es geht nicht darum, worin sich die beiden Arten von Ereignissen, mit denen Historiker und Literaten befaßt sind, ihrem Wesen nach unterscheiden. Wenn wir über »Dokumentarliteratur« oder, wie ich sie nennen möchte, »Fiktionen von Faktendarstellung« [*fictions of factual representation*] diskutieren, sollte uns vielmehr die Frage interessieren, inwieweit der Diskurs des Historikers und der des Literaten sich überlappen, einander ähneln oder miteinander korrespondieren. Historiker und Autoren fiktionaler Literatur mögen an verschiedenen Arten von Ereignissen interessiert sein; die Formen ihres jeweiligen Diskurses aber und die Ziele, die sie mit ihrem Schreiben verfolgen, sind oft die gleichen.[14]

Der Gedanke, daß Geschichte und Fiktion einen Gegensatz bilden, ist in der Tat, auch das hat White gezeigt, relativ neu und kam mit den positivistischen Auffassungen von »wissenschaftlicher Objektivität« auf. »Vor der Französischen Revolution«, sagt White, »galt die Historiographie gemeinhin als eine literarische Wissenschaft. Oder präziser, sie galt als Zweig der Rhetorik, und ihr fiktiver Charakter war allgemein anerkannt.«[15] Man war sich auch darüber einig, fährt White fort, daß »viele Arten von Wahrheit, selbst in der Geschichte, dem Leser nur mit Hilfe literarischer Darstellungstechniken präsentiert werden könnten«.[16] Das heißt, damals war klar, was inzwischen vernebelt worden ist, daß nämlich die Wahrheit des Dichters in Wirklichkeit niemals etwas zum Gewicht der Wahrheit des Historikers beigesteuert hat, weil die Wahrheit des Historikers seit jeher eine »dichterische« war. Vielleicht kann man die historischen Wahrheiten des Holocaust heute nicht mehr mit den mutmaßlichen Fakten schlechthin gleichsetzen; man kann sie aber heute, so White, gleichsetzen »*mit einer Kombination von Faktum und begrifflicher Matrix, innerhalb deren [das Faktum] im Diskurs angesiedelt [ist].* Jede adäquate Darstellung der Wahrheit bedarf der Anstrengung der Phantasie nicht minder als der des Verstandes; und das bedeutet, daß literarische Erzähltechniken zur Komposition eines historischen Diskurses vielleicht ebenso notwendig sind wie historische Bildung«[17] (Hervorhebungen von mir).

So beunruhigend die Implikationen dieser Erkenntnis im Hinblick auf das literarische Zeugnis auch sein mögen, so wurde ihr Einfluß doch am stärksten von den Geschichtstheoretikern empfunden – und angesprochen –, die sogleich erkannten, welche Konsequenzen sich daraus für die »Objektivität« der historischen Darstellung ergeben. Aus den Essays von White, Barthes und anderen wird deutlich, daß die Historiker traditionell versuchen, zwischen dem Ereignis und dem Zeichen, das an seine Stelle tritt, den gleichen Glaubenssprung zu vollziehen, den der Dichter in seiner »bereitwilligen Aufgabe des Zweifels« vollzieht.[18] Die Zwickmühle, in der sich der klassische Historiker seit jeher befindet – behaupten sie –, ist die, daß die historischen Fakten durch sein Medium, das Schreiben, automatisch verfälscht werden. »Das ist insofern ein Problem«, sagt White, »als man, wenn man davon ausgeht, daß der Diskurs des Historikers *einen Stil hat*, auch davon ausgeht, daß dieser Stil *literarisch* sei. Soweit der Diskurs des Historikers aber literarisch ist, scheint er rhetorisch zu sein, was für all jene, die für den historischen Diskurs den Status einer objektiven Darstellung beanspruchen, ein Fluch ist.«[19]

Eine der Konsequenzen dieser Erkenntnis ist eine fast obsessive Neigung von Autoren historischer wie auch der modernen dokumentarischen Diskurse, ihre Darstellung von allen Zeichen eines Stils zu reinigen, um so den Unterschied zwischen dokumentarischen und literarischen Werken zu markieren; obgleich dieses Bemühen, wie White uns erinnert, »natürlich selbst ein rhetorischer Schachzug ist, ein rhetorischer Schachzug von der Art, die Valesio die ›Rhetorik des Antirhetorischen‹ nennt«.[20] Aus diesem Blickwinkel betrachtet, werden selbst sogenannte stillose Schreibweisen wie etwa der »neue Journalismus« oder der »neue Doku-

mentarismus« zu eigenen Stilformen. Der »neue Dokumentarismus« [*new factuality*] eines Autors liefert weniger unvermittelte
Fakten, sondern ist vielmehr eine »Rhetorik des Faktums«. Das
Ziel eines solchen Stils besteht nicht darin, unvermittelte Fakten
niederzuschreiben, sondern darin, den Leser davon zu überzeugen, daß solche Fakten, nunmehr in einer bestimmten Weise gefärbt und gestaltet, bestätigt sind.

In seiner klassisch gewordenen Äußerung über die Signifikanz der
literarischen Darstellung, die nicht vorgibt, mit ihrer Art und
Weise der Repräsentation Signifikanz zu erzeugen, meint Roland
Barthes, die Literaturkritik solle besonderes Augenmerk auf eine
Form des Schreibens legen, in der

> der Autor versucht, sich von seinem eigenen Diskurs zu distan
> zieren, indem er systematisch jede direkte Anspielung auf den
> Urheber des Textes unterläßt: die Geschichte scheint sich selbst
> zu schreiben. Dieses Herangehen wird sehr häufig praktiziert,
> da es der sogenannten »objektiven« Form des historischen Dis
> kurses entspricht, bei der der Historiker niemals selber in Er
> scheinung tritt. Was tatsächlich geschieht, ist, daß der Autor
> zwar die menschliche Person beiseite läßt, sie aber durch eine
> »objektive« ersetzt. Das Subjekt des Autors ist evident wie eh
> und je, doch es ist zum objektiven Subjekt geworden. Fustel de
> Coulanges nennt das verschleiernd und ziemlich naiv die
> »Keuschheit der Geschichte«.[21]

Und er fährt fort mit der Bemerkung, daß dieser Erzählstil nicht
nur den Historikern gedient hat, sondern auch für die Romanschriftsteller, vor allem für die Realisten unter ihnen, von ganz
besonderem Wert ist, die ihn zum integrierenden Bestandteil ihrer
Literatur gemacht haben:

> Auf der Ebene des Diskurses erweist sich die Objektivität oder
> das Fehlen jeglicher Hinweise auf den Erzähler als eine spezielle
> Form der Literatur, deren Resultate man als Illusion der Refe
> renz bezeichnen könnte, mit der der Historiker den Eindruck
> zu erwecken sucht, als spräche das, worauf Bezug genommen
> wird, gewissermaßen für sich. Diese Illusion ist nicht auf den
> historischen Diskurs beschränkt: in der Epoche des Realismus
> gab es Romanschriftsteller in Hülle und Fülle, die sich für
> »objektiv« hielten, weil sie alle Spuren des *Ich* in ihren Texten
> unterdrückt hatten.[22]

Es zeigt sich indes bei den literarischen Zeugnissen des Holocaust wie in der Dokumentarliteratur zu diesem Thema, daß es, was die Gründe für die Selbstauslöschung eines Autors betrifft, signifikante Unterschiede gibt. Mitunter mag es sich dabei nur um den Versuch der Überlebenden handeln, andernfalls unglaubhafte Ereignisse glaubhaft zu machen. Andere Schriftsteller bemühen sich ganz bewußt, bestimmte historische Interpretationen der Ereignisse als Wirklichkeit darzustellen. Aber letzten Endes nehmen alle Autoren von objektiver oder Dokumentarliteratur zum mindesten zwei Arten von Signifikanz für sich in Anspruch: die ihrer Darstellungsweise und die eines vorgeblich stillosen Stils. Barthes folgert in diesem Zusammenhang:

> Die Eliminierung der Bedeutung aus dem »objektiven« Diskurs erzeugt lediglich eine neue Bedeutung, indem sie einmal mehr bestätigt, daß das Nichtvorhandensein eines Elements in einem System ebenso signifikant ist wie sein Vorhandensein. Diese neue Signifikanz erstreckt sich auf den ganzen Diskurs, und in der Analyse erweist sich in letzter Instanz, was den historischen Diskurs von allen anderen unterscheidet. Er ist Realität, aber eine heimlich in verschämte Bedeutung verwandelte Realität: Der historische Diskurs folgt nicht der Realität, sondern unterlegt ihr nur eine Bedeutung. Sie behauptet jeden Moment: *So ist es gewesen*, aber die damit ausgesagte Bedeutung ist nur, daß irgend jemand diese Behauptung aufgestellt hat.[23]

Wer immer den Holocaust beschreibt, befindet sich somit in einem besonders schmerzlichen Dilemma: Einerseits macht der Überlebende als literarischer Chronist mit seinem Schreiben sowohl sich selbst als auch seine Erfahrungen *post factum* existent, indem er diesen Erfahrungen Ausdruck und Wirklichkeit im Text verleiht. Um aber sein Zeugnis wahr erscheinen zu lassen, eliminiert er andererseits zugleich sein eigenes Ich aus seinem Text.

Insofern jedes geschriebene Werk aus einem bestimmten Moment in der Zeit geboren ist, könnte man es ganz einfach als Fragment oder Artefakt der jeweiligen Epoche betrachten, die es hervorgebracht hat. In diesem übertragenen Sinn könnten wir auch in den meisten literarischen Reaktionen auf den Holocaust »Dokumente« der finsteren Epoche sehen, die sie hervorgebracht hat. Anders als von anderer auf historischen Fakten basierender Literatur wird jedoch vom Schreiben aus dem und über den Holocaust erwartet, die Epoche, aus der es hervorgegangen ist, nicht nur darzustellen oder für sie einzustehen, weil damit der bildhafte (das heißt metonymische) Charakter dieses Schreibens als »literarische Dokumentation« bestätigt würde. Vielmehr bestanden Autoren und Leser von Holocaust-Literatur lange darauf, daß diese Literatur ein buchstäblich dokumentarisches Zeugnis von bestimmten Ereignissen ablegen solle, daß sie nicht bloß für die Zerstörung stehen oder lediglich auf diese hinweisen, sondern als leibhaftig bezeugter Beweis der Ereignisse rezipiert werden müsse. Aus zwingenden Gründen, auf die ich in Teil I näher eingehen werde, hat sich für die Verfasser von Tagebüchern und Memoiren über den Holocaust die Auffassung literarischer Werke als »Dokumente einer Epoche« als eigentlicher, wenn auch unerreichbarer Zweck ihres Schreibens herauskristallisiert.

Der kritische Leser wird, wenn er zu literarischen Darstellungen des Holocaust greift, wohl kaum nach unbestreitbaren »Sachzeugnissen« suchen. Er dürfte sich eher dafür interessieren, wie diese »Fakten« in der Literatur verstanden und rekonstruiert worden sind, denn so kann er einerseits feststellen, aufgrund welcher Wahrnehmungsweisen die Opfer zu ihren Erfahrungen gelangt sind, und andererseits ersehen, zu welchen Handlungsweisen diese Wahrnehmung bei diesen Opfern geführt hat. Unser Thema sind dabei weder die »Fakten« des Holocaust noch ihre Dekonstruktion im Rahmen einer kritischen Lektüre von »Dokumentarliteratur«. Ebensowenig geht es darum, lediglich die heute geläufigen Prinzipien des literarischen Erzählens und der historischen Diskurse auf die literarische Darstellung des Holocaust anzuwenden. Das Anliegen dieser speziellen Studie ist vielmehr, die Implikationen und Konsequenzen zu untersuchen, die diese Prinzipien für unser Verständnis des Holocaust, wie er sich im »literarischen Zeugnis« darstellt, haben.

Mit einem solchen kritischen Herangehen soll nicht etwa an der Glaubwürdigkeit dieser Werke gerüttelt, sondern nur die Wahrheit der Interpretation und des Verständnisses bestätigt werden, die jede literarische Darstellung des Holocaust begleiten. Weit davon entfernt, die Ereignisse des Holocaust zu transzendieren oder zu verdrängen, gehen diese Autoren von ihren Leitmythen aus, die in der Tat das Zentrum ihrer Erfahrungen bilden. Denn die »Poetik« des literarischen Zeugnisses hat nicht nur die Erfahrungen der Autoren im Verlauf der Ereignisse geprägt und sowohl ihr Verständnis als auch ihre Reaktionen in bestimmte Bahnen gelenkt. Die Sprache, die Tropen und die Auswahl der Details in ihren Texten gestalten vielmehr in letzter Instanz nachträglich auch unser Verständnis der Ereignisse. Unser Handeln in der heutigen Welt im Schatten des Holocaust gründet sich zwangsläufig auf unser Verständnis des Holocaust, wie es uns in den literarischen Zeugnissen der Opfer und der Überlebenden überliefert ist. Aufgabe der Kritik ist hierbei nicht, in den literarischen Zeugnissen des Holocaust zwischen »Fakten« und Fiktion zu unterscheiden, sondern ein Bewußtsein zu erzeugen von dem dieser Literatur eigentümlichen Bedürfnis nach unvermittelten Fakten wie auch von ihrem gleichzeitigen Unvermögen, diese Fakten zu dokumentieren. Wenn wir die literarischen und phänomenologischen Ursachen dieses übermächtigen Impulses der Schreiber des Holocaust, Beweise für die Ereignisse zu liefern, verstanden haben, können wir dieses Bedürfnis akzeptieren, ohne unsererseits dabei stehenzubleiben. In der nun folgenden alternativen Hermeneutik literarischer Zeugnisse des Holocaust soll nicht so sehr auf den in Tagebüchern und Memoiren geltend gemachten Anspruch auf dokumentarische Beweiskraft als vielmehr auf ihre eher vertretbare Funktion als historische Exegese eingegangen werden. In diesem Zusammenhang möchte ich versuchen, das kritische Konzept der »Tatsachenliteratur« insgesamt neu zu definieren und einzugrenzen und diese Literatur von Zielstellungen zu entlasten, die sie unmöglich erfüllen kann.

＊

Erster Teil

Interpretation
literarischer Zeugnisse

Erstes Kapitel

Beim Wiederlesen
von Tagebüchern und Memoiren
aus dem Holocaust

... Tatsachen gibt es nicht, nur *Interpretationen*.
Wir können kein Faktum »an sich« feststellen.
Friedrich Nietzsche

... ein »Faktum« muß als »ein Ereignis im Prozeß
der Beschreibung« betrachtet werden.
Hayden White

Aber ich schwöre, daß ich all das mit meinen
eigenen Augen mitangesehen habe.
Chaim A. Kaplan

Einleitung

Gewalt und gehäuftes menschliches Leiden, wie sie in Kriegen und
Massakern, Revolutionen und Konterrevolutionen, bei Epide-
mien und Erdbeben auftreten, ziehen offenbar immer eine Welle
von sozusagen »auf Faktizität beharrender« Literatur nach sich.
Yosef Hayim Yerushalmi erinnert daran, daß die alten Rabbiner
Werke zur Geschichte der arischen Völker unter dem Gattungsbe-
griff »Kriegsbücher« (*sifrei milchamot*) zusammenzufassen pfleg-
ten.[1] Womit nicht bestritten werden soll, daß auch die jüdische
Geschichtsschreibung mehr als genug von Kriegen und Kataklys-
men inspiriert worden ist. Es herrscht weithin Einigkeit darüber,
daß das Wiedererwachen der jüdischen Historiographie im sechzehnten Jahrhundert vor allem durch die massenhafte Vertreibung
der Juden von der iberischen Halbinsel im vorausgegangenen
Jahrhundert bedingt ist.[2] Und wie die jüdische Geschichtsschreibung durch eine Katastrophe wiederbelebt wurde, so haben allzu
viele andere Katastrophen sie am Leben erhalten: daher die wahre
Explosion der jüdischen Historiographie im Gefolge des Holocaust.
Fast möchte man meinen, gewalttätige Ereignisse, die als Verirrun-
gen oder Brüche im kulturellen Kontinuum wahrgenommen wer-

den, verlangten danach, immer wieder erzählt, literarisch dargestellt zu werden, um sie auf Traditionen und Strukturen zurückzuführen, denen sie sich sonst widersetzten. Denn bevor gewalttätige
Ereignisse in die Literatur eingehen, treten sie zwangsläufig wieder in das Kontinuum ein, werden von diesem integriert und
verlieren auf diese Weise scheinbar ihre »gewalttätige« Qualität. In
der literarischen Darstellung wird die Gewalt »gelöst«, und so
scheint auch das gewalttätige Ereignis, sobald es niedergeschrieben ist, seine Besonderheit, das heißt seine Faktizität, zu verlieren.
Paradoxerweise kann das gewalttätige Ereignis als solches (und
damit anscheinend auch als Inspiration zu einer sich auf Fakten
gründenden Literatur) nur so lange existieren, wie es außerhalb
des Kontinuums zu stehen scheint, wo es scheinbar unvermittelt,
unabgegrenzt und unassimiliert bleibt. Denn sobald die Ereignisse
niedergeschrieben sind, haben sie eine äußerliche Kohärenz, die
ihnen die literarische Darstellung zwangsläufig anlegt, und das
Trauma ihrer Nichtassimilierbarkeit ist gelindert.
Parallel dazu scheint jedoch bei den Schriftstellern ein entgegenge-
setztes Verlangen zu bestehen, in der Literatur gerade die Diskontinuität zu bewahren, die den Ereignissen ihren gewalttätigen
Charakter verleiht, und zwar eben jene Diskontinuität, die sie
durch ihre literarische Vermittlung so wirksam negieren. Vor allem
der Autor, der zugleich Augenzeuge ist, will sowohl das Gefühl
der Diskontinuität und Desorientierung in katastrophalen Ereignissen darstellen als auch seine persönliche Verwicklung in die
Ereignisse mitteilen – und all dies durch ein Medium, das den
Leser zwangsläufig »orientiert«, den Ereignissen Kontinuität verleiht und die Autorität des Autors als Zeuge in den Hintergrund
drängt. Das hat zur Folge, daß die Versuche des Autors, die
Ereignisse als diskontinuierlich darzustellen, um so verzweifelter
– und vergeblicher – werden, je gewaltsamer eine Katastrophe aus
einem Kontinuum herausgerissen scheint.
Bis vor kurzem wurde indes allgemein angenommen, daß der
Charakter entweder der Gewalt im allgemeinen oder des Holocaust im besonderen darüber entscheide, ob ihre Ereignisse eine
realistische literarische Darstellung zulasse oder nicht. In einer
frühen Diskussion über das Katastrophenfaktum in der Literatur
erkannte Frederick Hoffman sowohl das Bemühen um einen dokumentarischen Stil als auch die Grenzen, die ein solcher Stil der

Tatsache setzt.[3] »Extrem nüchtern betrachtet«, schreibt Hoffman, »ist der ›Dokumentarstil‹ ein Stil, der so viel, wie sprachlich möglich ist, wegläßt...«, und er fügt hinzu, daß das grundlegende Problem der »Literatur der Gewalt darin besteht, ein adäquates Mittel zu finden, um die Fakten unabhängig von strukturellen Verfälschungen wiederzugeben«.[4] Da die »Gewalt die Tendenz hat, Strukturen zu zerstören, Erfahrungen zu isolieren, sie gewaltsam von den sie bändigenden Formen zu trennen«, folgert Hoffman, daß die gewalttätigen Ereignisse als erste aus der dokumentarischen Darstellung herausfallen.[5]

Terrence Des Pres meint andererseits, daß die Erfahrungen, die die Überlebenden des Holocaust beschreiben, so grauenhaft sind, daß sie sich einer literarischen Form widersetzen, die, wie er zugibt, in den meisten Fällen das Erinnern durchdringt.[6] Zwar hat Des Pres das Thema hier in einer Weise umrissen, die sowohl das Extreme dieser Erfahrungen als auch die Glaubhaftigkeit des Zeugnisses der Überlebenden betont, doch weist er andererseits auch darauf hin, daß diese Erfahrungen sich in ihrer Ungeheuerlichkeit der Sprache gewissermaßen unmittelbar als reine Fakten aufzwingen, ohne durch die Denk-, Kultur- oder Erzählstrukturen vermittelt oder gestaltet zu werden, die diesem Zeugnis letztlich Stimme geben. Wie viele Leser scheint auch Des Pres davon auszugehen, daß die nüchternen Fakten des Holocaust Hauptzweck und Leistung des Zeugnisses eines Überlebenden in einem sind.

Weitverbreitet ist die auch von Saul Friedländer vertretene Auffassung zahlreicher Kritiker, daß, beginnend mit dem Ersten Weltkrieg und gipfelnd in Auschwitz, die Realität selbst so extrem wurde, daß sie die Fähigkeit der Sprache, diese Realität überhaupt auszudrücken, überstieg.[7] Friedländer ist der Überzeugung, daß der Realismus in der Literatur angesichts der Realitäten des Holocaust offen archetypischen und mythologischen Darstellungsweisen habe weichen müssen. Er schreibt: »In unserer Zeit haben sowohl der ›kapitalistische Dschungel‹ als auch die stalinistische ›Hölle‹ literarische Charaktere von beeindruckender Lebendigkeit hervorgebracht. Man erkennt Herzog, Portnoy und Babbitt tagtäglich wieder. Das Universum der GPU-Gefängnisse, des *Ersten Kreises der Hölle* und des Gulag hat uns seinen Denisowitsch ebenso wie seine Matriona gegeben. Aber das Terrain der extremsten Umwälzung unserer Zeit [des Holocaust – J. E. Y.], die ein

Fixpunkt in der Vorstellung unserer Epoche bleibt, liefert uns nur Schatten und Mythen.«[8]

Indem Friedländer jedoch in dieser Form auf Figuren wie »Herzog, Portnoy und Babbitt« Bezug nimmt, räumt er stillschweigend ein, daß selbst die »realistischsten« literarischen Charaktere doch auch »Typen«, das heißt Konstrukte sind, die ihre Gestalt ebensosehr den Mythen und Phantasievorstellungen früherer Zeiten verdanken wie den Dingen der wirklichen Welt. Entscheidend dabei ist, daß weder die Gewalt an sich noch die schiere Ungeheuerlichkeit des Holocaust den Realismus als lebensfähige und adäquate literarische Antwort auf diese Ereignisse »umgebracht« haben. Wir können vielmehr mit Robert Scholes sagen: »Der Realismus ist tot, weil die Realität [selbst] nicht wiederzugeben ist. Alles Schreiben, alle Komposition ist Konstruktion. Wir imitieren die Welt nicht, wir konstruieren Versionen von ihr. Es gibt keine Mimesis, nur *Poeisis*. Keine Wiedergabe. Nur Konstruktion.«[9]

Anstatt diese kritische Erkenntnis zu bestätigen, zwingt der Holocaust den Autoren die Rolle von Zeugen krimineller Ereignisse auf, indem er den mimetischen Impuls dieser Autoren nicht etwa ein für allemal begräbt, sondern ihn im Grunde wiederherstellt. Autoren und Kritiker der Holocaust-Literatur gehen davon aus, daß sich eine Darstellung um so besser als beweiskräftiges Zeugnis ungeheuerlicher Ereignisse eignet, je realistischer sie ist. Und da das Zeugnisablegen zum Zweck dieser Literatur geworden ist, wurde der »dokumentarische Realismus« zum Stil, mit dem der Leser vom testamentarischen Charakter eines Werkes überzeugt werden soll. Damit das Zeugnis des Überlebenden glaubhaft wird, muß es natürlich und unkonstruiert erscheinen.

Mit den Schriftstellern verhielt es sich ähnlich wie mit den Malern dieser Periode, besonders den Expressionisten und anderen vehementen Antirealisten: Je näher sie den Gettos und Todeslagern kamen, desto eher neigten sie dazu, ihre ästhetische Mission neu zu definieren und sich als Zeugen der an ihnen selbst und ihrem Volk begangenen Verbrechen zu sehen.[10] Die Schriftsteller und Künstler, die Opfer des Holocaust wurden, teilten die Vorstellung, sie müßten der Welt alle nur erdenklichen Formen von konkreten Beweisen liefern, damit auf diese Greueltaten mit konkreten Taten reagiert werden könnte. Des Pres erinnert daran, daß für Tagebuchschreiber wie Emmanuel Ringelblum, Selig Kalmanowitsch, Mary Berg und viele andere das Zeugnisablegen weniger ein »literarischer« Akt als eine »biologische Notwendigkeit« war[11]; für manch einen, zum Beispiel für Kaplan, war es sogar eine »nationale Pflicht«.[12] Die bohrende Angst, daß Himmlers entsetzliche Prophezeiung sich bewahrheiten könnte und ihre Erfahrungen für alle Zeit eine ungeschriebene Seite im Buch der Geschichte wären, eine Seite, die keiner schriebe, weil niemand mehr da wäre, der sie schreiben könnte, führte dazu, daß für viele Opfer »literarische Zeugenschaft« zum einzigen Überlebensgrund wurde. Und wenn Überleben und das Bedürfnis, Zeugnis abzulegen, eins werden, dürfen wir dieses verzweifelte Verlangen nach Zeugenschaft in der Literatur nicht unterschätzen.

Angesichts der profunden Studien von Theoretikern wie Barthes und White zum Wesen der Historiographie und zur wesentlich literarischen Qualität »historischer Fakten« wird es jedoch zunehmend problematischer, diese gewissermaßen buchstäbliche Auffassung positiver Beweise in der Literatur aufrechtzuerhalten. Denn die These von der Arbitrarität der Zeichen beseitigt nicht nur den Mythos einer »natürlichen Sprache«, in der das Ding und sein Zeichen als eins betrachtet werden, sondern macht der Sprache auch jegliche etwaige Beweisfunktion streitig; der literarische Dokumentarist, der mit seinem Zeichen ein Ding in die Welt setzen will, kann, was auch immer seine Absichten sind und wie legitim seine Motive auch sein mögen, doch niemals etwas anderes als das Zeichen selbst vermitteln. Wenn wir nämlich anerkennen, daß die literarische Darstellung ihrer Struktur nach unfähig ist, irgend etwas über ihre eigene Aktivität als Konstruktion hinaus zu dokumentieren, könnte sich das Festhalten an der Behauptung, daß die Holocaust-Literatur das dokumentarische Zeugnis, das sie zu erbringen sucht, tatsächlich liefere, sogar als bedenklich und unverantwortlich erweisen. Denn wenn der Kritiker die vermeintlich dokumentarische Funktion der Holocaust-Literatur über ihre wertvolle interpretatorische Leistung stellt, läuft er Gefahr, diese Literatur dort, wo einander widersprechende »Zeugnisse« vorliegen, unverdienten – und letztlich irrelevanten – Angriffen hinsichtlich ihrer historischen Faktizität auszusetzen.

In einem Essay über den wesentlich literarischen Charakter historischer Darstellungen befaßt sich Lionel Gossman mit dem Konflikt, in den positivistische Historiker durch diesen Gedanken geraten können. »Obwohl die Philosophen und die Historiker selbst über Jahrzehnte demonstriert haben, daß die Geschichte ein Konstrukt ist«, schreibt Gossman, »sind der Glaube daran, daß sie eine unmittelbare Wiedergabe der Realität sei, und die Mitschuld der Historiker an diesem Glauben noch immer bemerkenswert stark. Tatsächlich ist die Zählebigkeit dieses Glaubens selbst ein Phänomen, das der Erklärung bedarf.«[13] Dieser Glaube daran, daß die Literatur eine direkte Wiedergabe der Ereignisse sei, ist bei Schriftstellern und Historikern, die sich mit dem Holocaust befassen, nicht weniger zählebig und soll deshalb hier näher untersucht werden, und zwar mit dem Ziel, ihn nach Möglichkeit zu verstehen. Denn wenn wir uns nicht zuerst dem Problem der scheinbar buchstäblichen Bedeutung eines Texts als Zeugnis zuwenden, können wir nicht zu einem umfassenderen Verständnis der Art und Weise, wie im literarischen Zeugnis Bedeutung erzeugt wird, gelangen und schließlich auch nicht auf die sich aus dieser Bedeutung ergebenden Handlungsweisen kommen.

1. Literarische Ursprünge des Zeugnisses

Sowohl in der Tora als auch im Talmud wird die Forderung, eine Missetat, deren Zeuge man geworden ist, anzuzeigen, von den Rabbinern als ausdrückliches Gebot angesehen: Wer »...Zeuge [ist], da er es gesehen oder darum gewußt hat, aber er zeigt es nicht an und lädt damit Schuld auf sich.« (Lev 5, 1) Als traditionelle Definition der Zeugenschaft wird diese Auflage in ihren beiden Teilen signifikant: Der Zeuge ist nicht nur als jemand beschrieben, der ein Ereignis sieht und davon Kenntnis hat, sondern sobald ein Unrecht bekannt wird, muß dieses, wie im Talmud (Sanhedrin 30a) ausgeführt, nach dem Gesetz angezeigt werden. Und wenn die bloße Kenntnis von einem Ereignis jemanden zum Zeugen macht, dann scheint im Akt des Zeugnisablegens die Möglichkeit angelegt, noch weitere Personen zu Zeugen zu machen, indem man sie über die Ereignisse informiert. Angesichts dieser komplizierten Verknüpfung der Idee des Zeugnisses mit den juristischen Verfahren zur Beibringung von Beweisen im Interesse der Gerechtigkeit ist es denkbar, daß diese biblischen und juristischen Auflagen, Zeugnis abzulegen, einen gewissen traditionellen Einfluß auf das Selbstverständnis der Opfer des Holocaust sowie auf ihr Verständnis von ihrer Rolle als Zeugen haben.

Interessant ist in diesem Zusammenhang ein Blick auf die etymologische Geschichte der Begriffe »witness«, »testimony« und »document«, die bei allen Verfassern von Tagebüchern und Memoiren über den Holocaust auf einer bestimmten Ebene ihrer darstellenden Aktivität vorkommen. In der Tora wird der Begriff Zeuge im Sinne des englischen Wortes »witness« wohl erstmals im Zusammenhang mit der Zeugenschaft im übertragenen Sinne erwähnt, die Jakob und Laban einem von ihnen als Symbol ihres Bundes errichteten Steinhaufen zusprechen. (Gen 31, 44-49) Hier stehen auch – vielleicht um den Unterschied zwischen dieser materiellen Form des Zeugnisses und der später der Schrift als solcher zugeschriebenen Zeugnisqualität zu verdeutlichen – die einzigen aramäischen Worte der ganzen Tora, *Jegar-sahadutha* (Steinhaufe des Zeugnisses), anstelle des hebräischen Wortes *edut* (oder, wie Jakob übersetzt, *Gal-ed*). Und bei Laban heißt es: »Dieser Steinhügel (*gal*)... soll heute Zeuge (*ed*) sein zwischen mir und dir.« (Gen 31, 48)

Das englische »testimony« (Zeugnis) leitet sich von *testis*, dem lateinischen Wort für »witness« (Zeuge/bezeugen) ab, während »witness« einerseits abstrakt »sich einer Sache bewußt werden« oder »etwas zur Kenntnis nehmen« und andererseits konkret »etwas sehen« meint. Das Verb »to testify« heißt wörtlich »to make witness« (Zeuge machen) – ein etymologischer Wink, der daran erinnert, daß Wissen und Kenntnis ebenso »gemacht« werden wie der Zeuge – »witness« – und das Zeugnis – »testimony«. Das Verb »to document« bedeutet nicht nur Dokumentieren im Sinne von »Beweise liefern«; in ihm klingen auch sein lateinischer Ursprung *documentum* – Lektion – und das dazugehörige Verb *docere* – lehren, unterrichten – mit. Ein Ereignis dokumentieren heißt demnach, sowohl das Faktum beweisen als auch andere von ihm unterrichten. Begriffe wie »witness«, »testimony« und »documentary« (dokumentarisch) sagen demnach aus, daß jemand bestimmte Ereignisse gesehen hat, an ihnen beteiligt war beziehungsweise Bedeutsamkeit in ihnen entdeckt, dann andere von diesen Ereignissen unterrichtet und im Akt ihrer Übermittlung Bedeutung findet. Der Exkurs in die juristische und etymologische Geschichte dieser Begriffe schärft unser Bewußtsein dafür, daß Zeugenschaft, wie sie sich in den literarischen Zeugnissen der Überlebenden des Holocaust darstellt, ein vielschichtiges Phänomen ist.

In seiner Studie über Reaktionen auf Katastrophen in der modernen jüdischen Kultur stimmt David Roskies mit Yerushalmi darin überein, daß katastrophale Ereignisse zwar in der jüdischen Historiographie enorm viel Raum einnehmen, die konkreten »Fakten« der Zerstörung aber dennoch nie das eigentliche Thema der frühen jüdischen Geschichtsschreibung waren: »Was erinnert und berichtet wurde, waren nicht Fakten und Daten, sondern die Bedeutung der Schändung.«[14] Denn wie Roskies in seiner ganzen Studie deutlich macht, waren die Einzelheiten der Vernichtung von jeher im traditionellen Paradigmenbestand der Schriftgelehrten vorhanden und diesen verfügbar. Und weil die Rabbiner uns nicht die historischen Details, sondern die allgemeineren Interpretationsmuster überliefert haben, warnt Roskies zu Recht vor der unkritischen Konzentration zahlreicher Leser auf die strenge Chronologie und historische Zuordnung biblischer Ereignisse.

Wenn Roskies dieses Argument indes auf seine Auseinandersetzung mit den Gedichten Chaim Nachman Bialiks überträgt, um zu behaupten: »Der Wille, konkret Zeugnis abzulegen, mußte kultiviert werden«, da er keine »dem Menschen angeborene Fähigkeit« sei[15], dann übersieht er wohl, daß sich auch die Schrift, wenngleich in anderer Form, rhetorisch als »Zeugnisliteratur« versteht. Denn das Bedürfnis, die literarische Darstellung mit dem ganzen Gewicht und der ganzen Autorität ihrer Gegenstände zu erfüllen und sich dabei zugleich auf das »Zeugnis« als Grundlage dieser Autorität zu berufen, ist vielleicht so alt wie das Buch der Bücher selbst. Wenn wir zum Beispiel vom Legendenreich der Genesis zur historischen Welt des Exodus kommen, dann scheinen die Schreiber der Bibel beträchtliche Mühe darauf verwandt zu haben, die testamentarische, das heißt die Augenzeugen-Autorität ihrer Darstellung zu betonen. Denn obwohl der Pentateuch zum Beleg seiner »Wahrhaftigkeit« die höchste aller denkbaren Autoritäten bemüht (wer könnte ein besserer Autor sein als Gott, wer ein getreulicherer Schreiber als Moses?), finden wir im Text wiederholt Versuche, zwischen den Ereignissen und ihren biblischen Darstellungen eine Augenzeugenverbindung herzustellen. In Exod 25, 16 wird die Schrift selbst als *edut* bezeichnet, was wörtlich Zeuge, Zeugnis oder Beweis heißt und auch die Wurzel des modernen hebräischen

Begriffs für »geschriebenes Dokument« (*edut bichtav*) ist. Die Schriftgelehrten haben nicht nur die Zehn Gebote als »Zeugnis« charakterisiert, sie waren überdies bestrebt, in der Darstellung des Exodus die historische Autorität eigentlich unglaublicher Ereignisse zu erhärten, indem sie darauf beharrten, daß dem Text a priori die Qualität eines Zeugnisses innewohne. Nachdem Gott zum Beispiel das Rote Meer geteilt hat, steht geschrieben: »So rettete der Herr an jenem Tag Israel aus der Hand der Ägypter. Israel *sah* (*wa'jireh*) die Ägypter tot am Strand liegen. Als Israel sah, daß der Herr mit mächtiger Hand an den Ägyptern gehandelt hatte, fürchtete das Volk den Herrn. Sie *glaubten* an den Herrn und an Mose, seinen Knecht.« (Exod 14, 30-31) Da Gottes Taten in der Geschichte die Basis für die Autorität des Bundes zwischen ihm und dem Volk Israel ist, erhält die Schrift ihre Autorität aus ihrem Charakter als Zeugnis – *edut* – der Taten Gottes. Das Volk *sah* die große Hand des Herrn, und deshalb glaubte Israel dem Herrn; und weil das Volk Zeuge von Gottes Werk war, deshalb sollten seine Worte nun die testamentarische Autorität haben, die nötig war, um die Wahrhaftigkeit dessen, was es gesehen hatte, zu bezeugen.

Die verblüffende Folgerung daraus lautet, daß die göttliche Quelle der Schriften den Gelehrten offenbar nicht als Basis für »Autorität« genügte und der Ergänzung durch eine weitere, innerhalb des Texts konstruierte testamentarische Autorität bedurfte. Angesichts der ihrer narrativen Darstellung impliziten Arbitrarität, die sie wohl als Infragestellung der göttlichen Autorität, die zu übermitteln ihnen aufgetragen war, begriffen, haben anscheinend schon die Schreiber des Pentateuch mit rhetorischen und literarischen Strategien experimentiert, die die historische Autorität ihrer Texte erhärten sollten. Genau wie in der späteren dokumentarischen Literatur, so ist auch hier, in der »Heiligen Schrift«, der maßgebliche Tropus – das entscheidende Prinzip – ihr ausdrücklicher Charakter als Augenzeugenbericht, als *edut*. Das Buch Exodus erscheint nicht nur als Paradigma für die Mythen von Exil, Freiheit und Rückkehr, sondern auch als textlicher Prototyp für die spätere »dokumentarische Literatur« – als Quintessenz des *sifrut ha'edut* oder der »Zeugnisliteratur«. Wenn wir die vielfältigen Motive für die Holocaust-Literatur als literarische Zeugenschaft abwägen, dann müssen wir dabei auch bedenken, daß sich die jüdische Literatur als Ganzes in letzter Instanz am begrifflichen Paradigma der Heiligen Schrift orientiert.

Eingedenk dieser religiösen Vorgabe ist es nicht verwunderlich, daß sich die große Mehrheit derer, die den Holocaust beschreiben, in die Tradition der jüdischen Literatur stellt und mithin das Zeugnisablegen als persönliche Aufgabe annimmt. Verwunderlich ist es allerdings und entbehrt auch nicht einer gewissen Ironie, daß ausgerechnet Elie Wiesel die wahrlich lange Tradition des literarischen Zeugnisses zu übersehen scheint, wenn er erklärt: »Wenn die Griechen die Tragödie erfanden, die Römer den Sendbrief und die Renaissance die Sonette, so hat unsere Generation eine neue literarische Form erfunden, die Zeugnisse.«[16] Denn wie aus einer späteren Bemerkung Wiesels hervorgeht, ist ihm durchaus bewußt, daß er als Schriftsteller in der jüdischen Tradition steht und von daher ganz natürlich die Ziele und Methoden des *sofer* – des Schreibers – übernimmt, dessen Aufgabe, wie er selbst sagt, weder im Kommentieren noch im Interpretieren bestand, sondern »im Transkribieren dessen, was er gehört und gesehen hatte, eine schwierige Aufgabe, bei der er keine Fehler machen durfte. Im Talmud lesen wir, was Rabbi Ishmael seinem Schüler, dem vorzüglichen Schreiber Rabbi Meir, sagte: ›Gib acht. Wenn du ein einziges Wort ausläßt oder hinzufügst, kannst du die Welt zerstören.‹ Das war natürlich übertrieben, aber es beweist, daß der Schreiber das Instrument der Ereignisse ist, über die er berichtet.«[17]

Als »Instrument der Ereignisse« wäre der Schreiber dieser Auffassung nach ein neutrales Medium, durch das die Ereignisse sich selbst schreiben. Und als jemand, der an den Ereignissen, die er berichtet, beteiligt ist, scheint der Schreiber sein Zeugnis mit einer ontologischen Autorität auszustatten, die zunächst einmal nur die Quelle, mit dieser dann aber auch die Faktizität seines Berichts verifiziert. Ebenso wie dem *edut* scheint dem literarischen Zeugnis [*testimony*] des Holocaust somit ein ontologisch privilegierter Status, ähnlich dem des Alten Testaments [*testament*], zuzufallen. Indem sie sich auf die alten Texte als Quellen ihrer literarischen Formgebung berufen, rücken die Schreiber des Holocaust gleichsam nicht nur die sanktionierten literarischen Formen der Heiligen Schrift in die Gegenwart, sondern diese haben nun auch die Tendenz, die heutigen Texte zu sanktionieren und ihnen einen ebenso privilegierten Status zu geben, wie ihn die heiligen Texte, nach denen sie gestaltet sind, besitzen. So bestätigt zum Beispiel Primo Levi, indem er die Berichte der Überlebenden des Holocaust als »Geschichten einer neuen Bibel« bezeichnet, die weitverbreitete Vorstellung, daß diese Schriften ebenso *kadosh* (heilig) seien wie ihr Prototyp.[18] Diese Privilegierung des Testaments der Überlebenden kommt aber offenbar zugleich einer Übertragung der rabbinischen Dialektik von »Heiliger Schrift« und Exegese auf das Studium der Holocaust-Literatur gleich, womit von Anfang an eine – wenn auch arbiträre – Dichotomie zwischen dem Zeugnis der Überlebenden und der Interpretation gesetzt wird. Denn wenn wir so rigoros zwischen Zeugnis und Interpretation trennen, übersehen wir nicht nur die Grundmuster, nach denen bereits die biblische Darstellung grundsätzlich konstruiert ist und sich sogar selbst interpretiert, sondern ignorieren überdies die Muster, nach denen auch das literarische Zeugnis des Holocaust konstruiert und interpretierbar ist.[19]

Zwei Beispiele für diese Tendenz, Zeugnis und Interpretation voneinander zu trennen, kommen mir hier in den Sinn. Das eine stammt aus dem immensen literarischen Kosmos Elie Wiesels, das andere bezieht sich auf die Art und Weise, wie Des Pres seine Studie über das Leben in den Todeslagern aufgebaut hat. *Nacht* ist das einzige von Wiesels zahlreichen Werken, das »Zeugnis« ablegt von den Erfahrungen seines Autors. Seine späteren Romane und Kommentare rufen im wesentlichen die Erinnerung an seine Erfahrungen wach und zielen darauf ab, die religiöse und historische Bedeutung dieser Erfahrungen zu finden, zu erzeugen und nicht selten auch in Frage zu stellen. Als Memoirenbuch etabliert *Nacht* die Ereignisse zunächst als »Fakten«, die dann zum Gegenstand sowohl seiner späteren interpretatorischen (von anderen als Midrasch bezeichneten) Romane als auch seiner eigenen philosophischen Auseinandersetzungen werden.[20]

Noch deutlicher tritt diese Tendenz, das Zeugnis des Holocaust als zentralen Bezugspunkt zu setzen, an den dann der Kommentar angehängt wird, in der Textgestaltung von Des Pres' *The Survivor: An Anatomy of Life in the Death Camps* zutage. In diesem umfangreichen literaturkritischen Essay über mehrere Zeugnisse von Überlebenden läßt Des Pres Hunderte von Zeugen zu Worte kommen, die ohne sein Buch stumm geblieben wären, wobei er in seinen Erläuterungen zu diesen Zeugenaussagen ausschließlich das herausfiltert, was seiner Meinung nach geeignet ist, sie verständlich zu machen. Damit kodiert und dekodiert er das Zeugnis dieser Überlebenden in ein und demselben Text und zitiert es ausdrücklich als reine und unverfälschte Erfahrung. Des Pres (der kein Jude ist) reduziert das Zeugnis der Überlebenden auf seine schwärzeste Essenz, rückt es ein und setzt es in fetten schwarzen Typen ab, um die herum er seinen scharfsinnigen Kommentar webt, und zitiert so nachgerade die Textgestaltung des Talmud. Mit all dem verleiht er nicht nur seinen Zeugenberichten eine gewisse biblische Autorität, sondern stattet überdies seine eigene Exegese des »Testaments« der Überlebenden mit einer gewissermaßen ritualen Autorität aus. Einerseits verlangt auch das Testament der Überlebenden, selbst als privilegierter Text, nach einer Interpretation durch die kritischen Exegeten, die traditionell zur »Vollendung« des Texts durch das Auffinden einer Bedeutung in den mitgeteilten Ereignissen dient. Andererseits impliziert diese Trennung jedoch auch, daß allein der Exeget, nicht aber der Schreiber in dem Text eine Bedeutung erzeugt, daß also der Text an sich nur eine reine und normative Wiedergabe von Ereignissen ist. Aus dieser Sicht ist es weniger der Schreiber als vielmehr das Ereignis selbst, das den Text erzeugt (siehe Wiesels Definition des *sofer* als »Instrument der Ereignisse«), was letztlich heißt, die im Akt des Erzählens erzeugte Bedeutung zu vernachlässigen. Diese künstliche Unterscheidung zwischen dem »heiligen« Zeugnis und seiner kritischen Exegese führt unter anderem zu der schwerwiegenden Konsequenz, daß die Authentizität eines Texts mit seiner Autorität als »Faktum« verwechselt wird. Das heißt, indem der Leser einem ontologisch *authentischen* Text eine unbestreitbare Autorität der Fakten verleiht, bringt er die Arten von Privilegierung, die das Zeugnis eines Überlebenden notwendig verlangt, durcheinander. Denn obschon das Zeugnis eines Überlebenden durch seine Authentizität privilegiert ist, muß die Faktizität seines literarischen Zeugnisses deshalb nicht notwendig gleichermaßen privilegiert sein.[21]

2. Die Verdrängung des Zeugnisses

Auf das »schreibende Ungeschehenmachen« [*unwriting*] des Holocaust durch den revisionistischen Pseudohistoriker Arthur Butz und sein sogenanntes Institute for Historical Review[22] reagiert Elie Wiesel mit der Feststellung, daß die fiktionale Literatur wohl außerstande sei, dem Holocaust gerecht zu werden, weil das, was der Dichter mitzuteilen habe, niemals mitgeteilt werden könne.[23] Das impliziert freilich die Annahme, das Zeugnis der Zeugen könne die Beweise für die Fakten liefern, doch räumt Wiesel an anderer Stelle ein, daß das Problem vielleicht weniger in der literarischen Form als vielmehr in der Sprache selbst liegt. Das Wort, sagt eine Figur bei Wiesel, »... zerstört, was es beschreiben möchte, es entstellt, was es zu betonen versucht. Indem es die Wahrheit mit einer Schutzhülle umgibt, wird es sie schließlich ersetzen.«[24] Das literarische Zeugnis vergegenständlicht die Fakten nicht, es verdrängt sie. Das hartnäckige Realitätsverlangen der Verfasser von Tagebüchern und Memoiren über den Holocaust rührt wohl nicht allein von den phänomenologischen und kulturellen Voraussetzungen her, die einfach in der Natur des Schreibens liegen. Es dürfte, zumindest teilweise, auch aus ihrer Sorge resultieren, sie könnten die Ereignisse durch ihre eigenen Texte verdrängen.

Wenn nämlich – so argwöhnen die Überlebenden des Holocaust ebenso wie die Schreiber der Bibel – die Ereignisse nur post factum, als nur in ihrem literarischen Zeugnis existierend, wahrgenommen werden, könnte das dazu führen, daß auch ihre Erfahrungen als etwas wahrgenommen werden, das außerhalb ihrer Darstellung überhaupt niemals existiert hat. Für Tagebuch- und Memoirenschreiber, die die Ereignisse dokumentieren wollen, wird der Gedanke, daß sie die Ereignisse durch ihr Schreiben etwa verdrängen oder gar neue erzeugen könnten, nahezu unerträglich. Haben doch die »Pseudorevisionisten« des Holocaust, indem sie die nur allzu greifbare Dichotomie von Worten und Ereignissen weidlich ausgeschlachtet haben, deutlich gemacht, daß es, wenn man den Holocaust schreiben und sogar neu schreiben kann, auch möglich ist, ihn schreibend ungeschehen zu machen. Einen Autor, den vielleicht allein der Wille, seine realen Erfahrungen zu bezeugen, zum Überleben motiviert hat, treibt diese regelrechte Verleugnung – nicht nur Verdrängung – des Realen in der literarischen Darstellung nur um so mehr dazu, auf der unbedingten Faktizität seines literarischen Zeugnisses zu bestehen.

Der Impuls, in ihren Darstellungen eine überzeugende Autorität der Fakten zu erreichen, dürfte den Autoren fiktionaler Werke über den Holocaust und den Verfassern nichtfiktionaler Holocaust-Literatur gemeinsam sein, hinsichtlich der Quellen aber, aus denen sich dieser Impuls speist, gibt es zwischen ihnen signifikante Unterschiede. Denn obschon die Autoren von Gettotagebüchern offenbar ebenso wie die überlebenden Memoirenschreiber und die Verfasser von Tatsachenromanen befürchten, daß das ihrem Medium wesenseigene rhetorische Element die Ereignisse selbst unversehens fiktionalisieren könnte, haben die Tagebuch- und Memoirenschreiber darüber hinaus noch die Sorge, in der literarischen Konstruktion könnte die empirische Verbindung zwischen ihren Erfahrungen und ihrer Darstellung verlorengehen. So sehr es die Romanschriftsteller auch drängen mag, ihren Fiktionen die Autorität des Dokuments zu verleihen – die Tagebuch- und Memoirenschreiber, die ja die Autorität des Zeugnisses nicht einfach nur zu erzeugen, sondern zu behaupten suchen, sehen sich durch diesen Verdrängungseffekt vor ein äußerst schmerzliches Dilemma gestellt. Um so perverser scheint es daher, daß die Erfahrung des überlebenden Autors mit den Worten schlichtweg zu einem Schulbeispiel für die Arbitrarität der Zeichen wird und für die Tendenz der literarischen Darstellung, die Ereignisse, die sie darstellen möchte, zu usurpieren.

Als Zeuge der an ihm, seiner Familie und seinem Volk begangenen Verbrechen hat der Tagebuch- und Memoirenschreiber aus seiner eigenen Betroffenheit heraus den Wunsch, Zeugnis abzulegen. Wenn Zeugnis von Ereignissen ablegen heißt, an diesen Ereignissen beteiligt gewesen zu sein, ja, selbst zur Spur dieser Ereignisse zu werden, dann scheint der Autor den Akt des Zeugnisablegens nachgerade als eine Bestätigung seiner eigenen Verkettung mit der Erfahrung zu erleben. Wenn aber das literarische Zeugnis dann die Funktion erhält, Fakten und Beweise zu liefern, wird dem Autor als erstem schlagartig klar, daß er der Literatur offenbar Unmögliches abverlangt. Denn jetzt merken die Tagebuch- und Memoirenschreiber auf einmal, worauf die Forderung, die Literatur müsse die Fakten des Holocaust liefern oder Beweise für das Geschehene erbringen, letztlich hinausläuft. Das hieße nämlich, daß Worte nicht nur Erfahrungen *bedeuten*, sondern, genau wie die Autoren selbst, zu *Spuren* ihrer Erfahrungen werden müßten. Das Unmögliche, womit sie nunmehr konfrontiert sind, besteht darin, irgendwie zeigen zu müssen, daß ihre Worte materielle Fragmente von Erfahrungen sind, daß die gegenwärtige Existenz ihrer literarischen Darstellung ein kausaler Beweis dafür ist, daß ihre Themen auch in der historischen Zeit existent waren.

Philippe Lejeune hat nachgewiesen, daß der Leser von Tagebüchern und Memoiren selbst bei einem Text, der in keiner Weise zwischen autobiographischer und fiktionaler Darstellung unterscheidet, einen, wie Lejeune sagt, »autobiographischen Pakt« mit dem Autor eingeht.[25] Lejeune ist der Ansicht, daß nicht das Problem der Faktizität den Unterschied zwischen Autobiographie und fiktionaler Literatur ausmacht, sondern die Frage, ob man das Recht hat, Erfahrungen als seine eigenen zu behaupten: das Recht, sich auf die empirische Verbindung zu berufen, die zwischen einem Autor und den in seiner literarischen Darstellung geschilderten Ereignissen tatsächlich bestanden hat. Denn selbst wenn wir einräumen, daß die Darstellungen der Tagebuch- und Memoirenschreiber ebenso wie »Tatsachenromane« konstruiert sind, müssen wir doch zugleich mit aller Deutlichkeit auf die ontologischen Unterschiede zwischen beiden Genres verweisen. Das heißt, wir müssen den Unterschied anerkennen zwischen einer Literatur, die ihre Authentizität als Teil ihrer Erfindung erzeugt, und einer Literatur, die, wie dürftig auch immer, einen authentischen, empirischen Zusammenhang zwischen Text, Autor und Erfahrung zu retten versucht.

Dem Autor wird indes nur allzu deutlich bewußt, daß er häufig der einzige ist, der dieses »Recht« anerkennt. Anders als die Romanschriftsteller, die das, worüber sie schreiben, nicht selbst erlebt haben müssen, haben die Verfasser von Tagebüchern und Memoiren über den Holocaust in der Regel wohl nicht das Bedürfnis, diese Verbindung zwischen ihren Worten und ihren Erfahrungen, die sie in sich selbst als Einheit erleben, künstlich herzustellen. Besonders dem Tagebuchschreiber, der über die Ereignisse berichtete, während sie sich vor seinen Augen ereigneten, erschienen die Worte, die er auf ein Blatt Papier schrieb, als lebendige Spuren seines Lebens in jenem Moment: seine Augen, seine aufzeichnende Hand und die Tinte auf dem Papier, all das schien ihm im Akt des Schreibens miteinander verbunden zu sein. Aber gerade diese Wahrnehmung, daß die Worte körperlich mit den Ereignissen verbunden sind, ist für den Autor die Quelle der Beweiskraft seiner Worte und zugleich der Punkt, an dem sie für den Leser genau diese Beweiskraft verlieren. Denn da die Tagebuch- und Memoirenschreiber sich selber als Spuren ihrer Erfahrungen und ihre Worte als Verlängerungen ihres eigenen Selbst betrachten, scheint die Verbindung von Worten und Ereignissen ganz buchstäblich *selbst*verständlich: Was die Hand des Autors berührt hat, soll nun auch den Leser berühren. Ganz gleich, ob die Tagebuch- und Memoirenschreiber diese Ereignisse aus dem Gedächtnis oder im Augenblick, da sie sich ereignen, niederschreiben, Worte und Ereignisse bleiben durch die aufzeichnende Hand miteinander verbunden, sind ein natürlicher Teil sowohl der Erfahrung als auch des Berichts darüber.

Für den Leser jedoch, der nur Worte auf einem Blatt Papier vor sich hat, fehlt diese Verbindung. Die Worte eines übersetzten und gedruckten Tagebuchs über den Holocaust sind nicht mehr, was sie für den Autor, der sie aufgezeichnet hat, waren: Spuren von Verbrechen. Was für den Autor im Moment des Schreibens ein Beweis war, ist jetzt, nachdem er es aus der Hand gegeben hat, nur noch ein losgelöstes, ein frei schwebendes Zeichen und als solches allen, die es lesen und mißverstehen, auf Gedeih und Verderb ausgeliefert. Es scheint, als hätte der Zeuge mit seinem Text den Beweis für seine Erfahrungen nicht erbracht, sondern verdrängt. Sobald der Autor hinter seine Worte zurücktritt, nimmt er seinem Wort de facto die Beweiskraft, jene einzige Verbindung zu seinem realen Ding, die es je besaß. Die Abwesenheit des Autors wird somit zur Abwesenheit der Autorität des Wortes selbst und macht aus ihm einen bloßen Signifikant, der auf den Autor und seine Erfahrungen zurückweist, aber das ist nur noch eine Geste, ein flüchtiger Hinweis.

Für die Überlebenden des Holocaust, die nur überlebt haben, um Zeugnis abzulegen, und die glaubten, sie könnten mit ihren Worten die *Realien* ihrer Erfahrungen in der Zeit lebendig erhalten, wird die Wahrnehmung nahezu unerträglich, daß ihre Erfahrungen sich nun unter ihrer Feder entmaterialisieren. Die Möglichkeit, daß das Zeugnis eines Zeugen, einmal zu Papier gebracht, nicht, wie er beabsichtigt hat, als Spur von Realität, sondern als deren Erzeugung begriffen werden könnte, muß dem Zeugen buchstäblich als eine Verhöhnung seines Lebenssinns erscheinen. Und das Dilemma wird noch größer, denn je heftiger der überlebende Autor sich bemüht, die »verlorene Verbindung« zwischen seinem Text und seinen Erfahrungen im Text wiederherzustellen, desto mehr betont er nolens volens seine Rolle als Erzeuger des Texts, womit der Autor ironischer- und vor allem perverserweise dieses Gefühl, das er herzustellen versucht hat, daß es sich nämlich bei seinem Text um ein unvermitteltes Faktum handele, noch weiter untergräbt. Der Autor erlebt seine eigene Abwesenheit vom Text und ist bemüht, sich von neuem mit dem Text zu verbinden, und dies beides läuft seinem Verlangen, Zeugnis abzulegen, offenbar einerseits zuwider und facht es andererseits zugleich weiter an.

3. Die allgemeine Form und die Strukturen des Zeugnisses

Weil die Verfasser von Tagebüchern inmitten des Wirbelsturms schreiben, meinen die Leser, ihre Berichte besäßen ein höheres Maß an Autorität als Texte, die im nachhinein gestaltet wurden. Phänomenologisch entspricht der Wirkungsmechanismus von Tagebüchern dem des Zeitungsjournalismus, bei dem die spürbare zeitliche Nähe eines Texts zu den Ereignissen den Eindruck seiner Faktizität verstärkt; deshalb können sie den Leser weit besser von der Wahrhaftigkeit ihrer Fakten überzeugen als nachträglich entstandene Berichte.[26] Ähnlich wie Fotos, die sich als metonymische Spuren der auf ihnen abgebildeten Objekte darstellen, repräsentiert das Tagebuch das Gewicht und die Autorität der Wirklichkeit schlechthin. Aber so sehr die Faktizität eines konkreten Berichts auch durch die Zeit und die Fehlbarkeit unseres Gedächtnisses geprägt sind, so funktionieren sie doch wiederum nicht weniger vermittelnd als die sprachlichen, kulturellen und religiösen Denk- und Ausdrucksmuster, die der Darstellung eines Autors in jedem Augenblick ihren Stempel aufdrücken, und zwar während des

Holocaust wie auch danach. Wandeln doch sogar die Tagebuchschreiber selber, sobald sie die unmittelbare Erfahrung in die
Tropen und Strukturen der literarischen Darstellung bringen, die
Erfahrung zwangsläufig in eine organisierte und nicht selten ritua-
lisierte Erinnerung an die Erfahrung um.

Neben der literarischen Vermittlung durch die Sprache des Schreibers zeichnet sich das Tagebuch durch bestimmte allgemeine Eigenschaften aus, die auch das literarische Zeugnis in bestimmter
Weise organisieren und strukturieren. Schon durch die Aufsplitterung der Ereignisse in stündliche, tägliche oder wöchentliche Zu-
wächse, in einzelne Einträge, die die Ereignisse nacheinander oder
nach Schauplätzen ordnen, erhält das spezifische Zeugnis, das das
Tagebuch ablegt, bestimmte Strukturen. Die Tagebuchschreiber,
die zu Ringelblums gemeinsamem *Oneg Shabbat*-Archiv beigetragen haben, waren gehalten, ganz andere Ereignisse aufzuzeich-
nen, als sie in eher persönlichen Berichten, wie etwa Mary Bergs
Tagebuch, zu finden sind. Der Präzision der Zeugenaussagen tat
dies keinen Abbruch, die Gründe aber, aus denen die Tagebuchschreiber schrieben, und die Interessenschwerpunkte, die sie in
ihren Berichten setzten, wirkten sich regulierend und mitunter
auch beschränkend auf ihre Berichte aus. Diese formalen und
allgemeinen Beschränkungen sind für die Bedeutung und die Signifikanz dieser Tagebücher ebenso maßgeblich wie die Bilder und
die Auswahl der einzelnen Details.

Karl J. Weintraub vertritt in seinem Essay »Autobiography and
Historical Consciousness« die Ansicht, daß dem Tun des Tagebuchschreibers gewisse strukturierende Faktoren immanent seien.
»Die täglichen Eintragungen des Tagebuchschreibers werden von
der einfachen Tatsache bestimmt, daß ein Tag sein Ende hat. Auch
bei dem reiferen Tagebuchschreiber, der, geleitet von einem wach-
senden Bewußtsein des Gewichts, das diese oder jene Person
besitzt oder nicht besitzt, bereits ein gewisses selektives Gespür
entwickelt hat, ist die Tagebucheintragung doch stets der endgültige Niederschlag eines jeden Tages. Ihr eigentlicher Wert besteht
darin, daß sie nicht mehr und nicht weniger als die Spiegelung
eines kurzen Augenblicks ist. Sie gibt den Ausschnitten des Lebens grundlegende Bedeutung.«[27] Ganz gleich, ob der Tagebuchschreiber seine Eintragungen am Tage oder in der Nacht vor-
nimmt, ob er sein Tagebuch im Wochen- oder im Monatsrhythmus

führt oder – aufgrund der chaotischen Situation, in der er sich befindet – nur, sooft sich ihm eine Gelegenheit dazu bietet, die Art und Weise, wie das Tagebuch als Ganzes organisiert ist, wird in jedem Fall von bestimmten Faktoren geprägt, die wiederum zu seiner Bedeutung beitragen. Verfügt er über Papier, Schreibgeräte, Kerzen – von all diesen Einzelheiten, die das Leben im Versteck oder in einer Zeit äußerster Belastungen ausmachen, hängt es ab, in welcher Form die Ereignisse in das Tagebuch gelangen, ob nur als Anspielungen oder mitunter gar nicht. Und schließlich ist daraus, daß gewisse Ereignisse nicht im Tagebuch aufgezeichnet sind, nicht zu entnehmen, daß sie nicht stattgefunden haben.

Im Gegenteil: gerade das, was Verfasser von Gettotagebüchern wie Kruk, Kalmanowitsch, Ringelblum und Kaplan in ihren Tagebüchern ausgespart haben, gewinnt seine eigene kritische Signifikanz. Selbst jene Tagebuchschreiber des Gettos, die ihre Tagebücher vielleicht ausdrücklich für die Nachwelt geschrieben haben, waren sich stets der Gefahr bewußt, daß diese Werke vorzeitig entdeckt werden könnten. So hüteten sie sich nicht nur davor, ihre Widerstandspläne allzu offen auszubreiten, sondern flochten mitunter auch irreführende Aussagen, gefälschte Namen und Details für ihre Feinde, die potentiellen Aufspürer ihrer Tagebücher, ein. In diesen Fällen waren die Tagebuchschreiber genötigt zu entscheiden, ob sie Dinge um der historischen Wahrheit willen offenbaren oder um ihrer eigenen Sicherheit willen für sich behalten sollten. Schien der Erfolg einer bestimmten Mission nur dann gewährleistet, wenn im Tagebuch nicht darauf Bezug genommen wurde, dann war die Fortlassung besiegelt. So spricht zum Beispiel Ringelblum in seinem Tagebuch mit keiner Silbe über den Warschauer Gettoaufstand, obwohl er an dessen Planung direkt beteiligt war. Im Unterschied zu den Memoirenschreibern dachten die Verfasser von Tagebüchern zwangsläufig nicht nur daran, welche Quellen sie für die spätere Geschichtsschreibung über ihre Zeit schufen. Sie mußten immer auch an die Konsequenzen denken, die ihr Schreiben für die Ereignisse, die sie mitteilten, haben konnte. Daß sich die Tagebuchschreiber der Konsequenzen ihres Tuns bewußt waren, ist ein wesentlicher Bestandteil der Phänomenologie der Tagebücher über den Holocaust, den wir in seiner ganzen Tragweite berücksichtigen müssen.[28]

Neben Zeit und Ort spielten auch die Sprache der Tagebuchschreiber, die Tradition, aus der sie kamen, und ihre Weltsicht eine entscheidende Rolle bei der Entstehung ihrer literarischen Zeugnisse. Es ist grundsätzlich schwierig, klar zwischen den archetypischen Mustern, die der Verfasser eines Gettotagebuchs in die Ereignisse hineingetragen hat, denen, die er in ihnen wahrgenommen oder daraus gefolgert hat, und denen, die in seiner Darstellung existieren, zu unterscheiden. So roh die Getto- und KZ-Erfahrungen in ihrer Zeit auch waren, sie wurden von den Zeugen allemal geschliffen und organisiert, und zwar unmittelbar entsprechend ihrer jeweiligen *Weltanschauung* (im Original deutsch - d. Ü.). Die chassidischen Juden, die Bundisten, die Labour-Zionisten, die Revisionisten und selbst die zum Katholizismus übergetretenen Juden, sie alle teilten wohl »das gleiche« Schicksal, aber jedes Opfer »sah«, das heißt verstand *und* bezeugte seine Bedrängnis anders, je nach seiner eigenen Geschichte, seinen religiösen Paradigmen und ideologischen Erklärungen.

Die *Hashomer haza'ir*, die Junge Garde der zionistischen Linken, mag die Ereignisse seinerzeit »präziser« oder »tatsachengetreuer« wahrgenommen haben als die chassidischen Juden im Osten oder die ganz und gar assimilierten Juden im Westen. Aber indem die Mitglieder der »Jungen Garde« die Verhältnisse nach den Vorstellungen der Zionisten werteten, wozu nicht nur eindringlichste Warnungen, sondern auch ganz konkrete Aktionspläne gehörten (zum Beispiel Widerstand und Einwanderung nach Palästina in den Jishuv), stellten sie die Ereignisse nicht nur anders dar, sondern unterschieden sich auch in ihrem Handeln grundlegend von ihren nichtzionistischen Brüdern. Vielleicht haben Zionisten wie Nichtzionisten – im Rahmen ihrer jeweiligen Ideologien – gleichermaßen richtig reagiert, doch gab es unter den vielen Reaktionen einige, die besser als andere zum Überleben geeignet waren.

Als die Gettoschreiber Kaplan und Kalmanowitsch sich dafür entschieden, das Hebräische dem Jiddischen vorzuziehen, war das vielleicht keine bewußte Entscheidung für jede einzelne, durch ihr Hebräisch vorgegebene Andeutung oder rhetorische Figur und gegen die entsprechenden jiddischen von Ringelblum. Aber dennoch haben sie die Ereignisse damit in anderen sprachlichen Bereichen angesiedelt. Denn obwohl beide Sprachen viele Mythen und Tropen gemeinsam haben, sind ihre schriftlichen Traditionen und die Arten von Signifikanz, die sie den Ereignissen jeweils beimessen, doch häufig recht unterschiedlich. Während das Hebräische dazu neigt, die Ereignisse in der kanonisierten sprachlichen Sphäre der Heiligen Schrift, der rabbinischen Disputationen und des alttestamentarischen Bundes zu lokalisieren[29], hat das Jiddische (als Alltagssprache und in vielfältiger Weise buchstäblich als *Mamaloschen* oder *Mutter*sprache) die Details und die Härten des täglichen Lebens nicht selten schärfer herausgehoben. Für das Leben in der Gemeinde, die Politik und organisatorische Fragen besaß das Jiddische ein Vokabular; im Hebräischen hatte sich ein solches damals noch nicht herausgebildet. Demgegenüber verfügte das Hebräische für die Probleme der Theodizee, des alttestamentarischen Bundes, der Weissagungen der Heiligen Schrift, ja sogar der Interpretation von Ereignissen »als Text« über einen Wortschatz, wie er im Jiddischen nicht vorhanden war. Und obwohl es sicherlich möglich gewesen wäre, die meisten Dinge in beiden Sprachen zu diskutieren, gab andererseits eine jede dem Tagebuchschreiber nicht nur gewisse Interpretationsmöglichkeiten und Sichtweisen, sondern auch die Auswahl der Details und der Themen vor, die er an einem bestimmten Tag in sein Tagebuch schrieb.

Hier bietet es sich vielleicht an, einmal die Sprache, die Themen, Interessenschwerpunkte und Schlußfolgerungen der beiden bekanntesten Holocaust-Tagebücher von »Jugendlichen«, *Young Moshe's Diary* und *Das Tagebuch der Anne Frank*, miteinander zu vergleichen. Sowohl Moshe Flinker als auch Anne Frank waren in Holland aufgewachsene Jugendliche, die ihr Tagebuch im Versteck führten und schließlich in den Todeslagern umkamen. Doch während Moshe aus einem religiösen, zionistischen Elternhaus stammte und sein Tagebuch hebräisch schrieb, war Anne eine assimilierte Nichtzionistin und schrieb niederländisch. In seinem Schwanken zwischen Niedergeschlagenheit und Optimismus spiegelt Annes Tagebuch sowohl die sie umgebende Finsternis als auch ihren eigenen Drang, gut zu sein und darum, wie es scheint, auch das Gute zu *sehen*, wider. »Es ist ein Wunder, daß ich all meine Hoffnungen noch nicht aufgegeben habe«, schreibt Anne zwei Wochen vor ihrer Verhaftung,

denn sie erscheinen absurd und unerfüllbar. Doch ich halte daran fest, trotz allem, weil ich noch stets an das Gute im Menschen glaube. Es ist mir nun einmal nicht möglich, alles auf der Basis von Tod, Elend und Verwirrung aufzubauen. Ich sehe, wie die Welt langsam mehr und mehr in eine Wüste verwandelt wird, ich höre immer stärker den anrollenden Donner, der auch uns töten wird, ich fühle das Leid von Millionen Menschen mit, und doch, wenn ich nach dem Himmel sehe, denke ich, daß alles sich wieder zum Guten wenden wird, daß auch diese Härte ein Ende haben muß und wieder Friede und Ruhe die Weltordnung beherrschen werden.[30]

Die Bühnenfassung beschränkt sich auf die sonnigeren Teile dieser Eintragung. Anne sagt zu Peter: »... Sieh mal... der Himmel. Ist das nicht ein herrlicher Tag? Und die Wolken... so schön.«[31] Sie hat das Leiden von Millionen Menschen mitgefühlt, dies jedoch offenbar im Kontext ihrer assimilierten Weltsicht als überaus sensibles und intelligentes Mitglied der menschlichen Gemeinschaft und nicht als jemand, der sich selbst als Teil der kollektiven jüdischen Tragödie begreift.

Im Gegensatz dazu hat sich Moshe Flinker in seinem Tagebuch von Anfang an praktisch mit der gesamten jüdischen Geschichte und Politik identifiziert: Als selbstbewußter Zionist, der hebräisch schreibt, ist er sowohl ideologisch als auch sprachlich Teil seines Volkes. In seiner letzten Eintragung schreibt Moshe nach den Nachmittagsgebeten: »Der Himmel ist von blutigen Wolken überzogen, und mir wird angst, wenn ich ihn sehe... Woher kommen diese Wolken?... alles ist mir klar... sie steigen auf aus den Meeren von Blut... vom Blut der Millionen Juden, die man abgeholt hat, und wer weiß, wo sie sind? ›Wir sind die blutenden Wolken... Wir sind Zeugen; unser Volk hat uns gesandt, damit wir euch seine Leiden zeigen...‹.«[32] Diese beiden jungen Tagebuchschreiber fanden das gleiche Ende, und dennoch begriffen sie ihre Verhältnisse grundverschieden. Wo Anne vielleicht Schönheit und Hoffnung in einem feuerroten Sonnenuntergang gesehen hätte, »sah« Moshe nur die Apokalypse. Die »Vision«, die diese beiden Tagebücher von den Ereignissen geben, ist durch die jeweilige Sprache, durch ihre Metaphorik, ja, selbst durch die religiöse Erziehung bestimmt, die diese Zeugnisse letztlich geprägt haben.

Während die Tagebücher den Zweck hatten, zeitgenössische Reaktionen festzuhalten und möglicherweise in späteren Prozessen als Beweise gegen die Mörder benutzt zu werden, wollten die Berichte der ersten Augenzeugen, etwa der Auschwitzflüchtlinge

Rudolf Vrba und Alfred Wetzler, vor allem Reaktionen auf die aktuellen Ereignisse hervorrufen und sowohl die Alliierten als auch die potentiellen Opfer zum Handeln bewegen. Genau wie die Tagebuchschreiber verstanden sich auch diese entflohenen Augenzeugen als Teil der laufenden Ereignisse, doch anders als die Tagebuchschreiber glaubten sie, diesen Ereignissen Einhalt gebieten zu können, indem sie von ihnen berichteten. Aber Vrba und Wetzler mußten erkennen, daß die unbestreitbare Authentizität ihrer Berichte letzten Endes weniger schwer wog als die Art und Weise, wie ihre Leser auf ihr Zeugnis reagierten. Sie, die mit ihren Mitteilungen die Alliierten und die Judenräte in Europa vom Plan der Nazis, in Auschwitz mit der Vernichtung der ungarischen Juden zu beginnen, unterrichten wollten, scheiterten an einer Mauer aus Bürokratie und Unglauben, die schließlich den eigentlichen Entstehungsgrund des Berichts neutralisierte.[33]

Eines der den Tagebüchern und den ersten (erzähltechnisch als »Memoiren« angelegten) Augenzeugenberichten aus Polen gemeinsamen Charakteristika ist denn auch das Bewußtsein, daß das geschriebene Wort Einfluß auf die beschriebenen Ereignisse nehmen kann. Eine 1943 von der Amerikanischen Vertretung der Allgemeinen Jüdischen Arbeitergewerkschaft Polens verbreitete Pressemeldung verfolgte ausdrücklich den Zweck, jüdische Gruppierungen in Amerika und die Regierungen der Alliierten zum Handeln gegen das schon begonnene Morden zu bewegen. Bevor er auf die Massenmorde eingeht, die er in Warschau und Bełżec gesehen hat, gibt sich der anonyme Sprecher zunächst als Augenzeuge und Mensch mit einer bestimmten Mission zu erkennen: »Im August 1942 war ich im Warschauer Getto und Ende September in der Stadt Bełżec, wo die Nazis in grauenhafter Weise massenhaft Juden abschlachten.«[34] Er erzählt, daß er bereits in diplomatischen Kreisen in Großbritannien von diesen Ereignissen berichtet hat, wo man ihm mit großer Anteilnahme zugehört und ihm dann gesagt habe, nach all dem Schrecklichen, was er erlebt habe, gaukele ihm seine »überreizte Phantasie« nun offenbar makabere Bilder vor, und was er da erzähle, könne einfach nicht wahr sein. »Wir wissen nur zu gut«, fährt er fort, »daß man dort draußen in der freien und zivilisierten Welt all die Dinge, die mit uns geschehen, einfach nicht glauben kann. So möge denn das jüdische Volk etwas tun, das die übrige Welt dazu zwingt, uns zu glau-

ben ...«[35] Dieser von einem Untergrundkämpfer für seine potentiellen Kampfgefährten in der amerikanischen Arbeiterbewegung
verfaßte Bericht geht von der Annahme aus, das geschriebene
Zeugnis könne zum Handeln führen. Im Unterschied zu den im
Anschluß an die Ereignisse geschriebenen Memoiren reflektieren
diese ersten Berichte sehr direkt die Situation ihrer Verfasser und
sind von dem Bewußtsein getragen, daß ihre Worte eine unmittelbare Wirkung auf die Leser ausüben können. Sie rufen folglich
weniger zum Reflektieren oder zur Kontemplation über die Bedeutung der Ereignisse auf (obwohl sie ihnen durchaus eine Bedeutung unterlegen), sondern sind vielmehr Aufforderungen zum
direkten Handeln und Forderungen nach Gerechtigkeit.
Die Historiker und Archivare des Holocaust wissen seit langem,
daß es nicht nur Fragen der Klassifizierung und andere allgemeine
Probleme sind, die ihnen das Lesen von Memoiren so schwer
machen. In ihrer Beschäftigung mit Memoiren über den Holocaust haben die Wissenschaftler sich von Anfang an sowohl die
Frage nach dem Zweck als auch nach dem Charakter der Memoiren von Augenzeugen gestellt. Wenn Memoiren als Beweise dienen sollen, was für eine Art von Beweisen ist es, und wofür sollen
sie benutzt werden? In seiner Studie »Problems Confronting ›Yad
Vashem‹ in its Work of Research« wendet sich der Historiker
Benzion Dinur ausdrücklich den Problemen zu, mit denen Yad
Vashem in seiner Forschungsarbeit konfrontiert ist, und versucht
sowohl die Aufgaben der neugegründeten Gedenkstätte in Jerusalem als auch die Methoden der Aufbewahrung und Präsentation
der »Beweise« von Katastrophe und Widerstand zu skizzieren.
»Die Memoiren und Erinnerungen von Menschen, die die Schrek-
ken der europäischen Katastrophe miterlebt haben und Zeugen
dieser Katastrophe sind, die ihre Entwicklung beobachtet oder
aktiv, ob in regulären militärischen Formationen oder in den Par-
tisanengruppen, als Untergrundkämpfer oder bei den Gettoauf-
ständen, am Kampf gegen die Nazi-Unterdrücker teilgenommen
haben«, so Dinur, »sind, unter welchem Blickwinkel auch immer,
von höchster Wichtigkeit.«[36]
Aber wofür sie wichtig sind, bleibt offen. Ob diese Memoiren in
den Kanon der Augenzeugenberichte Eingang fanden oder nicht,
hing vielfach davon ab, wie sie interpretiert wurden. Da sich Yad
Vashem zum Ziel gesetzt hat, die Katastrophe und den Widerstand

zu dokumentieren, ist es einerseits nur natürlich, daß die Signifikanz eines bestimmten Memoirenwerks als Beweis sowohl für die Katastrophe *als auch* für den Widerstand darüber entscheidet, ob dieses Werk in den Kanon der Augenzeugenberichte aufgenommen wird oder nicht. Andererseits räumt Dinur eingangs ein, daß nur diejenigen, die an den Ereignissen beteiligt waren, in der Lage sind, ganz konkrete Einblicke in den Ablauf der Ereignisse, in ihre Wirkungsmechanismen zu geben. Diejenigen, die überlebt haben, um Zeugnis abzulegen, haben von vornherein einen ganz bestimmten Begriff vom Überleben und allem, was ihnen dabei half – Widerstand, Glaube, Hoffnung und Glück eingeschlossen. Besonders der israelische Historiker wird in dem Zeugnis eines Menschen, der überlebt hat, immer auch das Zeugnis eines Menschen sehen, der Widerstand geleistet hat; die bloße Existenz dieser Geschichten verleiht ihnen gewissermaßen einen heroischen Aspekt.

So geht Dinur im Vorwort zu seinem Artikel über die wissenschaftliche Arbeit an der Gedenkstätte Yad Vashem im weiteren sehr theoretisch an die Probleme heran, mit denen wir konfrontiert sind, wenn wir in post factum geschriebenen Memoiren nach Beweisen suchen:

> Diese Memoiren müssen wie jedes andere Zeugnis behandelt und natürlich gründlich abgeklopft werden. Die geradlinige und einfache Erzählweise und die Anwesenheit des Erzählers am Schauplatz und zur Zeit des Geschehens sind an sich noch keine Garantie für die Authentizität solcher Memoiren. Das muß nicht unbedingt daran liegen, daß der Autor die tatsächlichen Ereignisse zu irgendeinem tieferen Zweck »korrigieren« oder »verbessern« wollte. Dem einzelnen fällt es schwer, von seiner eigenen Person zu abstrahieren. Er neigt dazu, die Vergangenheit und seine eigenen vergangenen Erfahrungen aus der Sicht der Gegenwart zu betrachten. Bei Beweisen dieser Art muß alles getan werden, um sämtliche Fakten zu verifizieren, die sich auf den Erzähler, den Platz und die Stellung, die er in der Zeit der Katastrophe innehatte, sowie auf seinen späteren Werdegang beziehen.[37]

Um dies zu leisten, müßte der Historiker von einer seiner wichtigsten Maximen abweichen und die Gewinnung von Kenntnissen über die Person des Verfassers der Memoiren über die Gewinnung von Erkenntnissen aus deren Inhalt stellen. Es ist nicht unwahrscheinlich, daß die Art und Weise, wie dieser Verfasser seine Memoiren gestaltet, weit mehr mit seinen gegenwärtigen Interessen zu tun hat als mit den Ereignissen, die er beschreibt. Unter Person versteht Dinur hier keineswegs nur die konkrete Person des Autors: Er meint auch dessen gesamte Disposition und die Denk- und Sprachstrukturen, die zwischen der Person und den Ereignissen vermitteln.

In diesem Zusammenhang fällt auf, daß der überlebende Memoirenschreiber im Unterschied zum Tagebuchautor sein Zeugnis im vollen Wissen um den Ausgang der Ereignisse beginnt, was unweigerlich dazu führt, daß vergangene Erfahrungen im Lichte der späteren in einen Kontext eingeordnet werden. Wenn er sich beispielsweise der Einzelheiten einer ersten Deportation erinnert, kann der Überlebende das Ziel des Transports nun nicht mehr einfach ignorieren. Rückblickend betrachtet, erhalten frühere Aktionen sehr viel stärker eine böse Vorbedeutung, und die Arglosigkeit, mit der die erste Deportation damals erlebt wurde, ist nicht mehr da. Die frühen Details eines Erlebnisberichts – und oft sogar die Art und Weise, in der die Ereignisse darin dargestellt sind – gewinnen im nachhinein eine Signifikanz, die sie für die in die Ereignisse verstrickten Opfer gar nicht haben konnten. Bei Chaim Kaplan, der in gewissen Zeitabständen einen Packen Tagebuchseiten verschickte und folglich keine Gelegenheit hatte, die Details seines Bildes zu verändern oder zu korrigieren, sind alle Widersprüche erhalten geblieben. Im Gegensatz dazu verschmilzt der Überlebende unweigerlich sein Bild mit seinem Wissen um den Ausgang der Ereignisse. Wir dürfen niemals vergessen, daß seine Zeugnisse post factum entstanden sind und das Verständnis der Ereignisse einerseits durch das Erzählen dieser Ereignisse erzeugt ist, wie andererseits das ursprüngliche Verständnis der Ereignisse dadurch, daß sie post factum erzählt werden, verlorengeht.

Indem der Memoirenschreiber die Ereignisse darstellt, gibt er ihnen eine Ordnung. Daneben aber wird die Vergangenheit, wie Weintraub argumentiert, auch in diesem Fall durch den Geist der Gegenwart und die an diese Gegenwart gebundenen Formen des Wissens geordnet:

> Man kann das eben entstehende Faktum nicht zusammen mit dem Fakt, wie er in seinem Resultat erscheint, sehen. Durch ein

solches Einkopieren des abgeschlossenen Faktums gewinnt das eben entstehende Faktum eine Bedeutung, die es vorher nicht hat. Wie bei allem historischen Verstehen ist die Bedeutung der Vergangenheit aus dem gegenwärtigen Verständnis heraus erkennbar und bedeutsam... Geschichte und Autobiographie beziehen ihr Gewicht daher, daß sie signifikante Ausschnitte aus der Vergangenheit als interpretierte Vergangenheit wiedergeben; denn beide sortieren die inkohärenten Realien des Lebens aus und weisen dem, was übrigbehalten wurde, seinen passenden Platz in einem größeren Bedeutungsmuster zu.[38]

»Wir dürfen nicht vergessen«, folgert Dinur, »daß eine der Voraussetzungen für das Schreiben von Reminiszenzen die Fähigkeit ist, die ›Atmosphäre‹ der Zeit wiederzugeben und auf diese Weise die Vergangenheit zu rekonstruieren... [und daß] es diese Fähigkeit ist, die solche Reminiszenzen für die historische Forschung so bedeutsam macht«. Und er warnt davor, unmittelbare Zeugnisse oder direkte Beweise anzustreben. Wenn er mit Atmosphäre nur das Ambiente oder das emotionale Milieu meint, hat er recht mit seiner Warnung, denn dies beides kann niemals haargenau so wiedergegeben werden, wie es war. Wenn er aber mit Atmosphäre die jeweiligen konkreten Details und die spezifischen Faktoren meint, die das Zeugnis eines jeden Zeugen durchdringen, den einzelnen Erscheinungen Gestalt verleihen, einige in den Vordergrund rücken und andere in den Hintergrund treten lassen, dann ist gerade diese »Atmosphäre« das Thema, mit dem sich die literaturwissenschaftliche Untersuchung von Memoiren zu befassen hat. Denn es sind ja nicht die Details, die von der Darstellung wieder zum Leben erweckt werden können, sondern allein das Verständnis dieser Details, das heißt die epistemologische Atmosphäre, in der sie zur damaligen Zeit existiert haben.

Die Historiker von Yad Vashem, die mit der Erhaltung, dem Ordnen und Zusammentragen unzähliger Augenzeugenberichte beauftragt sind, wissen nur allzugut um die Gefahren eines rhetorischen Gebrauchs oder Mißbrauchs von Memoirenliteratur. Sie wissen nur zu gut, daß Dinge, die beispielsweise als rechtliche Beweismittel in den Kriegsverbrecherprozessen von Nürnberg und Frankfurt benutzt wurden, von manchen als historisches, von anderen hingegen als rein rhetorisches Quellenmaterial gebraucht worden sind. In einer methodologischen Abhandlung über die

Verwendung von Augenzeugenberichten durch Holocaust-Historiker vermutet K. Y. Ball-Kaduri sogar, die wesentliche Bedeutung dieser Zeugnisse liege vielleicht nur darin, daß sie »die aus anderen Quellen bekannten nüchternen Fakten mit Leben und Blut erfüllen«.[39] Das heißt, daß Berichte von Ereignissen, aus denen die menschliche Persönlichkeit scheinbar eliminiert ist, ihre rhetorische Lebendigkeit der Tatsache zu verdanken scheinen, daß es sich um Augenzeugenberichte handelt und daß auf diese Weise die Zeugendarstellung wieder mit ihrer menschlichen Quelle und folglich also die Welt wieder mit ihrem Sprecher vereint wird. Das geschriebene Wort wird so mit der Autorität des Schreibers angereichert und darüber hinaus schließlich wieder mit dem Ding, das es bezeichnet, verknüpft. Wir werden in den folgenden Kapiteln noch sehen, daß sowohl die fiktionale als auch die dokumentarische Holocaust-Literatur auf genau diesen rhetorischen Aspekt des Zeugnisses baut, um auf diese Weise bestimmten Versionen der Ereignisse Authentizität zu geben.

Mit diesen Überlegungen soll nicht etwa die Integrität des Tagebuchschreibers in Frage gestellt werden. Es geht vielmehr darum, daß wir uns als Leser weniger auf die der Darstellung des Tagebuchschreibers zugrundeliegenden Ereignisse konzentrieren, sondern uns statt dessen verstärkt den Erklärungen und dem Wissen zuwenden, die in dieser Darstellung gegeben werden. Das Zeugnis des Überlebenden ist für uns in vieler Hinsicht wichtig, nicht nur, weil es Angaben über Zeitpunkte, Orte, Namen und Daten liefert. Wenn wir die Geschichte der Ereignisse ergründen wollen, müssen wir uns ansehen, wie jede einzelne Geschichte erzählt und dann nachträglich benutzt wird. Denn so unmittelbar die Zeugen auch mit den Ereignissen verbunden waren, so sind doch ihre literarischen Zeugnisse keineswegs völlig *un*vermittelt. Eingedenk dieser Tatsache ist es unser Ziel, den Prozeß des Zeugnisablegens Schritt für Schritt zu untersuchen und zu sehen, wie das Zeugnis in diesen Tagebüchern und Memoiren buchstäblich erzeugt wird.

4. Die Konsequenzen des interpretatorischen Zeugnisses

Daß die Schreiber der Gettos oder der Todeslager (von denen so wenige überlebt haben) das Wirken von Tod und Zerstörung dort wirklich erfahren und als Zeugen erlebt haben, ist eine unbestreitbare Tatsache. Dennoch ist es problematisch, anzunehmen, die Darstellung des Verlaufs der Ereignisse, ihrer Ursachen und Wirkungen und ihrer Bedeutungen in einem bestimmten Tagebuch sei im normativen Sinne wahr, weil der Erzähler dabei war. Dies gilt vor allem dann, wenn wir darüber die Mannigfaltigkeit von Bedeutungen und Signifikanzen vernachlässigen, die wir aus einander widersprechenden Berichten erhalten. Unsere Kritik hat nicht das Ziel, aus fünf verschiedenen Versionen etwa des Warschauer Gettoaufstands die wahrste herauszufinden und die vier anderen mithin zu verwerfen, weil sie von derjenigen, die die »größte« Autorität hat, abweichen. Viel wichtiger ist die Frage, wie die verschiedenen Tagebuchschreiber ihre Rolle bei diesem Aufstand gesehen haben und wie diese Sicht ihr Handeln bestimmt hat. Die »Fiktionen«, die in den Berichten der Überlebenden auftauchen, sind keine Abweichungen von der »Wahrheit«, sondern Bestandteil der Wahrheit, die in jeder einzelnen Version liegt. Wenn wir von dem fiktionalen Element im Zeugnis sprechen, dann diskutieren wir nicht über die Fakten, sondern über die unvermeidliche Diskrepanz zwischen der Wahrnehmung und der Darstellung dieser Fakten bei jedem einzelnen Zeugen, in jeder Sprache und jeder Kultur.

Damit wird die These, eine *im* Holocaust geschriebene Literatur besitze mehr Faktenwahrheit oder sei gar authentischer als eine von den Überlebenden *nach* den Ereignissen geschriebene, endgültig ad absurdum geführt. David Roskies ist zwar bereit, die von ihm sogenannte »Survival-Literatur« (das heißt Werke, die im Gefolge der Ereignisse geschrieben wurden) in den Kanon der Holocaust-Literatur mit aufzunehmen, macht aber dennoch einen Unterschied zwischen dieser Literatur und derjenigen, die er als die »eigentliche Holocaust-Literatur« bezeichnet (das heißt im Verlauf der Ereignisse geschriebene Werke).[40] Noch extremer ist Yechiel Szeintuchs Definition der Holocaust-Literatur, die, wie Roskies bemerkt, »alles, was auch nur eine Woche nach der Befreiung aus dem Gedächtnis geschrieben wurde, und selbstredend alles, was nach dem Krieg noch einmal überarbeitet worden ist, aus dem authentischen Kanon ausschließt«.[41] Als ontologisches oder literaturhistorisches Unterscheidungsmerkmal zur Bestimmung der Art und Weise, wie die all diesen literarischen Äußerungen zugrundeliegenden Ereignisse umgeformt und strukturiert wurden, mag die Berücksichtigung der zeitlichen Differenz zwischen dem, was in den Gettos und KZs geschrieben wurde, und dem, was über sie geschrieben wurde, recht nützlich sein; über den Grad der Umformung gibt sie indes keinen Aufschluß. Wir können untersuchen, wie Zeit und Ort mit anderen strukturell vermittelnden Faktoren – wie zum Beispiel Sprache und politische Orientierung – zusammengehen und der Art, wie verschiedene Autoren diese Erfahrungen darstellen, ihren Stempel aufdrücken. Aber so sehr das Schreiben inmitten des Wirbelsturms auch ontologisch insofern privilegiert sein mag, als es empirisch mit den Ereignissen verbunden ist, so ist es doch dadurch nicht »realer« oder »authentischer«, solange mit diesen beiden Begriffen die Glaubhaftigkeit der Fakten gemeint ist.

Die schreckliche Ironie besteht darin, daß beinahe alle Tagebuchschreiber und viele der Überlebenden uns daran erinnern, daß ihre Erkenntnisse, Interpretationen und Augenzeugenschilderungen, was die »Faktizität« betrifft, womöglich gerade wegen ihrer Nähe zu den Ereignissen noch weniger verläßlich sind. Der Philosoph Emil Fackenheim hat zum Beispiel festgestellt, daß er erst etliche Jahre nach seiner Internierung in Sachsenhausen zu verstehen begann, was dort geschehen war. Denn erst später konnte er erkennen: »Wenn der Augenzeuge in einem Schema von Dingen gefangen ist, die systematisch darauf abzielen, ihn zu täuschen, bedarf es der nachträglichen Reflexion, wenn er seinem Zeugnis Wahrheit verleihen will.«[42] Er stellt fest, daß selbst das geringe Maß an Kohärenz und Ordnung, das seine Erfahrungen damals gehabt haben, im wesentlichen von den Nazis selbst erzeugt worden war, und zwar natürlich nicht in der Absicht, Verständnis zu schaffen oder weitere Fakten ans Licht zu bringen, sondern vielmehr um die Lagerinsassen zu täuschen und die wahren Absichten der Deutschen zu verschleiern. So authentisch die Wahrnehmungen des Häftlings seinerzeit auch waren, so waren doch selbst diese Augenzeugenberichte zwangsläufig determiniert durch die Art und Weise, wie die Nazis die KZ- und Gettowirklichkeit insze-niert hatten. Eine der frustrierendsten und lähmendsten Einsich-ten war für die schreibenden Augenzeugen, daß sie als Opfer in den Gettos und KZs ihren Verfolgern in *jeder* Hinsicht auf Gedeih und Verderb ausgeliefert waren – selbst bei ihrem Bemühen, gegen diese Zeugnis abzulegen.

In seinem Warschauer Gettotagebuch klagt Chaim Kaplan häufig über die Fülle von Gerüchten im Getto und schwört schließlich, nichts zu schreiben, was er nicht mit eigenen Augen gesehen hat.[43] Aber obwohl er sich tapfer bemüht, Fakten und Gerüchte ausein-anderzuhalten, und sich auf das »Augenzeugnis« als sein einziges Arbeitskriterium beruft, erkennt er, in welch hohem Maße es oftmals zwei Seiten ein und derselben Realität gab. Denn die Deutschen begriffen nur allzugut, daß sie, indem sie einerseits Gerüchte von Greueln ankurbelten und diese Greuel andererseits den Alliierten und der jüdischen Propaganda zuschrieben, in der Lage waren, zur gleichen Zeit sowohl den Fluß an Informationen über die Realität als auch die Bedeutung solcher »Realitäten« zu manipulieren, womit sie natürlich die Desorientierung und Ver-wirrung, in die diese Realitäten die Opfer stürzten, noch größer machten. Während Kaplan das, was er sah, berichtet, war er mithin von dem schweren Argwohn gepeinigt, daß das, was »er sah« und also »verstand«, ebenso wie die Gerüchte, die ihm zu Ohren kamen, von den Nazis inszeniert waren.

Eines der zahlreichen Beispiele dieser meisterhaften Strukturie-rung der Ereignisse für die »Augenzeugen« war natürlich das Musterlager in Theresienstadt, wo man Caféhaus-Fassaden aufge-baut hatte und es sogar Kaffee-Ersatz und Kuchen für die Insassen gab, die von den Nazis dann für das Rote Kreuz gefilmt wurden. Andere, noch schmerzlichere Beispiele dieser illusionären Wirk-lichkeit reichen bis in die Bedeutung der wahrhaftigsten Ereignisse und Aktivitäten hinein; man denke nur an das erstaunliche Niveau der kulturellen Aktivitäten in den jüdischen Gettos buchstäblich bis zum Augenblick ihrer Liquidation. So wissen wir zum Bei-spiel, daß, während die Tagebuchschreiber getreulich davon be-richten, wie in den Gettos »geistiger Widerstand« geleistet wurde und wie sie angesichts der entmenschlichenden Taktiken der Nazis ihre Menschlichkeit und ihre Kultur behauptet haben, die Nazis selbst eifrig bestrebt waren, solche Aktivitäten »zu gestatten«, ja sogar zu fördern, um auf diese Weise jedem über den geistigen Widerstand hinausgehenden Aufbegehren zuvorzukommen.

Und während Ringelblum und Kaplan unabhängig voneinander davon berichten, wie sich die Opfer auch im Warschauer Getto der Gelehrsamkeit, dem Studium der Religion und der Kultur verpflichtet fühlten, sahen andere »Dokumentaristen« diese Realitäten völlig anders. In einem Brief an seinen Vorgesetzten beim Generalgouvernement schreibt der deutsche Kommandant des Warschauer Gettos, seiner »Ansicht« nach sei es ein Prinzip, das

> sich als äußerst vorteilhaft erwiesen hat, den Juden maximale Freiheit bei der Regelung ihrer eigenen Angelegenheiten innerhalb des Bezirks zu gewähren. Die ganze kommunale Verwaltung liegt in ihren Händen... Wenn Mängel auftreten, richten die Juden ihren Groll gegen die jüdische Administration und nicht gegen die übergeordneten deutschen Stellen. Hinzu kommt die den Juden bisher zugestandene weitestgehende Freiheit bei sogenannten kulturellen Aktivitäten. Sie haben Theater, Varietés, Caféhäuser etc. Die Juden haben Volksschulen eröffnet und das System der Gewerbeschulen beträchtlich entwickelt. All diese Maßnahmen haben zu einer gewissen Sicherheit geführt, die notwendig ist, wenn wir ihre wirtschaftliche Kraft für unsere Zwecke ausbeuten wollen.[44]

Zwar sahen die jüdischen Opfer in diesen Aktivitäten eine Bestätigung des Lebens und der Menschlichkeit, doch hielten die Nazis sich selbst, nicht die Juden, für die wahren Architekten dieser Aktivitäten. Die Nazis gestalteten die Bedingungen im Getto natürlicher und normaler, um ihre Bewohner nur um so vollkommener vernichten zu können. Daß Lernen und Gelehrsamkeit auch unter diesen Verhältnisse noch irgendwie blühten, daß Schriftsteller weiter publizierten und daß weiterhin Theater gespielt und Sinfonien aufgeführt wurden, ist unbestreitbar. Aber die Bedeutung und Bedeutsamkeit, die beide, Mörder und Opfer, diesen Aktivitäten beimaßen, war letztlich der Durchführung dieser Greueltaten nur dienlich. Die realen Ereignisse wurden auf diese Weise durch die mannigfaltigen Interpretationen und Verständnisweisen, die ihnen zugrunde lagen, gewissermaßen im doppelten Sinne »autorisiert«, nämlich erzeugt und bestätigt.

Aus den Tagebüchern können wir darauf schließen, wie die Schreiber sich selbst sahen, wie sie ihre Lebensbedingungen in bestimmte Metaphern faßten und wie dies sie dazu brachte, auf eine bestimmte Weise zu handeln. Bei Czerniakow ist es zum Beispiel vor allem eine Metapher, die uns heute eine ganze Reihe von Kenntnissen erschließt, obgleich sie für den Tagebuchschreiber zunächst nur dessen eigenes Selbstverständnis bestimmt haben dürfte: »Viele Menschen sind mir böse, weil ich Spiele für die Kinder organisiere, festliche Eröffnungen von Spielplätzen arrangiere, wegen der Musik etc. Das erinnert mich an einen Film: ein Schiff sinkt, und der Kapitän befiehlt, das Orchester solle, um die Stimmung der Passagiere zu heben, Jazzmusik spielen. Ich hatte mich entschlossen, es dem Kapitän gleichzutun.«[45] Zwar konnte er nicht einmal diese Rolle als Kapitän eines sinkenden Schiffes zu Ende spielen, doch weist diese Passage nicht nur auf Czerniakows persönliche Verzweiflung hin, sondern auch darauf, daß er sich dessen bewußt war, daß er in seiner Rolle die »Passagiere« nicht wirklich retten, sondern nur dafür sorgen konnte, daß sie ihre letzten Augenblicke als möglichst normal empfanden.

In gewisser Weise erscheint uns selbst Czerniakows Selbstmord angesichts dieser und anderer Metaphern, in denen er sich selbst darstellt und offenbar auch versteht, besonders in der Metapher des Heiligen und Märtyrers, weniger unerwartet. In seinen Betrachtungen zu Czerniakows Tagebuch stellt Nachman Blumental denn auch fest, daß der Tagebuchschreiber »das Ideal des passiven Märtyrers, des ›Heiligen‹, zu entwickeln begann, der Schmerz und Leiden auf sich nimmt, um andere zu erlösen und zu befreien... eine Art ›Anhelli‹, ... der durch sein Leiden das polnische Volk von seinen Sünden reinigt und seine Erlösung bewirkt.«[46] Zwar mögen, so Blumental weiter, Heiligkeit und Märtyrertum keine bewußten Ideale gewesen sein, auf die Czerniakow in seinem Gettoleben aktiv hinstrebte. Als Metaphern seines Selbstverständnisses stellten sie aber wohl dennoch ein Bezugssystem dar, in das er sowohl seine Lebensumstände als auch seine Rolle im Getto einordnen konnte. In diesem Sinne dürften sie ihm selbst sein Handeln erklärlich gemacht und dieses Handeln schließlich sogar bis zu einem gewissen Grade motiviert haben.

So gesehen, erhalten die allgemeineren traditionellen Paradigmen, die Chaim Kaplan in seine Gettotagebücher aufgenommen hat, wie auch die seiner Darstellung eigentümlichen Bilder und Tropen ihre Signifikanz, und zwar sowohl im Hinblick darauf, wie der

Autor mit ihrer Hilfe die verschiedenen, ihm im Hebräischen verfügbaren biblischen Anklänge reflektiert hat, als auch in bezug darauf, wie sie die Form und die Bedeutung determinierten, die er seinen Erfahrungen gab. Das heißt, seine Metaphern waren niemals reine Beschreibungen der Ereignisse, sondern *schrieben* immer auch bestimmte Interpretationen *vor*. Wenn er zum Beispiel schreibt: »Ich blickte auf die Danteschen Szenen in den Straßen Warschaus und konnte mich nicht enthalten zu denken: Sind wir wirklich schuldiger als jedes andere Volk? Haben wir mehr gesündigt als andere?«[47], hat es den Anschein, als ob er Zuflucht zu einer gewissermaßen reflexiven Analogie nähme, um nicht selbst Schlußfolgerungen ziehen zu müssen. Denn die Metapher von Hölle und Verdammnis kann natürlich nicht erklären, warum gerade die Juden dazu bestimmt waren, vernichtet zu werden, aber sie erklärt zumindest im Ansatz, wie Kaplan bei all seiner Skepsis auf solche Schlußfolgerungen kam. Es scheint, als hätten sich die Erweiterungen, sobald die Analogie einmal hergestellt war, geradezu von selbst eingestellt.

Daß Kaplan in seinen Tagebuch-Reflexionen fast täglich die Bilanz von Zerstörung und Rettung zieht, bedeutet sicherlich nicht, daß jede Katastrophe im Getto tatsächlich ihr rettendes Gegengewicht gehabt hätte. Vielmehr scheint Kaplan, während er die Ereignisse für seine tägliche Tagebucheintragung auswählte, seine Lage automatisch unter dem Blickwinkel der traditionellen Dialektik von Zerstörung und Errettung begriffen zu haben, der zufolge jede neue Zerstörung im Getto automatisch von einer guten Nachricht »von der Front« begleitet war:

Und so hat die Armee Hitlers eine Metropole von zwei Millionen Menschen mit schwerer Artillerie eingekreist, die Wasserversorgung abgeschnitten, die elektrischen Leitungen beschädigt und die Menschen aller Lebensmittel und Bedarfsgegenstände beraubt. Und überschüttete sie zehn Stunden lang mit einem Trommelfeuer aus Schwefel und Pech und glühendem Eisen.

Plötzlich aber wehte unter der Stadtbevölkerung ein frischer Wind. Wir spürten instinktiv, daß ein Wandel zu unseren Gunsten eingetreten war. Man flüsterte sich zu, daß die nächsten Stunden irgendwie die Rettung brächten, und die düsteren und trübseligen Mienen begannen sich aufzuhellen. Es gingen verschiedene Gerüchte von Mund zu Mund. Von der nahe gelegenen Front strömten zahlreiche Soldaten in die Stadt, die sogleich von Auskunft heischenden Zivilisten umringt wurden.

Plötzlich fegte eine Proklamation durch die Stadt: Waffenstillstand![48]

Natürlich gab es weder an diesem noch an irgendeinem anderen Tag einen Waffenstillstand für die fünfhunderttausend Einwohner des Gettos. Doch da Zerstörung und Errettung in der Tradition des Alten Testaments dialektisch miteinander verbunden sind, scheint es, als habe die Tradition selber sowohl die einzelnen Ereignisse des Tages als auch die Bedeutung, die der Tagebuchschreiber in ihnen fand, ausgewählt. Bis zu einem gewissen Grade empfanden die Opfer selbst dort, wo in Wirklichkeit kein Ereignis eintrat und in einer konkreten Tragödie Rettung brachte, doch fast immer das im Leitmythos liegende Versprechen der Errettung, das Hoffnung brachte, die ihnen wiederum helfen konnte, einen weiteren Tag zu überleben. Ein Paradigma wie die Dialektik von Zerstörung und Errettung konnte auf diese Weise in zweierlei Hinsicht nützen: Es gestaltete die Erfahrung und Wahrnehmung auf illusionärer Grundlage, erhielt jedoch wohl auch das Leben (oder den Lebenswillen) auf gleichermaßen illusionärer Grundlage aufrecht. Aber ob illusionär oder nicht, die Art und Weise, wie ein solcher Mythos das Verständnis des Tagebuchschreibers von sich selbst, seinem Volk und dem Leben im Getto durchdrang, hatte konkrete Folgen nicht nur für die Ereignisse selbst, sondern auch dafür, wie sie, während sie sich vollzogen, erzählt wurden.

Selbst wenn die ganz besondere Authentizität und Autorität, die allem, was im Verlauf der Ereignisse geschrieben worden ist, anhaftet, den Tagebüchern keine unbestreitbare Faktizität gibt, verleiht sie der Signifikanz der in diesen Darstellungen implizit enthaltenen Interpretationen doch ein viel größeres Gewicht. In diesem Sinne gewinnen diese Tagebücher eine Bedeutung, die weit über die »Fakten« hinausreicht, die sie womöglich mitteilen können, denn vielleicht haben die in diesen Darstellungen reflektierten und konstruierten interpretatorischen Wahrheiten den Schreiber und seine Gemeinschaft zu bestimmten Formen des Handelns motiviert: Man könnte also sagen, daß die von den erzählerischen, religiösen und sprachlichen Schemata des Schreibers geprägte Interpretation der Ereignisse auf deren Verlauf zurückgewirkt hat.

Anders als bei den retrospektiven Interpretationen der Memoirenschreiber und selbst der Historiker unserer Tage funktionierten
die Bilder und erzählerischen Mythen der Tagebuchschreiber als
Triebkräfte ihres Alltagslebens. Das verleiht dem Zeugnis der
Tagebuchschreiber eine »Poetik«, die für den Leser von unschätzbarem Wert ist, hilft sie ihm doch zu verstehen, wie die Darstellung
die Interpretation erzeugt und wie die Interpretationen der laufenden Ereignisse deren letztendlichen Verlauf beeinflußt hat. Nichts
kann schließlich »authentischer« sein als die Art und Weise, wie
die Interpretationen, die die Tagebuchschreiber ihren Erfahrungen
gaben, im Leben dieser Menschen Gewicht erlangten und zu
Triebkräften ihres Handelns wurden; nichts ist authentischer als
die Konsequenzen, die sich für ein Menschenleben daraus ergeben, wie dieses Leben tags zuvor dargestellt worden ist. Man kann
sagen, daß nicht die vermeintliche Faktizität eines Berichts, sondern die Interpretation der Ereignisse durch den Schreiber eines
Gettotagebuchs die authentische Wahrheit seiner Darstellung ist.

5. Schlußfolgerungen

Das Verlangen nach Beweisen, die dazu benutzt werden können,
bestimmte Berichte und Erklärungen der Ereignisse zu illustrieren
und zu rechtfertigen, ist in der historischen Literatur seit jeher
übermächtig. Ohne indes das Wesen des Beweises als Konstrukt
zu verstehen und sodann das Verlangen nach Beweisen von seiner
tatsächlichen rhetorischen Funktion zu trennen – die darin besteht, den Leitmythos eines Autors zu naturalisieren und von
diesem naturalisiert zu werden –, ist ein tieferes Verständnis der
wechselseitigen Durchdringung von Ereignissen, Darstellung und
historischer Interpretation nicht zu leisten. Das heißt, wenn wir
uns literarischen Zeugnissen des Holocaust zuwenden, so tun wir
dies nicht, um Beweise für die Ereignisse zu erhalten, sondern um
Wissen über sie zu erlangen. Anstatt Beweise für Erfahrungen zu
suchen, sollte der Leser anerkennen, daß das literarische Zeugnis
nicht in erster Linie die Erfahrungen, die es erzählt, sondern vor
allem die begrifflichen Voraussetzungen dokumentiert, unter denen der Erzählende die Erfahrung wahrgenommen hat. Wenn das

literarische Zeugnis von Tagebuch- und Memoirenschreibern darüber hinaus noch irgend etwas beweist, dann nur den Akt des Schreibens selbst. Das heißt, wenn die Darstellung auch nicht Ereignisse dokumentieren oder eine vollkommene *Tatsachentreue* [*factuality*] konstituieren kann, so kann sie doch die *Tatsächlichkeit* [*actuality*] von Schreiber und Text dokumentieren. Der Schreiber und seine Verbindung zu den Ereignissen sind auf diese Weise zwar nicht in den Worten des Schreibers, wohl aber in der Tätigkeit des Schreibens, mit der die Worte zu Papier gebracht wurden, vergegenständlicht. Erzählstrategie, Struktur und Stil, all das kommentiert auf seine Weise den Akt des Schreibens an sich, der nun durch den in diesem Akt erzeugten Text evident ist.

Als Realität nach den Fakten sind die Tagebücher aus den KZs und Gettos buchstäblich Artefakte dieser Ära. In einigen Fällen kann die physische Materialität der Tagebücher – in Gestalt von Papierfetzen, Holzstücken oder zerrissenen Zetteln – diesen Texten sogar die Beweiskraft verleihen, die ihr wiederholte Bescheinigungen der Faktizität im Text selbst nicht geben können. Durch ihre, wie Peirce vielleicht sagen würde, indexikalische Beziehung zu den Ereignissen, für die sie stehen[49], behalten Tagebücher wie das von Ringelblum, das man in Warschau in Milchkannen gestopft hatte, oder diejenigen, die das Sonderkommando neben den Krematorien von Auschwitz in Essensbehältern vergraben hatte, ihre Verbindungen zu Zeit und Ort und zu den Ereignissen. So ist es vielleicht eher die Tatsächlichkeit und nicht die Tatsachentreue des Tagebuchs, an die wir uns halten, um unser Verlangen nach Beweisen im literarischen Zeugnis des Holocaust zu befriedigen.

Der überlebende Memoirenschreiber mag noch so sehr darauf bestehen, daß er Beweise für die an ihm und seinem Volk begangenen Verbrechen erbringt, am Ende kann man sagen, daß auch er, ebenso wie der zum Opfer gewordene Tagebuchschreiber, der nur seine eigene Aktivität als Tagebuchschreiber dokumentiert, nichts anderes überzeugend dokumentiert als seine eigene Existenz nach dem Holocaust. So wird die Literatur des Überlebenden weniger zum Zeugnis für die Toten von Auschwitz als vielmehr für sein Leben nach Auschwitz. Das Schreiben eines Überlebenden nach dem Holocaust ist der Beweis dafür, daß er über die »Endlösung« gesiegt hat. Es ist der unwiderlegbare Beweis dafür, daß er im Jetzt existiert – ein Gedanke, den kein Überlebender jemals für selbstverständlich hält. »Ich schreibe, um zu beweisen, daß ich bin«, sagt Mendel Mann, »daß ich existiere, daß auch ich noch auf diesem Planeten bin. Die Welt hat mich dazu verurteilt, zu sterben. *Ich schreibe, weil ich durch meine Bücher Zeugnis ablege von meiner Existenz.*«[50] Für Mann ist das Schreiben die endgültige Behauptung des eigenen Ich gegen die Erfahrung, eine Widerlegung (wenngleich kein Leugnen) von Erfahrungen, die ihn hätten vernichten können. Mit all seinen Worten hat Mendel Mann immer wieder das eine gesagt: »Ich schreibe, also bin ich.«

Für die Tagebuch- und Memoirenschreiber des Holocaust ist das Schreiben nicht nur eine Bestätigung der Existenz des Schreibenden, sondern es sichert auch ihre literarische Existenz danach. Indem sie ihre Erfahrungen in geschriebene Texte verwandeln, erhalten die Schreiber sich selbst am Leben und sichern sich bleibende Existenz. Sie sind auf diese Weise, wie Derrida es ausdrückt, diejenigen, die schreiben und geschrieben werden.[51] In einer Phänomenologie des literarischen Zeugnisses ist dies ein entscheidender Punkt: denn erst wenn der Überlebende seine eigene Existenz bestätigt hat, kann er sich selbst als Zeuge oder Spur der Ereignisse begreifen, von denen er Zeugnis ablegt. Auf diese Weise versucht der Zeuge verzweifelt, das »Ich schreibe, also bin ich« zu erweitern zum »Ich schreibe, also war der Holocaust.« Zwar hat das Dilemma, vor dem diese Schreiber stehen, wenn sie erkennen, daß ihr Zeugnis ihre Erfahrungen zugleich objektiviert, transformiert und verdrängt, bei einigen Überlebenden den literarischen Impuls gelähmt, andere aber beharren trotz allem auf ihrer Arbeit. Der Überlebende des Holocaust, der weiterhin literarisch Zeugnis ablegt, ist anscheinend intuitiv zu der paradoxen Erkenntnis gelangt, daß der Holocaust selbst dann, wenn seine Worte nicht länger Spuren des Holocaust sind, ohne diese Worte überhaupt nicht Gestalt annehmen kann. Das heißt, er erkennt zwar, daß sein Wort an sich keinen Beweis für die Ereignisse erbringt; er ist aber dennoch der Meinung, daß das Gewesene einzig und allein durch seine Worte Gestalt gewinnen kann. Er befürchtet, wie Derrida sagt, daß »die Dinge gleichzeitig zum Existieren kommen und ihre Existenz verlieren, dadurch, daß sie benannt werden«, findet aber, wie dieser, Trost in dem Hegelschen Korollar, daß es sich dabei um eine »Aufopferung der Existenz an das Wort«, doch zugleich auch um eine »Weihe der Existenz durch das Wort« handele.[52]

Die literarischen Dokumentaristen des Holocaust sind zwar noch immer geneigt, ihre Literatur als »Zeugnisliteratur« zu bezeichnen, doch im Endeffekt bemühen sie sich damit einesteils, in ihren Texten die Autorität des Zeugnisses zu behaupten, ja sogar zu erzeugen, und anderenteils das ihrer Arbeit immanente phänomenologische Verlangen nach solcher Autorität zu befriedigen. Doch wie ich zu zeigen versucht habe, kann dies keine buchstäbliche Charakterisierung der tatsächlichen Funktion dieser Literatur sein. Nachdem wir die Quellen für dieses Verlangen nach Autorität des Zeugnisses in den literarischen Darstellungen des Holocaust näher untersucht haben, können wir diesen Impuls allerdings akzeptieren, obschon wir dabei nicht stehenbleiben dürfen. Die Kritiker von Dokumentarliteratur zu anderen Themen interessieren sich zwar seit neuestem für das Problem der Narrativität ihres Genres, doch die meisten von ihnen wagen es nicht, den Anspruch auf dokumentarische Zeugnishaftigkeit anzutasten, den diese Literatur an sich selbst stellt. Wenn wir indes eine narratologische Kritik dieser Ansprüche unterlassen, kann es uns meines Erachtens nicht gelingen, die entscheidenden Unterschiede zwischen der dieser Literatur eigenen »Rhetorik des Faktums« und ihrer unschätzbaren Funktion als historische Exegese zu verdeutlichen. Die meisten Geschichtstheoretiker räumen heute ein, daß die Legitimität und der Wert historischer Quellen nicht ausschließlich in ihrer Tatsachentreue begründet sein können, würden doch die Leser andernfalls ständig durch einander widersprechende Versionen verwirrt werden. Anstatt die konkurrierenden Berichte zu disqualifizieren, erkennt der kritische Leser an, daß jeder Schreiber des Holocaust eine »andere Geschichte« zu erzählen hat, und zwar nicht etwa, weil das, was so vielen anderen geschah, so wesentlich »anders« war, sondern weil die Art und Weise, *wie* Opfer und Überlebende ihre Erfahrungen begriffen und erzählt haben, mit zum tatsächlichen Kern »ihrer Geschichte« gehört. So gesehen, geht es nicht darum, ob ein Komplex von Fakten wahrheitsgemäßer als ein anderer ist oder ob die Fakten überhaupt zu einer literarischen Darstellung transformiert wurden. Das Ziel einer Untersuchung »literarischer Zeugnisse« besteht vielmehr darin, zu bestimmen, *wie* die Erfahrungen des Schreibers innerhalb und außerhalb der Darstellung gestaltet worden sind. Wenn wir anerkennen, daß zwischen den »Fakten« der Geschichte und ihrer reflexiven Interpretation in der literarischen Darstellung kein wesentlicher Unterschied besteht und daß es zwischen den »Fakten« des Holocaust und ihrer Interpretation vielleicht einen fatalen Zusammenhang gibt, dann können wir sowohl die Fakten als auch die Frage der Poetik des literarischen Zeugnisses hinter uns lassen und uns den Konsequenzen zuwenden, die beide nach sich ziehen.

Zweites Kapitel

Vom Zeugnis zur Legende

Geschichten vom Holocaust

> Ich glaubte, eine Seite aus einem Geschichten-
> buch, aus einem historischen Roman... zu er-
> leben.
> *Elie Wiesel*

I

Bevor wir uns mit den rhetorischen Verwendungen des Zeugnisses
in der fiktionalen Holocaust-Literatur befassen, wollen wir einen
kurzen Blick auf eine andere wenig erforschte Hybride des Holocaust werfen, nämlich auf die Geschichten und Legenden aus jener
Zeit, die die Überlebenden erzählen. Innerhalb einer großen
Spanne zwischen Tagebuch- und fiktionaler Literatur gibt es einen
kleineren, weniger deutlich erkennbaren Ausschnitt zwischen
Memoiren und der Legende, in der die Überlebenden entlang
bereits bestehender kultureller Axiome tatsächliche Ereignisse
parabelhaft, ja sogar didaktisch nacherzählen. Im vorliegenden
Kapitel sollen sowohl Geschichten, die auf legendären oder my-
thischen Formeln basieren, als auch Berichte, die selbst Legendencharakter angenommen haben, untersucht werden. Für erstere
stehen Yaffa Eliachs *Hasidic Tales of the Holocaust*, für letztere
Sara Nomberg-Przytyks *True Tales from a Grotesque Land*. Die
Grenze zwischen Memoiren und Legende ist bislang noch nicht
klar definiert, und angesichts der Verwirrung, die das Problem bei
Verlegern, Herausgebern, Autoren und Lesern immer wieder stif-
tet, ist es angebracht, daß wir uns eingehender damit beschäftigen.
Wenn wir nun den Weg vom Zeugnis zu den Erzählungen der
Zeugen nachvollziehen, können wir dabei die allgemeinere Unter-
scheidung zwischen den von Überlebenden geschriebenen »Erin-
nerungsromanen« und den »fiktionalen Memoiren« der Dokumentarschriftsteller, deren Augenzeugenschaft beziehungsweise
deren Opferstatus allein auf der literarischen Konstruktion ihres
Texts beruhen, außer acht lassen.
In diesem Zusammenhang erscheint, was in einer Sammlung ohne

allen wissenschaftlichen Anspruch als vergleichsweise geringfügiges Versehen gelten könnte, bei Yaffa Eliachs *Hasidic Tales of the Holocaust* durchaus problematisch.[1] Hieß es nämlich in der ersten Auflage dieser Geschichten noch »herausgegeben von Yaffa Eliach«, so wurde diese Angabe von Oxford University Press in späteren Auflagen einfach mit weißer Korrekturflüssigkeit übermalt, wodurch die ohnehin nicht ganz klare Beziehung zwischen Eliach und diesen Geschichten, unentschieden genug, gänzlich offen gelassen wurde. Die Titelseite der neuesten Paperback-Ausgabe weist Eliach als Autorin dieser Geschichten aus. Leider zeigen diese Veränderungen im Titel nur allzu deutlich die Konfusion sowohl der Autorin-Bearbeiterin als auch des Verlages hinsichtlich der Frage, ob Eliach die Erzählungen lediglich gesammelt und zu einer Anthologie zusammengefaßt hat oder ob sie tatsächlich aus ihrer Feder stammen.

Normalerweise brauchte man sich bei solch einer im Grunde harmlosen Emendation nicht weiter aufzuhalten, zumal dies ja die Gefahr in sich birgt, daß von dem wichtigen Beitrag abgelenkt wird, den ein Buch wie dieses zum Verständnis des Holocaust leisten kann. Angesichts der im vorigen Teil behandelten Fragen aber wird es zunehmend schwieriger, davon abzusehen, auf welche Weise die Ereignisse rekonstruiert und dargestellt werden. Denn jetzt wird klar, daß es bei der Kritik, wie wir sie verstehen, nicht selten gerade darum geht, auf welche Weise literarische und rituelle Formen des Erinnerns das Wesen der Ereignisse reflektieren und damit zugleich unser heutiges Verständnis dieser Ereignisse bestimmen. Mit ihrer Unfähigkeit, die Form, in die sie als Erzählerin die chassidischen Erfahrungen gebracht hat, von der Form zu unterscheiden, die ihnen die Originalerzähler gaben, beweist Eliach eine verblüffende Naivität gegenüber ihrem eigenen Anteil an diesen Geschichten, die sie in Wirklichkeit selbst erdacht und in der Form der Chassiden erzählt hat. Eliachs Behauptung, sie habe in der chassidischen Erzählung ein neues Genre der Holocaust-Literatur entdeckt, erscheint zwar plausibel. Wahrscheinlicher aber ist, daß sie dieses Genre weniger entdeckt als vielmehr neu geschaffen hat.

Kurzum, Eliach hat an die neunundachtzig Geschichten über den Holocaust zu Papier gebracht, die sie über mehrere Jahre hinweg aus ihren eigenen Interviews mit überlebenden Chassiden, aus

Auszügen aus Interviews, die ihre Studenten führten, aus den *Motza'eh-shabbat*-Erzählsitzungen sowie aus dem wenigen, was die untergegangene europäische Chassidengemeinde an Schriftgut hinterläßt, zusammengetragen hatte. »Die Originalinterviews wurden in mehr als neun Sprachen und zahlreichen Dialekten geführt«, berichtet sie und beschreibt dann ihre Methode:

Wenn ich selbst die Interviews führte, habe ich dies am Ende der Erzählung vermerkt und, je nachdem, ob ich das Gespräch auf Tonband aufgezeichnet oder aus der Erinnerung wiedergegeben habe, entweder »basiert auf meinem Interview mit…« oder »gehört von…« oder »im Hause von…« dazugeschrieben. Ich übersetzte die Geschichten ins Englische, wobei ich das Rohmaterial für die Erzählung aus dem Interview herauszog und diese in einem konsequent literarischen Stil neu schrieb, um den einzelnen Erzählungen eine einheitliche Form und Struktur zu geben. In dem Prozeß, in dem ich das Material vom Dokument zu Kunst umformte, bemühte ich mich jedoch ganz bewußt, sowohl dem literarischen Genre der chassidischen Geschichte als auch dem einzelnen Geschichtenerzähler und dem jeweiligen historischen Ereignis größtmögliche Gerechtigkeit widerfahren zu lassen.[2]

Es ging also vor allem darum, die Form der chassidischen Geschichte mit ihren ganz spezifischen Lehren und Wahrheiten zu bewahren. Da Eliach aber gleichzeitig die Ereignisse überliefern wollte, war sie genötigt, diese zu Legenden umzuformulieren, damit sie den chassidischen Grundsätzen von Rechtschaffenheit und Gerechtigkeit entsprachen. Und damit wird die Konfusion, die auf der Titelseite ihren Anfang nahm, im Vorwort der Autorin noch vergrößert, denn hier gesteht sie einerseits ein, sie habe etliche Phasen der Strukturierung, der Übersetzung und der Anpassung an das Genre durchlaufen müssen, besteht aber andererseits, was völlig unhaltbar ist, auf der Historizität dieser Erzählungen und erklärt, sie seien Geschichte und Legende, Dokumentation und Kunst in einem.

Natürlich ist es wichtig, die Verbindung zwischen diesen Erzählungen und den Ereignissen herzustellen, aber Eliach geht in ihren Geschichten noch einen Schritt weiter und versucht die Ereignisse durch die Erzählungen zu verifizieren. »Als die innere Ordnung dieser Geschichten klar wurde und meine Arbeit an dem Buch

Struktur bekam, merkte ich, daß ein Element fehlte: Ohne historische Verifizierung war die Umformung des Materials vom Dokument in Kunst nicht vollendet«, schreibt sie und führt dann aus:

> Bis zu diesem Punkt war ich nur zwei von meinen Sachgebieten gerecht geworden: dem Chassidismus und dem Holocaust, nicht aber der Geschichte. In einer weiteren Arbeitsphase formte ich die Erzählungen abermals durch und schloß so den Kreis von der Dokumentation zur Kunst und wieder zurück zur Dokumentation. Ich untersuchte jede einzelne Erzählung auf ihre historische Genauigkeit und Schlüssigkeit hin: Hat dieses oder jenes Ereignis, von dem der Originalerzähler berichtet hat, tatsächlich zu dem von ihm genannten Zeitpunkt und an dem von ihm genannten Ort stattgefunden? Wo es irgend möglich war, habe ich die Ereignisse und die Glaubwürdigkeit der Erzählung verifiziert.[3]

Der Impuls, die Quellen einer bestimmten Erzählung zu lokalisieren, ist nur zu verständlich. Im vorliegenden Fall aber geht es wohl eher um die Befriedigung einer literaturgeschichtlichen Neugier bezüglich des Originalschauplatzes der Erzählung als um die Suche nach historischer Wahrheit. Wenn die Figur des *Zaddik* (des Gerechten) in diesen Geschichten tatsächlich von so zentraler Bedeutung ist, wie Eliach behauptet, und wenn der Zaddik, wie sie schreibt, im Gegensatz zum griechischen oder christlichen Helden ein Übermensch mit mystischen Kräften ist, durch die er die ihn umgebende historische Realität zu transzendieren vermag[4], wird ihr Beharren auf der historischen Glaubwürdigkeit dieser Erzählungen nur um so fragwürdiger.

Denn viele dieser Erzählungen tragen in der Tat eindeutig Legendencharakter, sind fest in der reichen chassidischen Erzähltradition verankert und nicht selten lediglich umgestaltet und mit Elementen der schrecklichen Erfahrungen der chassidischen Überlebenden angereichert. In einigen Fällen bilden diese Geschichten den Nährboden für neue Legenden, für Erzählungen, die mit der Zeit selbst einen gewissen Legendencharakter annehmen. Liest man sie als das, was sie sind – Parabeln, die aus dem kollektiven Gedächtnis einer Gruppe kommen, deren Mitglieder sie wieder und wieder erzählt und übersetzt haben, und die nun zum erstenmal aufgeschrieben worden sind –, dann zeigen diese Erzählungen auf eine faszinierende, ja sogar inspirierende Weise, mit welcher

Menschlichkeit die Chassiden die unmenschlichste aller Zeiten reflektiert haben. Aber sie sind nicht, wie die Autorin in ihrem Vorwort so arglos insistiert, Dokumente von Fakten, die man mit geschichtswissenschaftlichem Instrumentarium verifizieren und analysieren kann. Sie sind vielmehr zwangsläufig allegorisch und parabelhaft in Anlage und Intention und behaupten die Überlegenheit des Geistes über die Tatsachen, den Triumph der Vision über die Ereignisse. Die chassidischen Erzählungen über den Holocaust dokumentieren nicht die Geschichte des Holocaust oder »die geistige Welt des Holocaust-Opfers« im allgemeinen (wie Eliach meint), sondern ein ausschließlich chassidisches Verständnis der Ereignisse, ein Bekenntnis zur Weisheit und zur Tradition im Angesicht von Ereignissen, die diese beiden Werte negierten.

In »Hovering Above a Pit«, der ersten Geschichte dieser Sammlung, ist das Wesentliche folglich nicht, daß die große Todesgrube von Janowska, über die der Rabbi Spira aus Slushow springen muß – ein eigentlich hoffnungsloses Unterfangen –, in genau dieser Form und an genau diesem Ort existiert hat, wie Eliach in umfangreichen Fußnoten eindringlich erklärt, oder daß der Originalerzähler dieser Geschichte, der Rabbi, tatsächlich über die Grube gesprungen ist. Denn erstens interessieren uns diese Erzählungen nicht deshalb, weil wir Beweise für Wunder suchen, und zweitens hat der Rabbi seine Geschichte nicht vordergründig in der Absicht erzählt, ein Ereignis mitzuteilen. Entscheidend ist die Erklärung, die uns der in seinem Glauben unerschütterliche Rabbi dafür gibt, daß er und sein Freund, der Freidenker – *baruch ha-shem* –, sicher auf der anderen Seite gelandet sind:

»Spira, wir haben es geschafft, wir haben es geschafft, wir leben!« wiederholte der Freund ein ums andere Mal, während ihm heiße Tränen aus den Augen rannen. »Spira, Euch verdanke ich es, daß ich am Leben bin; wahrhaftig, es muß einen Gott im Himmel geben. Sagt mir, Rebbe, wie habt Ihr das gemacht?«

»Ich habe mich an den Werten meiner Vorfahren festgehalten. Ich habe mich an den Rockschößen meines Vaters und meines Großvaters und meines Urgroßvaters, sollen ruhen in Frieden, festgehalten«, sagte der Rabbi, und sein Blick durchforschte die schwarzen Himmel dort droben. »Sage mir, mein Freund, wie bist *du* auf die andere Seite der Grube gekommen?« – »Ich habe mich an *Euch* festgehalten«, erwiderte der Freund des Rabbis.[5]

So hat sich vielleicht auch Eliach an den Rockschößen ihrer Ahnen festgeklammert, als sie uns diese Geschichten von der anderen Seite des Abgrunds zurückbrachte. Aber indem sie diese Legenden so beharrlich in konkreten Zeiträumen und an konkreten Orten lokalisiert, lenkt sie den Leser mit Gewalt von den legendären Wahrheiten und Erkenntnissen ab, mit denen diese Geschichten die Ereignisse anreichern. Was letztlich auf die Behauptung hinausläuft, die Tatsache, daß diese Legenden auf realen und nicht auf imaginären Ereignissen basieren, verleihe der in ihnen erzeugten Weisheit größere Glaubwürdigkeit.

So bezaubernd und anmutig die Geschichten in diesem Band auch sind, sie bleiben ein wenig zwitterhaft, denn im Grunde sind sie so, wie sie dort stehen, weder Eliachs Geschichten noch die der chassidischen Geschichtenerzähler. Sogar die eigene Geschichte der Autorin, die Geschichte des in seinem Versteck zusammengekauerten kleinen jüdischen Mädchens, die in den anderen Geschichten des Bandes vergraben ist, fällt so irgendwo in das breite Spektrum zwischen Apokryphem und Autobiographischem. Der kritische Leser, der dies bedenkt, kann den Geschichten nun ihr Eigenleben lassen und beginnt zu verstehen, daß Eliach ebenso Teil dieser Erzählungen ist, wie diese ein Teil von ihr sind. Ja, es macht vielleicht gar nichts, daß sie sie so naiv nacherzählt hat. Denn als Zuhörerin hat sie nur getan, was jeder Geschichtenerzähler von ihr und von uns allen verlangt: sie hat zugehört und sich das Gehörte zu eigen gemacht. Auf diese Weise wird nicht der Erzähler, sondern die Geschichte selbst zum letzten Aufglimmen des Holocaust und wird nun – schwarz auf weiß gedruckt – uns alle überleben.

2

In einer Sammlung ganz anderer Art versucht Sara Nomberg-Przytyk weniger ihre eigenen oder die Erfahrungen anderer zu dokumentieren, als vielmehr die Wahrheit in den Ereignissen zu finden, indem sie diese mit dem Reich der Legenden verwebt. In *Auschwitz: True Tales from a Grotesque Land* erzählt und erzeugt Nomberg-Przytyk die historische Wahrheit in den Legenden von Auschwitz, die sie aufschreibt und gleichzeitig neu schreibt. Indem sie von ihren Erfahrungen in Stutthof, Auschwitz und Ravensbrück erzählt, hält Nomberg-Przytyk in einer Folge von überaus fein geschliffenen Vignetten die Atmosphäre einer zerbrochenen Zeit und zerbrochener Menschenleben wach, die eine einzige lange Geschichte vielleicht künstlich zusammengeflickt hätte. Und dabei läßt sie die einzelnen Geschichten ihre jeweils eigene, eigenständige Wahrheit, ihre eigenen möglichen Bedeutungen hervorbringen und verhindert so, daß das, was sie zu sagen hat, in dem Meer so vieler anderer Erfahrungen untergeht. Jede dieser von Nomberg-Przytyk schön geschriebenen und von Roslyn Hirsch vorzüglich aus dem Polnischen übersetzten »wahren Geschichten aus einem grotesken Land« könnte so für sich allein stehen, jede eine Parabel auf ein ganz bestimmtes Thema, eines der Mosaiksteinchen dieser Sammlung sein, aus denen vor den Augen des Lesers die Holocaust-Erfahrungen einer bestimmten Frau Gestalt annehmen.[6]

Der einfühlsam-ironische Ton der Autorin spiegelt sehr gut die grotesken Realitäten einer verkehrten Welt wider, in der Erwartungen und Konventionen auf Schritt und Tritt pervertiert werden: wo man die Opfer in die Register und Karteien des Todes (nicht des Lebens) einträgt und wo Frauen, Kinder und Greise als erste umgebracht (nicht gerettet) werden. In einer letzten Verzerrung gegen Ende ihres Martyriums muß die Erzählerin gar ihre eintätowierte Nummer zeigen, um in einen Güterzug zu kommen, der zurückfährt nach Polen. Der Frau, die diese Geschichte erzählt, ist nur allzu schmerzlich bewußt, daß die Nazis diese Verwirrung ja gezielt gestiftet haben, um die Opfer zu desorientieren und sich die Prozedur des Mordens auf diese Weise zu erleichtern, und trotzdem beginnt sie an ihrem eigenen Urteilsvermögen zu zweifeln. Sie beobachtet, wie eine junge, lebensprühende Mutter für die Gaskammer selektiert wird, und denkt bei sich: »Sie ist wirklich jung und hübsch. Warum haben sie ihre Nummer aufgeschrieben?« Und dann begreift sie plötzlich die Tragweite ihres Gedankens und fügt hinzu: »Ich zitterte vor dieser Logik, als ob es eine Rechtfertigung dafür gäbe, die Kranken, die Greise und die Unattraktiven zu töten.«[7] Indem sie schuldbewußt ihre eigene archaische Logik kritisiert, mahnt sie den Leser behutsam, dem Automatismus zu mißtrauen, mit dem er angesichts solcher Ereignisse seine moralischen Urteile fällt.

Einige dieser Erzählungen geben Vorkommnisse, die sich in Auschwitz zugetragen haben und inzwischen schon legendär geworden sind, in abgewandelter Form wieder: zum Beispiel das junge, Romeo und Julia nachempfundene Liebespaar, das der SS bis zum Augenblick seines Todes trotzt; oder das Neugeborene, das von den Barackengefährtinnen seiner Mutter getötet wird; oder die Frau, die auf dem Weg ins Gas einen SS-Offizier entwaffnet und erschießt; oder die Zerstörung eines der Krematorien durch das Sonderkommando. Doch wir erkennen, wie den Ereignissen, unserem Verständnis dieser Ereignisse und ihrer Wirkung auf die Häftlinge durch das Erzählen jedesmal eine neue Dimension hinzugefügt wird. Jede Version liefert einen anderen Komplex moralischer Implikationen, einen anderen kritischen Bezugsrahmen, jede wirft neue Fragen auf und legt Zeugnis ab für einen anderen Akt: des Widerstandes, des Zorns, des Muts, der Rache oder der Verzweiflung.

Diesen apokryphen Geschichten gesellt die Autorin einige von ihr frei erfundene hinzu, darunter »Nataschas Triumph«, eine geniale Erzählung von einer wahnsinnigen jungen Frau. Für viele Schriftsteller war der Wahnsinn eine überaus treffende Metapher für Auschwitz (man denke an Wiesels »Mad Moshe« und »Madame Schächter«, um nur zwei Beispiele zu nennen). Die Natascha in Saras Geschichte, ein angeblich geisteskrankes neunzehnjähriges Mädchen aus Leningrad, wird mit einigen anderen Verrückten zusammen aufs Krankenrevier gebracht, wo sie für Joseph Mengele zur Prophetin und Peinigerin wird:

»He, du! Doktor! Vielleicht kannst du uns mal besuchen kommen.« Es war Natascha, die Mengele rief; sie sprach zu ihm in einem schönem Deutsch, und ihre Stimme klang froh und heiter.

»Wovor hast du Angst, Feigling, du, der du Frauen und Kinder umbringen kannst? Komm her. Wir wollen über die Verbrechen von deinem Hitler reden. Vielleicht willst du über Stalingrad reden, wo ihr sterbt wie tollwütige Hunde...

Ihr werdet alle sterben in Rußland, genau wie Napoleon. Du fürchtest dich, zu mir zu kommen. Du willst die Wahrheit nicht hören, du Gaskammerspezialist.«[8]

In dieser Welt sagen nur die Verrückten die Wahrheit, nur sie können den Wahnsinn der Ereignisse durchschauen und sie begreifen. In Saras Geschichte erkennt Mengele das offenbar, und deshalb kommt er jeden Tag zu Natascha und sitzt dort »tief vornübergebeugt auf dem Stuhl und läßt den Kopf hängen«, als wenn er zu Füßen einer Wahrsagerin säße.[9]

Doch wie die Bearbeiter der Sammlung in ihrem kritischen Nachwort zu verstehen geben, liegt der Wert dieser Geschichten weder in ihrer vermeintlichen Historizität noch darin, daß sie den Leser listig zur Leichtgläubigkeit gegenüber den vermeintlich historischen Fakten verleiten, sondern irgendwo zwischen diesen beiden Polen. Es verhält sich also mit diesen Erzählungen wie mit vielen anderen literarischen Darstellungen des Holocaust: Sie spiegeln sowohl ein spezifisches Verständnis der Ereignisse als auch die konkreten historischen Details wider. Von »Alienation«, der ersten Erzählung, über »Erika's Red Triangle« und »The Dance of the Rabbis« bis hin zu »Old Women« und »The Road Back« und vielen anderen Geschichten läßt Nomberg-Przytyk ihrer Phantasie freien Lauf und erfaßt auf diese Weise die surrealen und die realen Aspekte der historischen Vorgänge wie auch die alptraumhafte Mischung aus beidem. Denn Sara ist zwar, wie die Bearbeiter uns weise erinnern, bis zu einem gewissen Grade Dokumentaristin, aber eben auch Schriftstellerin, und in dieser Eigenschaft »gelingt es ihr, das Bewußtsein der Leser für die Komplexität der moralischen und ethischen Probleme, vor die uns Auschwitz stellt, zu vertiefen«.[10] Historisches und Phantastisches durchdringen einander in diesen Erzählungen, was Einblicke in die Ereignisse eröffnet und zugleich ein Verständnis dieser Ereignisse erzeugt. Die Autorin dieser Geschichten vertieft mithin nicht nur das Bewußtsein des Lesers für die Komplexität der moralischen und ethischen Probleme, vor die uns Auschwitz stellt. Die von ihr ausgewählten Details und Metaphern weisen den Leser gleichzeitig den Weg zu einem ganz bestimmten Verständnis dieser Probleme. Die Form der Erzählungen wird indes nicht allein von den legendären Motiven bestimmt, die die Erzählerin in ihren Erfahrungen findet und erzeugt. Sie ist weitgehend davon geprägt, wie sich ihre Erfahrungen auf ihr eigenes Selbstverständnis ausgewirkt haben. Denn bei einigen dieser Geschichten waren vermutlich nicht nur die Launen der Phantasie und die Probleme des Nacherzählens ausschlaggebend dafür, welche Einzelheiten in diesen Geschichten ausgeblendet oder selektiert wurden; vielmehr hat wohl auch Saras

Selbstverständnis als Jüdin und Sozialistin, und im Zusammenhang damit der Gedanke an ihre ersten Leser (die polnischen Machthaber), über die Form mitentschieden, in der sie diese Geschichten in den sechziger Jahren niederschrieb. Und obwohl natürlich jede vom Autor selbst vorgenommene Kürzung oder Korrektur seines Texts, ebenso wie bereits die Auswahl der Details, immer auch eine Form der Selbstzensur ist, wäre es anmaßend, behaupten zu wollen, die Erzählerin habe hier ausschließlich Selbstzensur praktiziert. Aber genau wie andere Schriftsteller hat auch Nomberg-Przytyk die Erwartungen ihrer Leser mit ins Kalkül gezogen, und das sollten zunächst einmal die polnischen Zensurbehörden sein. Vielleicht war es so etwas wie eine Vorwegnahme der Forderungen ihrer Verleger, daß die Autorin einigen besonders heroischen Aktionen vordergründig politische Motive unterlegte. So waren es beispielsweise jüdische Kommunistinnen, die den Plan zur Zerstörung der Krematorien schmiedeten; in Saras Erzählung jedoch handeln diese Frauen nur als Kommunistinnen, nicht aber als Jüdinnen. Der größte Hohn bestand indes darin, daß die polnischen Verleger, obwohl Saras Auschwitz durchaus den Eindruck vermittelte, als habe es dort weit mehr politische Gefangene (das heißt Sozialisten und Kommunisten) als Juden gegeben, noch immer fanden, in dem Buch kämen zu viele Juden vor (das war unmittelbar nach dem Sechs-Tage-Krieg von 1967), und die Autorin aufforderten, alles herauszustreichen, was mit Juden zu tun hatte. Sie lehnte ab, und das Buch durfte nicht erscheinen. Schließlich emigrierte sie, und das Buch gelangte in die Archive von Yad Vashem, wo es in der ursprünglichen Form wiederhergestellt und veröffentlicht wurde.

Nomberg-Przytyk schrieb diese Erzählungen in Polen als Fortsetzung ihrer ersten Sammlung über ihre politische Inhaftierung als Kommunistin vor dem Krieg. Sie wollte damit eine Art Gleichgewicht zwischen kommunistischen und jüdischen Häftlingen herstellen. Zwar kommen in ihren Geschichten alle Arten von Opfern vor – sowjetische Kriegsgefangene, Zigeuner und Chassiden –, die Aktivisten und die Rebellen im Lager sind jedoch fast durchweg Kommunisten, wohingegen diejenigen, die ihr Leiden am stoischsten auf sich nehmen, offenbar die Juden sind. Vor dem Krieg als politische Gefangene und dann während des Krieges als Jüdin interniert, identifiziert sie sich in ihrer Rolle als Häftling und

Opfer sowohl mit den Kommunisten als auch mit den Juden und verwischt dadurch zwangsläufig die Unterschiede zwischen diesen beiden Kategorien von Opfern. Aus Saras Darstellung wird tatsächlich nicht deutlich, ob sie als politische Gefangene oder als Jüdin nach Auschwitz geschickt wurde, und schon diese Unentschiedenheit zeigt wohl Saras eigenes Verständnis ihrer Situation als Gefangene. Seltsamerweise war Sara zwar als Jüdin interniert, wurde aber wahrscheinlich dank ihrer politischen Verbindungen, die ihr eine gewisse *protektsia* seitens der Lagerbürokratie einbrachten, vor dem Tode gerettet.

Aber das spielt nur eine sekundäre Rolle, denn als ehemalige politische Gefangene muß sie natürlich einen Zusammenhang zwischen ihrer Internierung als Jüdin und ihrer politischen Inhaftierung sehen. Und als sie dann nach dem Krieg schließlich abermals politisch verfolgt wird, versteht sie dies offensichtlich unter dem Blickwinkel ihrer Verfolgung als Jüdin. Und wie sie in Auschwitz als Jüdin um ihr Leben gefürchtet hat, so fürchtet sie dann, nach Polen zurückgekehrt, von ihren Landsleuten als Rote gehenkt zu werden.[11] Am Ende ihrer Erzählungen scheint sie ihre Lage als Rote offenbar im Zusammenhang mit ihrer Verfolgung als Jüdin zu sehen: vielleicht ein ganz natürlicher Reflex bei einen Menschen, der für jedes dieser beiden »Verbrechen« in die Rolle des Opfers gedrängt wurde. So ist ihre Geschichte denn auch zu Anfang jüdisch eingestimmt, endet aber in einer roten Tonart, wobei diese beiden Aspekte der Opferrolle einander wechselseitig durchdringen.

Ob sich die Ereignisse genau so zugetragen haben, wie der Schriftsteller sie erzählt, ist letztlich, wie wir an legendenhaften Geschichten, die weitgehend von anderen Versionen abweichen, sehen, von geringerer Bedeutung als die Paradigmen, nach denen sie rekonstruiert, ja sogar neu erfunden werden. So erzählt Nomberg-Przytyk in »Revenge of a Dancer« die Geschichte von der Frau, die auf dem Weg in die Gaskammer den *SS-Unterscharführer* Schillinger erschoß. Dieser Fall ging von Mund zu Mund, von Baracke zu Baracke, und gewann seinerzeit beinahe augenblicklich legendenhafte Dimensionen, wobei jeder, der die Begebenheit erzählte, sie mit einer neuen Signifikanz anreicherte. Wie die anderen Versionen ist auch Nomberg-Przytyks Fassung in der ersten Person erzählt und beruft sich auf einen Augenzeugen, der selbst gesehen hat und also verläßlich berichten kann, wie der Vorfall sich zutrug. Zwar kann die Autorin selbst zum Zeitpunkt des Geschehens nicht in Auschwitz gewesen sein (sie kam im Januar 1944 an, die Schüsse aber fielen im Oktober 1943), doch bestätigt der von ihr erfundene Augenzeuge sowohl ihre Erzählung als auch die darin mitgeteilten Wahrheiten. Das Entscheidende ist, daß diese Legende sich zu der Zeit, als Nomberg-Przytyk nach Auschwitz kam, bereits verselbständigt hatte; und wenn Nomberg-Przytyk auch keine Zeugin des Ereignisses war, so ist sie doch die Erzählerin und die Zeugin einer Legende, die aus diesem Ereignis entstand.

»Revenge of a Dancer« war denkwürdig wegen des beispielhaften Heldenmuts der Protagonistin. Die Erzählung stellt die Frau deshalb als klassische Heldin und Märtyrerin dar. »In meinem Abteil waren Frauen mit Kindern und eine junge Tänzerin aus Paris«, erfährt die Erzählerin von ihrem Augenzeugen. »Sie war eine ungewöhnlich schöne Frau, sehr angenehm und höflich. Sie half den Müttern, die Kinder bei Laune zu halten.«[12] Als der Befehl kommt, vor dem Verlassen des Zuges alle Kleider abzulegen, weigert sich die Tänzerin, worauf sich ihr ein SS-Mann nähert.

»Schönes Mädchen, zieh dein Kostüm aus«, sagte er leise und kam immer näher auf sie zu. Da riß sie ihm auf einmal mit einer raschen Bewegung die Pistole aus dem Halfter und schoß ihn nieder. Dann trat sie drei Schritte zurück und schoß auf die SS-Männer, die überall umherrannten. Die letzte Kugel sparte sie für sich selbst auf. Sie fiel zu Boden.«[13]

So »muß es sein«, das Heldentum, und darum erklärt der antifaschistische Anführer der Gruppe: »So sollt ihr sterben« – ungebrochen, stolz und Widerstand leistend. In dieser Hinsicht stimmt Nomberg-Przytyks »wahre Geschichte« mit den Berichten anderer Opfer überein, für die sich eine solche Tat binnen Minuten in eine beispielhafte Legende verwandelte. So schreibt Wieslaw Kielar in seinen Memoiren *Anus Mundi: Fünf Jahre in Auschwitz*: »Dieser Vorfall, von Mund zu Mund weitergegeben, auf verschiedene Weise kommentiert, wuchs zu einer Legende.« Und als Legende wurde er erzählt, und zwar im vollen Bewußtsein seiner ganz spezifischen Legendenhaftigkeit, die sich in ihm nun für die Gefangenen des Lagers objektivierte. Kielar schildert dann die Folgen dieser Tat in ihrer legendenhaften Form:

Ohne Zweifel stärkte diese heldenhafte Tat einer schwachen Frau, und zwar angesichts des unvermeidlichen Todes, den Geist aller Häftlinge. Wir wurden uns plötzlich darüber klar, daß, sobald wir es wagten, die Hand gegen sie zu heben, diese Hand töten konnte, daß auch sie sterblich waren. Die SS-Männer versuchten, weil sie die Folgen dieser bedeutsamen Tat fürchteten, das Lager zu terrorisieren... Auf die Folgen [der Schüsse – J. E. Y.] brauchte man nicht lange zu warten. Die Häftlinge richteten sich auf, die Hoffnung wuchs. Es wurde eine spontane, obwohl noch schwache Selbstverteidigungsaktion geboren.

Am Nachmittag des gleichen Tages setzte sich ein Teil der Menschen, die im Wäldchen neben dem Krematorium IV in einer Reihe standen, aktiv zur Wehr. Auf die Geräusche von starkem Geschützfeuer hin lief ich mit Waldek auf unseren Posten im Block 15. Eigentlich war es bereits vorbei. Nur noch hier und da hörte man vereinzelte Schüsse. Das Wäldchen war mit Leichen übersät. Hauptsächlich Männer. Sie waren noch angezogen.[14]

Nomberg-Przytyk filtert in ihrer Version der Legende genau die Aspekte heraus, die das Ereignis zur Legende gemacht haben: Sie schreibt eine Legende von Widerstand und Würde und benutzt dazu das ihr überlieferte Ereignis. Und wie wir von Kielar erfahren, hatte auch die spontane Verwandlung des Ereignisses in eine Legende selbst unmittelbare Konsequenzen. Im Erzählen wurde der Vorfall idealisiert, und an diesem Ideal begannen die anderen Häftlinge ihr eigenes Verhalten zu messen.

Pfefferkorn und Hirsch, die Nomberg-Przytyks Buch bearbeitet haben, behaupten allerdings, daß Kogons und Bettelheims Darstellungen dieser Episode wohl auch dazu benutzt worden seien, »eine Lanze zu brechen... für andere Gefangene, die nicht getan haben, was die ›... Tänzerin‹ tat«.[15] Nach Bettelheims Auffassung unterstrich natürlich der Widerstand der Frau ebenso wie die Bezugnahme auf ihren angeblichen Beruf als Tänzerin ihre Menschlichkeit angesichts der entmenschlichenden Tötungsmaschinerie der Nazis. Obwohl die Frage, ob sie Tänzerin war oder nicht, allein durch die Sichtweise des Erzählers entschieden wird: In einigen Geschichten tanzt sie verführerisch, um Schillinger näher heranzulocken, damit sie ihn erschießen kann. In anderen schützt sie sich lediglich gegen seine lüsternen Avancen. Ob sie sich ihren Lebensunterhalt mit Tanzen verdient hat oder nicht, spielt eigentlich auch keine Rolle. Vielleicht war es nur die Strategie des Heldentums, die eine Tänzerin aus ihr gemacht hat. Aber nachdem sie (wie Filip Müller berichtet) metaphorisch als »die Tänzerin« etikettiert war, mußte sie unweigerlich in die Lagerlegende eingehen.

Tatsächlich finden sich in Filip Müllers Memoiren die detailliertesten Aussagen über »die Tänzerin«, denn Müller war seinerzeit im Umkleideraum der Gaskammer zugegen und hat den ganzen Zwischenfall mit angesehen. Er beschreibt eine schöne Frau, die, als sie sich auszog, die Aufmerksamkeit der SS-Unterscharführer Schillinger und Quackernack auf sich lenkte.

Als die Frau merkte, daß sie die Aufmerksamkeit der beiden SS-Männer auf sich gelenkt hatte, tat sie so, als versuchte sie, ihre Lüsternheit zu erregen, indem sie ihnen kokettierende Blicke zuwarf. Ihr Gesicht mit dem breiten Mund wirkte verführerisch. Mit einem vielsagenden Lächeln schob sie ihren Rock so weit hoch, daß man die Strumpfhalter sehen konnte. Dann machte sie grazil einen ihrer Strümpfe los und streifte ihn vom Bein herunter. Dabei beobachtete sie unauffällig, aber aufmerksam, was um sie herum geschah. Die Entkleidungsszene, die sie vor den beiden SS-Leuten spielte, hatte deren Aufmerksamkeit so in Anspruch genommen, daß sie offenbar sexuell erregt waren und sich um nichts anderes mehr kümmerten ...

Die Frau entledigte sich nun ihrer Bluse und stand jetzt im Büstenhalter vor ihren geilen Zuschauern. Dann lehnte sie sich mit dem linken Arm gegen einen Betonpfeiler, bückte sich und hob den linken Fuß etwas hoch, um den Schuh auszuziehen. Was dann geschah, spielte sich in Blitzesschnelle ab. Mit einer reflexartigen Bewegung schlug sie Quackernack mit dem Absatz ihres Stöckelschuhs wuchtig gegen die Stirn. Er bedeckte sein schmerzverzerrtes Gesicht mit beiden Händen. In diesem Augenblick stürzte sich die junge Frau auf ihn und entriß ihm mit einem raschen Griff die Pistole. Dann fiel ein Schuß. Schillinger schrie auf und fiel zu Boden. Sekunden später fiel ein zweiter Schuß, der auf Quackernack gezielt war. Obwohl er nur wenige Schritte entfernt war, verfehlte die Kugel jedoch ihr Ziel.[16] Dann tauchte sie im Gedränge des überfüllten Umkleideraums unter, berichtet Müller, und schoß von dort auf einen weiteren SS-Mann, der Schillinger zu Hilfe geeilt war. In diesem Moment ging das Licht aus, und die Türen wurden geschlossen, so daß alle, auch die Mitglieder des Sonderkommandos, im Umkleideraum gefangen waren. »Es wurde heftig darüber spekuliert, wer die Frau war, die die Schüsse abgefeuert hatte«, schreibt Müller, und später sprach dann irgendeiner der anderen Gefangenen von ihr als von »dieser jungen Tänzerin«. Es war jedoch eine Art »Todestanz«, vielleicht eine Abwandlung des Todestangos, den manche auf dem Weg in die Gaskammern tanzten.

Gingen schon bei Bettelheim, Kogon, Nomberg-Przytyk und Kielar die Meinungen darüber, welche Lehren aus dieser Geschichte zu ziehen seien, auseinander, so unterschieden sich die Lehren, die die SS und das Sonderkommando – die einzigen tatsächlichen Augenzeugen des Zwischenfalls, die überlebt haben – aus dem Vorkommnis zogen, ganz grundsätzlich voneinander. Die beiden Überlebenden des Sonderkommandos, Filip Müller und Stanislaw Jankowski, und die Herausgeberin der »Erinnerungen« des SS-Unterscharführers Perry Broad[17] berichten, daß die SS aus dieser Erfahrung vor allem den Schluß zog, daß Häftlinge, denen klar war, welches Schicksal ihrer in den Gaskammern harrte, die erkannten, daß sie nichts zu verlieren hatten, wenn sie im letzten Moment Widerstand leisteten, eine Gefahr für die SS darstellten. Es war gefährlich, wenn man in dieser Situation in seiner Wachsamkeit nachließ. Nach dem Schuß auf Schillinger wurden, so Müller, mit Ausnahme des Sonderkommandos alle, die sich im Umkleideraum befanden, vergast oder mit Maschinengewehren niedergemäht. Am nächsten Tag, so berichtet Müller, wurde »der Leichnam der Tänzerin auf dem Seziertisch des Sektionsraums im Krematorium II aufgebahrt. SS-Leute kamen dorthin, um ihn sich anzuschauen, bevor er eingeäschert wurde. Vielleicht sollte ihnen dieser Anblick als Warnung dienen und zeigen, welch schlimme Folgen ein Augenblick mangelnder Wachsamkeit für einen SS-Mann haben konnte«.[18] Auch in den Erinnerungen des SS-Unterscharführers Broad wird die Bedeutung, die die Tat für die SS hatte, erörtert. Aus Broads Sicht hatte dieses Vorkommnis wenig mit Heldentum zu tun; es illustriert vielmehr, aus welchen Gründen die Nazis meinten, ihre Opfer immer weiter täuschen zu müssen: »Es kam auch vor, daß ganze Transporte sich vollkommen darüber im klaren waren, welches Schicksal ihnen bevorstand. In solchen Fällen mußten die Mörder sehr vorsichtig sein. Sonst konnte es ihnen passieren, daß sie mit ihren eigenen Pistolen erschossen wurden, wie es dem SS-Unterscharführer Schillinger erging.«[19]

Je nachdem, von wem die Geschichte erzählt wird, ist die Heldin entweder Jüdin, Französin, Italienerin, Polin, Tschechin oder Amerikanerin, ist sie einmal Tänzerin und einmal Sängerin, trägt sie entweder einen Badeanzug oder ein Kleid, ist sie schön oder unauffällig. Je nachdem, wer die Begebenheit erzählte und wem sie erzählt wurde, drückten sich darin Mut oder Verzweiflung, Widerstand oder Gerechtigkeit oder Hoffnung aus; und wie der Vorfall sich den Häftlingen in diesen Kategorien darstellte, so regte er sie auch an, sich entsprechend diesen Kategorien zu ihm zu verhalten. Aus den verschiedenen Versionen dieser Legende erfahren wir ebensoviel darüber, wie die verschiedenen Gruppierungen im Lager die Ereignisse mystifiziert haben, wie über die Ereignisse selbst. Die Veränderungen, die die Legende durch die einzelnen Erzähler erfährt, belegen mithin die Vielfalt der Bedeutungen, die sie sowohl für die Opfer in Auschwitz als auch für diejenigen, die sich rückblickend an sie erinnern, gehabt hat.[20]

Wenn wir hier mehrere unterschiedliche Versionen ein und desselben Ereignisses vergleichen, dann nicht, um die wahrste oder die der Realität am meisten entsprechende zu finden oder um die Glaubwürdigkeit dieser Zeugnisse in Zweifel zu ziehen. Es geht uns vielmehr darum, zu verstehen, wie die verschiedenen Überlebenden diese Tat begriffen haben, wie sie sie mit anderen, bereits existierenden Legenden und mit ihrem eigenen Verständnis des Lagers verwoben haben, wie sie dazu diente, bestimmte schon anerkannte Wahrheiten zu untermauern, wie sie umgeformt wurde, um sie den eigenen Überzeugungen anzupassen, und wie sie phantasiereich am Leben erhalten wurde, um anderen Opfern Anregung zu sein. Denn fast alle Versionen machen deutlich, daß sie offenbar genau darum zur Legende wurde, weil sie sich so gut dazu eignete, Anregung zum und Gleichnis für den Widerstand in einem zu sein. Hier erfolgte die Legendenbildung gewissermaßen auf offener Bühne, wobei die Ereignisse unmittelbar und simultan erzählt, interpretiert, mit Bedeutsamkeit versehen und dann als impliziter Aufruf zum Handeln überliefert wurden.

Ebenso wie Eliach erkannten auch die Bearbeiter von Nomberg-Przytyks Erzählungsband, daß diese Literatur eines begleitenden kritischen Kommentars bedurfte, der dem Leser den schwierigen Umgang mit dem Oxymoron »wahre Geschichten« vom Holocaust erleichtert. Im Unterschied zu Eliach fordern Pfefferkorn und Hirsch den Leser jedoch nicht auf, diese Geschichten als Dokumentation von Fakten zu akzeptieren; sie betonen vielmehr, daß die Grenzen zwischen literarischer »Wahrheit«, Gedächtnis und Phantasie fließend sind. »Es ist eine Geschichte über das Erzählen einer Geschichte«, schreiben sie, »ja, eigentlich über das Erzählen von sechs Millionen Geschichten, oder vielleicht vom sechsmillionenfachen Erzählen ein und derselben Geschichte...«[21] Aber sosehr den beiden Bearbeitern der literarischen Charakter der Geschichtsschreibung bewußt ist, so sind sie in ihrer Trennung von Geschichte und Fiktion wohl doch ein wenig zu unerbittlich. Sie wägen das realistische Schreiben gegen das, wie sie es nennen, novellistische, ab und bemerken in diesem Zusammenhang, ein Hinüberschwenken zur reinen Phantasie sei genauso wenig angemessen wie reiner Realismus, »denn die Lagerwirklichkeit in durchgängig metaphorischen Strukturen zu beschreiben hieße, die Historizität der Ereignisse in Frage zu stellen«. Doch wie wir bereits bei den Tagebüchern und Memoiren gesehen haben, liegt das Problem wohl darin, daß eine solche Metaphorisierung in literarischen Darstellungen schlechterdings unvermeidlich ist.

Zwar wird die Geschichte durch eine metaphorische Sprache in der Tat bis zu einem gewissen Grade korrigiert. Das muß jedoch keineswegs eine Kompromittierung der historischen Wahrheiten und des Geschichtsverständnisses bedeuten. Denn im Grunde erzeugt ja die Literatur diese Wahrheiten durch die metaphorischen Strukturen und durch die Mythen, in die sie zwangsläufig eingebettet sind. Diese »wahren Geschichten« zielen sicherlich nicht, wie die Bearbeiter argwöhnen, darauf ab, »eine groteske Welt zu porträtieren und ihr dennoch den Anschein historischer Wahrheit zu geben«.[22] Denn ein Gefühl von historischer Wahrheit kann ebensogut zur Untermauerung von Lügen wie zur Bekräftigung von Tatsachen erzeugt werden. Wir sollten also diese Geschichten vor allem auf die genauen Mechanismen hin untersuchen, mit denen die metaphorischen Strukturen und die kunstvolle

Sprache der Autorin bei den Opfern *wie* bei den Lesern unfehlbar ein ganz bestimmtes Verständnis dieser Ereignisse hervorbringen mußten. So gesehen, verliert die Frage, wo die historische Wahrheit aufhört und die Fiktion beginnt, an Bedeutung. Dann richtet sich unser Interesse vor allem darauf, wie das Gefühl beziehungsweise die Rhetorik der historischen Wahrheit in der fiktionalen Literatur dazu benutzt wird, die vom Schriftsteller geschaffene Konstruktion der Ereignisse naturalistisch zu sehen.

Drittes Kapitel

Dokumentarische Literatur
über den Holocaust

Der Schriftsteller als Augenzeuge

So sind also Einbildung und Erinnerung ein- und
dasselbe, das hinsichtlich verschiedener Betrachtungsweisen verschiedene Namen trägt.
Thomas Hobbes

Es gibt keine fiktionale oder nichtfiktionale Literatur in dem Sinne, wie wir diesen Unterschied
gemeinhin verstehen: es gibt nur Literatur.
E. L. Doctorow

Die Tricks der Kunst, das ist es, was die Überlebenden fürchten.
Arnold Wesker

I

Der Impuls der Schreiber des Holocaust, eine dokumentarische
Verbindung zwischen ihren Texten und den sie auslösenden Ereignissen zu behaupten, beschränkt sich nicht nur auf die Verfasser
von Tagebüchern und Memoiren. Er erstreckt sich auch auf die
Autoren von Romanen und Theaterstücken über den Holocaust.
Während die Tagebuch- und Memoirenschreiber jedoch darum
rangen, die von ihrer narrativen Darstellung verdrängte Autorität
des Augenzeugen zu bewahren oder wiederherzustellen, gaben
sich die Verfasser dokumentarischer Romane und Theaterstücke
über den Holocaust alle Mühe, ihre fiktionalen Diskurse mit einer
eigenen Autorität des Zeugnisses auszustatten. Die Gründe für ihr
Beharren auf der Faktizität ihrer Darstellungen ähneln vielfach
denen der Tagebuch- und Memoirenschreiber. Oft ist es jedoch
weniger das dokumentarische als vielmehr das traditionelle ästhe-
tisch-dramaturgische Interesse der Romanschriftsteller, das sie
veranlaßt, ihre Literatur mit Augenzeugenautorität zu versehen.
Im vorliegenden Kapitel soll nicht nur untersucht werden, mit
welchen Mitteln die dokumentarische Autorität in der Holocaust-
Literatur erzeugt wird. Uns geht es überdies darum, wie in dieser

Art fiktionaler Literatur das Zeugnis rhetorisch als Erzählstrategie eingesetzt wird.

Einerseits läßt sich schwerlich etwas gegen die Ansicht von Hana Wirth-Nesher einwenden, die behauptet: »Zwar sind alle literarischen Darstellungen Rekonstruktionen der Phantasie, doch wenn es um die Darstellung massenhaften Leidens geht, sollten wir besonders wachsam darauf achten, wo die Grenze zwischen Faktum und Fiktion liegt.«[1] Andererseits dürfte es nicht minder schwierig sein, diese Grenze zwischen Faktum und Fiktion klar zu ziehen; denn solange uns die Fakten durch fiktionalisierende Medien und die Fiktion als Faktum präsentiert werden, sind diese Kategorien selbst allzu verschwommen definiert. Wenn es eine Grenze zwischen Faktum und Fiktion gibt, dann ist sie zwangsläufig fließend und tendiert dazu, die beiden Kategorien ebensosehr zu verbinden, wie sie sie trennt, und ermöglicht somit ein gelegentliches Ineinanderfließen der beiden Kategorien.

So stellt auch Arnold Wesker in seinem Artikel über William Styrons Roman *Sophie's Choice* einerseits die Frage: »Wo haben wir es mit Fakten zu tun und wo mit Fiktion?« und fragt sich andererseits: »Warum möchte ich das bei diesem Roman mehr als bei irgendeinem anderen wissen?«[2] Barbara Foley gibt darauf eine partielle Antwort, wenngleich sie dabei nicht speziell Styrons Roman im Auge hat, sondern sich auf eine halbfiktionale Figur in Gerald Greens »Tatsachenroman« *Holocaust* bezieht:

> Indem er die Figur des Dorf halb historisch, halb mythisch anlegt... und dieses hybride Geschöpf auf eine fiktionale Erzählung aufpfropft, die den Anspruch erhebt, das ganze Ausmaß des Holocaust in einer einzigen Geschichte von Schikanen und Schurkerei zu erfassen, reduziert Green das Leiden kurzerhand auf eine melodramatische Dimension und gibt damit ein verzerrtes Bild vom Ort der historischen Verantwortung. *Holocaust* ist nicht nur deshalb ein verfälschendes Werk, weil es die Geschichte einfach und popularisierend aufzubereiten sucht...; es ist verfälschend, weil es eine platte Lösung und Katharsis anbietet und die historischen Tatsachen zugleich in frivoler Weise verdreht.[3]

Das Problem bei diesem und anderen »Tatsachenromanen« zum Holocaust besteht folglich darin, daß hier ein Schriftsteller tatsächliche Ereignisse mit völlig frei erfundenen Figuren vermengt und sich damit (unter Berufung auf die dichterische Freiheit) zugleich von seiner Verpflichtung zu historischer Genauigkeit befreit, und das, obwohl er seiner Fiktion die historische Autorität realer Ereignisse verleiht. Indem er diese Unentschiedenheit zuläßt, rührt der Verfasser von Tatsachenromanen den Leser also mit dem Pathos, das er durch die Rhetorik der historischen Authentizität seiner Figuren hervorbringt, selbst wenn er dabei die Möglichkeit andeutet, daß sowohl seine Fiktionen als auch die wirklichen Ereignisse Erfindungen sind.

An dieser Stelle erheben sich einige weitere Fragen: Erstens, warum behauptet der Romanschriftsteller, der über den Holocaust schreibt, so geradezu zwanghaft, daß sein Werk auf Fakten basiere? Oder anders gefragt, warum ist es für Romanschriftsteller wie D. M. Thomas, Jean-François Steiner, Gerald Green, Anatoli Kusnezow und andere so wichtig, eine gesicherte Verbindung zwischen ihren Fiktionen und den Holocaust-Erfahrungen, die sie darstellen, zu behaupten? Zweitens, in welchem Maße dient eine solche Behauptung einer historischen Autorität den dramaturgischen Interessen dieser Literatur und inwieweit dient sie ihren vorgeblich dokumentarischen Interessen? Und wie beeinflußt diese Scheinautorität des Holocaust-Romans den Zugriff und die Reaktionen der Leser auf die Holocaust-Literatur? Oder anders gefragt, ist ein Tatsachenroman über den Holocaust überhaupt in der Lage, die Ereignisse wirklich zu dokumentieren, oder wird er sie nicht immer nur fiktionalisieren?

Nachdem wir den Prozeß der Erzeugung von Zeugenschaft bereits in den Tagebüchern und Memoiren untersucht haben, wollen wir uns nun der Frage zuwenden, auf welche Weise die Romanschriftsteller bei der Holocaust-Literatur authentische Zeugnisse in den fiktionalen Text aufnehmen und sie als Stilmittel und literarische Technik einsetzen. In diesem Zusammenhang werden wir uns eingehender mit dem Augenzeugnis als rhetorischem Tropus der Holocaust-Literatur befassen und einige Methoden seiner literarischen Erzeugung untersuchen. Viele Romanschriftsteller erklären, sie hätten aus ethischen Gründen nicht das »Recht«, solche Leiden aus ihrer Phantasie zu rekonstruieren, und müßten daher auf die Stimmen der wirklichen Zeugen vertrauen. Dieses Argument dürfte indes Teil ihres Romandiskurses sein. Das Zeugnis ist der vorherrschende rhetorische Tropus, der der Möglichkeit aller »dokumentarischen Literatur« zugrunde liegt – ganz gleich, ob ein Autor die Autorität des Augenzeugen in seinem Tagebuch oder in seinen Memoiren erhalten will oder sie in seinem Tatsachenroman überhaupt erst herzustellen sucht.

2

In besonders scharfer Form stellte *Times Literary Supplement* das Problem der »dokumentarischen Autorität« in der Holocaust-Literatur zur Diskussion, und zwar in einem Leserbrief von D. A. Kenrick, in dem der Leser auf die recht auffälligen Parallelen zwischen D. M. Thomas' Roman *Das weiße Hotel* und Anatoli Kusnezows »Dokument in Romanform« *Babi Jar* aufmerksam gemacht wird.[4] Wie Kenrick und andere empörte Leserbriefschreiber feststellten, paraphrasiert Thomas den Roman von Kusnezow nicht nur, sondern zitiert ganz wörtlich daraus – offenbar in der Absicht, die grausamsten Szenen seines eigenen Holocaust-Romans mit einer, wie er meint, »dokumentarischen Autorität« zu versehen. Hier einige Passagen aus beiden Romanen, zunächst aus *Babi Jar*:

Es dunkelte schon, als ein offenes Auto vorfuhr, in dem ein großer, schlanker, sehr eleganter Offizier mit einem Stöckchen in der Hand saß... Neben ihm saß ein [russischer] Dolmetscher.

»Was sind das für welche?« fragte er den Polizisten und zeigte auf die Anhöhe, wo schon etwa fünfzig Personen saßen.

»Das sind unsere Leute [Ukrainer]«, antwortete der Polizist. »Sie wußten es nicht, man muß sie rauslassen.« Da schrie der Offizier ganz laut: »Sofort erschießen! Wenn nur einer hier rauskommt und in der Stadt was erzählt, kommt morgen kein Jude mehr her.«...

»Na los! Aufstehen! Los« schrien die Polizisten. Die Menschen erhoben sich wie betrunken. Es war schon spät, vielleicht zog man sie deshalb nicht mehr aus, sondern führte sie in ihrer Kleidung zu dem Gang....

Als sie den Gang passiert hatten, öffnete sich vor ihnen eine Sandgrube mit steilen Wänden..... Man trieb sie zur Eile an und schickte sie nach links auf einen sehr schmalen Vorsprung.

Links war die Wand, rechts die Grube. Der Vorsprung war offenbar speziell für die Erschießung angelegt. Er war so schmal, daß sich die Menschen instinktiv an die Sandwand drückten, um nicht hinunterzufallen.

Dina blickte nach unten, und ihr schwindelte, so tief kam es ihr vor. Unten war ein Meer von blutüberströmten Körpern. Auf der anderen Seite der Grube erkannte sie aufgestellte Maschinengewehre und einige deutsche Soldaten. Sie hatten ein Lagerfeuer angezündet, über dem sie anscheinend etwas kochten.

Als die ganze Gruppe auf den Vorsprung hinausgetrieben war, löste sich ein Deutscher vom Lagerfeuer, legte sich hinter das Maschinengewehr und begann zu schießen.[5]

Und nun aus *Das weiße Hotel* die Stelle, wo Thomas' allwissende Erzählerfigur das Schicksal seiner Heldin in Babi Jar beschreibt:

... es begann zu dunkeln.

Plötzlich fuhr ein offener Wagen vor und darin saß ein hochgewachsener, gutgebauter, fesch ausstaffierter Offizier mit einer Reitpeitsche in der Hand. Ihm zur Seite war ein russischer Häftling.

»Was sind das für welche?« fragte der Offizier den Polizisten mit Hilfe des Dolmetschers und zeigte auf den kleinen Hügel, wo jetzt etwa fünfzig Menschen saßen.

»Es sind Leute von uns, Ukrainer. Sie sind hergekommen, um andere zu verabschieden. Sie sollen rausgelassen werden.«

Lisa hörte den Offizier brüllen: »Alle erschießen, auf der Stelle! Wenn auch nur einer von ihnen hier rauskommt und anfängt, in der Stadt was zu erzählen, wird morgen kein einziger Jude aufkreuzen.«

...»Also los! Gehen wir! Erhebt euch!«, rief der Polizist. Die Leute erhoben sich, als wären sie trunken.... Vielleicht weil es schon spät war, machten die Deutschen keine Anstalten, diese Gruppe zu entkleiden, sondern führten sie in ihren Kleidern durch den Spalt.

... Sie passierten die Öffnung und kamen in einen Sandsteinbruch mit überhängenden Flanken. Es war bereits halb dunkel, und sie konnte den Sandsteinbruch nicht genau wahrnehmen. Einer nach dem anderen wurden sie nach links getrieben, entlang einem sehr schmalen Vorsprung.

Zu ihrer Linken war die Flanke des Sandsteinbruchs, zur Rechten fiel das Gelände steil ab; offensichtlich war der Vorsprung speziell zum Zweck der Exekution ausgehauen worden, und er war so schmal, daß sie sich, als sie ihn entlanggingen, instinktiv gegen den Sandsteinwall lehnten, um nicht hinunterzufallen.

... Lisa schaute in die Tiefe und ihr schwindelte, so hoch oben schien sie. Unter ihr war ein Meer blutüberströmter Leiber. Auf der anderen Seite des Sandsteinbruchs konnte sie gerade noch die Maschinengewehre und ein paar Soldaten erkennen. Die deutschen Soldaten hatten ein großes Feuer entfacht, und es sah aus, als machten sie Kaffee darauf.

... Ein Deutscher trank seinen Kaffee zu Ende und schlenderte an ein Maschinengewehr ...[6]

Kenrick konstatiert zahlreiche derartige Ähnlichkeiten und behauptet schließlich, Thomas habe zwar nicht plagiiert, dafür aber eine noch heiklere Sünde begangen. »Man kann argumentieren«, schreibt Kenrick, »daß Mr. Thomas das *Babi Jar*-Material frei benutzt hat. Aber darf der Autor eines Romans Ereignisse zum Gegenstand seines Schreibens machen, die nicht nur jenseits seines eigenen Erfahrungsschatzes liegen, sondern deren Nachgestaltung offenkundig die Grenzen seiner Phantasie überschreitet?«

Unerwähnt läßt Kenrick allerdings, daß auch Kusnezows Roman selbst auf einem wortwörtlichen übernommenen Zeugnis basiert. Denn Kusnezow stützt sich auf die Erinnerungen Dina Pronitschewas, einer Überlebenden von Babi Jar, und macht diese zur Grundlage seiner Erzählung. Und damit dürfte er ebenfalls »die Grenzen seiner Phantasie überschritten« haben. Kusnezow war kein Opfer, und er war zu jung, um sich genau an die einzelnen Begleitumstände erinnern, das heißt deren Bedeutung richtig einschätzen zu können; und darum verläßt er sich auf das Zeugnis einer echten Überlebenden und auf die ihm anhaftende Autorität. Falls Thomas und Kusnezow also überhaupt etwas gemeinsam haben, dann vielleicht dies, daß ihre Erzähltechniken ähnlich motiviert sind, denn offenbar glauben beide, was gewisse Bereiche ihrer Fiktion angeht, weder das Recht noch die erforderlichen Erfahrungen zu haben, um solches Leiden aus der Phantasie nachzugestalten.

In seiner Antwort auf Kenricks Brief verweist Thomas jedoch darauf, daß er sowohl in der Danksagung zu seinem Buch als auch in zahlreichen Interviews betont habe, wie sehr er Kusnezows

Roman verpflichtet sei. Seine Darstellung von Babi Jar sei zudem dreimal so lang wie Pronitschewas Zeugnis in Kusnezows Buch und »gleichermaßen karg im Stil«. Im Anschluß daran gibt Thomas, quasi als Rechtfertigung, seine eigene kritische Interpretation dieser Passage:

Dies ist der Abschnitt, in dem sich meine Heldin, Lisa Erdman, aus dem Individuum Lisa in die historische Figur Lisa, in ein anonymes Opfer, verwandelt. Dieser Übergang, der sich sowohl im Stil als auch im Inhalt widerspiegelt, hat viele Leser bewegt und aufgerüttelt. Sie verwandelt sich aus einem Individuum, das seine privaten Gedanken und Gefühle äußert, in eine Person, die ein kollektives Schicksal teilt. Aus der unendlich mannigfaltigen Welt der literarischen Fiktion gelangen wir in eine Welt, in der die Fiktion nicht nur streng begrenzt, sondern irrelevant ist.

Im V. Teil ist die Stimme des Erzählers anfangs noch weitgehend mit der des Autors identisch (obschon durch den Ton der Pronitschewa gefärbt), weil es noch Raum für Fiktion gibt; Lisa ist noch Mensch. Aber auf dem Weg zum Abgrund wird sie nach und nach ihrer Individualität beraubt; und nach und nach wird die einzig adäquate Stimme die einer aufzeichnenden Kamera gleichende Stimme dessen, der dabei war. Es wäre mir überhaupt nicht schwergefallen, Angriffen wie den von Kenrick vorgebrachten durch ein scheinbares »Nachgestalten aus der Phantasie« zu entgehen; aber das wäre falsch gewesen. An diesem Punkt meiner Erzählung gab es nur eine einzige wahrhaftige Stimme – das Zeugnis des Zeugen: »Es fing an dunkel zu werden« usw. So war es – für alle die Opfer. Es war nicht mehr zu ändern. Die Zeit der Phantasie war vorher gewesen; und, in meinem Roman, hinterher. In der von Kenrick zitierten Passage hat sich die Phantasie erschöpft in dem Bemühen, das Unvorstellbare zu begreifen, das sich ereignet hat.[7]

Thomas hat sogar versucht, das im Romantext selbst deutlich zu machen, wo sein Erzähler sich ausdrücklich auf Dina Pronitschewas Zeugnis als Beleg für Lisas Erfahrungen beruft. Der Roman enthält die Information: »Dina [Pronitschewa] überlebte und wurde die einzige Zeugin, die einzige Quelle für das, was Lisa [also Thomas' fiktive Heldin] sah und fühlte.« Und er fügt hinzu: »Auch können die Lebenden nie für die Toten reden.«[8]

In dieser Auseinandersetzung tauchen mehrere mit der Problematik von literarischem Zeugnis und Autorität dieses Zeugnisses zusammenhängende Fragen auf. Kenrick stellt fest, daß die fesselndsten Passagen in Thomas' *Das weiße Hotel* nur deshalb so stark sind, weil sie das Babi-Jar-Material in so bewegender Weise frei verwenden. Ausgehend davon vertritt er die Meinung, Thomas' Roman folge weniger einer »historischen« als vielmehr einer ästhetischen Ordnung und begnüge sich damit, den Leser emotional zu erregen und lediglich Rührung hervorzurufen. Thomas reagiert empfindlich auf diesen Vorwurf, der ihm schließlich unterstellt, er stütze sich nur deshalb auf eine authentische Quelle, weil er das Grauen in seiner Erzählung habe steigern wollen, um es auf der ästhetischen Ebene weiter ausnutzen zu können. Dem hält er entgegen, gerade weil er nicht dabei gewesen sei, habe er seine Phantasie zügeln müssen. Überdies gebe es Ereignisse, die zu erfinden man nicht das Recht habe. Die einzige legitimierte Stimme sei daher die authentische, echte Stimme dessen, der dabei war, der empirisch und nicht nur durch die Phantasie mit diesen Erfahrungen verbunden ist. Zugleich aber gesteht Thomas einigermaßen naiv, einen »gleichermaßen kargen Stil« verwendet zu haben, weil »die einzig adäquate Stimme die einer aufzeichnenden Kamera gleichende die Stimme dessen [ist], der dabei war«. Doch hier verliert er offenbar den Faden und weiß nicht mehr, welche Stimme wem gehört. Denn ist diese »adäquate Stimme« hier die von Dina, der Augenzeugin, oder ist es die eher metaphorische »Stimme« seines Augenzeugenstils? Wenn diese Stimme einer aufzeichnenden Kamera gleicht, dann handelt es sich dabei um ein Stilmittel; ist aber im wörtlichen Sinne die Stimme einer Person, die dabei war, gemeint, dann ist es Dinas Stimme. Für Thomas jedoch ist diese Stimme sowohl Stilmittel *als auch* Dinas wirkliche Stimme, denn Thomas hat sich Dinas Stimme als *Stilmittel* angeeignet, als rhetorischen Trick, mit dem er seiner Fiktion die Autorität des Zeugnisses verleihen kann, ohne zugleich deren Authentizität als tatsächliches Zeugnis belegen zu müssen.

Scheinbar schwankend zwischen der Darstellung Babi Jars als fiktionales Konstrukt und der gleichzeitigen Behauptung, daß Babi Jar keine Fiktion sei, hat sich Thomas mithin bemüht, seinen Text mit der Autorität eines authentischen Zeugen auszustatten. Alles andere, behauptet er, wäre ein »scheinbares Nachgestalten«

gewesen und hätte die faktische Ganzheit der realen Ereignisse verletzt, die heute »unvorstellbar« (das heißt mit der Vorstellungskraft nicht zu erzeugen) sind, weil sie geschehen sind. Der Gipfel der Ironie liegt bei alledem natürlich darin, daß Thomas sich, indem er sich auf Dina Pronitschewas Zeugnis beruft, in Wirklichkeit nur auf Kusnezows literarische Rekonstruktion ihres Berichts stützt. Zwar bekennt sich Kusnezow ausdrücklich zur Tatsachentreue seines Werkes, doch das ändert nichts daran, daß sich Thomas letztlich auf ein Zeugnis aus zweiter Hand beruft, das überdies dem Gedächtnis eines Dritten entstammt, das im Russischen stark zensiert und dann von Kusnezow nach dessen Flucht in den Westen neu geschrieben (das heißt »unzensiert« wiederhergestellt) und schließlich übersetzt wurde, das also schwerlich das geeignete Material für ein »authentisches« oder unmittelbares Zeugnis sein dürfte. Der Punkt ist, daß Thomas, wie eifrig er sich auch zu seinem Rückgriff auf Kusnezow bekennt und wie sehr es ihm auch um die Darstellung bestimmter grauenhafter Tatsachen zu tun ist, als Romanschriftsteller doch immer Produzent von Illusionen bleibt, deren Überzeugungskraft der Autorität des Zeugnisses geschuldet ist, die er ihnen zuschreibt. Indem er so beflissen zugibt, was er selbst Kusnezow und was seine Lisa dessen Dina zu verdanken hat, und damit eine scheinbare Verbindung zwischen seinem Text und einem Faktum der Vergangenheit herstellt, kann Thomas die Illusion der Autorität der Fakten noch verstärken und sich gerade dadurch von der Verantwortung freisprechen, der Produzent einer solchen Illusion zu sein.

Die Ironie besteht weiterhin darin, daß Thomas schließlich, ethisch gesehen, kein größeres Risiko eingeht als Kusnezow selbst, denn dieser hat zur Bekräftigung seiner Rhetorik des Faktischen in der Tat viel weiter ausgeholt als Thomas. In seinem Vorwort zu *Babi Jar* kommentiert Kusnezow alles weitere im voraus mit, wenn er sagt: »Das Wort ›dokumentarisch‹ im Untertitel dieses Romans bedeutet, daß ich nur authentisch erwiesene Fakten und Dokumente darstelle und daß Sie hier nicht die geringste literarische Erfindung entdecken werden, das heißt kein ›Wie es sich zugetragen haben könnte‹ oder ›Wie es gewesen sein sollte‹.«[9] Er beruft sich auf Aristoteles' Unterscheidung von Geschichte und Dichtung, um jeglichen Verdacht einer dichterischen Freiheit von sich zu weisen, und trennt zwischen Dichtung und Geschichte, um zu betonen, daß seine Darstellung nur und ausschließlich historisch sei. »Das Resultat«, sagt er in einem Interview, »ist kein Roman im herkömmlichen Sinne, sondern ein fotografisch genaues Bild der tatsächlichen Ereignisse.«[10] Ebenso wie Thomas zitiert auch Kusnezow die überzeugendste aller dokumentarischen Darstellungsweisen, die Fotografie, als Metapher seiner Literatur.

Obwohl das Gefühl, daß man es mit einem Augenzeugnis zu tun hat, hier, anders als in den Tagebüchern und Memoiren, weniger aufrechterhalten als vielmehr künstlich erzeugt wird, funktioniert dieser vom Schriftsteller in das Zeugnis eingebrachte Zeuge dennoch als vorherrschender Tropus, der die in der »dokumentarischen Literatur« erzeugte Autorität der Fakten untermauert. Die »aufzeichnende Kamera«, auf die sich Thomas beruft, hat zudem eine zwar unbeabsichtigte, aber nichtsdestoweniger ganz buchstäbliche Dimension, denn obschon Thomas keine anderen authentischen Quellen erwähnt, scheint er sich doch des öfteren, vor allem bei seinen meist »graphisch« gestalteten Beschreibungen, nicht nur auf das fiktionalisierte Zeugnis Dina Pronitschewas, sondern darüber hinaus auf eine Reihe bekannter Fotos gestützt zu haben, die das Massaker der SS-Einsatztruppen an den Rigaer Juden bezeugen und im Dezember 1941 von der SS aufgenommen wurden.[11] So werden Fotos für ihn zum Ersatz für das eigene Erfahren der Ereignisse, die dann zum einen die Funktion einer eigenen »Augenzeugen«-Erinnerung an die Ereignisse übernehmen und zum anderen seiner Darstellung zusätzliche Autorität verleihen, denn indem Thomas sich an diese Bilder erinnert, ruft er sie auch dem Leser ins Gedächtnis. Das bedeutet jedoch, Thomas' Autorität der Zeugnisse gründet, indem seine Darstellung auf von der SS aufgenommenen Fotos basiert, in ironischer Weise auf »Zeugnissen«, mit denen die Nazis ihre Taten dokumentierten; die Autorität der Fakten bei Thomas, die »auf den Aussagen von Opfern basiert«, stammt zuletzt also nicht nur von Zeugnissen der Opfer, sondern auch von den fotografischen Zeugnissen der Mörder selbst.

Doch wie von Barthes, Sontag und vielen anderen nachgewiesen wurde, sind Fotos ebenso konstruiert und vermittelt wie jede andere Art der Darstellung.[12] Die Fotografie eignet sich als Tropus für die dokumentarische Literatur vielleicht tatsächlich besser, als die Verfasser von Tatsachenromanen meinen; denn rhetorisch operiert die Fotografie mit exakt der gleichen Prämisse, die auch bei der dokumentarischen Literatur am Werke ist. Das heißt, als scheinbare Spur oder scheinbares Fragment dessen, was es darstellt, ruft das Foto das Auge zum Zeugen an und vermag so die Autorität seiner empirischen Verbindung zu den Ereignissen zu beschwören, was wiederum das Gefühl seiner eigenen unmittelbaren Faktizität hervorruft. Als metonymischer Tropus der Zeugenschaft überzeugt das Foto den Betrachter auf eine Weise von seiner Autorität als Zeugnis und der Autorität der Fakten, wie es die Literatur nicht vermag. Einer der Gründe dafür, daß das Miteinander von Literatur und Fotografie solche Überzeugungskraft besitzt, liegt darin, daß sie den Anschein erwecken, als wäre das, was sie wiedergeben, eine Kombination aus reinem Objekt und Kommentar zum Objekt, bei der beide einander zu ergänzen scheinen gerade dadurch, daß sie den Eindruck erwecken, es handele sich um zwei kontrastierende Funktionen.

Wie Terrence Des Pres in *The Survivor* zwischen dem Zeugnis des Überlebenden und seinem eigenen Kommentar unterscheidet, so erzeugt Kusnezow eine Trennung zwischen den in sein Buch eingearbeiteten authentischen Dokumenten und seiner eigenen Stimme. Durch Einbeziehung eines »Dokumentenkapitels« sowie durch mehrere kurze Abschnitte, die mit »Die Stimme des Autors« überschrieben sind, versucht Kusnezow einen Zusammenhang zu schaffen, in dem die Autorität jedes einzelnen Sprechers in einer hierarchischen Beziehung zu der der übrigen Sprecher steht. Ein anderes Beispiel für diese Tendenz ist Alfred Anderschs preisgekrönter (laut Klappentext teils in Tagebuchform geschriebener, teils dokumentarischer, teils zeitgeschichtlicher) Roman *Efraim*, in dem der Autor Zeugenaussagen aus den Treblinka- und Auschwitzprozessen, die 1965 in Deutschland stattfanden, in seinen Text hineingenommen und dabei gleichzeitig behauptet, daß sich Zeugnisse dieser Art, phänomenologisch gesehen, einer solchen Vereinnahmung wohl entziehen dürften:

Jedoch gibt es keine Erklärung für Auschwitz. *Mindestens einmal hat der SS-Mann Küttner, genannt Kiewe, ein Kind durch die Luft geschleudert, das Franz dann mit zwei Schüssen getötet hat.* Niemand hat jemals Auschwitz erklären können. *Wir sahen ein riesiges Feuer und Menschen herumgehen, die irgend etwas*

*hineinwarfen. Ich sah einen Mann, der hatte etwas in der Hand,
das den Kopf bewegte. Ich sagte: ›Um Gottes willen, Maruscha,
der wirft ja einen lebenden Hund hinein.‹ Aber meine Begleite-
rin sagte: ›Das ist kein Hund, das ist ein Kind.‹* Mir ist jeder
verdächtig, der Auschwitz zu erklären versucht.[13]

Indem Andersch die Quelle des Zitats vorab angibt und dieses
dann im Text kursiv hervorhebt, leugnet er nicht nur seine Autor-
schaft, sondern auch seine Verantwortung für das Gesagte und
suggeriert dem Leser dadurch das Gefühl, daß das Zitat ontologisch einen grundlegend anderen Status habe als der es umgebende
»fiktionale« Text. Andersch behauptet (ebenso wie Thomas und
Kusnezow), weil diese Dinge tatsächlich geschehen sind, gestalte
er sie nicht aus der Phantasie nach – eine Behauptung, durch die er
zwischen »Fakten« und »Fiktion« trennen und sich mithin von der
Verantwortung für die gewaltsamsten Szenen seines Romans freisprechen kann, indem er den Verdacht, er sei imstande, solche
Greueltaten aus seiner Phantasie zu schöpfen, sie also gewissermaßen neu zu begehen, zurückweist.

Andersch trennt zwischen Zeugnis und Fiktion, um das Zeugnis
gegenüber der es umgebenden Fiktion privilegieren zu können.
Andere Schriftsteller hingegen nehmen diese Trennung offenbar
vor, um auch den umgebenden Text privilegieren zu können. Und
während Thomas diese Trennung mit relativ subtilen Mitteln (in
inneren Monologen der Sprecher und der dem Text vorangestell-
ten Danksagung) andeutet, heben andere Romanschriftsteller sie
weitaus klarer hervor. Indem Kusnezow in *Babi Jar* die »Dokumente« von seiner eigenen Darstellung trennt, verschärft er zwar
die Trennung zwischen der aus der Phantasie nachgestalteten Darstellung und den authentischen Dokumenten noch krasser, läßt
aber anderseits die Autorität seines Textes aus den von ihm zitierten Dokumenten erwachsen. Wie sich im Bildjournalismus Foto
und Text ergänzen, so scheint auch hier jeder Teil der Darstellung
den anderen erforderlich zu machen und zu ergänzen, indem er
entweder den fotografischen Beweis oder, in Gestalt der Bildunterschriften, die textliche Bedeutung liefert.

Kusnezows *Babi Jar* ist zwar das wohl am meisten gefeierte, »auf
Tatsachen basierende literarische Werk« über den Holocaust (es
war im übrigen auch eines der ersten Bücher über den Holocaust,
die für sich die Bezeichnung »Tatsachenroman« in Anspruch nah-

men), doch Dutzende andere bestehen nicht weniger entschieden auf ihrer dokumentarischen Autorität. Darunter zum Beispiel Pierre Julittes *Block 26: Sabotage at Buchenwald*, von dem Joseph Kessel den Lesern in seinem Vorwort versichert, daß »nichts in diesem Werk der Phantasie entspringt und daß alles wahr ist, auf Punkt und Komma sozusagen«.[14] Aber wie in so vielen anderen »Tatsachenromanen« sind auch hier die Fakten dieser Lagerrevolte zwangsläufig gestaltet, korrigiert und erläutert durch die Art und Weise, wie sowohl der Autor als auch seine Zeugen sie sprachlich, kulturell und religiös wahrnehmen. Ähnlich zeigt auch Ezrahi, daß beispielsweise Jean-François Steiner zwar wiederholt auf die absolute Faktizität seines Tatsachenromans über den Aufstand in Treblinka verweist, daß die Geschichte, die er erzählt, aber dennoch letztlich so stark durch die Sprache und die Archetypen der Bibel geprägt ist, daß alle Beteiligten entweder zu jüdischen Märtyrern oder zu Helden werden – eine Darstellung, die erheblich im Widerspruch zu anderen Berichten über diesen Aufstand steht.[15] Als Kommentar der Ereignisse von Treblinka und Darstellung dessen, wie die Überlebenden des Aufstands ihre Erfahrungen begriffen haben, ist dieser Roman gelungen. Aber wie Ezrahi feststellt, ist »diese Erzählung, obwohl sie sich auf die Realität stützt, eher von der spirituellen Autorität des authentischen Zeugnisses als von der präzisen Dokumentation getragen«.[16] Es ist also die Illusion der von authentischen Augenzeugen erzeugten dokumentarischen Autorität, die die vermeintliche Faktizität dieser Texte und damit schließlich auch die Stärke dieser Erzählung ausmacht.

Wenn wir nun noch einmal auf Thomas und Kusnezow zurückkommen, so erhalten die Diskrepanzen zwischen der Darstellung der Ereignisse in Steiners *Treblinka* und in Vasili Grossmans Version ihre ganz eigene Ironie. Wie Thomas auf Kusnezow und Kusnezow wiederum auf Pronitschewa zurückgreift, so beruft sich Steiner ganz massiv auf Vasili Grossmans *L'Enfer de Treblinka* und zitiert Grossman als seinen Zeugen, und das, obwohl dieser erst nach der Zerstörung des Lagers als sowjetischer Journalist nach Treblinka kam. Der einzige Unterschied besteht darin, daß Steiner, anders als die übrigen Autoren, Grossman nicht direkt erwähnt. Er teilt lediglich mit, daß es drei Bücher über Treblinka gibt, darunter eines (*Die Hölle von Treblinka*) »von einem

Kriegsberichterstatter der sowjetischen Armee, der die ersten Zeugen vernahm«.[17]

Cynthia Haft berichtet von einem ähnlich gelagerten Fall, wo der Historiker Vidal-Naquet entdeckte, daß Sylvain Reiner in seinem Roman *Et la terre sera pure* ganze Passagen wörtlich aus Miklos Nyiszlis Buch *Médecin à Auschwitz (Auschwitz: A Doctor's Eyewitness Account)* übernommen hat, ohne dies in irgendeiner Form kenntlich zu machen.[18] Sowohl Reiner als auch Steiner, der keine vollständigen Angaben über sein Quellenmaterial macht, haben offenbar angenommen, daß diese anderen Werke eine Zeugnisqualität besäßen, die ihre eigene Darstellung nicht habe, die aber, selbst wenn die Quellen ungenannt blieben, den umgebenden Text mit der Autorität des Zeugnisses anreichern könne.

Indem sie in ihre fiktionalen Erzählungen einflochten, was die tatsächlichen Zeugen vielleicht seinerzeit geschrieben hatten, wollten diese Schriftsteller ein Tatsachengeflecht herstellen und dem umgebenden Text so das Privileg und die Autorität des Zeugnisses verleihen. An einer entscheidenden Stelle gegen Ende von *Treblinka* greift Steiner beispielsweise direkt auf Jankel Wierniks Memoiren zurück und überläßt es damit nicht nur dem Augenzeugen, die Geschichte besser zu erzählen, sondern verläßt sich, wie es scheint, auf die Autorität eines tatsächlichen Augenzeugen, weil er hofft, diese Autorität seinem eigenen Text einverleiben zu können. Wie Thomas und Kusnezow trennt auch Steiner zwischen der bloßen Rekonstruktion und der Erinnerung des authentischen Zeugen, der jetzt wortwörtlich zitiert wird, um so seinem eigenen umgebenden Text die Autorität des Zeugnisses zu verleihen. Und wie so oft in der Holocaust-Literatur erfolgt die Interpolation in einem besonders dramatischen Augenblick, teilweise, so scheint es, um die Dramatik zu steigern und die autoritative Integrität des Textes an seiner schwächsten Stelle abzustützen: »Alles scheint gefährdet. Nur einer kann die Situation noch retten: Wiernik. Hören wir seinen Bericht.«[19] Zu diesem Übergang vom eigenen Text zu Wierniks Worten gehört, daß Steiner an diesem Punkt das Erzählen in der Gegenwartsform und in der ersten Person aufgibt und so das Zeugnis kenntlich macht, indem er es von seiner Darstellung abhebt. Das ist in der Tat erstklassige Erzählkunst, weil nämlich diese Darstellung nun genau in dem Moment, da wir der Autorität am dringendsten bedürfen, durch den Zeugen der Ereignisse scheinbar verifiziert wird.

Dieses Verflechten authentischer Zeugnisse mit weniger authentischen ist eine Erzähltechnik, die in allen Formen von dokumentarischer Literatur über den Holocaust Anwendung findet, besonders in Memoiren. Selbst die authentischsten Memoiren, zum Beispiel Leon W. Wells' *The Death Brigade*, enthalten nicht selten das Zeugnis von Tagebuchnotizen: Das, was im Verlauf der Ereignisse geschrieben wurde, soll die nach den Ereignissen geschriebene Darstellung mit einer noch stärker privilegierten Autorität anreichern. Wie in tatsächlichen Augenzeugenberichten, wie etwa Erich Kulkas *Escape from Auschwitz* oder Filip Müllers *Sonderbehandlung. Drei Jahre in den Krematorien und Gaskammern von Auschwitz*, Fotos dazu benutzt werden, Authentizität zu erzeugen und die Autorität zu vergrößern, so fügt Leon Wells genau dort, wo das Morden beginnt, Fragmente aus seinem Tagebuch in seine eigenen Memoiren ein.[20]

Von der Berufung auf die »spirituelle Autorität des authentischen Zeugnisses« bis zur kompletten Erfindung eines solchen Zeugnisses in einem Text, ganz gleich, ob man ihn »fiktional« oder »dokumentarisch« nennt, ist es jedoch nur ein Schritt. Alwin Rosenfeld erinnert in diesem Zusammenhang an zwei andere Schriftsteller, John Hersey und Leon Uris, die ihre dokumentarischen Quellen in der Tat als Teil ihrer Fiktionen erfunden haben. Im Prolog des Herausgebers zu Herseys *The Wall*, das auf Ringelblums *Notes from the Warsaw Ghetto* basiert, ruft der Autor mit Blick auf seinen eigenen Roman aus: »Welch ein Wunder an Dokumentation!« um dem Leser sodann mitzuteilen, der Erzähler Levinson sei »zu gewissenhaft, um *irgend etwas* zu erfinden«.

Rosenfeld macht uns jedoch darauf aufmerksam, daß der Autor in Wahrheit *alles* erfunden hat.[21] Rosenfeld behauptet auch, daß der an dokumentarischen Beweisen interessierte Leser sich wohl eher direkt an die »tatsächlichen historischen Zeugnisse, die wir ja haben«, hält. Dies hieße allerdings, daß der grundlegende Unterschied zwischen dem künstlich hergestellten und dem »tatsächlichen« Zeugnis in der tatsächlichen dokumentarischen Beweiskraft läge, wo doch in Wirklichkeit vermutlich weder das eine noch das andere tatsächliche Beweise liefert, sondern beide nur die überzeugend konstruierte Illusion eines Beweises darstellen. Während der nichtfiktionale Bericht uns seine authentische Verbindung zu den Ereignissen ins Gedächtnis rufen will, um auf diese Weise seine dokumentarische Autorität zu bekräftigen, muß die Fiktion zur Bekräftigung ihrer dokumentarischen Autorität ihre Verbindung zu den Ereignissen künstlich herstellen. Der Unterschied zwischen fiktionalen und nichtfiktionalen »Tatsachenromanen« über den Holocaust liegt vielleicht nicht im Grad der tatsächlichen Autorität des Zeugnisses, sondern in den ontologischen Quellen dieses Eindrucks von Autorität: in dem einen Falle wird sie ins Gedächtnis gerufen, in dem anderen ist sie im Text und als Teil der Erfindungen des Textes ganz und gar konstruiert. Wie bei den Tagebüchern und Memoiren, so ist auch bei den »Tatsachenromanen« über den Holocaust das rhetorische Prinzip, nicht aber die Wahrhaftigkeit des Zeugnisses der vorherrschende Tropus, der den dokumentarischen Charakter des Werks untermauert.

3

Am Ende seiner Studie über nichtfiktionale Literatur zieht Ronald Weber den Schluß: »Die erste Aufgabe des Autors nichtfiktionaler Literatur ist stets, *den Leser davon zu überzeugen, daß seine Arbeit ebenso adäquat ist wie die Geschichte selbst.*«[22] Sein Ziel besteht also nicht darin, eine Geschichte der Fakten zu schreiben, sondern lediglich darin, den Leser von der Faktizität seiner Darstellung zu überzeugen. Wird jedoch der Zeugnisbegriff im Tatsachenroman über den Holocaust als rhetorischer Tropus nur verwendet, um dem Leser eine »ungewöhnlich zwingende Erfahrung« zu bieten, dann bleiben die Erzählmethoden dieser Schriftsteller reine Stilsache. Denn aus diesem Blickwinkel sind solche Tatsachenerzählungen dann genau darum »als Leseerfahrung« zwingend, weil sie den Anspruch erheben, viel mehr als eine bloße »Leseerfahrung« zu sein.

In gewisser Weise bauen die Verfasser von dokumentarischer Literatur auf die gleiche Ambiguität zwischen Faktizität und Fiktion, die der Romanautor seit jeher erzeugt. Die Überzeugungskraft des Romandiskurses liegt, wie Lennard Davis in seiner Studie über die Ursprünge des englischen Romans feststellt, zu einem nicht geringen Teil tatsächlich in genau jener Ambiguität, die sein Anspruch, zum einen Fakten wiederzugeben und zum anderen Fiktion zu sein, erzeugt. »Der Roman ist (selbst dann, wenn er unstrukturiert zu sein scheint) ein strukturiertes Kunstwerk«, schreibt Davis, »dessen Haltung gegenüber Faktum und Fiktion grundlegend ambivalent ist«.[23] Ein Schriftsteller wie Daniel Defoe (»der Journalist *par excellence* des frühen achtzehnten Jahrhunderts«), der diese, wie Davis meint, »grundlegende Ambivalenz« gegenüber Faktum und Fiktion unterstreicht, bekräftigt und sogar zuspitzt, könnte demnach auch der Romanschriftsteller par excellence sein – zumindest partiell, denn immerhin hat er sich listigerweise als Journalist bezeichnet. Während es Cervantes vor allem darauf ankam, sein Werk als literarische Erfindung kenntlich zu machen und er die Geistesverwirrung, die daraus entsteht, wenn »reale« Welten für imaginär gehalten werden, geradezu zelebriert und herausgestellt hat, fand Defoe offenbar Freude daran, den Leser in genau diese Geistesverwirrung zu stürzen. »Beim Lesen eines Defoeschen Romans«, so Davis, »wird der Leser zunächst einmal aufgefordert zu glauben, daß der Roman real sei, um dann zu verstehen, daß die Realität des Romans eine Fälschung ist. So daß er es schließlich aufgibt, seinen Zweifel aufzugeben.«[24]

In gewissem Sinne und bis zu einem gewissen Grade wird der Romandiskurs zu einem Teil nicht nur zur »faktischen Fiktion«, sondern versucht tatsächlich, fiktionale Fakten zu erzeugen. Wenn Defoe sich, wie Davis sagt, »mit der Geste der Selbstverleugnung des Autors in die Prästruktur stellt«[25], dann können wir ergänzen, daß dieser Akt nur eine Geste bleibt, ein Trick des Autors, durch den er neben dem Roman zu stehen scheint, dessen Schöpfer er in Wahrheit ist. Im Gegensatz zu Davis, der behauptet, solchen Schriftstellern werde irgendwie »die Position aufgezwungen, sich als Bearbeiter eines gefundenen Dokuments ausgeben zu müssen«[26], können wir nicht umhin, diesen Anspruch als Teil der Fiktion zu betrachten, die generell in der Arbeit des Schriftstellers liegt. Und wie die Romanschriftsteller früherer Zeiten simulierten und ihre Präsenz als Autoren verschleierten, um die Illusion der Autonomie des Textes zu erzeugen, so schmelzen die heutigen Verfasser von Tatsachenromanen rhetorisch dokumentarische Materialien wie Fotos, Zeitungsartikel und Augenzeugenberichte in ihre Erzählungen ein, um diese mit einer gewissen Autorität der Fakten auszustatten.

Für den Charakter des Romans ist diese Unentschiedenheit gewiß sehr wichtig; aber wenn der Leser den Unterschied zwischen dem Anspruch des Romanschriftstellers auf Faktizität und der Tatsache, daß es sich bei dessen Erzählung in Wahrheit um eine literarische Erfindung handelt, nicht im Auge behält, riskiert er trotz allem, zwar nicht, wie Davis meint, mit dem Romanschriftsteller gemeinsame Sache zu machen, aber doch, durch den Romanschriftsteller – beziehungsweise in unserem Falle durch den Autor des Tatsachenromans – gewissermaßen phänomenologisch getäuscht zu werden. Indem er sich von der künstlich hergestellten historischen Autorität des Tatsachenromans zur bereitwilligen Aufgabe seines Zweifels verleiten läßt, läuft der Leser Gefahr, in die allumfassende Fiktion des Diskurses selbst verstrickt zu werden und die historische Überzeugungskraft dieses Diskurses für die historischen Fakten zu nehmen, die er zu dokumentieren vorgibt.

Ein wesentliches Element der Phänomenologie des Tatsachenromans ist, daß der Leser auf ein Werk, von dem er glaubt, es sei »wahr«, und das, wovon es berichtet, habe sich tatsächlich ereignet, anders reagiert als auf eines, das er für reine »Fiktion« hält; in Anbetracht dessen setzt sich der Schriftsteller das Ziel, eine solche Illusion emotional erfahrbar zu machen. Wenn nun aber die »außerordentliche Überzeugungskraft« des realistischen Romans darin besteht, emotionale Reaktionen zu stimulieren, und wenn die »Erzeugung solcher Gefühle beim Leser die höchste Leistung des Romans« ist[27], wie Thomas Wolfe vielleicht sagen würde, dann liefe dies darauf hinaus, daß jeder, der Tatsachenromane wegen ihres Gehalts an Fakten liest, die literarischen Mittel des Autors (nämlich scheinbare Faktizität) mit den Zwecken (nämlich emotionalen Reaktionen) verwechselt, um derentwillen sie angewandt werden. Wie Weber räumt auch Wolfe ein, daß der wesentliche Vorteil dieser literarischen Hybridform nicht in der Realität des Dargestellten, sondern in seinem *Anschein* von Realität liegt. In dieser Literatur bleiben die Fakten (wie sie wirklich sind) somit der Wirkung, die sie auf den Leser haben, untergeordnet.

In der dokumentarischen Literatur über den Holocaust wird diese »Rhetorik des Tatsächlichen« [*rhetoric of fact*] um einer Reihe anderer Zwecke willen eingesetzt; zu jenen Zwecken scheint auch eine emotionale Reaktion auf diesen »Anschein von Realität« selbst zu gehören, eine Verstärkung der angeblichen Faktizität eines Werks sowie die Behauptung der authentischen Verbindung zwischen Autor, Text und Ereignissen. Und damit gewinnt der Zweck der dokumentarischen Autorität in den Werken solcher Autoren wie Thomas, Kusnezow, Steiner und Andersch nun kritische Bedeutung. Wenn die außergewöhnlich zwingende Leseerfahrung, die mit dieser »Rhetorik des Faktums« erreicht werden soll, lediglich dazu angetan ist, beim Leser Rührung hervorzurufen, dann hat Adorno mit seiner Ablehnung der Holocaust-Kunst in gewissem Sinne recht. Denn das hieße in der Tat, daß die Autoren solcher Werke aus der nackten Pein der Opfer Unterhaltung pressen. Wenn diese Werke jedoch nur vermeiden wollen, die tatsächlichen historischen Ereignisse grundsätzlich fiktional zu gestalten, dann müßten wir dies sowohl dem legitimen Verlangen, die Ereignisse zu dokumentieren, *als auch* dem Phänomen zugute halten, daß die »realen Ereignisse der Vergangenheit« durch jede gestaltende Darstellung zwangsläufig fiktionalisiert werden. Insofern diese dokumentarische Literatur bestrebt ist, ihrer spezifischen Interpretation der Ereignisse Authentizität zu verleihen und sie damit naturalistisch darzustellen, kann man sie sowohl ihren Mitteln nach als auch hinsichtlich ihrer Ziele als eine ausdrücklich ideologische Form des Diskurses ansehen – eine Sicht, mit der wir uns im folgenden Teil, der sich mit dem Dokumentarstück sowie mit der Ideologie und der Rhetorik des Tatsächlichen auseinandersetzt, eingehender befassen werden.

Viertes Kapitel

Dokumentarisches Theater, Ideologie und die Rhetorik des Tatsächlichen

> Das dokumentarische Theater legt Fakten zur Begutachtung vor ... Für ein solches Theater ist Objektivität unter Umständen ein Begriff, der einer Machtgruppe zur Entschuldigung ihrer Taten dient. *Peter Weiss*

> ›Brecht über Mittel und Ziel‹ *Bertolt Brecht*

> Daß für diesen [den sozialistischen Realismus] der Kampf um den Sozialimus und um seine Verwirklichung im Mittelpunkt aller Probleme der Perspektive steht, versteht sich von selbst.
> *Georg Lukács*

I

Peter Weiss' Auschwitz-Stück *Die Ermittlung* wird bis auf den heutigen Tag gepriesen und geschmäht, und beides im wesentlichen aus demselben Grund, nämlich wegen seines unverhohlen politischen Charakters. Andreas Huyssen bescheinigt dem Stück zwar, es habe die Stärke, die Zuschauer zum Engagement motivieren zu können, weshalb es »vielleicht das beste Theaterstück über den Holocaust« sei, doch beeilt er sich andererseits, die Leser vor der Hauptschwäche von *Die Ermittlung* zu warnen:

Das Problem ist ein politisches. *Die Ermittlung* postuliert einen direkten kausalen Zusammenhang zwischen dem Kapitalismus und Auschwitz. Die Vernichtung der Juden wird als extreme Form kapitalistischer Ausbeutung dargestellt und interpretiert ... Weiss versucht überhaupt nicht, sich mit der Geschichte und der Besonderheit des Antisemitismus in Deutschland auseinanderzusetzen. Indem er die Schuld Krupp und der IG Farben zuweist, stellt er den Tod von sechs Millionen Juden in den Kontext einer universellen marxistischen Kapitalismuskritik.[1]

Trotz dieser einseitig politischen Interpretation von Auschwitz war *Die Ermittlung* als politisches Theaterstück ein Erfolg, und zwar gerade weil es explizit behauptet, das Publikum wolle sich nicht mit den herkömmlichen Auschwitz-Darstellungen begnügen, sondern auf die »Fakten« kommen, um von dort aus zu den mutmaßlichen Ursachen vorzustoßen. Von vielen in Deutschland wird Weiss gefeiert, weil er Auschwitz und die Frankfurter Prozesse nicht, wie andere, nur emotional anprangert, sondern einer ideologischen Kritik unterzieht. Und von vielen wird er abgelehnt, weil er die falsche Art von Ideologiekritik übt.

Es mag, wie Jack Zipes vermutet, durchaus eine akademische Frage sein, »ob die deutschen Dokumentardramatiker sich für eine bestimmte politische Partei engagieren«, doch was Weiss betrifft, so ist dies keineswegs eine unwesentliche Frage.[2] Denn in seiner Form, seinem inhaltlichen Schwerpunkt und seiner Überzeugungskraft ist jedes Theaterstück einer bestimmten politischen Grundauffassung verpflichtet, die nicht selten in den Dogmen von Parteien ihre Idealisierung findet. Bei Weiss‹ *Ermittlung* ist es, wie Zipes feststellt, nicht bloß der Wunsch, »den Geist des Menschen von der Bürokratie zu befreien oder für jedes Individuum, unabhängig von der Parteizugehörigkeit, in der Gesellschaft Alternativen anzubieten, sondern ein eindeutig politökonomischer Begriff von den Ereignissen«[3], der die Anlage des Stückes determiniert. Und obgleich es nach Zipes‹ Auffassung sehr gut möglich ist, daß die Dokumentardramatiker in Deutschland »in der festen Überzeugung arbeiten, daß die Historiker die Geschichte nur allzuoft als Fiktion geschrieben hätten«, käme es dennoch einer Unterschätzung der ästhetischen und ideologischen Dimensionen dieses Mediums wie auch der wechselseitigen Durchdringung von Ästhetischem und Ideologischem gleich, wenn man die dichterische Freiheit des Dokumentardramatikers, die Vergangenheit umzuformen, nur als Antwort auf die Konstruktionen der Historiker betrachten wollte.

Ich möchte die ideologischen Aspekte von Weiss' Stück auf zwei Ebenen untersuchen, zum einen als »Plan« beziehungsweise Bewußtsein, das ganz bestimmte Formen der Darstellung der Ereignisse hervorbringt, zum anderen als Verfahrensweise, mit der bestimmte Versionen der Realität als a priori wahr und unkonstruiert präsentiert werden. Wir setzen uns nicht allein deshalb kritisch mit der *Ermittlung* auseinander, weil die ökonomische Orientierung des Autors die Art und Weise, wie die Ereignisse hier dargestellt werden, determiniert und das Werk zum »ideologischen« Stück macht. Bekanntlich sind alle historischen Darstellungen in solcher Weise determiniert. Wir unterziehen das Stück vielmehr einer Ideologiekritik, weil es sowohl den rhetorischen und dramaturgischen Anspruch des Dokumentartheaters, weit über eine bloße Darstellung hinauszugehen, als auch das Selbstverständnis dieses Genres als beweiskräftiges und objektives Zeugnis beispielhaft demonstriert. Es geht mir in diesem Abschnitt nicht nur um Weiss' unverkennbaren Plan, zu dem sich der Autor ja auch offen bekannt hat. Es geht mir vielmehr erstens darum, inwieweit Weiss' Auschwitz-Konstruktionen durch sein marxistisches Verständnis der Ereignisse bedingt sind, und zweitens darum, inwieweit die von ihm verwendete und definierte Form des dokumentarischen Theaters dazu führt, daß jede Erklärung der Ereignisse ideologisch verschleiert und totalisiert wird. Dabei interessiert mich nicht in erster Linie das ökonomische Modell, das dieser Auschwitz-Ermittlung zugrunde liegt. Mich beschäftigt vor allem die Frage, wie dieses Modell die Ereignisse und Materialien für Weiss organisiert hat, wie es sich manifestiert und wie es sich verbirgt, woher sich die Rhetorik dieses Modells ableitet und an welchen Punkten es die Sicht des Zuschauers prägt.

Zwar geht es in diesem Kapitel speziell um Theorie und Praxis des dokumentarischen Theaters von Peter Weiss, doch soll hier zugleich eine allgemeinere Kritik des literarischen Realismus selbst, und zwar des »sozialistischen« ebenso wie des »bürgerlichen« und des »dokumentarischen Realismus«, geleistet werden. Denn das Ziel all dieser Formen des Realismus ist stets, die Konstruiertheit eines Werks zu verschleiern, um beim Publikum die Illusion von Tatsachentreue zu nähren und die Zuschauer damit rhetorisch von der Objektivität des jeweiligen Werks zu überzeugen. In diesem Zusammenhang fragen wir auch, ob der dokumentarische Realismus Fakten präsentieren oder darüber diskutieren will, wie es zu diesen Fakten kam. Und wenn letzteres sein Anliegen ist, wie werden diese Fakten dann benutzt, um eine ganz bestimmte Erklärung der Ereignisse zu stützen? Und unter stilistischem Aspekt fragen wir, wie die Idee des Faktischen dazu benutzt wird, den Umstand zu verschleiern, daß diese Fakten selbst ihrem Wesen nach konstruiert sind?

In seiner Vorbemerkung zu *Mythen des Alltags* schreibt Roland Barthes: »Der Anlaß [für sein Nachdenken über die Ereignisse der Gegenwart und der Alltagskultur] war meistens ein Gefühl der Ungeduld angesichts der ›Natürlichkeit‹, die der Wirklichkeit von der Presse oder der Kunst unaufhörlich verliehen wurde, einer Wirklichkeit, die, wenn sie auch die von uns gelebte ist, doch nicht minder geschichtlich ist. Ich litt also darunter, sehen zu müssen, wie ›Natur‹ und ›Geschichte‹ ständig miteinander verwechselt wurden, und ich wollte in der dekorativen Darlegung dessen, ›was sich von selbst versteht‹, den ideologischen Mißbrauch aufspüren, der sich meiner Meinung nach dahinter verbirgt.«[4] Unter ideologischem Mißbrauch versteht Barthes dabei sowohl das falsche Bewußtsein, mit dem die alltäglichen Ereignisse dargestellt werden, das heißt die bürgerlichen Prämissen dieser Darstellung, als auch die formalen Mittel, mit denen die Ereignisse als natürlich und wahr hingestellt werden. Barthes verfolgt mit dieser Sammlung die Absicht, in der Art und Weise, wie wir die Ereignisse unserer Zeit und die Alltagskultur wahrnehmen, die mythologische Konturen aufzuspüren, die sich, wie Derrida sagen würde, selbst getilgt [*whitened out*] haben[5], aber dennoch weiterhin die Welt für uns strukturieren und interpretieren und die der Realität Gestalt geben, indem sie uns andrerseits zu bestimmten philosophischen und historischen Schlußfolgerungen über die Realität führen.

Die Ungeduld, mit der Barthes und Derrida diesen verborgenen Formeln des Geistes zunächst begegnen, ist wohl teils eine Reaktion auf die schlichte Unsichtbarkeit »weißer Mythen«, auf die Raffiniertheit, mit der diese sich selbst naturalistisch geben, und teils auch, so möchte man vermuten, eine Reaktion auf die Leichtgläubigkeit der unkritischen Leser, die beständig verkennen, daß die Phänomene der Wirklichkeit in einer bestimmten Art und Weise repräsentiert werden, und diese Repräsentation für das Wesen der Wirklichkeit halten. Barthes und Derrida haben sich somit die Marxsche Kritik der bürgerlichen Ideologie zu eigen gemacht, um die in anstrengende philosophische und historische Diskurse verstrickten Menschen davor zu warnen, daß sie ihre eigenen Geistesprodukte für unabhängige äußere Realitäten halten.

Zwar geht Barthes ebenso wie Marx davon aus, daß diese Natürlichkeit von Geist und Produktion vor allem ein bürgerliches Phänomen ist – wobei bürgerliche Ideologie traditionell als diejenige Ideologie definiert wird, die sich geradezu *automatisch* totalisiert und dadurch perpetuiert, doch erkennt er offenbar auch, daß diese epistemologische Naturalisierung nicht zwangsläufig auf die Vertreter der bürgerlichen Kultur beschränkt bleibt. In anderen Aufsätzen behauptet er vielmehr, dieser Prozeß des Tilgens sei wohl auch eine dem historischen und philosophischen Diskurs innewohnende Reflexbewegung, überdies könne jede Ideologie oder Kultur, ob bürgerlich oder nicht, diesen Prozeß zu bestimmten Zeiten bewußt dazu benutzen, um sich den Anschein von Authentizität zu geben.[6] Es wird jedoch deutlich, daß die, wie Barthes sagt, »Fetischisierung des Realen« zwar tief in der bürgerlichen Kultur verwurzelt sein mag, daß es aber dennoch gerade die »sozialistischen Realisten« waren, die – während sie der Selbstnaturalisierung der bürgerlichen Kultur gegenüber kritisch eingestellt waren – den »Realismus« letztlich von einem Stil zur Methode, vom Überzeugungsmittel zu einer ästhetischen Vorschrift erhoben.[7]

Insofern die von uns wahrgenommenen historischen Beispiele und Tropen, Mythen und religiösen Topoi sowie verschiedene narrative Darstellungsweisen die Wirklichkeit zwangsläufig nach ihrem Bilde prägen, dürfte Frederic Jameson recht haben, wenn er einem historischen Herangehen an »die Ideologie eines Textes« den Vorzug gegenüber einem »ethischen« Ansatz gibt.[8] Denn wie Lévi-Strauss, Barthes und andere gezeigt haben, muß der Impuls, die Geschichte zu mythologisieren und sie naturalistisch zu sehen und so zu transformieren, nicht immer auf die von einem Autor offen vertretene ideologische Richtung oder auf die spezifischen Interessen einer bestimmten sozialen Gruppe oder Klasse zurückzuführen sein. Dieser Impuls wohnt vielmehr der Sprache selbst inne. Man könnte sagen, daß die Ideologie eines Textes das Resultat eines Reflexvorgangs ist, nicht aber eines ganz bewußten Handelns des Autors, der dabei einen Plan verfolgt. Wenn wir jedoch diese Tendenz, die Ereignisse automatisch zu naturalisieren, anerkennen, könnten wir ebensogut unterscheiden zwischen Dokumentarschriftstellern, deren Texte durch eine bestimmte religiöse Tradition oder ein kulturelles Kontinuum in einem Reflex naturalistisch gesetzt werden, und solchen, die wissentlich, ja geradezu aus Gewissensgründen, eine dokumentarische Rhetorik des Faktischen benutzen, um einen bestimmten Subtext zu naturalisieren und auf diese Weise unkenntlich zu machen.

Die bürgerliche Ideologie naturalisiert ihre Zeichen, um sich den Anschein von Freiheit und Universalität zu geben und den Eindruck zu erwecken, als erzeuge sie sich ausschließlich aus sich selbst heraus. Nach dem gleichen Muster verfahren der sozialistische Realismus und die anderen Formen der Dokumentarliteratur; auch sie verschleiern und verwandeln ihre Produkte in Natur. Und wenn die Funktionsweise von Ideologien, wie Terry Eagleton behauptet, darin besteht, daß sie »die Mechanismen ihrer Erzeugung verdrängen«[9], dann dürfte die Funktionsweise der Rhetorik des Faktischen im dokumentarischen Realismus entsprechend darin bestehen, die Erinnerung daran, daß sie selbst eine Konstruktion ist, zu verdrängen und damit die spezifische Konstruktion zu sanktionieren, mit der die »Fakten« jetzt zur Sprache gebracht werden. Die Dokumentarliteratur präsentiert sich also als *nicht*ideologisch, um auf diese Weise ihre Faktizität zu betonen, das heißt um ideologisch sein zu können, muß die dokumentarische Darstellungsweise mittels der Rhetorik des Faktischen ihre ideologischen Prämissen verschleiern.

Zwar ist die Ideologiekritik seit jeher vor allem bestrebt, das Element des Gewollten oder Willentlichen in der Konstruktion eines Texts herunterzuspielen und die Vorstellung zu entkräften, die ideologische Schreibweise manipuliere bewußt die Realität. Doch wir wissen sehr gut, mit welchen Mitteln die Autoren den Prozeß der reflexhaften Totalisierung ihrer Darstellung unterstützen können. So stieß die zwischen der Realitätshegemonie der sozialistischen Realisten und der Naturalisierung der Realität in der bürgerlichen Kultur angesiedelte, sozusagen »auf Faktizität beharrende« Literatur mit ihrer im allgemeinen völlig unbefangenen Konstruktion von Realitäten beim normalen Durchschnittsleser auf vergleichsweise so geringen Widerstand, daß ein Verfahren, das allenfalls ein Mittel zur reflexhaften Naturalisierung der Wirklichkeit ist, nun ganz forsch in den Rang einer eigenständigen literarischen Form erhoben wird. Das heißt, literarische Darstellungsweisen, bei denen die Hand und der Geist des Urhebers entweder bewußt oder reflexhaft verborgen gehalten werden, die also vorgeben, der Text sei natürlich und nur den Tatsachen verpflichtet, fallen so gewissermaßen mit in jenes Genre, das wir als »Dokumentarliteratur« bezeichnen.

Als rein ästhetische Strategie, mit der die Autoren fiktionaler Literatur traditionell ihre Leser zu fesseln suchen, ihr Mitgefühl erregen, Angstgefühle bei ihnen hervorrufen oder sie zur bereitwilligen Aufgabe ihres Zweifels bewegen wollen, ist die Rhetorik des Faktischen nach wie vor ein relativ harmloses Stilmittel. Doch als Methode, die Hand des Autors in einen *Wegweiser zum rechten Handeln* im wirklichen Leben zu verwandeln, verlagert die Rhetorik des Faktischen den Mythos, der die Dokumentarliteratur organisiert, aus der theoretischen Sphäre der Erkenntnis in die praktische Sphäre des angewandten Wissens. Denn indem die Dokumentarliteratur die Menschen auffordert, auf der Basis ihrer Darstellung zu handeln, hinterläßt sie mit ihren Grundsätzen selbst dann, wenn die diese Aufforderung in der Rhetorik eines Texts unausgesprochen bleibt, einschneidende Spuren. Indem sie den Leser auffordert, auf der Grundlage epistemologisch geprägter Erfahrungen so zu handeln, als wären sie natürliche, unvermittelte Fakten, überträgt die Dokumentarliteratur die epistemologische Grundhaltung des Autors auf die Welt der gelebten Erfahrung.[10] Als literarische Darstellungsweise, die die Nahtstellen ihrer Konstruktion verschleiern will, um zur Basis des Handelns im wirklichen Leben zu werden, scheint die Dokumentarliteratur sowohl am Prozeß der Ideologiebildung als auch an dessen Zwecken teilzuhaben, so daß man sie als zutiefst ideologische Diskursformen betrachten könnte.

Vor allem hinsichtlich der Holocaust-Dokumentarliteratur können wir, ausgehend von diesem Ansatz, vier verschiedene Kategorien von Autoren unterscheiden: erstens die Verfasser von Gettotagebüchern, deren natürliches Bedürfnis es wohl war, sich selbst und ihre Erfahrungen in ein religiöses oder kulturelles Kontinuum einzuordnen, in dem sie sich als schreibende Augenzeugen sahen, die Beweise gegen ihre Mörder sammelten; zweitens die überlebenden Memoirenschreiber, die die authentische Verbindung zwischen ihren Darstellungen und ihren Erfahrungen aufrechtzuerhalten suchten, um auf der Faktizität von Ereignissen zu beharren, die einfach unglaublich scheinen; drittens die Romanschriftsteller (Überlebende wie Nichtopfer), die entweder zögern, reale Ereignisse zu fiktionalisieren, oder ihrer Fiktion die Kraft des Realen verleihen wollen, die in der Ambiguität zwischen Fakten und Fiktion erzeugt wird; und viertens Schriftsteller, die ihre Urheberschaft an einem dokumentarischen Text verhehlen wollen, um so die spezifische – totalisierende – Form zu naturalisieren, die die Realitäten des Holocaust in ihren jeweiligen Rekonstruktionen annehmen.

Die Fakten mögen zwar in allen dokumentarischen Werken gleichermaßen stark verwandelt werden, doch bestehen zwischen den Beziehungen der verschiedenen Autoren zu ihren Texten phänomenologische und, wie wir gesehen haben, auch ontologische Unterschiede. Denn im Gegensatz zum Gettoschreiber, zum überlebenden Memoirenschreiber oder, in geringerem Grade, auch zum Verfasser eines Romans über den Holocaust verschleiert der Autor der vierten Kategorie bewußt die Tatsache, daß er lediglich seine Interpretation der Ereignisse liefert, und versucht bewußt, den Leser nicht nur dazu zu bringen, daß er an die Existenz eines Erfahrungszusammenhanges glaubt, sondern will ihn darüber hinaus überzeugen, an eine ganz bestimmte Version der Ereignisse zu glauben. Ausgehend von dem, was Barthes in seiner Kritik der Naturalisierung der Leitmythen einer Gesellschaft durch die Alltagskultur und die Ereignisse der Gegenwart schreibt, müßte ein vorrangiges Anliegen der Kritik der Holocaust-Literatur darin bestehen, die erläuternden Mythen zu entschlüsseln, die den Charakter von Holocaust-Darstellungen prägen; und dabei müßten wir uns dann mit besonders wacher kritischer Aufmerksamkeit der »Werke der Tatsachenliteratur« annehmen, die ihre dokumentarische Autorität am überzeugendsten behaupten. Denn dies sind oftmals auch die Werke, deren Verfasser die größte Mühe darauf verwendet haben, die Mythen, von denen ihr Schreiben geleitet ist, zu verschleiern und die Tatsache, daß auch ihre Darstellungen konstruiert sind, vergessen zu machen.

Eines der raffiniertesten Beispiele für eine Dokumentarliteratur, deren Absichten über das rein Dokumentarische entschieden hinausgehen, ist Peter Weiss' *Ermittlung*, ein Stück, das auf Gerichtsprotokollen und Zeitungsberichten von den Auschwitz-Prozessen in Frankfurt 1964/65 basiert.[11] Oberflächlich betrachtet – das gibt Weiss offen zu –, erfüllt das Stück die didaktische und polemische Funktion des »dokumentarischen Theaters« und ist als »realistisches Zeittheater« in der Tradition des Proletkults, des Agitprop der zwanziger und dreißiger Jahre angesiedelt, in der auch Erwin Piscators politisches Experimentaltheater und Brechts Lehrstücke stehen. Insofern es Teil dieser Tradition ist und angesichts der Motive, die Weiss bewegten, *Die Ermittlung* zu schreiben, ist das dokumentarische Theater zwangsläufig parteilich, wie der Dramatiker uns erinnert.[12] Insofern dieses alternative Theater jedoch die Absicht verfolgt, zum einen die politischen Behauptungen der Bourgeoisie über Auschwitz anzugreifen und zum anderen die Ereignisse selbst zu dokumentieren, ist es nichtsdestoweniger merkwürdig, wieviel Mühe Weiss darauf verwendet, einerseits die Objektivität seines Stücks und andererseits dessen ausdrücklich subjektive Zielsetzungen zu betonen. Denn obwohl Weiss in seiner kritischen Auseinandersetzung mit dem dokumentarischen Theater durchaus die antipositivistische Seite dieser speziellen Theaterform und des Theaters im allgemeinen betont, hat er als Dramatiker offenbar die Illusion von Faktizität und Objektivität benutzt, eine Illusion, die das dokumentarische Theater erzeugt, nicht um die Prämissen seiner Arbeit zu enthüllen, sondern um sie zu verschleiern.[13]

Die Ironie liegt darin, daß Weiss selber mit seiner Methode die Illusion von der Autorität der Fakten, die er in *Die Ermittlung* erzeugt, wirksamer untergräbt, als irgendeine Kritik realistischer Darstellungsweisen dies tun könnte. Die Ziele, die der Autor mit seinen Notizen zu einer Definition des dokumentarischen Theaters verfolgt, und die Mittel, mit denen er diese Ziele in seinem Stück erreichen möchte, widersprechen einander hoffnungslos. Denn so präzise und lobenswert seine Kritik an Wirklichkeitsfälschung und Verschleierung in den bürgerlichen Medien auch sein mag, so legt sie doch, auf das dokumentarische Theater angewandt, mit der gleichen chirurgischen Präzision die ideologischen Linien frei, nach denen sein eigenes Stück konstruiert ist. Die entscheidenden Punkte, die er aufführt, sind für unsere Weiss-Kritik im besonderen und für die Kritik der Dokumentarliteratur im allgemeinen von wesentlichem Interesse, weshalb ich sie hier in Gänze zitiere:

a) Kritik an der Verschleierung. Werden die Meldungen in Presse, Rundfunk und Fernsehen nach den Gesichtspunkten dominierender Interessengruppen gelenkt? Was wird uns vorenthalten? Wem dienen die Ausschließungen? Welchen Kreisen gelangt es zum Vorteil, wenn bestimmte soziale Erscheinungen vertuscht, modifiziert, idealisiert werden?

b) Kritik an Wirklichkeitsfälschungen. Warum wird eine historische Person, eine Periode oder Epoche aus dem Bewußtsein gestrichen? Wer stärkt seine eigene Position durch die Eliminierung historischer Fakten? Wer zieht Gewinn aus einer bewußten Verunstaltung einschneidender und bedeutungsvoller Vorgänge? Welchen Schichten in der Gesellschaft ist am Verbergen der Vergangenheit gelegen? Wie äußern sich die Fälschungen, die betrieben werden? Wie werden sie aufgenommen? ·

c) Kritik an Lügen. Welches sind die Auswirkungen eines geschichtlichen Betrugs? Wie zeigt sich eine gegenwärtige Situation, die auf Lügen aufgebaut ist? Mit welchen Schwierigkeiten muß bei der Wahrheitsfindung gerechnet werden? Welche einflußreichen Organe, welche Machtgruppen werden alles tun, um die Kenntnis der Wahrheit zu verhindern?[14]

In der Anmerkung zu seinem Stück behauptet Weiss, er habe die Gerichtsverfahren auf ihren Faktenanteil reduziert; seine Figuren charakterisiert er als bloße Sprachrohre, durch die er die Fakten über Auschwitz lediglich hindurchgegossen habe: »Von all dem kann auf der Bühne nichts als ein Konzentrat der Aussage übrigbleiben. Dieses Konzentrat soll nichts anderes enthalten als Fakten...«[15] Das »dokumentarische Theater«, das ein »Theater der Berichterstattung« ist, »enthält sich jeder Erfindung, es übernimmt authentisches Material und gibt dies, im Inhalt unverändert, in der Form bearbeitet, von der Bühne aus wieder«, schreibt Weiss.[16] Zieht man allerdings die im Prozeß der Auswahl und Zuordnung dieser Fakten unvermeidlich eintretenden Verfälschungen sowie die Quellen, aus denen diese Fakten gewonnen wurden und die von Naziakten bis hin zu den Aufzeichnungen der Gerichtsreporter reichen, in Betracht und führt man sich überdies Weiss' eigene große Empfindlichkeit gegenüber der Naturalisierung solcher Fakten durch die bürgerlichen Medien vor Augen, dann kann man nicht umhin, sein Beharren auf der reinen Faktizität des Stücks im besten Falle absurd und im schlimmsten Falle unverschämt zu nennen. Denn als besonders scharfsinniger und lautstarker Kritiker von »Verschleierung und Wirklichkeitsfälschung« in den Massenmedien hat Weiss das dokumentarische Theater sogar als Teil einer konzertierten Antwort auf den unkritischen Glauben an Tatsachenberichte definiert. Ja, indem er in seiner beißenden Kritik an »Verschleierung« und »Wirklichkeitsfälschung« in den Medien die Frage stellt, *warum* historische Personen, Perioden oder Epochen eigentlich aus der Geschichte gestrichen werden und wessen Position durch eine solche Ausschließung historischer Fakten gestärkt wird, versucht Weiss die geheimen Beweggründe der »dominierenden Interessengruppen« aufzudecken, die die internationale Presse finanzieren. In dieser Kritik erkennt Weiss klar an, daß die Massenmedien auch versuchen, unter dem Deckmantel journalistischer Objektivität – auch dies ein Fall einer Rhetorik des Faktischen – die Mehrzahl ihrer eigenen spezifischen Interessen, Tendenzen und Ideale zu »tilgen«.[17]

Keines der vielen rhetorischen Mittel der Dokumentarliteratur ist so effizient wie ihr Anspruch, sie sei Teil der von ihr dargestellten Ereignisse gewesen. Weiss behauptet, das dokumentarische Theater sei sowohl »augenblickliche Wirklichkeit« als auch, wie er es ausdrückt, »das Abbild von einem Stück Wirklichkeit, herausgerissen aus der lebendigen Kontinuität«.[18] Wie die Dokumentarrhetorik bei Romanen nicht selten in vom Autor einmontierten Zeitungsberichten, Handzetteln und dergleichen besteht, so begründet das dokumentarische Theater seinen dem entsprechenden Anspruch zum einen damit, daß es sich mit der »Dokumentation eines Stoffes befaßt«[19], und zum anderen mit dem Hinweis auf die Zeitdokumente, die es verwendet. In seinen Notizen zu einer Definition des dokumentarischen Theaters behauptet Weiss sogar: »Protokolle, Akten, Briefe, statistische Tabellen, Börsennachrichten, Abschlußberichte von Bankunternehmen und Industriegesellschaften, Regierungserklärungen, Ansprachen, Interviews,

Äußerungen bekannter Persönlichkeiten, Zeitungs- und Rund-
funkreportagen, Fotos, Journalfilme und andere Zeugnisse der
Gegenwart bilden die Grundlage der Aufführung.«[20] Zurückblik-
kend auf seine früheren surrealistischen Collagen begreift Weiss
das Dokumentarstück gewissermaßen als Mosaik aus den Fragmenten der *Wirklichkeit*, den materiellen Spuren der Realität, aus
denen die Aufführung zusammengestellt ist. Allerdings räumt er
an anderer Stelle ein: »Diese kritische Auswahl und das Prinzip,
nach dem die Ausschnitte der Realität montiert werden, ergeben
die Qualität der dokumentarischen Dramatik«[21], womit er zugleich zugesteht, daß die Bedeutung dabei ebenfalls konstruiert
wird, wie beliebig oder zufällig das Arrangement auch scheinen
mag.
Aber gerade darauf stützt sich die Dokumentarrhetorik einer solchen Technik. Die dokumentarische Montage, wie wir sie bei
Weiss vorfinden, behauptet, in irgendeiner Form mit einer vergangenen Wirklichkeit in Verbindung zu stehen, um dann die »Autorität« dieser Verbindung dazu zu benutzen, die Indizien dafür, daß
sie selbst eine Konstruktion ist, zu verdrängen. Damit gibt sie vor,
den Beweis nicht nur für die Realitäten, auf die sich ihre jeweiligen
Teile beziehen, sondern auch für die Authentizität der spezifischen
– und scheinbar natürlichen – Gestalt, die sie diesen Realitäten
verleiht, zu erbringen. Das heißt, indem sie sich als Abschnitt oder
Verlängerung der Realität versteht, die sie nun bezeichnet, nimmt
die dokumentarische Montage rhetorisch für sich in Anspruch,
direkt und ausschließlich durch die umfassendere Wirklichkeit
determiniert zu sein, aus der sie entnommen wurde. So werden die
Artefakte der Realität dazu benutzt, dem speziellen Muster, nach
dem sie arrangiert wurden, den Anschein von Authentizität zu
geben. Und so kann Weiss schreiben: »Die Stärke des dokumentarischen Theaters liegt darin, daß es aus den Fragmenten der Wirklichkeit ein verwendbares Muster, ein Modell der aktuellen Vorgänge, zusammenzustellen vermag.«[22] Ein Modell der aktuellen
Vorgänge, das aus den Fragmenten eben dieser Vorgänge zusammengestellt ist, kann plötzlich von sich behaupten, Darstellung
und zugleich Teil der Ereignisse in einem zu sein. Scheinbar aus
sich selbst heraus erzeugt und nach keinem anderen als nach
seinem eigenen Bild als Faktum geschaffen, behauptet das literarische Dokument seine vollkommene Faktizität, begreift es sich

gewissermaßen als Gegengift gegen Fiktion und Illusion, und ist bei alledem doch selbst nach wie vor nichts als eine in höchstem Maße überzeugende Illusion. Dies ist eine wesentliche rhetorische Komponente jeder Darstellung, die Anspruch darauf erhebt, nicht nur Zeichen, sondern Objekt zu sein.

Wie andere Werke der Dokumentarliteratur ist auch *Die Ermittlung* im wesentlichen auf dem Figurenpaar Zeuge - Zeugnis aufgebaut. Weiss, der selbst Zeuge eines Teils der Prozesse war und sich zudem auf die Augenzeugenberichte Bernd Naumanns in der *Frankfurter Allgemeinen Zeitung* stützt, übernimmt seinerseits dieses ganze Überlieferungsmodell der Prozesse für sein Stück. So wird das Zeugnis hier als künstlerisches Stilmittel und Material in einem benutzt. Technisch gesehen, basiert das Stück als ganzes nicht nur auf Zeugenaussagen aus dem Gerichtssaal, sondern stellt sich selbst als eine solche Zeugenaussage dar. Und wie die erzählenden Beschreibungen von Babi Jar in Thomas' *The White Hotel* in der Phantasie des Lesers vermutlich die bekannten Fotos heraufbeschwören, auf denen sie basieren, so erinnert auch Weiss' Stück mit seinen direkt den Berichten der Journalisten entnommenen Zeugenaussagen den Zuschauer daran, daß die Ereignisse, die dieser in den aktuellen Nachrichten gehört hat, real sind.

Wie wir aus einem Interview erfahren, gibt Weiss in der Tat zu, gerade jene die Illusion von Faktizität verstärkende Rhetorik des Theaters habe ihn bewogen, vom Medium Film zur Bühne überzuwechseln. Er sei vom Film zum Theater übergewechselt, sagt Weiss, weil er das Gefühl gehabt habe, daß dem Film etwas Entscheidendes fehle, nämlich der lebendige Kontakt zur Handlung und zum Publikum. Er habe den Film als zweidimensional empfunden, als Reproduktion einer Handlung. Das Theater hingegen sei für ihn näher an der direkten Handlung selbst gewesen.[23] Weiss macht bei seinem Stück die Zuschauer zu Zeugen, entwickelt damit die Rhetorik der Bühne insgesamt einen Schritt weiter und führt sie als Technik des dokumentarischen Theaters ein. Wie sehr Weiss darum bemüht war, in seinem Stück eine Autorität der Zeugnisse herzustellen, ist bei *Die Ermittlung* an beinahe jedem Detail erkennbar. Das reicht von der Verwendung des freien Verses (einer zurückhaltenden Form, die rhetorisch natürlicher ist als der gereimte metrische Vers) über das Motiv des Gerichtssaals (mit der ihm eigenen Aura von Beweisen und Indizien) bis hin zur

Übernahme der Idee des Regisseurs Erwin Piscator, als zusätzliches »dokumentarisches« Bindeglied zwischen der von ihm rekonstruierten Dramaturgie der Ereignisse und den Ereignissen selbst die Fotos der echten Angeklagten über den Köpfen der Darsteller aufzuhängen. Doch indem Weiss für sein eigenes Werk die dokumentarische Autorität beansprucht, die er der Presse abspricht, ignoriert er entweder die Tatsache, daß seine eigenen Ideale den Fakten zwangsläufig eine ganz bestimmte Gestalt verliehen haben, oder er vereinnahmt, was ein noch größerer Zynismus wäre, die Ideologie als solche gänzlich für sich und beharrt auf seiner eigenen Rhetorik des Faktischen, um einerseits zu vertuschen, daß er lediglich seine Interpretation des Holocaust darstellt, und andererseits diese Interpretation zu naturalisieren.

Weiss behauptet zwar, er habe die Fakten lediglich komprimiert und arrangiert, aber sein eigenes politisch-ökonomisches Verständnis der Ereignisse fungiert eindeutig als Richter über die Fakten. So stellt man zum Beispiel fest, daß sein Dokumentarstück über Auschwitz, wo nahezu die Hälfte der vier Millionen Opfer einzig und allein ihrer jüdischen Herkunft wegen ermordet wurde, genauso *judenrein* (im Original deutsch - d. Ü.) ist wie der größte Teil Europas nach dem Holocaust. Denn Weiss spricht in seinem Stück nicht von *Juden*, ja, kaum einmal von *Opfern*, sondern gebraucht statt dessen den juristischen Ausdruck *Verfolgte*. Einige Kritiker haben freilich die dunkle Ahnung geäußert, es könnte sich hierbei um eine Form des *Selbsthasses* handeln, oder der Autor habe verdrängt, daß er selber Halbjude war, doch Weiss selbst gibt eine weitaus einfachere Erklärung für diese auffällige Fortlassung. Er habe mit den Fakten von Auschwitz »den Kapitalismus brandmarken« wollen, erläutert Weiss seinem Publikum im Programmheft, und deshalb ein »Dokumentarstück« geschrieben, das in der Tat weniger die Fakten von Auschwitz dokumentiert als vielmehr wirklich nur seine eigene marxistische Konzeption und Interpretation der Fakten, ein Paradigma, das eine ethnische Identifikation der Opfer einfach nicht zuläßt. Weiss »destilliert« die Gerichtsakten und setzt überall dort, wo in den echten Protokollen der Begriff *Juden* steht, *Verfolgte* dafür ein. Damit stellt er die Opfer a priori in eine Dialektik von Verfolgern und Verfolgten, in der die Verfolgten nicht Opfer des antisemitischen Terrors, sondern des wildgewordenen Monopolkapitalismus sind.[24]

Es geht jedoch gar nicht darum, ob diese Passagen mit den Gerichtsakten und den Aufzeichnungen der Journalisten übereinstimmen oder nicht. Denn Weiss will in seinem Stück die Einzelheiten dieser Protokolle und Aufzeichnungen nicht transkribieren, sondern sie so umgruppieren und neu zusammenstellen, daß sie als Zeugnis gegen den Kapitalismus begreifbar werden. Er systematisiert also seine Quellen, seine Beweise, um daraus einen neuen Beweis zu machen, einen Beweis nicht für die Ereignisse, sondern für den Zusammenhang zwischen diesen Ereignissen und einem verbrecherischen System, einen Beweis für das Modell, mit dem er die Ereignisse erklärt. Als Darstellung des Prozesses an sich ist *Die Ermittlung* zwangsläufig eine Wiederherstellung. Das Stück rekonstruiert den Prozeß, wie jede Darstellung, selbst die des Gerichtsreporters, es tut. Indem der Autor aber auf der Faktizität suggerierenden Aura des Gerichtssaals besteht, kann er seinem Dokumentarstück implizite Autorität verleihen. Die Atmosphäre des Gerichts mit all ihren Details ist somit dazu angetan, die Art und Weise, wie diese Details präsentiert werden, zu naturalisieren.

Auf einer anderen Ebene läßt Weiss indes seine offenbar ambivalente Haltung zu den tatsächlichen Opfern und zu sich selbst als potentiellem Opfer erkennen. In einem Essay über seinen Besuch in Auschwitz zwanzig Jahre nach dem Krieg nennt er Auschwitz »eine Ortschaft, für die ich bestimmt war und der ich entkam«.[25] Er äußert sich jedoch nicht dazu, ob er als Jude oder als politischer Gefangener für Auschwitz bestimmt war. Daß er als Opfer dorthin gekommen wäre, ist eindeutig, aber indem er offen läßt, zu welcher Kategorie von Opfern er gehört hätte, will er wohl andeuten, daß er für beide in Frage gekommen wäre. So verschmilzt er auch im Stück verschiedene Kategorien von Opfern, was nichts anderes bedeutet, als daß er die eine für die andere stehen läßt:

VERTEIDIGER
    Herr Zeuge
    Waren Sie schon vor Ihrer
    Einlieferung
    in das Lager
    politisch tätig gewesen
ZEUGE 3
    Ja

Es war unsere Stärke
daß wir wußten
warum wir hier waren
Das half uns
unsere Identität zu bewahren[26]

Doch welche Identität, ob die als Juden oder die als Sozialisten, das ist nicht klar. Ebenso wie Sara Nomberg-Przytyk einen Zusammenhang zwischen ihrer Verfolgung als Sozialistin vor dem Krieg und ihrer Opferrolle als Jüdin sieht, scheint auch Weiss der Meinung zu sein, daß er, wenn er nicht entkommen wäre, als Sozialist wie als Jude Opfer geworden wäre, wobei nun jede dieser Kategorien in den Begriffen der jeweils anderen vorgestellt wird.

Wären alle Opfer in dem Stück gänzlich anonym geblieben, so hätte die Fortlassung der Juden lediglich bedeutet, daß die Gefangenen im Lager ihre Namen verloren, worauf Weiss in seiner Anmerkung zum Stück hinweist. Aber Weiss benennt ausdrücklich eine andere Klasse von Opfern, nämlich die sowjetischen Kriegsgefangenen, die als einzige im Stück namentlich bezeichnete Gruppe von Opfern für die namenlosen Opfer von Auschwitz stehen, für die Juden also, deren spezifisches Schicksal die Russen in *Die Ermittlung* teilen. Wie die Namen der Täter von Weiss, wie er sagt, dazu benutzt werden, ein ganzes System von Schuldigen zu symbolisieren, so symbolisieren die sowjetischen Kriegsgefangenen alle anderen Opfer. Durch das Arrangement der Gesänge dieser Opfer im Oratorium ergibt sich so eine Vermischung von (namenlosen) jüdischen Opfern und (namentlich bezeichneten) sowjetischen Kriegsgefangenen:

RICHTER
    Angeklagter Stark
    Wie groß waren die Gruppen der
    Menschen
    die Sie zur Tötung abzuführen
    hatten

ANGEKLAGTER 12
    Im Durchschnitt 150 bis 200 Stück

RICHTER
    Waren Frauen und Kinder darunter

ANGEKLAGTER 12
    Ja

RICHTER
Fanden Sie es richtig
daß Frauen und Kinder
zu diesen Transporten gehörten

ANGEKLAGTER 12
Ja
Damals bestand eben
die Sippenhaftung

RICHTER
Sie stellten die Schuld
dieser Frauen und Kinder
nicht in Frage?

ANGEKLAGTER 12
Es war uns gesagt worden
daß sie beteiligt waren
an Brunnenvergiftungen
Brückensprengungen
und anderen Sabotagen[27]

In dieser Passage werden ein verleumderisches antisemitisches Klischee und die Aktivitäten der Partisanen nebeneinandergestellt und »Verbrechen«, die den Juden emblematisch zur Last gelegt werden, mit militärischen »Straftaten« vermischt, worauf die Opfer der Gaskammern benannt werden:

ANKLÄGER
Angeklagter Stark
Im Herbst 1941 wurden große Mengen
sowjetischer Kriegsgefangener
in das Lager eingeliefert ...
Welcher Grund
war für die Erschießung der
Kriegsgefangenen
angegeben worden

ANGEKLAGTER 12
Es handelte sich um die Vernichtung
einer Weltanschauung
Mit ihrer fanatischen politischen
Einstellung
gefährdeten diese Gefangenen
die Sicherheit des Lagers[28]

Durch die Subsumierung der Ermordung von Gefangenen unter den Begriff der Vernichtung einer Ideologie bindet der Angeklagte die Vernichtung im Grunde an ein bestimmtes System, wobei hier für das vernichtete Volk, die Juden, »Ideologie« eingesetzt wird. Von einem Zeugen, der selbst Opfer war, werden die Russen später denn auch folgerichtig als die ersten aufgeführt, die in Auschwitz vergast wurden:

ZEUGE 6

Am 3. September 1941
wurden im Bunkerblock
die ersten Versuche
von Massentötungen
durch das Gas Zyklon B
vorgenommen
Sanitätsdienstgrade und
Wachmannschaften
führten etwa 850 sowjetische
Kriegsgefangene...[29]

Die ersten Opfer der Gaskammern stehen also für jene, denen das Gas eigentlich zugedacht war; politische und rassische Morde werden somit gleichgesetzt und als zwei Seiten ein und derselben Intention dargestellt.

Noch später wird für *Juden Verfolgte* eingesetzt und dazu nur eine symbolische Zahl angegeben, um Genauigkeit im Detail zu suggerieren; im selben Monolog werden die Russen ausdrücklich benannt, wobei Weiss die in den Akten angegebenen Zahlen unverändert übernimmt:

ZEUGE 3

Von den 9 Millionen 600 Tausend
Verfolgten
die in den Gebieten lebten
die ihre Verfolger beherrschten
sind 6 Millionen verschwunden
...
Um die Gesamtzahl der
unbewaffneten Opfer
in diesem Ausrottungskrieg zu ermessen
müssen wir den 6 Millionen
aus rassischen Gründen Getöteten

3 Millionen erschossene und verhungerte
sowjetische Kriegsgefangene hinzufügen[30]

Diese Passage entspricht genau den Angaben über die Zahl und die
Kategorien der Opfer, die der Staatsanwalt im Zusammenhang mit
den ersten Vergasungen gemacht hatte:

ANKLÄGER
Angeklagter Stark
Wirkten Sie mit bei den ersten
Vergasungen
die Anfang September 1941
probeweise an sowjetischen
Kriegsgefangenen
vorgenommen wurden

ANGEKLAGTER 12
Nein

ANKLÄGER
Angeklagter Stark
Im Herbst und Winter 1941
begannen die Massenvernichtungen
von sowjetischen Kriegsgefangenen
Diesen Vernichtungen fielen 25 000
Menschen zum Opfer[31]

Dieser Dialog steht am Ende eines Abschnitts, an den die Fragen
des Richters nach weiteren Vergasungen in Auschwitz unmittelbar
anschließen. Die Gefangenen stellen einen »gemischten Trans-
port« dar, und ihr Tod in den Gaskammern wird von Stark minu-
tiös beschrieben. Gleich nach der Beschreibung des Todes der
Opfer erklärt Stark sein Verhalten mit folgenden Worten:

ANGEKLAGTER 12
Herr Vorsitzender
Ich möchte das einmal erklären
Jedes dritte Wort in unserer Schulzeit
handelte doch von denen
die an allem schuld waren
und die ausgemerzt werden mußten[32]

In diesem Text bezieht sich das Pronomen »die« auf die Opfer,
deren Tod soeben beschrieben worden war, die sowjetischen
Kriegsgefangenen. Im historischen Kontext jedoch muß sich dieses »die« auf die Juden in Deutschland beziehen, die hier unge-

nannt bleiben, aber durch eine andere Gruppe von Opfern der Gaskammer vertreten werden. Auf diese Weise werden die namenlosen Opfer nicht nur von den Russen repräsentiert, sondern die Russen sind in dieser Replik nun auch als Juden dargestellt, ihr Elend wird mit spezifisch jüdischen Begriffen ausgedrückt. Offenbar spielt Weiss damit auf die beiden Seiten seiner eigenen gemischten Identität als Jude und Sozialist an, von denen eine jede durch die andere repräsentiert wird. Das Stück offenbart letzten Endes nicht nur das politische Verständnis des Autors von Auschwitz, sondern auch sein politisches Selbstverständnis.

Und wie eine Gruppe benannter Opfer eine andere Gruppe von namenlosen Opfern symbolisiert, so werden die Namen der Angeklagten als Symbole für ein ganzes »anonymes« System gebraucht, das die deutschen Industriefirmen, die die Sklavenarbeit in den KZs ausgebeutet haben, einschließt:

ANKLÄGER
    Was waren das für Industrien
ZEUGE 1
    Es waren Niederlassungen
    der IG-Farben
    der Krupp- und Siemenswerke[33]

Diese Namen stehen inzwischen im Nachkriegsdeutschland für die gesamte westdeutsche Industrie, für den Kapitalismus schlechthin: und sie stehen heute auch für das System, das die Opfer in Auschwitz umgebracht hat. So schreibt Weiss in der Anmerkung: »Sie (die Angeklagten – J. E. Y.) leihen dem Schreiber des Dramas nur ihre Namen, die hier als Symbole stehen für ein System, das viele andere schuldig werden ließ, die vor diesem Gericht nie erschienen.« Die Urheber des Krieges und die Urheber der Lager sind identisch:

ZEUGE 1
    Ich wußte vom Lager nur
    daß es sich um ein großes Industriegebiet
    handelte
    in dessen verschiedenen Zweigen
    Häftlinge als Arbeitskräfte
    eingesetzt wurden
ANKLÄGER 12
    Herr Zeuge

    Welcher dieser Industrien
    unterstand Ihre Abteilung
ZEUGE I
    Wir gehörten zu den Buna-Werken
    der IG-Farben
    Wir arbeiteten alle auf Kriegswirtschaft[34]

So, wie sie da steht, kann diese Passage sich sowohl auf die Produktion von Kriegsmaterialien als auch auf die Produktion des Krieges selbst beziehen. Der Sprecher stellt hier abermals die Verbindung her zwischen der deutschen Industrie, der Ausbeutung und Ermordung der Opfer und dem Personal, das seinerzeit in Auschwitz angestellt war: die Angeklagten sind zwar heute nicht mehr bei diesen (ebenfalls namentlich genannten) Firmen beschäftigt, erhalten aber noch immer Pensionen von ihnen. Und bei all dem werden wir natürlich hin und wieder daran erinnert, wer wen anklagt, welche Seite die Mörder verteidigt:

VERTEIDIGER
    Wer ist denn dieser Nebenkläger
    mit seiner unpassenden Kleidung
    Es entspricht mitteleuropäischen
    Gesellschaftsformen
    mit geschlossener Robe im Gerichtssaal
    zu erscheinen[35]

Die Ankläger kommen aus dem Ostblock, der Verteidiger (und die Angeklagten) aus dem Westen. Der Osten stellt die Vertreter des kapitalistischen Systems vor Gericht; im übertragenen Sinne ermittelt also ein System gegen das andere und stellt es vor Gericht.

4

Als alternatives, ja sogar revolutionäres Medium stellt das dokumentarische Theater, so Weiss, eine Reaktion dar auf die gegenwärtigen Zustände, mit der »Forderung, diese zu klären«.[36] In Wahrheit jedoch ist es weit mehr als eine Forderung nach Erklärungen; es ist selber ebenfalls ein erklärendes Medium. Er habe die Realität von Auschwitz wissenschaftlich untersuchen wollen, sagt Weiss, um den Zuschauern in allen Einzelheiten genau zu zeigen, was geschah.[37] Dazu müsse sein Stück natürlich Fragen stellen und Antworten geben, die eben nicht die praktischen, sondern die rhetorischen Ziele seiner »wissenschaftlichen Untersuchung« noch stärker hervorheben. Weiss' Auschwitzkritik impliziert die Behauptung, der »wissenschaftliche Materialismus« – als »Wissenschaft« – sei in seinen Erklärungen der Ereignisse objektiver als andere, in der bürgerlichen Analyse verankerte Methoden.

So kann Weiss freilich nur argumentieren, wenn er ohne Wenn und Aber mit Lukács übereinstimmt, der meint: »Die sozialistische Perspektive schafft auch für die Literatur die Möglichkeit, das gesellschaftlich-geschichtliche Leben mit einem richtigen Bewußtsein zu betrachten«, obwohl das, was Gesellschaft und Geschichte eigentlich sind, natürlich auf jeden Fall von der Art und Weise ihrer Darstellung abhängt.[38] Lukács selbst macht weiter unten in demselben Essay deutlich, daß der Anspruch des realistischen Schriftstellers, über den Realismus hinauszugehen, im Grunde eine Tautologie ist. »Es gehört aber die konkrete Perspektive der Entwicklung, die konkrete und adäquate Erkenntnis der treibenden Kräfte dazu«, argumentiert er, um den Krieg »in der Totalität der Bestimmungen zu erfassen«.[39] Die traditionelle marxistische Analyse als Methode eignet sich zweifellos ausgezeichnet zur Entlarvung verschiedener ideologischer Formen von »falschem Bewußtsein«, wie etwa Gesetz, Religion und Mythos. Sobald sie jedoch für sich in Anspruch nimmt, als Methode mehr oder minder untranszendierbar zu sein, neigt sie dazu, die Bedingtheit ihrer eigenen Fähigkeit, Zusammenhänge zu erklären, in Abrede zu stellen. Indem sie die Aufmerksamkeit auf die bürgerlichen Prämissen eines Textes und deren ideologische Widerlegung lenkt, gibt die traditionelle marxistische Analyse vor, sie sei imstande, eine ähnliche Operation an sich selbst vorzunehmen. Ausgehend von dem ihr innewohnenden Prinzip der Selbstkritik behauptet sie von sich, mehr als andere Interpretationsmodelle die Fähigkeit zur Offenlegung ihrer eigenen Ansätze und Denkmuster zu besitzen, wobei sie durchaus nicht bestreitet, daß jedes System nur begrenzt dazu in der Lage ist, seine eigenen Ursprünge zu erklären. Aber wie William C. Dowling in seiner »kritischen Einführung« in die Methodologie Frederic Jamesons bemerkt[40], erhält die marxistische Analyse dadurch selbst deutlich theologische und idealistische Dimensionen:

Das Problem ist nicht, daß Marx implizit theologisch ist – daß er die Ökonomie als den »geheimen« Standort anbietet, von dem aus die Welt intelligibel wird – in dem Sinne, wie das Christentum Gott und die göttliche Vorsehung anbietet und Hegel den Weltgeist –, sondern daß er im selben Moment, wo er dies tut, behauptet, damit sämtlichen Spielarten des Idealismus, einschließlich aller Theologie, im Namen des reinen Materialismus, der sich in der Menschheitsgeschichte als Ökonomie oder ökonomische Instanz manifestiert, den Todesstoß zu versetzen. Kurzum, man könnte sagen, daß Marx hier nolens volens einen Taschenspielertrick vorführt, indem er behauptet, das Ökonomische sei die materielle Basis, weil die Produktivkräfte und die Produktionsverhältnisse zur materiellen Welt gehören…, wohingegen *in seinem erklärenden System* dem Ökonomischen die Macht eines idealistischen Prinzips zukommt, das die Intelligibilität [der Gesellschaft] garantiert.[41]

Wenn Weiss nun behauptet, das dokumentarische Theater besitze die Fähigkeit, mit seinen Untersuchungen Realitäten offenzulegen, wenn er sagt: »Alles Unwesentliche, alle Abschweifungen können weggeschnitten werden zugunsten der eigentlichen Problemstellung«[42], dann wiederholt er das marxistische Credo, daß die Kunst die Wirklichkeit nicht imitiert, sondern nur das, was wirklich ist, sichtbar macht. Diese beiden Thesen sind in unseren Augen ebenso naiv positivistisch wie das starre Festhalten der bürgerlichen Historiker an der Behauptung, sie erzeugten die historischen Fakten nicht, sondern legten sie lediglich offen. Wie der sozialistische Realismus Verhältnisse, Ereignisse und ihre Ursachen aufzudecken sucht, so möchte Weiss ein bestimmtes Verständnis der Geschichtsproblematik aufdecken; doch gibt der sozialistische Realist so wenig wie der Dokumentardramatiker zu, daß sein angebliches Aufdecken der Ereignisse damit einhergeht, ja, sogar darin besteht, daß er diese Ereignisse konstruiert. Denn wir legen ebensowenig die Grundprobleme der Geschichte offen, wie wir die Geschichte selbst offenlegen. Die Geschichte und ihre Probleme sind nach spezifischen narrativen und paradigmatischen Umrissen konstruiert. Allenfalls legen wir diese Linien offen und zeigen, wie sie uns ein bestimmtes Verständnis der Wirklichkeit zugleich maskieren und erzeugen.

Wie sich indes herausstellt, gibt Weiss, indem er seinen Ansatz hinter einer so sorgfältig geschmiedeten Rhetorik des Faktischen verbirgt, nicht nur seine interpretatorischen Konstruktionen als Fakten aus, sondern geht ihnen überdies offenbar selbst auf den Leim. Das mag an sich noch nicht allzu überraschend sein, da ja die Erklärung der Geschichte aus der Ökonomie, auch wenn sie sich nur als hypothetische Methode präsentiert, nicht minder als andere Interpretationsweisen dazu angetan ist, sowohl sich selbst als auch die Wirklichkeit zu totalisieren. Indem er aber seine eigene Rhetorik des Faktischen ausbaut, hat der Kritiker Weiss offenkundig nicht nur die Fähigkeit eingebüßt, zwischen seiner Rhetorik und den Fakten zu unterscheiden, sondern nun entgeht ihm vielleicht sogar der Unterschied zwischen der Rhetorik der Nazis bezüglich der Konzentrationslager und den teuflischen Realitäten, die sie mit dieser Demagogie tarnen wollten. Denn die Nazis haben zwar ihr »Unternehmen« tatsächlich in die Sprache der Wirtschaft gekleidet, indem sie Begriffe wie Menschenmaterial, Effizienz der Führung und Kosten-Nutzen-Analyse verwandten, doch dieser kapitalistische Jargon funktionierte zum Teil als bürokratische Sprache, in der die KZs verwaltet wurden, zum Teil als rhetorische Verschleierung der Lagerwirklichkeit, schließlich wurde er, etwa gegenüber der nationalsozialistischen Militärelite, auch dazu benutzt, die Bedeutung der Todeslager für das aktive Kriegsgeschehen herauszustreichen. Mit anderen Worten, die Sprache der Wannsee-Konferenz, der Arbeits- und Bauanweisungen und der Pläne für die »Umsiedlung«, auf die sich Weiss in seiner Auschwitz-*Ermittlung* so sehr verläßt, reflektieren in letzter Instanz nicht etwa die ideologischen Ursachen der Greueltaten der Nazis; sie dienten vielmehr der Verschleierung der wirklichen Ziele solcher Operationen.[43] Damit, daß er sich so unkritisch auf die bürokratische Rhetorik der Nazis stützt, verwischt Weiss im Grunde die entscheidenden Unterschiede zwischen den ideologischen Wurzeln des Nationalsozialismus, der Sprache, mit der die Nazis ihre Ziele durchsetzten, und den kritischen Paradigmen der Interpretation und Darstellung dieser Periode, auf die er hier zurückgreift.

Wäre Weiss als Marxist ein wenig selbstkritischer gewesen, dann hätte er vielleicht die Schwächen einer solchen mechanischen Anwendung seines ökonomischen Modells auf Auschwitz erkannt und begriffen, daß er in seiner Rechtgläubigkeit von einem künstlichen Kausalnexus ausgeht. Anstatt in der Ökonomie die einzige determinierende Kraft der gesellschaftlichen und historischen Totalität zu sehen, hätte er dann beispielsweise die Ökonomie wohl eher als ein Element in einer ganzen Reihe komplizierter Beziehungen betrachtet, die zum Holocaust führten und ihn ausmachten. Auf diese Weise hätte er Auschwitz in seinem Dokumentarstück mit einer Vielfalt von Bedeutungen und Interpretationen, politischen, bürokratischen und sozialen Aspekten ausstatten können. So aber, indem er eine einzige Interpretation der historischen Ereignisse als Dokumentarstück inszeniert, also in Form eines literarischen Diskurses, der zugleich das, worauf sich diese Interpretation gründet, eliminiert, setzt Weiss nur ein totalisierendes System an die Stelle einer Vielzahl von totalisierenden Systemen. Und obwohl er sich dabei vielleicht nicht mehr schuldig macht als andere literarische Dokumentaristen, kann man in seiner Methode dennoch ein Paradebeispiel für die Kunst der ideologischen Auslöschung sehen. In gewissem Sinne hat Weiss damit die »Rhetorik des Faktischen« zu einer eigenständigen Kunstform erhoben, die ihre Künstlichkeit, ihre Konstruiertheit und ihre ideologischen Prämissen naturgemäß auch weiter verleugnen muß.

5

Für Barthes gehört es zur vollen Funktion des Zeichens, daß es auf seine eigene Arbitrarität und Künstlichkeit aufmerksam macht. Eine Kritik der Fakten von Auschwitz müßte demnach bis zu einem gewissen Grade auf ihre eigene Relativität hinweisen. Doch wie sich zeigt, hat Weiss offenbar selbst dieses kritische Axiom vereinnahmt, um seinem Leitmythos auf diese Weise eine noch größere Authentizität zu geben. Wenn er sagt, für das dokumentarische Theater sei »Objektivität unter Umständen ein Begriff, der einer Machtgruppe zur Entschuldigung ihrer Taten dient«[44], läßt Weiss ein äußerst scharfsinniges Verständnis von den rhetorischen Möglichkeiten des Dokumentarstücks erkennen, ein Verständnis, das ihn offenbar zu einem nur um so überzeugteren Dokumentaristen macht. Aber vielleicht führt er uns hier gleich einem Taschenspieler in seiner Kritik nur einmal kurz seinen Trick vor, um ihn dann im Stück gleich wieder, und diesmal noch wirkungsvoller, zu verbergen. Das heißt, er nimmt sich in gewissem Maße zurück und ist so scheinbar imstande, den ideologischen Verzerrungen des Holocaust etwas entgegenzusetzen, lenkt dabei jedoch davon ab, daß er selbst ihn auf seine Weise ebenfalls verzerrt darstellt. Weiss stärkt damit im Grunde der Ideologie gerade dadurch den Rücken, daß er behauptet, sich ihrer bewußt zu sein. Er naturalisiert die tatsächliche ideologische Funktion seines Stücks, indem er sie scheinbar neutralisiert.

Nach Hayden White zeichnet sich »ein guter professioneller Historiker dadurch aus, daß er seine Leser konsequent daran erinnert, daß seine Charakterisierung der Ereignisse, Triebkräfte und Wirkungsmechanismen, die er in den allemal unvollständigen historischen Überlieferungen entdeckt hat, nicht für alle Zeiten Gültigkeit haben kann«.[45] Wenn dies zutrifft, täte der Leser, dem es um eine Geschichte des Holocaust zu tun ist, wohl am besten daran, sich der Dokumentarliteratur über den Holocaust mit einer gewissen Vorsicht zu nähern. Denn im Gegensatz zu den glaubwürdigsten historischen Darstellungen, in denen wir immer ein Element kritischer Selbsthinterfragung finden, bekennt sich die Dokumentarliteratur nicht nur nicht zu ihrer Bedingtheit, sondern leugnet diese mit geradezu unerschütterlicher Beharrlichkeit. Ganz gleich, ob sie einer naiven, unbewußten Verinnerlichung eigener ethischer Tradition entspringt oder ob ein Autor ganz bewußt in einer bestimmten ideologischen Mission schreibt: das Grundprinzip der »auf Faktizität beharrenden Literatur« besteht in jedem Falle darin, den Status des Zeichens als Zeichen aus dem Text zu eliminieren.

Hayden White spricht von »Historikern *im übertragenen Sinne*« und meint damit jene Geschichtsschreiber, denen »niemals klar wird, daß das, was sie über ihr Thema sagen, mit der Art und Weise, wie sie es sagen, unlösbar verbunden, wenn nicht gar identisch ist«.[46] Entsprechend könnten wir die Dokumentarschriftsteller, die ihre Werke schreiben, als *wären* es Dokumente, und die uns dann auffordern, sie als solche zu akzeptieren, als »Dokumentaristen *im übertragenen Sinne*« bezeichnen. Dabei ist es wichtig, hier klar zu unterscheiden, ob die Wirkung eines Werks dadurch erzeugt wird, daß dieses sich als »dokumentarisches Faktum« präsentiert, oder dadurch, daß es das Faktum retrospektiv interpretiert. Macht der unbefangene Leser diesen Unterschied nicht, dann läuft er Gefahr, ein im Dokumentarstil verfaßtes Werk tatsächlich für das dokumentarische Zeugnis zu halten, das es zu sein vorgibt. Und wenn wir die metaphorische Berufung auf das Faktum für die Realität selbst halten und dann nach diesen gleichsam, »metaphorischen Fakten« unser Handeln ausrichten, vollenden oder vergegenständlichen wir damit in gewissem Sinne die rhetorischen Figuren der Interpretation, die diese Fakten aus einem bestimmten Moment der Vergangenheit in einen bestimmten Moment der Gegenwart transportieren. Wenn der kritische Leser jedoch vom Faktizitätsanspruch der Dokumentarliteratur über den Holocaust absieht und sein Interesse auf den Fabel-Charakter der darin vermittelten Fakten richtet, kann er die dem »literarischen Zeugnis« eigentümliche Ambiguität aushalten und zugleich seine eigene kritische Ambivalenz aufgeben. So können wir auch weiterhin am dokumentarischen Diskurs des Holocaust teilnehmen und aus ihm lernen, ohne uns heillos in seine Rhetorik verstricken zu lassen.

Zweiter Teil

Die Metaphern des Holocaust

Verwandlungen und
Interpretationen

Fünftes Kapitel

Die Namen des Holocaust

Bedeutung und Folgen

> So wird jede auf diese Art entstandene Metapher
> zu einem kleinen Mythos. *Giambattista Vico*

> Was also ist die Wahrheit? Ein bewegliches Heer
> von Metaphern, Metonymien, Anthropomor-
> phismen... die Wahrheiten sind Illusionen, von
> denen man vergessen hat, daß sie welche sind.
> *Friedrich Nietzsche*

> Wer wird einen jüdischen Musa Dagh schreiben?
> *Jizchak Katzenelson*

Einleitung

Ob Präsident Jimmy Carter, als er die Misere der Palästinenser mit
der der Schwarzen im amerikanischen Süden verglich, andeuten
wollte – wie Edward Alexander meint –, daß die Israelis »weiße
rassistische Unterdrücker« seien?[1] Oder griff er nur ein wenig
unbedachtsam auf eine Verbindung von Metaphern zurück, eine
bekannte Topographie des Leidens, die ihm geeignet schien, eine
Situation zu begreifen, zu der er anders keinen Zugang hatte? Wir
haben keine andere Wahl, als neue Ideen und Erfahrungen
zwangsläufig in den vertrauten Begriffen der alten zu erfassen
(Aristoteles' Rechtfertigung der Metapher), und so kann man es
Carter wohl nicht vorwerfen, daß er vor seiner eigenen Haustür
nach einer Analogie gräbt, mit der sich das Leben der Palästinenser
darstellen läßt. Vorwerfen könnte man ihm indes, daß er eine
solche Metapher ausdehnt oder sein Handeln nach den vermeintlichen Äquivalenzen ausrichtet, die er in diesem Tropus geschaffen
hat. Vorwerfen könnte man ihm auch, daß er die Folgen seiner
Metapher nicht abgesehen und nicht bedacht hat, daß diese Metapher sich schließlich verselbständigen würde.
Haben die amerikanischen Schwarzen den Juden die Geschichte
des Exodus »gestohlen«, um ihre eigene Emanzipation von der
Sklaverei im Süden damit zu metaphorisieren? Sind die Plantagen-

besitzer dadurch zu Pharaonen geworden? Und wenn ja, haben sich dann die Juden die Version, die die Schwarzen von der Vergangenheit haben, zurückgeholt, indem sie die schwarze Gospelversion von »Let my People go« in die Pessach Haggadah aufgenommen haben? Oder hat sich die jüdische Arbeiterbewegung zu Beginn dieses Jahrhunderts unrechtmäßig die Erfahrung der Schwarzen mit der Sklaverei angeeignet, als ihre Mitglieder in Ketten marschierten, um auf ihr Elend hinzuweisen, das sie damit nicht nur zu dem der Sklaven im amerikanischen Süden in Beziehung setzten, sondern sogar als dessen Fortsetzung darstellten?

»Die Juden sind keine Metaphern – nicht für Dichter, nicht für Romanschriftsteller, nicht für Theologen, nicht für Mörder und niemals für Antisemiten«, schreibt Cynthia Ozick in *A Liberal's Auschwitz*.[2] Und doch sind die Juden Metaphern – für Dichter, Romanschriftsteller, Theologen, nur allzuoft für Mörder und Antisemiten und am häufigsten für sich selbst als Juden. Denn historisches Gedächtnis und rituelles Gedenken sind ja nichts anderes als eine neue Metaphorisierung des gegenwärtigen Lebens aus der Sicht einer erinnerten Vergangenheit. Können wir Menschen denn uns selbst als Teil eines Volkes oder der uns umgebenden Welt erkennen, wenn wir nicht das eine wie das andere in den Bildern unseres Erbes und unserer Zivilisation begreifen? Mag sein, daß uns das, was die Juden traditionell symbolisieren, oder die Art und Weise, wie sie benutzt werden, um andere Völker zu symbolisieren, mißfällt. Doch ohne die Fähigkeit der figurativen Sprache, sich der Vergangenheit zu erinnern, wären jüdisches Gedächtnis und jüdische Tradition in der Tat undenkbar.

Was nun die Metaphern des Holocaust betrifft, so müssen wir feststellen, daß die figurative Sprache niemals vollkommen unschuldig ist und fast immer Einfluß auf unser Handeln in der Welt hat. Wie die Opfer des Holocaust die Ereignisse um sie herum begriffen und auf sie reagierten, das hing nicht weniger von den Tropen und Bildern, die ihnen in ihrer Zeit zur Verfügung standen ab, als unsere eigenen Reaktionen heute von den Bildern abhängen, die uns im Zeitalter nach dem Holocaust zur Verfügung stehen. Wie für jedes andere literarische Element gilt, daß diese von den Autoren zur Darstellung des Holocaust benutzten Bilder und Archetypen das Wissen von den Ereignissen letztlich mindestens ebenso sehr generieren wie reflektieren, und wie jedes andere vermittelnde Element in der Sprache verschleiern diese ebensoviel von den Realitäten, wie sie erhellen.

Wir wollen im vorliegenden Teil untersuchen, wie die Metaphern des Holocaust auf drei verschiedenen Ebenen wirken. Dazu fragen wir erstens, wie die Ereignisse dieser Periode während des Holocaust in der Gestalt von Archetypen und Paradigmen anderer Epochen erfaßt wurden; zweitens, wie bestimmte Aspekte des Holocaust selbst zur Metapher anderer Aspekte dieser Zeit während dieser Periode wurden (das heißt, wie der Holocaust zu seinem eigenen Tropus wurde); und drittens, wie die Bilder des Holocaust dann schließlich später sowohl für Opfer als auch für Nichtopfer, sowohl für Juden als auch für Nichtjuden andere, nicht mit dem Holocaust verbundene Ereignisse und Erfahrungen ausgedrückt haben. Wir wollen untersuchen, wie Autoren und Leser dieser Literatur die Ereignisse durch die bildliche Sprache erfassen und wie wir unsere heutige Welt aus der Sicht der Metaphern des Holocaust verstehen, die wir unvermeidlich in sie hineintragen. Dabei geht es nicht um den Versuch, bestimmte Holocaust-Metaphern zu sanktionieren oder zum Gesetz zu erheben, sondern zu fragen, wie sie eingeführt worden sind und was für ein Wissen von den Ereignissen der Vergangenheit und der Zukunft sie erzeugen. Das bedeutet, die Rolle der Metaphern als Triebkraft sowohl unseres Wissens über den Holocaust als auch unserer Reaktion auf ihn zu befragen, wobei wir von der Prämisse ausgehen, daß bestimmte Arten des Wissens zu bestimmten Formen des Handelns führen.

1. Benennung und Einzigartigkeit

In einer paradoxen, aber bezeichnenden Verzerrung der historischen Periodisierung wird das Massaker der Türken an nahezu eineinhalb Millionen Armeniern zwischen 1905 und 1923 neuerdings als »armenischer Holocaust« bezeichnet. Das Paradoxe liegt darin, daß das Massaker an den Armeniern seinen Namen unter Berufung auf Ereignisse bekam, die fünfundzwanzig Jahre später stattfanden. Die Signifikanz besteht darin, daß die Armenier selbst auf diese Weise den an ihrem eigenen Volk begangenen Massenmord in den Begriffen der Katastrophe eines anderen Volkes metaphorisieren.[3] Der jüdische Schriftsteller Franz Werfel faßte sogar die Zahl der Tage des Musa Dagh in biblische Tropen, so daß aus den tatsächlichen zweiundfünfzig vierzig wurden[4]. Ebenso greifen jetzt die armenischen Historiker der nachfolgenden Generation auf den jüdischen Archetypenschatz zurück, um die Vernichtung und das Leiden ihres Volkes auszudrücken. Daß der Massenmord an den Armeniern gewisse Ähnlichkeiten mit dem Massenmord an den Juden hatte, beziehungsweise daß zwischen beiden auch Unterschiede bestanden, kommt dabei weniger zum Tragen als das umfassendere Kontinuum der Vernichtung, das *durch* eine solche Benennung jener Katastrophen erzeugt wurde, eine Benennung, die bewirkt, daß die eine im Lichte der anderen begriffen wird.[5]

Von all den verschiedenen Mitteln, deren sich die Schriftsteller und Kommentatoren bedienen, um den Holocaust zu verstehen und zu interpretieren, ist also die Benennung beziehungsweise der dieser zugrunde liegende Metaphorisierungsprozeß das wohl am stärksten rückwärts gerichtete. Eine genauere Betrachtung der Begriffe *Shoah*, *Churban* und Holocaust kann uns zeigen, wie die Namen, die wir dieser Periode geben, die Ereignisse automatisch metaphorisieren und einem Kontext sowie bestimmten historischen, literarischen und interpretatorischen Traditionen zuordnen. Das erinnert uns zugleich daran, daß wir uns, wenn wir »neue« Erfahrungen erkennen wollen, unweigerlich auf Begriffe und Ereignisse der Vergangenheit stützen müssen. Und indem wir das rückgreifende Verständnis erkennen, das der Prozeß der Benennung für uns konstruiert, bleiben wir uns der Tatsache bewußt, daß zwischen Vergangenheit und Gegenwart eine Wechselbeziehung besteht, so daß die eine in den Begriffen der anderen metaphorisiert wird. Die Namen dieser Periode sind sozusagen die Schlüsselmetaphern, mit deren Hilfe wir Zugang finden zu den Ereignissen des Holocaust.

Als die bis dahin namenlosen Ereignisse erstmals mit Begriffen wie *Holocaust*, *Shoah* oder *Churban* bezeichnet wurden, geschah dies, weil man sich notwendig auf andere Fälle von Vernichtung berufen mußte, um die Katastrophe des europäischen Judentums während des Zweiten Weltkriegs zu fassen. Im Unterschied zum Vokabular der englischen und amerikanischen Kultur verfügte die jüdische Tradition allerdings bereits nicht nur über eine Reihe von Präzedenzfällen, auf die zurückgegriffen werden konnte, und über Begriffe wir *Churban* oder *Shoah*, mit denen sich die jüngste Vernichtung ausdrücken ließ, sondern besaß auch rituelle Trauertage zum Gedenken an alle vergangenen, gegenwärtigen und künftigen Katastrophen.[6] Es spielt keine Rolle, ob die Zerstörung des Ersten und Zweiten Tempels, die Niederschlagung des Bar-Kochba-Aufstands und das Massaker an den europäischen Juden gleichwertige Ereignisse sind oder nicht; indem sie ein und denselben Namen teilen, wird jedes Ereignis automatisch im Lichte des anderen begriffen, das denselben Namen trägt.

Der hebräische Begriff *Churban*, der sich auf weit zurückliegende konkrete historische Katastrophen wie die Zerstörung des Ersten und Zweiten Tempels bezieht, drängte sich jenen jüdischen Autoren, die die Entwicklung hin zum Massenmord in Europa bereits 1940 beschrieben haben, sofort auf. Doch seine jiddische Entsprechung (*Churbm*) und deren eindeutig religiöse Konnotationen sorgten dafür, daß das Wort Churban die Labour-Zionisten in Palästina, die über die Situation in Europa schrieben, weniger für sich einnahm. Folglich entschied man sich offenbar bewußt für die Alternative, den Begriff *Shoah* zur Bezeichnung des jüngsten, beispiellosen Mordes an den Juden zu verwenden. So zitiert Uriel Tal eine Sammlung von Augenzeugenberichten über die Massenmorde, die 1940 in hebräischer Sprache unter dem Titel *Sho'at Jehudei Polin* (*Shoah* der polnischen Juden) erschien.[7] Es gibt noch weitere Beispiele für die Verwendung des Begriffs *Shoah* zu dieser Zeit und in diesem Kontext, so etwa in einem Vortrag mit dem Titel »Das Gesetz der schrecklichen Shoah, die über uns kommen wird«, den der Dichter Saul Tschernichowski 1942 auf einer Konferenz hebräisch schreibender Schriftsteller und Dichter unter dem Dach der Jewish Agency in Jerusalem hielt und in dem er ausdrücklich auf die Katastrophe in Europa einging.[8] Später im selben Jahr verabschiedete eine Konferenz von vierhundert Rabbinern eine Erklärung, in der es hieß, daß »die *Shoah*, die an den europäischen Juden begangen wird, beispiellos in der Geschichte« sei. Und 1943 stellte der Historiker Benzion Dinur fest: »Die *Shoah* ... ist ein Symbol für die Einzigartigkeit der Geschichte des jüdischen Volkes unter den Nationen.«[9]

Gerade weil sie die Ereignisse in Europa als völlig beispiellos wahrnahmen, widerstrebte es sowohl den nichtreligiösen als auch den religiösen Zionisten in Palästina, dieses Geschehen einfach den »dritten *Churban*« zu nennen. Denn das hätte letztlich bedeutet, die Ereignisse unmittelbar in eine Reihe mit vorangegangenen Vernichtungen zu stellen. Und dies hätte auf einen göttlichen Plan von Sünde und Vergeltung schließen lassen, mit dem jeder *Churban* erklärbar wäre. Die Bezeichnung *der dritte Churbm* ordnete diese Ereignisse in eine lange Reihe von Vernichtung und Verheerung ein und schien somit die gegenwärtige Katastrophe nicht nur zu rechtfertigen, sondern auch deren Bedeutung zu nivellieren und ihre historische und politische Einzigartigkeit zu leugnen und all dies wären Folgen der Benennung gewesen, die den Gründen der Autoren, überhaupt zu dieser neuerlich drohenden Vernichtung Stellung zu beziehen, diametral entgegenstanden. Zwar deutete auch der Begriff *Shoah* auf ein biblisches Gesetz hin, doch war er weniger spezifisch und folglich flexibler als *Churban* und schien daher eher geeignet, mit neuen Bedeutungen versehen zu werden. Indem sie die hereinbrechende Katastrophe in Europa *Shoah* nannten, bauten die Kräfte, die über die Formen der nationalen Reaktion zu entscheiden hatten, auf eine Metapher, die die Ereignisse als Teil der jüdischen Geschichte kennzeichnet und dennoch die in einem solchen Tropus erzeugten Vergleiche mit bestimmten früheren Geschehnissen vermeidet.

Für die Autoren dieser frühen Jahre klang also in dem hebräischen Wort *Shoah* sowohl die Vernichtung Israels durch seine Nachbarvölker (Jesaja 6, 11; 10, 3; 47, 11 und Zefanja 1; 15) als auch die Knechtung Babylons mit an, zwei Konnotationen, die der zionistischen Auffassung von der allgemeinen Lage der Juden im *Galut* und von ihrer besonderen Situation während des Krieges entsprachen. Und obwohl in dem Begriff *Shoah* durchaus auch die deuteronomischen Vorstellungen von göttlicher Vergeltung und göttlichem Urteil enthalten sind, neigen die Historiker, die Schriftsteller und sogar die Theologen in Israel dazu, sich eher auf die Wurzeln des Begriffs zu berufen und ihn im Sinne von Verzweiflung und metaphysischem Zweifel zu interpretieren, als ihn auf seine stärker religiösen Konnotationen von Sünde und Bestrafung zurückzuführen. Uriel Tal zeigt auch, daß der Begriff selbst, wie er heute gebraucht wird, neue Bedeutungen erhielt und zugleich im Lichte seiner biblischen Vergangenheit neue Erfahrungen prägte.

Während es im Hebräischen und im Jiddischen Namen für die

Auslöschung der europäischen Juden gab, die bereits eine Vorstellung und ein konkretes Verständnis der Ereignisse lieferten, existierte im Englischen kein »fertiger« Name. Genau wie die Armenier waren auch die englischsprachigen Schriftsteller und Historiker, die diese Ereignisse nicht ausschließlich im Zusammenhang mit dem Zweiten Weltkrieg sahen, geneigt, ihnen einen Namen zu geben, aus dem ihre Besonderheit erkennbar wäre. Anfangs in rein deskriptivem oder figurativem Sinne gebraucht, bekam das englische Wort *Holocaust*, wie Gerd Korman schreibt, erst zwischen 1957 und 1959 seine spezifische Bedeutung als Begriff für den Mord an den europäischen Juden.[10] Und selbst dann noch blieb dieser spezielle Gebrauch des Wortes auf bestimmte Gruppen beschränkt, da Nichtjuden zögerten, zwischen »im Krieg umgekommenen« Juden und anderen »Kriegsopfern« zu unterscheiden. Das heißt, viele nichtjüdische Historiker haben den Unterschied zwischen den verschiedenen Kategorien von Opfern ignoriert und waren deshalb nicht bereit, diesen Ereignissen die unabhängige »Individualität« zuzugestehen, die ein eigener Name ihnen gab.

Ebenso wie *Shoah* meint auch der englische Begriff *Holocaust* in einem eher deskriptiven, allgemeineren Sinne die Katastrophe (gewöhnlich durch Feuer) schlechthin, ohne auf konkrete Feuersbrünste der Vergangenheit hinzuweisen. Aber genau wie *Shoah* und *Churban* ist auch *Holocaust* von seinem Wortstamm her bis zu einem gewissem Grade theologisch befrachtet, was einige Autoren veranlaßt hat, auch seine Angemessenheit in Zweifel zu ziehen. Abgeleitet von dem griechischen Begriff *holokauston*, der wörtlich übersetzt »ganz verbrannt« heißt, bezeichnete er in der Septuaginta eine spezielle Art des Brandopfers und ist überdies assonant mit *ola*, dem hebräischen Wort für das heilige Opfer. Viele jüdische Autoren und Theologen sind sich der im Wort *Holocaust* mitschwingenden urchristlichen Idee eines jüdischen Martyriums sehr wohl bewußt und lehnen es daher nach wie vor entschieden ab. Denn so problematisch die theologischen Implikationen von *Shoah* und *Churban* auch sein mögen, so befinden sich diese doch eher im Einklang mit der jüdischen Tradition als die dem Begriff *Holocaust* anhaftenden Konnotationen Opfer und Brandopfer.[11]

Der springende Punkt ist hierbei, daß die Begriffe *Shoah* und

Churban diese Ereignisse im Unterschied zum englischen *Holocaust* eindeutig jüdisch fassen und damit ein spezifisch jüdisches Verständnis und Erinnern dieser Periode bewahren und zugleich erzeugen. Und wie die Namen für diese Periode widerspiegeln, was von den Ereignissen bekannt war, schon bevor sie eintraten, so werden sie auch weiterhin ein jüdisches Verstehen und Erinnern auch künftiger Ereignisse erzeugen. Die Benennung ist einer der ersten hermeneutischen Schritte bei der Betrachtung eines Ereignisses. Sie prägt die Ereignisse und hält sie in der Erinnerung lebendig, während sie zugleich ein ganz bestimmtes Verständnis dieser Ereignisse bedingt. Dabei geht es nicht darum, den Namen einer Ära auszuleihen, um das Wesen der einer anderen Ära angehörenden Ereignisse zu verschleiern. Vielmehr soll das Unbekannte in bekannte Begriffe gefaßt werden. Daß die Ereignisse dieser Zeit unter anderen Namen, wie etwa »Großer Vaterländischer Krieg« (in Rußland), »Hitlerzeit« (in Deutschland) oder »Zweiter Weltkrieg« (in Amerika), rubriziert werden, verrät ebensoviel über das Verständnis, das die Namensgeber über diese Periode haben, wie über die Ereignisse selbst. Die unterschiedlichen Namen zeigen auch, wie verschieden die Sicht der jeweiligen Nationen und Völker auf diese Ereignisse ist, denn sie spiegeln nicht nur die disparaten Erfahrungen dieser Periode wider, sondern auch die unterschiedlichen Formen, die die Mythen und Ideologien der einzelnen Nationen den Ereignissen zwangsläufig verleihen. Der Name, den jede Sprache für die Ereignisse hat, gibt ihnen Gestalt und formt sie nach dem Bild, mit dessen Hilfe die jeweilige Kultur sie versteht. Die Ereignisse benennen bedeutet also unweigerlich, sich ein Bild, einen Begriff von ihnen zu machen, Bedingungen zu schaffen, die eine Rückwirkung des Namens auf die Ereignisse einerseits einschränken und andererseits ermöglichen.

So gesehen, bringt uns die Frage nach der Einzigartigkeit des Holocaust gewissermaßen auf eine falsche Fährte. Zum einen erschließt sich der Sinn der Ereignisse des Holocaust nur dann, wenn wir sie in irgendein Kontinuum einordnen können. Zum anderen neigen alle Vergleiche dazu, über die Einzigartigkeit des Holocaust hinwegzutäuschen. Das heißt, wenn man vom historischen Gewicht des Holocaust ausgeht, kann man diesen sicherlich als einzigartige Abfolge von Ereignissen betrachten. Ziehen wir jedoch unsere eigene begrenzte Fähigkeit in Betracht, diese Ereignisse zu verstehen und zu interpretieren, dann kann der Sinn, den wir in ihnen sehen, keinesfalls in ihrer Einzigartigkeit bestehen. Historische Ereignisse gleichen einander niemals vollkommen, und auch ihre Ursachen sind nur selten die gleichen. Die Ereignisse sind neu, doch die Namen, die wir ihnen geben, und die Bedeutungen, die sie für uns haben, sind zwangsläufig alt. Zu neuen, eindeutigen Bedeutungen können wir nur dann gelangen, wenn wir zulassen, daß neue, beispiellose Ereignisse, zur Metapher geronnen, die alten, verfügbaren Bedeutungsmuster zersetzen, die wir in sie hineintragen.

Zwar wird der Holocaust schon durch seine schiere Ungeheuerlichkeit von allen anderen Ereignissen abgehoben, und dennoch unterscheidet er sich von anderen Katastrophen weder allein durch seine blanke Entsetzlichkeit noch durch das grenzenlose Leiden, das er verursacht hat. Es sind vielmehr die Bedeutung dieses Leidens, seine Ursachen und Wirkungen, die sogenannte Vorsätzlichkeit des Holocaust, die den Unterschied ausmachen. Die Symptome seiner Einzigartigkeit sind an der Sprache und an den Metaphern ablesbar, in die wir die Ereignisse kleiden. Das heißt, wir können die Frage der Einzigartigkeit des Holocaust zunächst hintanstellen und uns statt dessen damit befassen, daß er unweigerlich in den Begriffen anderer Katastrophen metaphorisiert und ebenso unweigerlich dazu benutzt wird, das Leiden nach dem Holocaust auszudrücken. Denn obschon diese Ereignisse in der Tat mit nichts anderem zu vergleichen sind, begreifen wir sie doch, sobald wir von ihnen sprechen oder auf sie reagieren oder sie in irgendeiner Weise darstellen, zwangsläufig in ihrem Verhältnis zu anderen Ereignissen. Selbst noch in ihrer Unvergleichbarkeit sind sie metaphorisiert, wenn auch ihre Zuordnung zu einem Kontext und ihre Interpretation in Abgrenzung von den bestehenden Metaphern erfolgen.

Als Historiker, der nach einer Kausalkette des Holocaust sucht und diesen zugleich verstehen will, erkennt auch Yehuda Bauer, was an der Einzigartigkeit des Holocaust so problematisch ist, nämlich die Tatsache, daß wir genötigt sind, ihn im Rahmen eines Kontinuums historischer Interpretationen zu erkennen, die wiederum bestimmten literarischen Konventionen folgen – zwei Bedingungen, die unserer Erkenntnis Grenzen setzen. So schreibt

Bauer: »Wenn das, was den Juden geschah, einzigartig ist, dann hat sich [der Holocaust] außerhalb der Geschichte vollzogen und wird somit zum Mysterium, zu einem umgekehrten Wunder sozusagen, einem Ereignis von religiöser Signifikanz in dem Sinne, daß es nicht von Menschen gemacht wurde ... Wenn es aber nicht einzigartig ist, wo sind dann die Vergleichsfälle, die Parallelen?«[12] Der Holocaust, folgert Bauer, ist weder in allem einzigartig noch in allem eine Wiederholung. Damit wird seine Problematik sowohl für den Autor als auch für den Leser relevant, denn was die Mittel zur Darstellung seiner Diskontinuität und Einzigartigkeit angeht, so sind beide auf die Sprache mit den von ihr implizierten Kontinuitäten angewiesen.

Es ist vielfach behauptet worden, daß derjenige, der den Holocaust beschreibt, die Aufgabe habe, die Erfahrungen mit den traditionellen jüdischen Glaubensinhalten und Paradigmen zu versöhnen. Man muß sich allerdings fragen, wie bewußt man eine solche Versöhnung überhaupt anstreben kann. Denn der Autor stellt die Ereignisse allein dadurch, daß er in der »jüdischen Grammatik« lebt und alles, was geschieht, nach deren Vorgaben wahrnimmt, indem er jüdische Tropen, Vergleichsfälle und Paradigmen rückgreifend auf das aktuelle Geschehen anwendet, in ein jüdisches Kontinuum und versteht sie somit in einem jüdischen Sinne. Vergegenwärtigt man sich das rückgreifende Moment eines solchen in traditionellen Formen und in einer traditionellen Sprache erzeugten Wissens und Verständnisses, dann liegt das Problem vielleicht im Grunde gar nicht so sehr darin, wie man den Holocaust mit den jüdischen Vorstellungen und Traditionen versöhnen kann. Die Schwierigkeit dürfte sein, die Ereignisse anders als nach den Vorgaben einer solchen jüdischen Daseinsformel zu erkennen.

Da wir ein völlig neues Wort, ein Wort ohne alle Vorbedeutungen, Assoziationen, Assonanzen oder auch nur ohne einen Rhythmus nicht schaffen können, muß jedes Benennen der Ereignisse diese zwangsläufig ihrer ontologischen Spezifik berauben. Denn solange die Ereignisse nicht benannt, verglichen oder interpretiert sind, existieren sie außerhalb der bestehenden Traditionen. Obwohl man also ausgehend vom »historischen Stellenwert« des Holocaust durchaus überzeugende Argumente für die Behauptung seiner Einzigartigkeit finden kann, sind es doch gerade die Arten von Bedeutung, die er durch seine Stellung in der Ge-

schichte, in der Sprache und in der Metaphorik seiner Namen
erfährt, die seine eigentliche historische Bedeutung ausmachen.
Als Ereignisse waren die Dinge, die sich in Europa zwischen 1933
und 1945 zutrugen, qualitativ und quantitativ sowie in ihrer Wirkung einmalig. Und dennoch waren sie bekannt, insofern sie sich
zu anderen Ereignissen, anderen Zeiten und Orten in Beziehung
setzen ließen, so daß wir sie stets aus der Perspektive der Metaphern interpretieren, in denen diese Periode sich heute ausdrückt,
und entsprechend sind auch unsere Reaktionen determiniert.[13]
Uns interessiert nicht, ob es möglich ist, im Rahmen der alten
Archetypen neue Antworten auf die Katastrophe hervorzubringen. Uns interessiert, wie das getan wurde, welche Auswirkungen es auf das Leben der Opfer und auf unser Verständnis der
Ereignisse hat und inwieweit sowohl die Ereignisse als auch die
Archetypen, durch die wir die Ereignisse erkannt haben, dabei
transformiert werden. Denn die »Gefahren«, die das archetypische Denken in sich birgt, mögen noch so zahlreich und augenfällig sein, letzten Endes haben wir doch keine andere Alternative.
Wer über die Ereignisse des Holocaust nachdenkt, sich ihrer erinnert und sie ausdrückt, der tut dies entweder in Archetypen, oder
er tut es gar nicht.

2. Die Kritiker der Metapher

Im Zeitalter der Literaturkritik, da niemand mehr den im wesentlichen metaphorischen Charakter von Sprache, Denken, Begreifen
und Schreiben bestreitet, ist es daher um so merkwürdiger, wenn
gewisse Kritiker beharrlich versuchen, den Holocaust ohne Zuhil-
fenahme der Metapher zu erkennen, als ob es möglich wäre, ohne
eine figurative Sprache über ihn zu schreiben, zu reden oder auch
nur seine Geschichte zu erzählen. Anstatt den Holocaust außerhalb der Metapher zu suchen, schlage ich daher vor, daß wir ihn in
der Metapher finden, in den unzähligen Formen, in denen er
vorgestellt, ausgemalt, verzerrt und letztlich als Metapher für
andere Ereignisse gestaltet worden ist, denn schließlich bringt jede
Metapher uns in unserem Verständnis der Ereignisse wie auch in
unserem Selbstverständnis aus der Sicht dieser Ereignisse weiter.

Das Problematische der Holocaust-Metapher fiel zuerst den Opfern selbst auf, die bei ihrem Versuch, die Ereignisse so, »wie sie sich zugetragen haben«, und in ihrer Einzigartigkeit darzustellen, ständig unter der Sprache litten, die von den Ereignissen abzulenken und sie gleichzeitig zu analogisieren schien. Denn wie beispiellos die Realitäten der KZs und Gettos auch waren, die Sprache und die Metaphern, die zur Verfügung standen, um diese Realitäten zu beschreiben, waren es nicht. Zum Teil ergibt sich dieses Problem jedoch daraus, daß angenommen wird, der Autor habe die Aufgabe, nur die »Fakten des Holocaust« zu erzählen, und zwar ohne die Bedeutung, die die Metapher ihnen zwangsläufig zuweist. Da die Metapher Autoren und Leser von den Fakten wegzuführen schien (hin zu der ihr innewohnenden Bedeutung), nahm man die figurative Sprache als mit der Übermittlung sachlicher Informationen gewissermaßen nicht vereinbar wahr. Und da die Sprache als Verdrängung der Ereignisse, die sie ausdrücken sollte, erlebt wurde, schien es, als ob auch die Tropen und Metaphern eine Erfahrung durch eine andere ersetzten und in letzter Instanz die Aufmerksamkeit von den Fakten ablenkten, anstatt sie auf diese zu richten.

So wurde schließlich die »Lüge«, die in jeder Holocaust-Metapher steckt, zunächst für die Autoren und dann auch für die Kritiker zu einer Lüge über den Holocaust selbst. »Es gibt keine Metaphern für Auschwitz«, schreibt Alwin Rosenfeld, »wie auch Auschwitz keine Metapher für irgend etwas anderes ist ... Warum ist das so? Weil die Flammen wirkliche Flammen waren, die Asche nur Asche, der Rauch immer und einzig Rauch. Wenn man fragt, welche ›Bedeutung‹ darin liegt, dann kann die Antwort nur heißen: In Auschwitz hat die Menschheit ihr eigenes Herz eingeäschert. Die Brände taugen für keine andere Metapher, kein anderes Gleichnis oder Symbol – für keinen Vergleich und keine Assoziation mit irgend etwas anderem. Sie können nur das ›sein‹ oder ›bedeuten‹, was sie tatsächlich waren: den Tod der Juden.«[14] Aber auch Rosenfeld kommt offensichtlich nicht umhin, die Ereignisse zu metaphorisieren (»hat die Menschheit ihr eigenes Herz eingeäschert«) und dem Tod der Juden somit eine Bedeutung zu unterlegen. Denn ob man in Auschwitz eine Bedeutung sehen will oder nicht, sie erzeugt sich automatisch in dem Moment, da der Rauch und die Asche in Sprache ausgedrückt, das heißt metaphorisiert werden.

Doch das Problematische an der Metapher liegt, wie Rosenfeld in einem anderen Essay andeutet, wohl nicht einfach darin, daß sie willkürlich Bedeutung erzeugt oder die Fakten transformiert, sondern darin, daß sie vom Eigentlichen ablenkt.

»Eine solche metaphorische Sprache«, so Rosenfeld, »hat die Funktion, ein Ding mit einem anderen zu vergleichen, und dies weniger aus dem dringenden Bedürfnis, zu ersterem zu gelangen, als um sich seiner zu entledigen.«[15] In gewisser Weise erinnert uns das daran, daß manche Schriftsteller den Impuls haben, sich in ihrer Sprache und Metaphorik auf die Sprache und die Metaphorik der KZs und Gettos selbst zu beschränken. Dieser Impuls mag zum Teil der traditionellen positivistischen Haltung entspringen, daß die Metapher etwas Frivoles und bloß Dekoratives sei, trivialisierend wirke und als Ausdrucksform für schwierige Konzepte und Realitäten ungeeignet sei. Noch heute nimmt die Frage nach dem der Metapher immanenten Potential zur Transzendierung der Wirklichkeit und zur Realitätsflucht in den theoretischen Diskussionen zum Thema einen gewissen Raum ein.[16]

So bemerkt etwa Karsten Harries: »Die Metapher hat ihr Telos nicht mehr in der Realität. Sie ... verleitet uns dazu, uns von der vertrauten Realität zu verabschieden, allerdings nicht, damit wir einen tieferen Einblick gewinnen in das, was ist. Statt dessen werden die Metaphern zu Waffen, die gegen die Realität gerichtet sind, zu Instrumenten, mit deren Hilfe der Bezug der Sprache auf die Wirklichkeit aufgebrochen, die Sprache von ihrer ontologischen Funktion entbunden wird, so daß die Worte des Dichters eine Magie erhalten, die uns die Welt vergessen läßt.«[17] Das muß jedoch keineswegs heißen, daß der Umkehrschluß ebenfalls zutrifft. Auch in der Konzentration auf das Detail sowie in einer nichtmetaphorischen Sprache kann ein gewisses Ausweichen vor der Realität liegen, die eng mit dem Ausweichen vor der vielschichtigen Bedeutung der Realität verbunden ist. José Ortega y Gasset behauptet in diesem Kontext sogar, es gebe einen Zusammenhang zwischen dem in der Metapher manifesten »Fluchtinstinkt vor dem Wirklichen«, dem »Überrealismus« und dem, wie er es nennt, »Unterrealismus« der Metapher. Beide befriedigen seiner Auffassung nach das Bedürfnis, der Realität zu entfliehen und sie aufzulösen. »Dem poetischen Höhenflug«, so schreibt er, »kann man ein Hinabtauchen unter das Niveau der natürlichen

Weltbetrachtung gegenüberstellen. »Proust, Ramón Gómez de la Serna, Joyce sind die besten Beispiele dafür, wie gesteigerter Realismus sich selbst überwindet; dem mikroskopbewaffneten Auge erscheint nicht das Leben, sondern etwas, was zum Leben in abgeleiteter Beziehung steht... Die Methode ist einfach: Zu Helden des Lebensdramas macht man die Außenquartiere der Aufmerksamkeit, das, was wir gewöhnlich nicht beachten.«[18]

Für sehr viele Autoren hat die Holocaust-Literatur noch immer vor allem die Funktion, die Fakten des Holocaust mitzuteilen; die Metapher aber kann diese Fakten nicht direkt mitteilen. Deshalb halten zahlreiche Kritiker sie nicht nur für ein unwirksames Mittel zur Darstellung des Holocaust, sondern sehen in ihr sogar eine Gefahr. In den Augen dieser Kritiker taugen die Holocaust-Metaphern, indem sie vorgeben, Fakten darzustellen, letzten Endes nur dazu, die Fakten zu verfälschen und die Leser somit zu täuschen. Das Dilemma bei all diesen Einwänden gegen die Metapher ist, daß die Autoren erkennen, daß sie einerseits, um dem Leser Fakten mitteilen zu können, unweigerlich auf die metaphorischen Eigenschaften der Sprache angewiesen – und andererseits den Eigenschaften der Metapher ausgeliefert sind, die den Leser von den Fakten ablenkt und seine Aufmerksamkeit auf anderes richtet. Den Leser jedoch interessiert nur die Ähnlichkeit zwischen dem Holocaust und den Metaphern, durch die wir ihn erkennen. Er vernachlässigt folglich wiederum das interpretatorische Moment und die Spannung, die in der Wechselwirkung der einzelnen Teile der Metapher liegt. Wenn wir aber als Leser bereit sind, die Kluft zwischen Sprache und Gegenstand zu überspringen und uns auf den, wie Ricœur sagt, der Metapher innewohnenden »vorsätzlichen Irrtum«[19] einzulassen, werden uns die Sprache und die Metaphern, durch die wir die Ereignisse letztlich verstehen, ebensoviel darüber mitteilen, wie die Ereignisse begriffen und organisiert werden, wie sie über die Ereignisse selbst erzählen – vorausgesetzt, wir lassen uns von diesem Irrtum nicht in die Irre führen. Wir sollten daher in den Metaphern keine Bedrohung der Fakten sehen, sondern akzeptieren, daß nur sie uns den Zugang zu den Fakten ermöglichen, die nicht anders als innerhalb der Metaphern, in denen sie uns überliefert werden, existieren können.

Auschwitz aus jeglicher Metaphorik zu verbannen hieße im Grunde, es gänzlich aus der Sprache zu verbannen. Die Opfer haben Auschwitz vermittelt durch Metaphern erfahren und verstanden und in Metaphern darauf reagiert. Die Schreiber von Auschwitz haben Auschwitz mit Hilfe von Metaphern geordnet, ausgedrückt und interpretiert; und auch die Wissenschaftler und Dichter der nächsten Generation erinnern und kommentieren Auschwitz heute vermittelt durch Metaphern und unterlegen ihm auf diese Weise historische Bedeutung. Wollte man die Metaphorisierung von Auschwitz verbieten, so hieße dies bei nüchterner Betrachtung nichts anderes, als die Ereignisse gänzlich jenseits von Sprache und Bedeutung anzusiedeln. Das liefe auf eine Mystifizierung des Holocaust hinaus, und damit würde im nachhinein genau das erreicht werden, was die Nazis mit der metaphorischen Mystifizierung der Ereignisse, die sie selbst häufig praktizierten, erreichen wollten.

Der Kritiker sollte im Grunde nicht versuchen, die Einzigartigkeit des Holocaust als Argument gegen die Metapher zu benutzen oder die Metapher rundheraus zu verdammen. Besser wäre ihm damit gedient, wenn er sich mit den interpretatorischen Aspekten der Metapher und ihren Folgen für die Opfer wie für unser heutiges Verständnis dieser Ereignisse auseinandersetzte. Und deshalb wollen wir uns nicht nur darauf konzentrieren, daß die Metapher die Dinge verdunkelt, sondern auch zeigen, daß sie die Ereignisse erhellt. Das gilt für die überlieferten Tropen und Archetypen, mit denen die Opfer ihr Elend dargestellt haben, wie auch für jene, die Produkte des Holocaust sind und mit denen die Generation nach dem Holocaust ihre Welt versteht. Das Bindeglied zwischen diesen beiden Bewegungsformen der Metapher ist die Verwendung des Holocaust als eigenständiger Tropus oder Archetyp, der Punkt, an dem er zu seinem eigenen Bezugspunkt sowie zum Bezugspunkt für alle folgenden Qualen, Leiden und Verheerungen wird.

3. Die Folgen der Metapher

Doch im Unterschied zu anderen literarischen Problemen zieht diese Frage von Metapher, historischem Vergleich und Analogie Folgen nach sich, die weit über die literarischen Texte hinausreichen. Denn was sowohl die Juden als auch den Rest der Welt für den tatsächlichen Ernst der Lage blind gemacht und dazu geführt hat, daß sie der Bedrohung durch die Nazis so unvorbereitet ausgeliefert waren, war vielleicht, wie die Historiker bereits angedeutet haben, gerade die Tatsache, daß sie den Holocaust lediglich als Fortsetzung des traditionellen Antisemitismus begriffen. Yehuda Bauer schreibt: »Die Juden reagierten auf die Bedrohung der Gegenwart mit der Rückbesinnung auf vergangene Erfahrungen; ihnen drohten Verfolgung, vielleicht Pogrome, Hunger, wirtschaftliche Vernichtung. Gegen diese Bedrohung versuchten sie zu kämpfen.«[20] Daß wir neue Erfahrungen in den Begriffen bereits bekannter wahrnehmen, interpretieren und schließlich verstehen, ist ein unvermeidlicher, wenn auch ewig problematischer Aspekt jeglicher Erkenntnis. Daß die Juden jedoch ganz bestimmte Bedeutungen erzeugten und vor anderen Seiten ihres Elends die Augen verschlossen, war ein »Fehler« in der Metaphorisierung, der schlimme Folgen hatte. »Täter wie Opfer [griffen] beim Umgang miteinander auf ihre jeweils spezifische jahrhundertealte Erfahrung zurück«, schreibt Raul Hilberg. »Die Deutschen taten es mit Erfolg; die Juden erlebten ein Desaster.«[21]

Neben zionistischen, religiös-orthodoxen, marxistischen und biblischen Denkmodellen, die das Verständnis der Ereignisse determinierten, die zum Holocaust führten, bildete offenbar auch die Erinnerung an die historischen Ereignisse gewissermaßen selbst einen Leitmythos. So warnte zum Beispiel der Führer der zionistischen Revisionisten, Wladimir Jabotinsky, in *Die jüdische Legion im Weltkrieg* klar und deutlich davor, daß Deutschlands Krieg gegen die Juden mit der Vernichtung der Juden enden würde, wenn die Alliierten ihre Haltung zu Hitler einnahmen, ohne dabei die zwanzig Jahre zuvor geschehenen Massaker an den Armeniern im Auge zu behalten.[22] Und wie mit den Massakern an den Armeniern ein spezifisches historisches »Paradigma des Möglichen« geschaffen worden war, so wurde der Holocaust nach Jabotinskys Auffassung zum Leitmythos, nach dem viele der Überlebenden und die Generation nach dem Holocaust ihre Haltung zur heutigen Welt bestimmen. Nahmen die Schtetljuden ihr Schicksal im Holocaust vielleicht zunächst noch als niederträchtigen, aber vergleichsweise begrenzten Pogrom wahr, so neigen viele Überlebende, die inzwischen ein komplexeres Verständnis der Judenverfolgung entwickelt und die ganze Ungeheuerlichkeit des Holocaust erfaßt haben, dazu, jede neue Verfolgung als jenen »permanenten Pogrom« wahrzunehmen, den sie kennengelernt haben.[23]

Die Gefahr, die jedem Erkenntnisakt innewohnt, ist natürlich, daß unser Handeln unweigerlich auf den epistemologischen Transformationen der Ereignisse basiert, Transformationen, die sich daraus ergeben, daß wir ein Ding aus der Perspektive eines anderen erkennen. Robert Alter gibt in diesem Zusammenhang zu bedenken: »Die Bilder der Mörder von einst auf die Gegner von heute projizieren heißt, in jedem Widersacher einen potentiellen Hitler zu sehen. Den Holocaust als Grundmuster für die historische Erfahrung des jüdischen Volkes beschwören heißt, die Idee politischer Abmachungen und Zugeständnisse auszuschließen, denn dann wird man in jedem potentiellen Vorteil, den man dem Gegner einräumt, ganz gleich, was man als Gegenleistung dafür bekommt, einen Pflasterstein auf dem Weg zur Vernichtung sehen.[24] Die Interpretation hätte somit Folgen in zweierlei Richtung: Sie würde uns zum einen zurückführen zu den Ereignissen des Holocaust und zum anderen fort vom Holocaust, hin zu einer Welt, die nunmehr aus der Perspektive des Holocaust verstanden wird.

Es hat gewissermaßen den Anschein, als wären bestimmte Bezirke der Phantasie, die erst durch ihre Objektivierung in der Metapher ausgedrückt werden konnten, nun plötzlich, nicht zuletzt durch die Metapher, real geworden. Nach dem Holocaust erhöbe sich die Frage, ob wir Dinge, indem wir sie durch die Metapher vorstellbar machen, auch möglich machen. Oder, anders gefragt, inwieweit schafft ein »imaginärer Vergleichsfall« wie wir ihn in der Metapher erzeugen, die Voraussetzungen dafür, daß die menschliche Vernunft diesen in der wirklichen Welt vergegenständlichen kann? Damit ist zwar nicht gesagt, daß die Potenz zur Vergegenständlichung von vornherein in der Metapher angelegt ist, aber man kann sich trotzdem fragen, ob nicht beispielsweise die wiederholten metaphorischen Verunglimpfungen der Juden in Nazideutschland sowohl bei den Mördern als auch bei den Opfern die Voraussetzungen für die tatsächliche Vernichtung der Juden geschaffen haben. War es für die Deutschen womöglich in der Tat leichter, Zyklon-B (ein Insektizid) zur »Ausrottung« der Juden zu verwenden, nachdem sie diese über so viele Jahre hinweg metaphorisch mit Ungeziefer verglichen hatten? Wenn die Soldaten, die Ätzkalk in die Kanalisation des Warschauer Gettos warfen, um die aufständischen Juden zu töten, imstande waren, nach Hause zu schreiben, sie seien mit der »Vernichtung von Ungeziefer« beschäftigt, dann scheint die Metapher die Macht zu haben, die Phantasie sowohl zu unterjochen als auch zu befreien. Denn sobald wir zwischen figurativer und wörtlicher Sprache keinen Unterschied mehr machen, hören Sprache und Metapher auf, Richter über unsere Gedanken zu sein, und beginnen diese zu tyrannisieren.

So gesehen, ist es der reine Hohn, daß so viele Kritiker der Holocaust-Literatur in ihrer Argumentation die Metapher einfach beim Wort nehmen beziehungsweise ihre positivistischen Aspekte überbetonen. Denn gefährlich wird die Metapher gerade dann, wenn man den Fluß ihrer Bilder unterbricht und sie auf eine bestimmte Bedeutung festnagelt. Obwohl die Entschiedenheit, mit der diese Kritiker die Metapher ablehnen, vielleicht damit zu tun hat, daß sie meinen, eine einmal dergestalt »festgenagelte« Metapher habe für alle Zeit ihre Unschuld verloren. Und vielleicht hat die Tatsache, daß die Nazis die Metapher im Holocaust gewissermaßen beim Wort genommen haben, wirklich zur Folge, daß fortan kein unschuldiger Gebrauch der Metapher mehr möglich ist. Damit, daß die Nazis, wie Alwin Rosenfeld meint, »die Kluft aufgehoben haben, die einst zwischen gewalttätigen Worten und gewalttätigem Handeln bestand«, haben sie nichts Geringeres bewirkt als den Tod der Sprache an sich.[25]

Was vielleicht zunächst »nur« ein literarisches Problem war, nämlich der sogenannte Tod der Sprache, wirkt sich nun aber direkt auf die Welt nach dem Holocaust aus. Denn in den Augen der Überlebenden scheint eine einmal beim Wort genommene Metapher nun die ihr innewohnende Möglichkeit der Vergegenständlichung auf alle folgenden Metaphern zu übertragen, so daß durch die bildliche Sprache die heimliche Drohung ihrer Verwirklichung geistert. Für die israelischen Überlebenden des Holocaust dürften es zum Beispiel nahezu unmöglich sein, den Kriegsruf der Araber »Wir färben das Meer rot von jüdischem Blut« als bloße Metapher abzutun, nachdem Teile des Himmels über Europa ganz buchstäblich schwarz von jüdischer Asche waren. Die rhetorische Phrase ist nach dem Holocaust nicht mehr unschuldig; sie ist jetzt dazu verdammt, die düstere Drohung in sich zu tragen, daß sie erneut beim Wort genommen werden könnte.

So gesehen, sind wir vielleicht niemals in der Lage, die rein »literarischen« Ebenen des Reagierens auf die Ereignisse von den mehr in der »wirklichen Welt« angesiedelten Reaktionen zu trennen; denn die literarischen Reaktionen fußen auf denselben archetypischen Voraussetzungen wie die praktischen, und daher ist es unter Umständen gar nicht möglich, wirklich zwischen beiden zu unterscheiden. Es ist in der Tat denkbar, daß zwischen Literatur und praktischem Handeln im Holocaust, wie David Roskies in anderem Zusammenhang meint, eine fatale Wechselwirkung bestand:

> Der Holocaust war die dämonischste Verschwörung zwischen Literatur und Leben. Von den Nazis als solche geplant (einer der Professoren unter Hitler hatte an der Hebräischen Universität in Jerusalem studiert), wurde sie von den Juden als Rückfall in die graue Vorzeit wahrgenommen. Daraus ergeben sich freilich unendlich viele schmerzhafte Fragen hinsichtlich des Einflusses, den die Erinnerung an vergangene Vernichtungen auf die Überlebensstrategie der Juden hatte und hat. Hätten die Nazis die Juden dazu verleiten können, abermals in ihre alten Reaktionen zu verfallen, wenn diese nicht traditionell ständig auf ihre Vernichtung gefaßt gewesen wären? Oder sollten man eher sagen, daß ohne eine vorgeprägte, kollektive Reaktion auf die Katastrophe am Ende vielleicht alle Juden umgekommen wären? Und können sich denn in der Nachkriegswelt neue Reaktionen herausbilden, wenn der Feind noch immer die heiligsten Tage des Kalenders wählt, um loszuschlagen?[26]

Wie Roskies schweren Herzens zugibt, demonstrierten die Nazis selbst mithin ein beängstigend tiefes Verständnis des »archetypischen Denkens« und seiner praktischen Implikationen. Als Autodidakten der »Hebräerkunde«, deren Ziel es war, das »hebräische Volk« zu vernichten, kannten die Nazis die Eigenschaft der Juden offenbar nur zu gut, historisch, das heißt in Analogien zu denken. Indem sie beispielsweise das Getto aus der Zeit der Renaissance, den mittelalterlichen gelben Stern und die Judenräte des siebzehnten Jahrhunderts wieder einführten, »schufen sie eine Welt, die in höchstem Maße furchterregend und zugleich seltsam vertraut war«.[27] Und indem sie dann ihre Aktionen mit dem jüdischen Kalender koordinierten, gaben sie dem archetypischen Denken und Begreifen bei ihren Opfern noch zusätzlich Nahrung. Und all dies trug nicht nur wesentlich dazu bei, daß letztere ihre Lage aus der Perspektive der Vergangenheit und der alten Archetypen sahen, sondern es brachte sie auch dazu, paradigmatisch auf ihr Elend zu reagieren und dieses Elend paradigmatisch zu begreifen. So lullten die Nazis ihre Opfer in Analogien ein, ließen gewissermaßen alle vorangegangenen Verfolgungen wiederauferstehen und konnten auf diese Weise in der Tat das, was die gegenwärtige Verfolgung von allen früheren *unterschied*, so lange verschleiern, bis es zu spät war.

4. Ererbte und freigewählte Metaphern

Die Frage, ob es überhaupt möglich ist, im Rahmen der »alten Archetypen« neue Reaktionen auf die Katastrophe hervorzubringen, könnte demnach in diesem Abschnitt über die Holocaust-Metapher eine entscheidende Rolle spielen. Denn so augenfällig die Gefahren des archetypischen Denkens auch sein mögen, so gibt es doch wohl keine Alternative dazu. Wir können nur in Archetypen und Metaphern über Ereignisse nachdenken, sie erinnern und ausdrücken. Auf eine andere Weise ist uns dies nicht möglich. Solange die Ereignisse in die Sprachen der Juden gelangen, werden sie in ein jüdisches Kontinuum integriert und unausweichlich auf jüdische Weise verstanden. Es macht daher, sobald sie Teil der traditionellen Paradigmen geworden sind, die ihnen Bedeutung geben, keinen großen Unterschied mehr, wie verschieden in ihrer Art oder voneinander unabhängig die einzelnen Katastrophen in der jüdischen Geschichte waren. Und wie sich in der ganzen jüdischen Literaturgeschichte zeigt, wurden die Ereignisse der jüdischen Geschichte und ihre literarischen Darstellungen von jeher als paradigmatische Bezugspunkte dazu benutzt, gegenwärtige Katastrophen historisch und archetypisch zuzuordnen. Die alten biblischen Legenden wie die von der Zerstörung Sodoms und Gomorrhas, die Akeda oder der Exodus gerannen damit ebenso zu Archetypen, an denen alle späteren Katastrophen gemessen, in deren Licht sie verstanden wurden, wie die legendären Überlieferungen vergleichsweise kürzere Zeit zurückliegender Ereignisse, etwa der Zerstörung des Ersten und Zweiten Tempels, der Massaker der Kreuzzüge, der Pogrome in Chmielnik und in der Ukraine.

Indem diese Archetypen in der traditionellen Literatur zitiert werden, erhalten sie freilich auch paradigmatischen Charakter, werden sogar in diesem Sinne umgeformt. So stellten sowohl Roskies als auch Alan Mintz bei ihren Untersuchungen biblischer Archetypen fest, daß sich die Überlebenden der Vernichtungen tatsächlich an die früheren Metaphern erinnerten, jedoch nicht immer deshalb, weil diese Metaphern dem Wesen der Ereignisse entsprochen hätten, sondern gerade weil sie oft auch als *in*adäquate Analogien wahrgenommen wurden. »Gibt es einen Schmerz, der ist wie mein Schmerz«, fragt das verwüstete Jerusalem in den Klageliedern Jeremias (1, 2), worauf die Schreiber geantwortet haben: »Größer ist die Schuld der Tochter meines Volkes,/als die Sünde Sodoms, das plötzlich vernichtet wurde,/ ohne daß eine Hand sich rührte.« (Klagelieder Jeremias 4, 6).[28] Das heißt, selbst die Schreiber der Klagelieder mußten in ihrer Metaphorik auf vergangenen Verheerungen zurückgreifen und wehrten sich zugleich gegen diese Notwendigkeit.

Diese Tendenz ist in nahezu allen literarischen Darstellungen der jüdischen Katastrophe evident. So wird zum Beispiel die Akeda einerseits sowohl in den hebräischen Chroniken als auch in der Dichtung jener Zeit höchst selbstverständlich als Archetyp zur Darstellung der Massaker der rheinischen Kreuzfahrer im elften und zwölften Jahrhundert beschworen. Andererseits geschieht dies sehr häufig gerade wegen ihrer Inadäquatheit als Metapher zum Verständnis solchen Leidens. Die Reaktion auf die Katastrophe bestand also von jeher nicht zuletzt in der selbstkritischen Befragung der zu ihrer Erfassung und Darstellung verfügbaren Archetypen – ein Merkmal der modernen Literatur, von dem man oft meint, es sei ein Charakteristikum ausschließlich der modernen Literatur.

Etliche Kritiker meinen, das Neue an der Holocaust-Literatur sei unter anderem gerade die Art und Weise, wie die Verfasser dieser Werke die traditionellen Formen und Archetypen bemühen, um sie zu ironisieren und zu untergraben. Roskies vertritt indes die Ansicht, daß die Tendenz, die akzeptierten Metaphern in Frage zu stellen, stets Teil der Tradition gewesen sei. Unter Hinweis auf die ältesten – das heißt biblischen – Reaktionen auf die Katastrophe belegt Roskies (im Anschluß an Michael Fishbane), daß Paul Celans *Widerruf* oder die symbolische Umkehrung von Metaphern in

Kaplans Tagebuch tatsächlich Teil der Tradition selbst ist. Der archetypische Zweifel, dem wir in den Klageliedern begegnen, bestätigt somit die von Fishbane als »innerbiblische Midrasch« bezeichnete Korrektur oder Modifikation einer traditionellen Interpretation, die nunmehr im biblischen Text verschlüsselt ist.[29] Aus dieser Sicht bewegen sich die bitteren Vorwürfe und Verwünschungen gegen Gott, die zahlreichen Subversionen und Verstöße gegen die traditionellen Metaphern in den Werken Bialiks, Halperins, Sutzkevers, Katzenelsons, Kaplans und anderer durchweg – unweigerlich – im Rahmen jener Tradition. Roskies schlußfolgert sogar, daß »die Umkehrung der Heiligen Schrift somit als Mittel zur *Erhaltung* des Glaubens angesehen werden« könne.[30]

Sobald die Schreiber indes dem heiligen Text, sei es durch sanfte Mimikry, sei es, indem sie ihn offen verwerfen, in irgendeiner Form Gewalt antäten – so beeilt sich Roskies allerdings hinzuzufügen –, entstehe gewissermaßen eine Parodie, und der Text sei nicht mehr derselbe wie vorher, sondern »trägt nun für alle Zeit den Schmerz jenes Augenblicks des Aufbegehrens gegen ihn in sich«.[31] Die Absorption dieser Parodie erweitert und bereichert, ja belebt die heiligen Texte als geradezu neu, und gleichzeitig wird auf diese Weise das parodistische Potential verschlüsselt. Dabei unterscheidet Roskies zwischen den, wie er sagt, »frommen« und den modernen »unfrommen« Parodisten der Tradition. Die überlebenden Schreiber der Klagelieder haben einerseits zwar bitter geklagt und die Wirksamkeit der ihnen verfügbaren Metaphern und Archetypen in Frage gestellt, aber doch in letzter Instanz die im alttestamentarischen Bund vereinbarte Konvention von Schuld, Strafe und Vergeltung akzeptiert; das heißt, sie zogen zwar die Paradigmen, nicht aber die Bedeutungen in Zweifel, die diese ihrer eigenen Katastrophe unterlegten. Andererseits behauptet Roskies, die modernen Autoren benutzten die Parodie, »um die akzeptierte Konvention als künstlich zu entlarven und für radikale Veränderungen einzutreten«.[32]

Wenn wir in dieser Richtung weiter denken, dürften wir zu Resultaten kommen, die weniger nach Roskies Geschmack sind. Denn obwohl die Modernen den überlieferten Archetyp vielleicht tatsächlich neu beleben, indem sie neue und extreme Erfahrungen in ihn hineinpressen und ihn damit unter Umständen radikal verändern, lehnen sie im Gegensatz zu den »frommen« Parodisten der

Vergangenheit die Idee des Archetyps an sich ebenso ab wie die Bedeutung, die dieser der Erfahrung unterlegt. Wenn sie also die traditionellen Paradigmen verwendet haben, dann nur, weil ihnen trotz all ihrer Bemühungen, die in diesen Archetypen implizit angelegten Bedeutungen und Erklärungen zu zerstören, andere nicht zur Verfügung standen. In letzter Konsequenz läuft diese Unterscheidung zwischen »frommen« und »unfrommen« Parodisten auf die Annahme hinaus, daß es möglich sei, sich der Formen des Glaubens zu bedienen, während man seine Inhalte ablehnt, und so zwar die Hülle des Archetyps zu behalten, sich aber seiner Bedeutung zu entledigen. Es mag sein, daß die modernen Autoren unweigerlich in der Tradition verwurzelt sind. Das bedeutet jedoch nicht, daß sie, wie Roskies meint, auch unweigerlich den Glauben an diese Tradition behalten müssen.

Das bringt uns auf die Frage, nach welchen Mechanismen sich das Denken in Metaphern und Archetypen vollzieht und welchen Intentionen es folgt. Roskies schreibt an einer Stelle, für die frühen Rabbiner erfülle »die Auswahl der Archetypen ideell einen dreifachen Zweck: die aktuellen Ereignisse durch die Bibel zu sanktionieren, auf diese Weise die Aufmerksamkeit Gottes auf den großen Plan der Geschichte zu lenken und die Überlebenden des Platzes zu versichern, den sie innerhalb des Kontinuums einnehmen«.[33] Aber wie schon andere vor ihm in aktuellerem Zusammenhang vermutet haben[34], so kommt auch Roskies hier zu der Ansicht, daß diese Archetypen und die jeweiligen Bedeutungen, die sie den Ereignissen verleihen, gewählt, also in gewisser Weise »gewollt« sind und daß ganz bestimmte Archetypen ausgewählt werden, weil sie passender als andere sind. Noch weiter zugespitzt, ließe sich aus dieser Überlegung allerdings folgern, daß die Rabbiner (oder die späteren Schreiber) vielleicht auch die »Wahl« gehabt hätten, die Ereignisse nicht archetypisch zu lokalisieren und sich des Platzes, den sie innerhalb des Kontinuums einnehmen, nicht zu versichern. Aber wahrscheinlich haben weder die alten Rabbiner noch die Gettoschreiber bewußt versucht, die Katastrophe entsprechend den vorgegebenen Mustern der jüdischen Geschichte zu gestalten. Ebensowenig dürften sie die Wahl getroffen haben, durch einen kollektiven Glaubensakt der Tradition treu zu bleiben oder »sich für die Tradition einzusetzen«, wie Roskies behauptet. Statt dessen griffen sie wohl zwangsläufig auf das einzige System von Mythen, Vergleichsfällen, Bildern und Archetypen zurück, das ihnen zur Verfügung stand. Indem die Rabbiner den katastrophischen Ereignissen überhaupt erst einmal eine literarische Form gaben, verliehen sie ihnen im nachhinein die Einheitlichkeit und Kohärenz, die die Sprache und die literarische Darstellung automatisch mit sich bringen. Das heißt, wenn die Rabbiner und die Schreiber die Ereignisse niederschreiben, dann dürfte das in der Regel nicht so sehr bedeuten, daß sie »am Glauben festhalten«, sondern daß »der Glaube sie festhält«.

Denn da die Schreiber, die die Tradition in Frage stellen, dies unweigerlich innerhalb dieser selben Tradition tun müssen, da ihnen also nur der Fundus der in ihr verankerten Archetypen und Interpretationen zur Verfügung steht, haben sie in Wirklichkeit gar nicht die Wahl, sich in dieser Tradition oder jenseits davon zu bewegen. Wenn aber Roskies nun behauptet, das Individuum könne »losgelöst von den Archetypen, die ihm Halt geben, von den erhabenen messianischen Vorstellungen..., von den Legenden seines Volkes, von seiner Vergangenheit, von der Symbolik, die es ererbt hat«, existieren, dann behauptet er damit zugleich, daß der Mensch in der Lage sei, sich von seiner Tradition zu lösen oder sie hinter sich zu lassen. Aber ein von den »Archetypen, die ihm Halt geben, von seiner Vergangenheit, von der Symbolik, die es ererbt hat«, losgelöstes Individuum kann nur hypothetisch, also als emblematischer Modernist oder Freidenker oder, in der Literatur, als *Mann ohne Eigenschaften* existieren. Denn nur im Schreiben kann der Wunsch, sich von der Tradition und all ihren lästigen, alles durchdringenden und beschränkenden Mythen loszulösen, artikuliert und erwogen werden. Da aber Sprache und Literatur wesentliche Bestandteile jeder Tradition sind, ist dieser Wunsch nach einer solchen »Loslösung« im Schreiben nie wirklich zu realisieren.

Und da wir diese »Loslösung« im Schreiben nicht leisten können, müssen wir erkennen, daß es uns wohl auch nie gelingen wird, das Ungeheuerliche, den Einschnitt, den traumatischen Bruch darzustellen, den die Ereignisse des Holocaust für uns bedeuten. Das Schreiben hat nicht nur die Tendenz, den Autor an die Formen und Konventionen zu binden, von denen er sich loszulösen sucht; es tendiert auch dazu, das, was wir als Brüche in der Geschichte wahrnehmen, auszugleichen, Geschlossenheit und Kontinuität zu schaffen, Beziehungen von Ursache und Wirkung herzustellen und die Archetypen auf Kosten der Diskontinuität zu erhalten. In diesem Sinne ist selbst der Holocaust nur existent, wenn er literarisiert, interpretiert oder erzählt werden kann. Denn wenn man in ihm das »Ende« der Geschichte, der Tradition oder der Archetypen sieht, läßt sich der Holocaust mit keinem Erkenntnisparadigma fassen. Er wird unerkennbar. Wenn wir die Ereignisse dieser Periode jedoch benennen, erinnern oder in irgendeiner Form metaphorisieren, erkennen wir sie – wie mangelhaft, unzulänglich oder gefährlich unsere Erkenntnis auch sein mag. Und so ist der Holocaust vielleicht weniger ein Bruch in der Erkenntnis oder in der Geschichte oder im Kontinuum als vielmehr ein traumatischer Bruch in unserem unkritischen Glauben an das, was wir über ihn wissen. Nach einem solchen Bruch sind wir vielleicht beschämt angesichts dessen, wie begrenzt das Reservoir unserer Archetypen und Metaphern und wie ungewiß und vorläufig das Verständnis ist, das sie dem Holocaust unterlegen, und doch werden wir fortfahren, den Holocaust durch diese Metaphern zu erkennen.

Sechstes Kapitel

Der Holocaust wird zum Archetyp

> Beschwört nicht Hesekiel, beschwört nicht Jere-
> mia ... ich brauche sie nicht! ...
> ... Ich vergleiche mich nicht mit den Propheten –
> Sondern mit all den jüdischen Märtyrern, die in
> den Tod geschickt wurden, den Millionen derer,
> die hier ermordet wurden. *Jizchak Katzenelson*

I

Paradoxerweise wird ein Ereignis, das wir als beispiellos wahrnehmen, als etwas, wofür es keine adäquate Analogie gibt, gewissermaßen selbst zum Beispiel für alles weitere, zu einer neuen Metapher, an der alle späteren Erfahrungen gemessen, mit der sie
begriffen werden. Zunehmend frustriert und unzufrieden mit
ihrem traditionellen Vokabular für die Vernichtung, neigen die
Schriftsteller mehr und mehr dazu, die schrecklichsten Ereignisse
nicht mit den Metaphern der alten Geschichte, sondern mit den
Tropen ihrer gegenwärtigen Katastrophe darzustellen. So ist zum
Beispiel die Metapher vom »Holocaust-Juden« offenkundig ein
Produkt der Ereignisse selbst und verkörpert nun für Juden und
Nichtjuden gleichermaßen das kampfbereite Opfer, den Leidenden und Märtyrer. Und so haben zahlreiche Schriftsteller, die
keine Opfer waren, die Metapher des Holocaust und seiner jüdischen Opfer immer wieder auf Ereignisse angewandt, die in keinem Zusammenhang mit dem Holocaust stehen. Jewgeni Jewtu-
schenko beispielsweise überträgt sie in seiner Dichtung auf das
Leiden der Russen, Andrej Sinjawski auf die Gefangenen des
Gulag, Paul Celan auf die Dichter im allgemeinen, James Baldwin
auf Angela Davis, Sylvia Plath auf seelisches Leid schlechthin, und
die modernen israelischen Lyriker wenden sie in ihren Gedichten
auf die palästinensischen Flüchtlinge an.

Das ist nicht zu vermeiden, denn schließlich können wir nicht
umhin, alle neuen Erfahrungen im Rahmen der uns überlieferten
Erfahrungen der Vergangenheit zu begreifen und darzustellen,
und deshalb ist es nur natürlich, daß wir Erfahrungen wie den

Holocaust, die »mit nichts zu vergleichen« sind, zumindest rhetorisch vergleichbar machen.

Diese Vergleichbarmachung wird allerdings nicht nur schöpferisch eingesetzt, sondern mitunter auch brutal mißbraucht, handelt es sich dabei doch gleichzeitig um eine rückgreifende Literarisierung der Ereignisse, ohne die jede Erkenntnis oder Darstellung undenkbar wäre. Doch unser Thema soll hier nicht die dichterische Freiheit der Schriftsteller im Umgang mit dem Leiden anderer Gruppen sein. Wir wollen uns vielmehr den Bedeutungen zuwenden, die in solchen Metaphern erzeugt und reflektiert werden. Wir wollen untersuchen, welches Verständnis von sich selbst und von anderen die Opfer beziehungsweise die Nichtopfer unter den Schriftstellern in der Metapher vom Holocaust-Juden erzeugen und reflektieren.

Die Schriftsteller in den Gettos und KZs konnten sich nicht damit begnügen, die alten Tropen als sichtlich inadäquat zu zitieren und sie also zu verwerfen. Statt dessen stützten sie sich zur Darstellung jener Bereiche des Holocaust, die außerhalb ihres unmittelbaren Erfahrungsradius lagen, zunehmend auf Metaphern, die sie aus ihren ureigenen Erfahrungen herleiteten. Es kam ein Punkt, wo die einzige Analogie, die eine bestimmte Folge von Ereignissen nicht Lügen zu strafen schien, die Analogie zu der gleichermaßen schrecklichen Erfahrung des vorigen Tages war. So wurden in den im Verlauf der Ereignisse geschriebenen Tagebüchern und Gedichten die alten Archetypen mehr und mehr durch Metaphern neueren Ursprungs ersetzt – darunter solche, die dreißig Jahre zuvor entstandenen Gedichten über Pogrome entnommen waren –, bis schließlich nur noch die von den Ereignissen der Gegenwart abgeleiteten Metaphern der sich vollziehenden Tragödie angemessen schienen. Für Autoren wie Chaim Kaplan, Jizchak Katzenelson und Abraham Sutzkever war die Deportation von Kindern an einem Tag das einzig mögliche Paradigma zur Beschreibung der Deportation von Kindern zwei Tage später. So gerann zwar der Holocaust selbst erst von da an zum Archetyp, als man ihn rückgreifend zur Metaphorisierung anderer Katastrophen benutzte; doch wurden seine frühen Phasen zu Archetypen für seine späteren Abschnitte. Das heißt, der Holocaust wurde zum »Archetyp seiner selbst«.

Bei kaum einem der Gettoschreiber, die ihre poetischen Metaphern aus ihren eigenen Erfahrungen schöpften, läßt sich die bewußte Ersetzung der Archetypen der Vergangenheit durch gegenwärtige Bilder besser nachweisen als bei Jizchak Katzenelson. Katzenelson, der sich durchaus dessen bewußt ist, daß er in der Tat »ein jüdisches Volk erfunden« hat, zeichnet in seiner monumentalen Elegie *Lied vom letzten Juden* das neue Bild eines ganzen Volkes, für das gilt: »Nur seine Leiden sind wahr. Nur der Schmerz, / Wenn sie es abschlachten, ist wahr und wahrlich groß…«[1] In den Augen der getöteten Angehörigen des Schriftstellers spiegelt sich so das Gesicht jedes einzelnen Opfers, jedes einzelnen ermordeten Juden. Nachdem die Deutschen die Juden im Warschauer Getto zusammengepfercht hatten, verdichtete sich das Getto mit den darin lebenden Juden für Katzenelson zur Metapher für die Situation aller Juden im von den Nazis besetzten Europa. Die Juden im Getto wurden für Katzenelson zur Metapher für alle anderen jüdischen Opfer der Nazis, sogar der potentiellen Opfer in Amerika und im Jishuv.

Niemals kann er seine Frau und seinen Sohn vergessen, die von den Nazis umgebracht wurden, und so nimmt er alle späteren Leiden als Leiden seiner ermordeten Familie wahr. Als Emanation seiner selbst wird seine Familie für Katzenelson zu dem fundamentalen Archetyp, in dem er alles Leid der Juden im Holocaust darstellt:

– Wie kann ich singen? Wie kann ich den Kopf erheben?
Mein Weib, meine Benzionke und Jomele – ein Kind – verschleppt…
Sie sind nicht mehr bei mir, doch sie lassen mich nicht los.[2]
Seht! Seht! Sie stehen alle um mich herum, unendliche Massen, mich schaudert. Alle blicken mit Ben Zions und Jomkes kummervollen Augen. Alle blicken mit den traurigen Augen meiner Frau.[3]

Der Grund seines größten, untröstlichsten Schmerzes wird zum Bezugspunkt seiner Metaphorik, in ihm verschmelzen die Millionen anderer Juden, und das lindert sein eigenes Leiden nicht, sondern macht es nur noch heftiger.

Da alle Fluchtwege abgeschnitten sind, da nun jede polnische Stadt, in die man fliehen könnte, nur die Hoffnungslosigkeit der anderen Städte widerspiegelt, sperrt Katzenelson gleichsam auch seine Sprache und seine Metaphern in die Mauern des Gettos ein:

Wo sind die Toten? O Gott, ich suche sie im Mist, in jedem
Haufen Asche...
...Himmel, der taub ist wie die Erde, der Misthaufen.
...O Waggons, sprecht!...ihr wart als einzige bei dem Begräb-
nis.
O ihr Särge, ihr trugt sie lebendig auf ihrer letzten Reise.
...Warschau voll von Juden wie eine Synagoge an Jom Kip-
pur...[4]

Die Stadt selbst ist hier zur jüdischen Metapher geronnen. Die
toten Juden werden als lebende metaphorisiert, die Lebenden als
schon tot. So mischen sich die Lebenden mit den Ermordeten, und
die Lebenden sind bereits vom Tod gezeichnet:

Tote Juden standen zwischen lebenden, die ganz benommen
waren –
Aneinandergepreßt, die Toten standen aufrecht, konnten nicht
fallen,
Niemand konnte die Lebenden von den Toten unterscheiden.
...Das Haupt des toten Juden wiegte sich, als ob es lebte...[5]

Selbst Adam Czerniakows Selbstmord ist in dem Gedicht metaphorisiert, und zwar im Bild eines Toten, der ein verdammtes Volk
anführt, wo niemand die Toten von den Lebenden zu unterscheiden vermag:

...Der tote Älteste sitzt auf seinem Stuhl –
Mit geschlossenen Augen, den Kopf geneigt, sitzt er da –
...Herr Ältester? Sie? Haben Sie uns gerufen? Es ist eine
Versammlung!
...Sagt nichts! Er lebt, obwohl er tot ist...Was nun?
Eröffnet die Versammlung – zehn! Ja, zehn!...
Schweigend und bleich saß der *Kehillah*-Rat um den grünen
Tisch...Sie saßen –
Oben der Älteste, dann die anderen Mitglieder des Rats.
Alle hörten zu... Als ob der tote Älteste die Versammlung
leitete – [6]

Katzenelson verwendet diese Teile des Desasters metonymisch,
um die allgemeine Katastrophe um ihn herum zu metaphorisieren.
Dabei verwirft er mögliche alternative Tropen aus der Welt jenseits
des Gettos und erhebt so die individuellen Beispiele in seiner
Umgebung in den Rang von Allegorien, ohne sie damit ihrer
konkreten Verbindung zu den Ereignissen selbst zu berauben.

Wie zahlreiche andere Dichter und Schriftsteller erinnert auch Katzenelson an die Archetypen der Vergangenheit fast ausschließlich zu dem Zweck, sie als inadäquate Metaphern zu disqualifizieren. Doch er begnügt sich nicht damit, die traditionellen Tropen zu verwerfen. Er ersetzt sie vielmehr ganz bewußt durch sein eigenes Leiden und das seines Volkes, eine Technik, die Lyriker in ihren Reaktionen auf den Holocaust häufig anwenden, die aber selten mit solcher Entschiedenheit eingesetzt worden ist wie hier:

> Eine große Menge [ermordeter Juden], eine riesige Masse. O wie riesig!
> Viel größer als Hesekiels Tal der Gebeine.
> Und selbst Hesekiel hätte nicht zu den Mördern gesprochen von Glauben und Hoffnung
> Wie in längstvergangenen Tagen, er hätte die Hände gerungen *wie ich*.
> *Wie ich* würfe er den Kopf zurück, hilflos...[7]

Katzenelson stellt also seinen Schmerz und sein Leiden nicht in den Bildern der Bibel dar, sondern versetzt die Metapher seines eigenen Ich zeitlich zurück, um die Archetypen selbst neu zu metaphorisieren, so daß sie durch seinen neuen, beispiellosen Schmerz modifiziert werden. Er verwirft und ersetzt also nicht nur die Archetypen der Vergangenheit, sondern er gibt ihnen in der Metapher seines gegenwärtigen Leidens eine völlig neue Gestalt.

> Beschwört nicht Hesekiel, beschwört nicht Jeremia... Ich brauche sie nicht!

Warum nicht? Weil er jetzt seine eigenen Erfahrungen und das Leiden der Juden um ihn her zu seinen Archetypen gemacht hat. Mit Bezug auf einen kleinen jüdischen Jungen im Getto schreibt Katzenelson:

> ... Jesaja! Du warst nicht so klein, nicht so groß, Nicht so gut, nicht so wahr, nicht so gläubig wie er.[8]

Jesaja ist hier kein Vorbild für dieses Kind mehr, er wird an jenem Kind des Holocaust gemessen, und es zeigt sich, daß er ihm nicht gewachsen ist. Denn: »Solche Kinder sah die Welt noch nie... es gab sie vorher nicht auf dieser Erde«[9], und deshalb sind diese Kinder jetzt die neue jüdische Norm, an der alles vergangene und künftige Leiden der Juden gemessen werden wird.

> ... Ich vergleiche mich nicht mit den Propheten – Sondern mit

all den jüdischen Märtyrern, die in den Tod geschickt wurden, den Millionen derer, die hier ermordet wurden – [10]

Die Millionen Ermordeter sind nicht nur an die Stelle der Propheten getreten, in ihrem neugewonnenen Rang als Archetypen werden sie selbst zu Propheten. Das Todeslager Treblinka wird zum Plural -

... die übrigen hinausgeführt aus der Stadt in die Treblinkas -[11]

und damit zur Metapher für die anderen KZs. Dies ist eindeutig der Punkt, an dem die Ereignisse innerhalb der Ereignisse zu eigenständigen Archetypen werden, der Punkt, an dem sie zu ewigen Metaphern werden, an dem sie alle vorherigen Archetypen des Leidens verdrängen und sich als die neuen Archetypen des Leidens etablieren.

Indem Katzenelson das Ende des jüdischen Volkes mit der Metapher der Wolken- und Feuersäule beschreibt, die an seinem Anfang stand, neutralisiert er zugleich die Hoffnung, den Glauben und die Freude, die in diesem Anfang lagen, und findet darin paradoxerweise das Ende:

Das Ende. Bei Nacht steht der Himmel in Flammen. Bei Tag steigt Rauch, und nachts lodert er von neuen. O weh! Wie bei unserem Anbeginn in der Wüste: bei Tag eine Wolkensäule und nachts eine Feuersäule. Damals zog mein Volk freudig und fromm in ein neues Leben, und jetzt: das Ende, alles zu Ende...[12]

Wenn der ureigentliche Tropus der Anfänge als Metapher des Endes verwendet wird, dann ist seine Bedeutung durch den dichterischen Schaffensakt ein für allemal gewandelt, sein Inhalt ein für allemal verworfen, und er steht nun nicht nur nicht mehr als Tropus für andere Anfänge zur Verfügung, sondern ist für alle Zeit immer auch eine Metapher für das Ende. So sehr Katzenelson einerseits fürchtet, daß es, nachdem der letzte Jude aus Fleisch und Blut vernichtet wäre, nur noch »imaginäre Juden« geben könnte, so zählt er diese »imaginären Juden« doch immer wieder auf, wie um sich zu versichern, daß die Juden in irgendeiner Form weiterexistieren werden, und sei es als Metapher.

Sie sind nicht mehr! Fragt nicht auf der anderen Seite des Ozeans nach Kasrilewke und Jehupez, fragt nicht.
Sucht nicht die Menachem Mendels, die Milchmann-Tewjes, die Nebbichs und die diebischen Motkes. Sucht sie nicht -

Sie werden euch rufen, wie die Propheten Jesaja Jeremia, Hosea, Amos und Hesekiel aus der Bibel, aus Bialiks Versen, werden sprechen zu euch aus den Büchern von Scholem Alejchem und Scholem Asch.[13]

Er erkennt, daß die Juden von diesen Metaphern zugleich verdrängt und bewahrt werden, daß Bücher und Gedichte zu den metonymischen Spuren des jüdischen Volkes werden. Denn wenn die Juden buchstäblich »nicht mehr sind«, dann leben sie in den von den Schriftstellern hinterlassenen Metaphern fort als imaginäre Juden, die nun symbolhaft für andere stehen.

2

Während Katzenelson als Jude in Auschwitz umgebracht wurde, überlebte der polnische Schriftsteller Tadeusz Borowski Auschwitz als Nichtjude. Als politischer Gefangener nach Auschwitz gekommen, erlebte Borowski das Lager als Todeslager nur für die anderen, für diejenigen, die in die Gaskammern geschickt wurden, also für die Juden. Mit Katzenelson verband ihn nichts weiter als eine, wie es heute scheint, gemeinsame Tendenz, die Sprache seiner Geschichten unmittelbar aus der Wirklichkeit der KZs zu schöpfen. In Auschwitz eingesperrt, sperrte Borowski auch seine Sprache gleichsam ein und hielt seine Metaphern ebenso hinter den Zäunen von Auschwitz gefangen, wie er selbst dahinter gefangen war. Und wie Katzenelson hat wohl auch er sein eigenes Ich und seine Gedanken, seinen Begriff von der Welt in Metaphern eingeschlossen, die er aus seinen Erfahrungen in Auschwitz ableitete. Andererseits scheint Borowski, wie Sidra Ezrahi bemerkt, die Metapher an sich zu vermeiden, wo immer es möglich ist, zum einen, um den Realitäten, deren Chronist er sein will, nicht auszuweichen, zum anderen, um zu verhindern, daß der Leser abgelenkt wird.[14] Wenn er also Metaphern verwendet, um die Realitäten von Auschwitz zu beschreiben, dann schöpft er sie ganz gezielt aus der Welt des Lagers. Der Gefahr, daß diese Erfahrungen verwässert werden, daß der Leser ihnen ausweicht oder sie durch die Metapher transzendiert, sucht Borowski zu entgehen, indem er die Aufmerksamkeit des Lesers nun mit Hilfe der Metapher auf die

Realitäten lenkt und so den Eindruck durch die Analogie nicht abschwächt, sondern ihn noch verstärkt. So ist die »Bibliothek« des Lagers, wie Ezrahi zeigt, bei Borowski »so fest verschlossen wie ein Sarg«, ein »dunkler, böiger Wind, schwer vom Geruch der tauenden, sauren Erde, schob die Wolken vor sich her und bohrte sich in den Leib wie eine Klinge aus Eis«, und der »leere Gehsteig... glänzte wie ein schwarzer Lederriemen«.[15] Damit wird der Leser zwar durch die Metapher in der Tat vom ursprünglichen Gegenstand abgelenkt, erhält jedoch dadurch zugleich andere für die Zeit charakteristische Bilder. Die Metaphern bleiben stets auf das Lager bezogen und halten auf diese Weise Autor und Leser gedanklich hinter den Zäunen des Lagers gefangen.

Dieser Art der Metaphorisierung zeigt jedoch auch, daß Borowskis Bewußtsein sich den Normen des Lagers angepaßt hat. »Das Lager ist verriegelt und verrammelt«, beginnt der Erzähler. »Kein einziger Häftling, nicht einmal eine Laus kann sich durch das Tor stehlen.«[16] So im Lager eingesperrt, stellt Borowski eine Welt dar, in der das reale Phänomen Auschwitz, die Spielregeln des Lagers, zu seinen eigenen Spielregeln werden: Leib und Seele sind im Lager eingesperrt, ebenso wie die Metaphern, mit denen Borowski schließlich in seinen Geschichten das Lager beschreibt. Und weil Borowskis Erzähler sich an die Gesetze des Lagers angepaßt und dessen Vorstellungen, Daseinsformen und Sichtweisen verinnerlicht hat, um nur ja zu überleben, deshalb hält er an diesen neuen Spielregeln auch später noch fest und ist ebensowenig bereit, seine neuerworbenen Anschauungen aufzugeben, wie er, als er ins Lager kam, bereit war, seine Vorkriegsnaivität aufzugeben. Auch seine Sicht auf die Nachkriegszeit bleibt an diesen Erfahrungen und Vorstellungen orientiert. Sie erweisen sich als das Bezugssystem, anhand dessen er auch die Zeit nach dem Krieg versteht. Borowski ist zwar körperlich aus dem Lager befreit worden, doch von den Tropen und Metaphern des Lagers, mit denen er die Nachkriegswelt darstellt und offenbar auch begreift, wird er sich niemals befreien können. Er ist und bleibt gefangen im Konzentrationslager seines Geistes.

»Ein junger Dichter«, schreibt Borowski, »ein Vertreter des symbolischen Realismus, sagt mit schnodderigem Sarkasmus, ich habe eine KZ-Mentalität.«[17] Das heißt, er ist besessen von dem Wissen und den Vorstellungen, die er besitzt. Während die im Lager angesiedelten Geschichten von einem schmerzvollen Übergang erzählen, in dem alte Muster zerbrechen und als ungeeignet erkannt werden, während neue gelernt werden müssen, handeln jene, die in der Zeit nach der Befreiung spielen, von der Wiederanpassung an die normale Welt, eine Welt, die Borowskis Erzähler suspekt findet: »Das Leben im Konzentrationslager ... hatte uns gelehrt, daß die ganze Welt in Wirklichkeit ein einziges großes Konzentrationslager ist; die Schwachen arbeiten für die Starken, und wer keine Kraft hat zu arbeiten oder nicht arbeiten will, der muß eben stehlen gehen oder sterben.«[18] Hier hat er nun offenbar tatsächlich das Paradigma, das Bild gefunden, das viele der politischen Überzeugungen, um derentwillen er eingesperrt wurde, erhärtet.

»An diesem Punkt«, sagt der Erzähler in »The World of Stone«, »muß ich zugeben, daß ich, obwohl ich mich seit dem Ende des Krieges sehr selten dazu zwinge, meine Schuhe zu putzen, und fast nie den Schmutz aus den Umschlägen meiner Hosen schüttele und obwohl es eine große Anstrengung für mich ist, mir zweimal in der Woche Gesicht, Kinn und Hals zu rasieren, und obwohl ich mir die Fingernägel abbeiße, um Zeit zu sparen, und nie, niemals einem seltenen Buch oder einer Geliebten nachjage und so die bewußte Sinnlosigkeit meines eigenen Schicksals zu der des Universums in Beziehung setze, daß ich also trotz alledem neuerdings begonnen habe, an heißen Sommernachmittagen meine Wohnung zu verlassen und lange Spaziergänge durch die ärmsten Viertel meiner Stadt zu unternehmen.«[19] Der Erzähler überträgt die Gesetze des Lagers auf die äußere Welt, so daß sein eigenes Verhalten ebenso wie die Nachlagerwirklichkeit, in der er sich nunmehr bewegt, von den Metaphern der Lagerwirklichkeit beherrscht werden. »Ich sehe die Ruinen so deutlich, als ob ich in einen Spiegel blickte«[20], schreibt er und gesteht damit ein, daß die Welt für ihn jetzt tatsächlich die Gestalt angenommen hat, die sie in seiner Vorstellung hat, daß sie nur mehr eine Widerspiegelung seiner selbst ist, eine Widerspiegelung der zerbrochenen Vorstellungen, die er auf sie projiziert.

Borowski war sich der äußersten Armut sowohl der Traditionen als auch der Kultur, die Auschwitz hervorgebracht hatte, offenbar durchaus bewußt. Deshalb vermeidet er es, sich in seinen Beschreibungen der Lagerrealitäten auf die Namen und Symbole dieser eigenen Kultur zu beziehen. Doch als er aus Auschwitz kam, wurde deutlich, daß er im Geiste – in seiner Fähigkeit, Bedeutungen zu erzeugen – noch immer ein Gefangener war. Das Lager und seine Realitäten wurden zu seiner neuen Tradition, seinem neuem Mythos. Er kam gleichsam mit neuen Erwartungen noch einmal zur Welt. Er baute die Welt jetzt automatisch für sich um, und zwar nach dem Muster von Auschwitz, das seine »Heimat« wurde, und dies auf mannigfache Weise und viel mehr, als er es in »Auschwitz, Our Home« vorausgeahnt hatte. Man könnte geradezu sagen, daß seine Lagerhaft von 1943 bis 1951 gedauert hat. Diese Vorstellungen, diese Metaphern begannen als Teil einer zutiefst persönlichen Mythologie zu wirken, mit der er sowohl seine innere als auch die äußere Welt ordnete und begriff und mit der er letztlich auch auf diese beiden Welten reagierte. So wurde die äußere Welt zu einer Fortsetzung des Lagers – einer Welt, aus der er nie mehr herauskam. Gefangen in den Bildern, die ihn beherrschten, nahm Borowski sich 1951 das Leben. Er tat es mit Gas, und auch dies könnte man wohl als Fortsetzung der Lagersymbolik deuten. Indem der Holocaust für Borowski zur eigenständigen Metapher wurde, wurde er zugleich ein Topos, auf den die Ereignisse der Vergangenheit wie auch der Zukunft bezogen werden konnten. Nunmehr gefangen im »Konzentrationslager seines Geistes«, begreift Borowskis Erzähler die frühere Geschichte und Kultur im nachhinein mit den zentralen Metaphern seiner eigenen Erfahrung als Zwangsarbeiter in Auschwitz. Die Sicht des politisch bewußten Sprechers dürfte durch diese Erfahrungen und die daraus resultierenden Vorstellungen nicht allzusehr getrübt worden sein. Sie haben ihm vermutlich eher geholfen, die vergangene Geschichte tiefer zu verstehen. »Erst jetzt«, schreibt er, »erkenne ich, welcher Preis für die Errichtung der alten Kulturen bezahlt wurde. Die ägyptischen Pyramiden, die Tempel und die griechischen Statuen – welch ein abscheuliches Verbrechen! Wieviel Blut muß auf den Straßen, den Bollwerken und den Stadtmauern Roms vergossen worden sein. Die Antike – das gewaltige Konzentrationslager, wo der Sklave von seinem Herrn ein Brandzeichen auf die Stirn bekam und gekreuzigt wurde, wenn er versuchte zu fliehen! Die Antike – die Verschwörung der Freien gegen die Sklaven!«[21] So hat sich im Kopf des Schriftstellers nicht allein die Zukunft, sondern auch die Vergangenheit, sein kulturelles Erbe, in ein großes KZ verwandelt: Er nimmt jetzt alles, was er weiß, mit den Metaphern Häscher und Sklave, Unterdrücker und Unterdrückter wahr – und ordnet es auf diese Weise zugleich neu.

3

Wenn sich zeigt, daß die alten Archetypen, obschon sie noch immer zur Metaphorisierung der Ereignisse verwendet werden, der aktuellen Geschichte nicht genügen, gewinnt die Wechselbeziehung zwischen Metaphern und Ereignissen an Komplexität. So wird zum Beispiel eine aktuelle Krise nicht mehr nur in den Begriffen der Akeda erfaßt, sondern das Paradigma der Akeda selbst erfährt eine Neubewertung aus der Sicht der gegenwärtigen Geschichte: Es wird umgestaltet und im Lichte neuer Erfahrungen neu interpretiert und nimmt so neue, nicht selten überraschende Bedeutung und Signifikanz an. Tatsächlich hat wohl auch Elie Wiesel festgestellt, daß seine Holocaust-Erfahrungen sich ebensosehr auf die alten Archetypen auswirken, wie die alten Archetypen sich auf sein Verständnis der neuen Erfahrungen ausgewirkt haben. In seiner Sammlung von Midraschim über die Zeit nach dem Holocaust mit dem Titel *Messengers of God: Biblical Portraits and Legends* gibt Wiesel den traditionellen Legenden und Archetypen eine neue Lesart, interpretiert sie neu und stellt sie schließlich aus der Sicht des Holocaust auf neue Weise dar – ein Vorgehen, das zwar nicht aus jedem Opfer des Holocaust einen Hiob, wohl aber aus Kain und Abel, Isaak und Hiob Opfer des Holocaust macht.[22] Wiesel behauptet zwar, er könne diese biblischen Legenden erst jetzt – nach dem Holocaust – verstehen. Doch indem er sie mit den Metaphern seiner eigenen erinnerten Erfahrungen neu erzählt, unterzieht er sie einer Neuinterpretation, und dadurch erhalten sie, entsprechend der Tradition der Midrasch, einen neuen Sinn. Als Schriftsteller, der fest in seiner Tradition verankert ist, erklärt Wiesel, er habe »nicht die Absicht, in die Tiefen der historischen Exegese zu gehen..., sondern [wolle] sich von neuem mit den fernen und geisterhaften Gestalten vertraut machen, die ihn geformt haben. Er wird versuchen, ihre Darstellung aus den Texten der Bibel und der Midrasch zu rekonstruieren und sie zu guter

Letzt in die Gegenwart hineinzutragen«.[23] Doch indem Wiesel diese Texte heute rekonstruiert, trägt er wohl weniger diese Bildnisse in die Gegenwart als vielmehr das Gedächtnis der Gegenwart in diese Legenden der Vergangenheit hinein. So zeichnet der Erzähler all diese Bildnisse neu aus seiner eigenen Vorstellung und aus der Sicht seiner Holocaust-Erfahrungen.

Nur eine solche vom Holocaust geprägte, neue Lesart kann ihn auf den Gedanken bringen, den Fall von Kain und Abel als »den ersten Völkermord« zu sehen und darüber zu schreiben: »Abel ist offensichtlich ein Opfer... Jedes Opfer würde und sollte sich in ihm erkennen, bis in alle Ewigkeit.«[24] Denn die Opfer sehen in Abel nicht nur eine Metapher für ihre eigene Opferschaft, sondern die Opfer erzeugen nun in diesen Geschichten genau so, wie Wiesel es hier tut, andere Opfer, indem sie sie metaphorisch als solche darstellen. So wird also Abel vermutlich nicht so sehr zur Metapher für Wiesels Unglück, sondern Wiesel gestaltet eher Abels Geschichte nach dem Bild seiner eigenen, indem er jene auf seine Weise neu erzählt. Indem er die Geschichte von Kain und Abel als den »ersten Völkermord« bezeichnet, gestaltet er die Legende zunächst um, so daß sie dann Einfluß auf seine eigene Erfahrung nehmen kann. Elie Wiesels Midrasch handelt ebensosehr von seinem Metaphernreservoir wie von Kain und Abel.

Am deutlichsten zeigt sich Wiesels Neuorientierung auf die Archetypen der Vergangenheit jedoch in »The Sacrifice of Isaac: a Survivor's Story«, seiner Neufassung der Akeda, der Legende von der Bindung Isaaks. Galt die Akeda traditionell als Paradigma einer nicht erklärten Tragödie und als Glaubensprüfung, so bezieht sich Wiesel jetzt (wenn auch nur implizit) auf den Holocaust als neues Paradigma zur Erklärung der Akeda. Soweit »diese merkwürdige Geschichte von Furcht und Glauben, Furcht und Trotz, Furcht und Lachen handelt«, handelt sie für Wiesel auch »vom« Holocaust. Er erzählt die Geschichte neu, indem er die Aufmerksamkeit auf bestimmte Worte des hebräischen Texts lenkt (zum Beispiel *le'olah*), denen neuerdings, vermittelt durch die von ihnen abgeleiteten griechischen und englischen Worte (*holokauston* und *Holocaust*), die Bedeutungslast der Erinnerung aufgeladen wird. »Nimm deinen Sohn und bring ihn mir zum Opfer«, schreibt Wiesel in Anlehnung an die Bibelstelle. »Der Begriff [für Opfer] heißt *ola* und bedeutet ein Opfer, das völlig aufgezehrt wird, einen Holocaust [Brandopfer – d. Ü.].«[25] *Le'olah* bedeutete ursprünglich natürlich nicht »Holocaust«, sondern wurde erst von Wiesel im Wissen um die spätere sprachliche Entwicklung des Wortes in diesem Sinne neu übersetzt. Von nun an kann Wiesel die Akeda nicht mehr lesen oder neu erzählen, ohne in *le'olah* das Wort Holocaust mitklingen zu hören. So lautet in Wiesels neuer Lesart und Übersetzung der Befehl »Kahk na eth bincha et jehidcha asher ahavta et Jizchok [we'ha'aleu sham] denn auch »Nimm deinen Sohn, deinen einzigen, geliebten Sohn und bring ihn zu mir im Holocaust.«[26] – eine Version, die eine Bedeutsamkeit widerspiegelt und erzeugt, die diese Geschichte erst durch die Erfahrungen bekommen konnte, die der Erzähler der Midrasch selbst im Holocaust machen mußte.

In seiner Auseinandersetzung mit anderen Lesarten der Akeda erinnert uns Wiesel auch an die Korrigierbarkeit eines Archetyps wie der Akeda. Während die traditionellen Kommentatoren »es vorziehen, sich Isaak erschüttert, aber lebend vorzustellen, wie er wer weiß wie viele Jahre in einer Jeschiwa verbringt«, meinen dunklere Deutungen, Abraham könne, da er allein von Moriah herabgestiegen sei (*Wajashaw awraham el nearaw*), der Tragödie wohl zuletzt doch nicht entgangen sein. Daß aber die Akeda, die ja im wörtlichen Sinne nur die Bindung (nicht jedoch die Opferung) Isaaks ist, über Generationen hinweg als Archetyp der Katastrophe gebraucht wurde, könnte freilich in der Tat darauf hinweisen, daß die zuletzt genannte dunkle Lesart weit mehr Anhänger hat, als gemeinhin angenommen wird. In gewisser Weise ist also dieser Text so angelegt, daß jede katastrophale Erfahrung dazu inspiriert, ihn tragisch zu interpretieren. Denn angesichts der zahllosen »Bindungen«, aus denen am Ende tatsächliche »Opferungen« wurden, fiel es vermutlich sogar den traditionellen Kommentatoren schwer, diese Geschichte zu lesen, ohne dabei an ihre eigene Katastrophe zu denken. Wenn Wiesel recht hat mit seiner Behauptung, daß die »volkstümliche Vorstellung – das kollektive Gedächtnis – der tragischen Interpretation folgt«, so mag dies damit zusammenhängen, daß jene anderen Schreiber angesichts ihrer eigenen Erfahrungen eben nicht daran glauben konnten, daß Isaak gerettet wurde, weil ja schließlich auch so viele ihrer Zeitgenossen nicht gerettet worden waren. Um es noch einmal zu wiederholen: Nur in ihrer tragischen Lesart eignet sich die Akeda als Archetyp für die späteren Tragödien in der jüdischen Geschichte, und wenn die Akeda sich dazu eignet, dann, weil sie aus der Perspektive späterer Erfahrungen interpretiert wird.

»Wir kennen Juden«, schreibt Wiesel, »die wie Abraham den Tod ihrer Kinder mitansehen mußten; die wie Isaak die Akeda am eigenen Leibe erlebt haben; und manche wurden wahnsinnig, als sie sahen, wie ihre Väter auf dem Altar, mit dem Altar verschlungen wurden von einem lodernden Feuer, dessen Flammen hoch in den Himmel stiegen.«[27] Wenn Auschwitz ein Altar ist und Vater, Sohn und Altar zusammen als Opfer verschlungen werden, so folgt daraus: »In all den Pogromen, den Kreuzzügen, den Verfolgungen, dem Abschlachten, den Katastrophen, den Massakern mit dem Schwert und den Hinrichtungen auf dem Scheiterhaufen, war es jedesmal Abraham, der seinen Sohn zum Altar führte, zum Holocaust, ein ums andere Mal.«[28] Am Ende seiner Neufassung stellt Wiesel eindeutig einen Isaak dar, den er nach seinem eigenen Bild, dem Bild eines überlebenden Kindes, rekonstruiert hat: »Isaak ... hat sich nie frei gemacht von den traumatisierenden Szenen, die seine Jugend verstümmelten; der Holocaust hatte ihn gezeichnet und verfolgte ihn für alle Zeit.«[29] Der Holocaust hat Isaak »gezeichnet«, weil er jetzt den Erzähler verfolgt, der seine Legende nach dem Holocaust weitergibt.

In der Gedenkstätte Yad Vashem in Jerusalem steht am Eingang des Kunstmuseums Nathan Rapoports Hiob-Statue. Aber wie im gegebenen Kontext nicht anders zu erwarten, ist diese bildhauerische Hiobversion in doppelter Hinsicht buchstäblich gezeichnet – zum einen durch die Erfahrung des Bildhauers und zum anderen durch den Kontext selbst: Hiob hat eine KZ-Nummer auf dem linken Unterarm. Der Bildhauer Rapoport stellt hier nur das Symbol des Überlebenden dar, den Wiesel nach dem Holocaust in Hiob erkennt. In »Job: Our Contemporary« erkennt Wiesel die eine Seite des Gleichnisses an: »Jedesmal, wenn wir versuchen, unsere eigene Geschichte zu erzählen, geben wir damit diejenige [Hiobs] wieder.«[30] Was er jedoch verschweigt, ist, daß er, wenn er Hiobs Geschichte oder die von Kain und Abel oder die von Isaak neu erzählt, Kommentare liefert, in denen er uns unweigerlich in Gestalt der seine Midrasch prägenden, aus dem Holocaust abgeleiteten interpretatorischen Metaphern auch seine eigene Geschichte vermittelt.

Weder Wiesel noch Borowski bemühen sich gezielt darum, die alten Geschichten mit den Geschichten der Gegenwart gleichzusetzen; in beiden Fällen geschieht die Gleichsetzung lediglich im Rückgriff, das heißt, indem die Autoren die Vergangenheit aus einer nunmehr durch neue Erfahrungen determinierten Sicht neu bewerten; Erfahrungen, die so stark sind, daß sie die Oberhand über alle anderen Metaphern gewinnen und diese verdrängen. Die Erfahrungen, Geschichten und Texte aus der frühen Vergangenheit bleiben dieselben. Ihre Bedeutungen aber, ihr Widerhall, ihre Ursachen und Wirkungen und ihre Signifikanz verändern sich durch das Hinzukommen neuer Erfahrungen im Leben der Interpreten dieser Texte von Grund auf. Der Sinn ist authentisch, ebenso die Schlußfolgerungen, die Überlebende wie Wiesel und Borowski ziehen. Das ist Teil jenes wechselseitigen Prozesses, in dem der Geist die Erfahrungen des Holocaust formt und zugleich von diesen geformt wird.

4

Bevor wir uns dem »Holocaust-Juden« als Figur in der nichtjüdischen Literatur zuwenden, sollten wir einen kurzen Blick auf das Bild dieser Figur in der jüdischen Literatur werfen und uns ansehen, was sie für das jüdische Selbstverständnis bedeutet. Denn wie mittlerweile schmerzhaft deutlich geworden ist, war ein Teil der in Europa und Amerika nach dem Holocaust aufgewachsenen Juden durch die Ereignisse gezwungen, sich ausschließlich unter Bezug auf die Leiden des Holocaust als Juden zu identifizieren. Der als Sohn eines jüdischen Vaters und einer christlichen Mutter in Österreich geborene Jean Améry (alias Hans Maier) zum Beispiel glaubte vor dem Krieg, er sei Christ, bis die Nürnberger Gesetze ihn zum Juden erklärten; hierauf wurde er »als Jude« behandelt und definierte sich infolgedessen auch selbst als Jude, wenngleich nur als »Katastrophenjude«.[31]
Bei anderen jüdischen Schriftstellern, so etwa bei Philip Roth, weckt eine solche jüdische Identität hingegen ungute Gefühle, und so macht sich Roth in seinen Erzählungen, vor allem in dem Band *Goodbye, Columbus!* und in Teilen seiner *Zuckerman-Trilogie*, über diese Art Judentum lustig. Im dritten Teil dieser Trilogie, *Der*

Ghost Writer, ist Roths Protagonist ein junger Schriftsteller, dem von seiner Familie vorgeworfen wird, er verrate in einer Erzählung, die er veröffentlicht hat und die davon handelt, wie eine Familie sich um Geld streitet, seinen »Glauben« und sein »Volk«. In einer Parodie auf die vielen kritischen Reaktionen auf Roths eigene Werke – Kritiken, die die Literatur mit dem »wirklichen Leben« verwechseln –, werfen die Familie des Helden und sogar ein Richter, der ihm geholfen hatte, die Zulassung zur Universität zu bekommen, Zuckerman vor, er stelle die »jüdischen Figuren« in seiner Erzählung unvorteilhaft dar. »Können Sie ehrlich sagen, daß es in Ihrer Short Story irgend etwas gibt, was nicht Wasser auf die Mühlen eines Julius Streicher oder eines Joseph Goebbels wäre?« fragt Richter Wapter.[32] Als der junge Schriftsteller wissen möchte, was es eigentlich mit den Juden auf sich hat, schlägt ihm der Richter vor, er solle sich am Broadway die Bühnenfassung von *Das Tagebuch der Anne Frank* ansehen. Durch diese finstere richterliche Anordnung, sich vermittels der Figur der Anne Frank des Holocaust zu erinnern, wird jede echte Auseinandersetzung unterdrückt.

Im Grunde will man ihm damit sagen: Wenn du schon nichts davon weißt, was Jüdischsein heißt, dann sollst du wenigstens Anne Frank kennen; und diese steht nun als gewissermaßen doppelte Metonymie sowohl für das Jüdischsein als auch für den Holocaust. Denn wie Roth feststellt, ist Anne Frank für einen Großteil derer, die wie er der Nachkriegsgeneration angehören und keine anderen jüdischen Erinnerungen haben, so etwas wie ein Symbol des Märtyrertums geworden. Sie starb, damit eine neue Generation von Juden *als Juden* leben und sich mit dem Judentum identifizieren kann. Ihr in Leuchtschrift geschriebener Name und ihr Gesicht auf den Titelseiten aller Wochenmagazine sollten nun die Nachkriegsjuden daran erinnern, daß sie irgendwie für sie alle gestorben war. Diese Generation ohne andere jüdische Erinnerungen oder Kenntnisse wird sich daran erinnern, daß Anne Frank starb, weil sie Jüdin war. In Roths Geschichte bringt das den phantasiebegabten Zuckerman darauf, sich vorzustellen, wie er in den Augen seiner Familie wieder zum echten Juden werden und sich Zugang zur Familie des jüdischen Volkes verschaffen könnte. Er tut das, indem er eine mysteriöse Wissenschaftlerin, die er im Hause seines Literaturprofessors trifft, in seiner Phantasie in

Anne Frank verwandelt, sich in sie verliebt und sich ausmalt, wie er sie mit nach Hause nimmt, um sie Mom und Dad vorzustellen:

> Das ganze Frühstück hindurch war ich in Gedanken mit meinem Vater, meiner Mutter, dem Richter und Mrs. Wapter beschäftigt. Ich hatte die ganze Nacht kein Auge zugetan, und jetzt konnte ich weder über sie, noch über mich einen klaren Gedanken fassen – auch nicht über Amy (die Wissenschaftlerin), wie sie genannt wurde. Ich sah mich schon heimfahren nach New Jersey und meiner Familie verkünden: »Als ich oben in New England war, habe ich eine wunderbare junge Frau kennengelernt. Ich liebe sie, und sie liebt mich. Wir wollen heiraten.« »Heiraten? Warum so überstürzt, Nathan? Ist sie Jüdin?« – »Ja, das ist sie.« – »Und wer ist sie?« – »Anne Frank.«[33]

Ist sie jüdisch? Und ob!
Roth veranschaulicht hier die Nachkriegsvorstellungen davon, was es heißt, ein »echter Jude« zu sein, und zugleich prangert er diese Vorstellungen an und rächt sich auf diese Weise an denen, die ihn hassen, weil er sein jüdisches Ich haßt. Anne Frank (und mit ihr den Holocaust schlechthin) zu heiraten bedeutet für Zuckerman den Versuch, indirekt teilzuhaben an der einen entscheidenden Erfahrung, die einen Juden in den Augen seiner Generation eindeutig als Juden definiert. So verschmilzt er sein eigenes Ich und seine jüdische Identität mit dem »Holocaust-Juden« und wird gewissermaßen zum »echten Juden«, zu einem Juden, wie seine Eltern ihn sich als Sohn wünschen und wie Roths Kritiker sich wünschten, daß der Autor sein sollte. Hätte Zuckerman bei seiner Hochzeit das zeremonielle Glas zertreten, dann hätte er damit die Erinnerung an die Zerstörungen des Tempels und an den Holocaust wachgehalten und auf diese Weise nicht nur dies beides zueinander in Beziehung gesetzt, sondern auch eine Beziehung zwischen diesen beiden Ereignissen und seiner Hochzeit hergestellt. In seiner Phantasie rehabilitiert sich der junge Schriftsteller als Jude, indem er die jüdische Symbolfigur par excellence heiratet, Anne Frank, die aus heutiger Sicht allein deshalb als echt jüdisch gilt, weil sie dem Holocaust zum Opfer fiel. Denn wie Sander Gilman bemerkt, wurde das, »was in den vorangegangenen zehn Jahren in Europa mit den Juden geschehen war, zum Maßstab, an dem sich Roths amerikanische Juden messen, die den Autor

so großzügig mit dem Etikett des ›jüdischen Selbsthasses‹ versehen.«[34]

Hätte der junge Zuckerman in den Augen seiner Familie durch die Heirat mit Anne Frank tatsächlich gleichsam wieder in sein Volk zurückheiraten können, so kehrt er in *Die Prager Orgie* auf seiner Suche nach einer jüdischen Identität direkt in die Alte Welt zurück, um sich, vermittelt durch die jüdische Identität, ein Stückchen Verfolgung zu holen, das ihm in seinem Amerikanischen Traum fehlt. Bei einer Unterhaltung mit tschechischen Emigranten in New York empfindet Zuckerman Scham angesichts der behaglichen Situation, in der er selbst lebt. Er fängt an, sich als Schriftsteller, Künstler und Jude nach Unglück zu sehnen. In den tschechischen Emigranten und in den Tschechen insgesamt findet er eine neue Klasse von unterdrückten Opfern, identifiziert viele von ihnen fälschlich als Juden. Schließlich lernt er Eva Kalinova kennen, die tschechische Schauspielerin, die die Anne Frank in Prag gespielt hat und verfolgt wurde, nicht weil sie Jüdin gewesen wäre, sondern weil sie eine Jüdin *gespielt* hatte. So nimmt Nathan Zuckerman, als er von einem verschollenen Holocaust-Manuskript erfährt, ohne Rücksicht auf die Gefahren, in die er sich begibt, wenn er ein Stück Holocaust wieder aufleben läßt, eine jüdisch-literarische Mission auf sich. Er sucht in der alten Heimat seiner Familie nach einer Spur des Holocaust und meint, auf diese Weise vielleicht etwas von der jüdischen Erinnerung an die Verfolgung wiederfinden zu können, die er in Amerika verloren hat. Wenn er schon, was nicht seine Schuld ist, selbst keine Holocaust-Literatur schreiben kann, dann möchte er wenigstens deren literarischer Geburtshelfer sein.

In der Tschechoslowakei stellt Zuckerman dann fest, daß die neuen Opfer tatsächlich vor allem die Schriftsteller sind – eine aufregende Aussicht. Wenn er nicht als Jude leiden kann, dann vielleicht als Schriftsteller: »Ich stelle mir vor, daß Styron in einer Bar in der Penn Station Gläser spült, daß Susan Sontag in einer Bäckerei am Broadway Brötchen in Tüten steckt und Gore Vidal auf einem Fahrrad die Speisesäle der Schulen in Queens mit Salami beliefert – ich schaue mir den dreckigen Fußboden an und sehe mich schon beim Aufkehren.«[35] Prag wird zu Zuckermans erinnerter jüdischer Heimat, seine Schriftsteller werden die neuen Juden, die definiert sind durch ihr Leiden. Und die nationale Industrie der jüdischen Heimat, wenn nicht gar das einzige, was sie hervorbrachte (wenn nicht gar die einzige Quelle von Genugtuung) [ist] die erzählerische Umsetzung der Überlebenskämpfe; ... an dritter Stelle kamen die Witze – denn unter den Heimsuchungen unaufhörlicher Melancholie und der ungeheuren Anstrengung, die es kostet, sich gerade eben so durchzuschlagen, lauert immer irgendwo ein Witz, ein spöttisches Porträt, eine beißende Stichelei, ein Witz, der mit subtiler Selbstherabsetzung auf die triumphierende Pointe zusteuert: »Und da sieht man, was das Leiden aus dem Menschen macht!« ... Daß so etwas passieren kann – und da liegt die Moral der Geschichte – daß so etwas mir passiert, ihm, ihr, dir, uns. Das ist die Nationalhymne der jüdischen Heimat. Alles, was recht ist, wenn Sie dort hören, wie jemand eine Geschichte zu erzählen beginnt, wenn Sie sehen, wie jüdische Gesichter der Angst Herr werden und Unschuld vorspiegeln und sich Erstaunen abzeichnet über ihre eigene Seelenstärke, dann sollten Sie sich erheben und die Hand auf Ihr Herz legen.[36]

In dieser Erzählung nimmt Roth natürlich nur den Versuch eines jüdischen Jungen aus Amerika aufs Korn, jüdische Identität durch die Suche nach (nicht die Flucht vor) Verfolgung herzustellen. Wollte Zuckerman durch die Heirat mit Anne Frank in die Gemeinschaft der Juden zurückkehren, so will er nun als Retter eines verschollenen Holocaust-Manuskripts unwiderruflich zum Helden der jüdischen Literatur werden, doch die Protagonistin der Geschichte mit ihrem Realismus hat auch für diesen Wunschtraum nur Spott übrig:

Der großartige Zuckerman begibt sich hinter den Eisernen Vorhang, um zweihundert unveröffentlichte jiddische Geschichten zu retten, die vom Opfer einer Nazikugel geschrieben wurden. Sie werden ein Held sein für die Juden und für die Literatur und für die gesamte Freie Welt. Zu allen Ihren Millionen von Dollars und Ihren Millionen von Mädchen werden Sie auch noch den amerikanischen Preis für literarischen Idealismus gewinnen! Und was wird mit mir geschehen? Ich werde ins Gefängnis kommen, weil ich ein Manuskript in den Westen geschmuggelt habe.[37]

Am Ende seiner Suche findet Zuckerman seinen Heiligen Gral, diese Spur des Holocaust; aber das Manuskript ist Jiddisch geschrieben, so daß er es nicht lesen kann. Als amerikanischer Jude spricht er Englisch und wird die schreckliche Vergangenheit seines Volkes deshalb niemals »aus erster Hand« erfahren. Ja, es gelingt ihm nicht einmal, ordentlich verfolgt zu werden, und am Ende seines Abenteuers wird er von einem grinsenden Zollbeamten verhöhnt, der den Schriftsteller ganz unzeremoniös ausweist und zu ihm sagt: »Zuckerman, der zionistische Agent ... Eine Ehre, ... Sie hier empfangen zu haben, Sir. Und jetzt zurück zu der kleinen Welt an der Straßenecke.«[38]

5

Ist Anne Frank schon für Zuckerman und seine Familie die wahre Repräsentantin alles Jüdischen schlechthin, dann muß man sich nicht wundern, daß sie auch in den Betrachtungen nichtjüdischer Autoren über jüdische Identität eine ganz entscheidende Rolle spielt. So behauptet John Berryman in seinem Essay über Anne Franks Tagebuch, Anne Frank sei zu »einer Sprecherin gegen eines der großen Verbrechen unserer Epoche und für ihre Rasse und deren Opfer und für alle Opfer (besonders die Kinder) jeglicher Tyrannei in diesem entsetzlichen Jahrhundert« gemacht worden, um gleich darauf zu meditieren: »Angenommen, man interessierte sich für das Phänomen, das als religiöse Konversion bezeichnet wird.«[39] Es ist jedoch nicht allein die religiöse Konversion an sich, für die sich Berryman hier interessiert, sondern auch die »Konversion eines Kindes zur Persönlichkeit«, die Persönlichkeitswerdung der Anne Frank in einer Welt, in der sie ihre Persönlichkeit nicht entwickeln durfte, weil sie Jüdin war.

Wie Berryman in seinem Essay über Anne Frank die Möglichkeit der religiösen Konversion ansprach, so hatte er sechs Jahre zuvor in einem Essay mit dem Titel »The Mind of Isaac Babel« auf die Möglichkeit hingewiesen, daß der Leser durch die Identifikation mit dem Erzähler Bedeutung in der Literatur sowohl erzeugt als auch begreift. Er fragt in diesem Zusammenhang, wie wir zum tieferen Sinn einer der chassidischen Anekdoten von Martin Buber vordringen können, um dann zu erklären: »Identifikation ist wahrscheinlich das wesentliche Mittel ...« Allerdings identifiziere der Leser sich hier nicht mit Buber selbst, sondern mit dem jüdischen Geist der Geschichte:

> Die Identifikation, die in ernsten literarischen Werken vor sich geht, findet in der Tiefe des Geistes oder der Seele statt. Die Identifikation ist sehr unvollkommen – kaum ein Mensch, der seine fünf Sinne beisammen hatte, hat wohl je auch nur für einen Moment geglaubt, er *sei* Hamlet oder Don Quichote –, kann aber tief und anhaltend sein, weil sie von einem Lernprozeß begleitet ist: dem Prozeß zu lernen, wie es ist, ein anderer zu sein, oder so zu tun, als wäre man ein anderer.[40]

Der schmale Grat zwischen einfühlender Identifikation und tatsächlicher Konversion hat Berryman fasziniert und wurde für ihn zu einer Art Niemandsland, in dem er lebte und schrieb. Die Formen des Selbstverständnisses und der Selbstdarstellung, die er mit seiner Identifikationsfähigkeit erzeugen konnte, waren dadurch geprägt, daß dieses Niemandsland in einem spezifisch jüdischen Kontext lag.

Berryman, der sich jahrelang mit dem Gedanken trug, tatsächlich zum Judentum zu konvertieren, hatte anfangs eine Konversion im übertragenen Sinne – nicht zum Judentum als solchem, sondern zum Jüdischsein – erwogen, das heißt, er wollte sich in gewissen Bereichen seines Lebens verhalten, als ob er Jude wäre. Jude zu sein war aber in Berrymans Vorstellung unlösbar mit der Verfolgung verknüpft, deren weltweites Symbol Anne Frank geworden war. »In meiner frühen Erzählung«, schrieb Berryman später über seine Kurzgeschichte »The Imaginary Jew«, »wehrt sich ein Mensch dagegen, als Jude bezeichnet zu werden, kämpft dagegen an, scheitert und nimmt es schließlich *symbolisch* auf sich. Ich habe mich zumindest mit der Verfolgung identifiziert. So ist der ›Wunsch‹, Jude zu werden... wenigstens 25 Jahre alt.«[41] Als er später in seinem Leben einen tatsächlichen Übertritt zum Judentum erwog, gestand er damit zugleich ein, daß er sich partiell schon immer als Jude begriffen hatte, nämlich was das Verfolgtsein anging.

Berrymans Erzählung zeigt die Erkenntnis des Autors, daß es vom Juden im übertragenen Sinn zum buchstäblichen Juden wohl nur ein Schritt ist. Die Grenze zwischen beidem blieb für ihn stets ebenso aufregend wie vage. Am Ende seines Lebens war er anscheinend tatsächlich halbwegs überzeugt, als imaginärer Jude in seinem Werk bereits den ersten Schritt zum wirklichen Übertritt getan zu haben – ein Prozeß, den er in dem Fragment gebliebenen Manuskript mit dem Titel »The Jewish Kick« hatte darstellen wollen. Fast möchte man meinen, ihm sei klar gewesen, daß er selbst nach seinem Übertritt zum Judentum bis zu einem gewissen Grade immer nur ein Jude im übertragenen Sinne geblieben wäre, daß sein Jüdischsein auch dann stets nur so weit definiert gewesen wäre, wie er sich selbst als Jude *sah* und von anderen als solcher gesehen wurde. Es scheint beinahe, als habe er sich gefragt, inwieweit der Übertritt einen Juden aus ihm machen könne und ob nicht jeder Übertritt den Konvertiten bis zu einem gewissen Grade in einen Juden verwandele. Der Übertritt, der wohl stets nur eine Verwandlung zum Juden im übertragenen Sinne ist, drückte für Berryman die Möglichkeit aus, aus jüdischer Sicht zu einem neuen Selbstverständnis zu gelangen, ja, sich buchstäblich neu zu erschaffen.

Es war ihm durchaus nicht unangenehm, daß der Name Berryman gemeinhin für jüdisch gehalten wurde[42], und er dachte an die vielen Dinge, die er schon erreicht hatte. »Ich bin Jude geworden – das Wunder meines Lebens – es ist möglich!« schrieb er voller Begeisterung. »Rabbi M. kommt um halb drei ... Ging fort und kam in mein Zimmer und dachte unglaublicherweise daran, *Jude zu werden*.«[43] Da er mit einer jüdischen Frau verheiratet gewesen war, zeugte Berryman einen jüdischen Sohn, ein Nexus, so stellte er fest, durch den er zum jüdischen Vater wurde, wenn auch nur in patrilinearer Folge. Indem er der zweiten Tochter aus seiner dritter Ehe mit einer Irin den Namen Sarah Rebecca gab, bekräftigte er gleichsam (wenn auch wieder nur im übertragenen Sinne) die Tatsache, daß er sich in gewisser Weise als jüdischen Vater sah. In seiner Verwunderung darüber, daß er »Jude wurde«, fiel ihm ein, in wie vieler Hinsicht er bereits Jude war. »*Alles* weist HIERhin«, schrieb er.[44]

In all seinen Essays, Gedichten und Prosawerken idealisiert Berryman Eigenschaften, die er für jüdisch hält – zum Beispiel Alkoholverzicht, Liebe zum Lernen und einen Hang zum Leiden – und identifiziert sich dann mit seinen Idealisierungen. Wie sein Biograph und seine Kritiker festgestellt haben, sah sich Berryman genau wie seine Erzählerfiguren in mehrfacher Hinsicht als Jude, wobei ihn allerdings in der Hauptsache das Thema des leidenden, ja sogar des toten Juden faszinierte. Die ausdauerndste und obsessivste Identifikation«, schreibt James Bloom, »tritt in dem aus zwölf Gedichten bestehenden Zyklus *The Dream Song* auf, in dem Delmore Schwartz, ›der neue Geist, / der Henry am meisten quälte, … das hebräische Gespenst‹, betrauert wird. Henry klagt: ›Ich krieg ihn nicht aus dem Sinn, nicht aus dem Sinn.‹«[45] Wie Bloom weiter ausführt, versucht sich der Sprecher in diesem Gedicht die Identität des »hebräischen Gespensts« anzueignen. An Delmore Schwartz ist auf vielfältige Weise erinnert worden, Berrymans Erzähler aber konzentriert sich auf dessen Judentum und seinen Tod, wobei sich in den Gedanken des Dichters das eine unmittelbar mit dem anderen verbindet.

So ergründete Berryman 1945, als überall Enthüllungen über die Konzentrationslager erschienen, in seiner ausgezeichneten Geschichte »The Imaginary Jew« die Schattenzone zwischen dem realen Dasein als verfolgter Jude und der Vorstellung, ein verfolgter Jude zu sein. »Den zweiten Sommer des Krieges in Europa verbrachte ich in New York«, so beginnt die Erzählung. »Ich wohnte in einem Souterrainzimmer in der Lexington, oben an der vierunddreißigsten Straße, schrieb ziemlich viel, versuchte, nicht an Europa zu denken, und hörte Musik aus einem kleinen Grammophon, dem einzigen Gegenstand – außer den Büchern – in dem Zimmer, der mir gehörte.«[46] Ähnlich wie andere »konfessionelle Schriftsteller« stellt Berryman eine Betrachtung über den Einfluß der Außenwelt auf seine innere Welt an den Anfang, wobei seine Gedichte und sein Schreiben überhaupt für ihn gewissermaßen den Schnittpunkt dieser beiden Welten darstellen.

Er komme aus dem Süden, sagt der Erzähler, und habe zu Beginn seiner Studien keine klare Vorstellung davon gehabt, was ein Jude sei. Doch dann habe er mit Juden zu tun gehabt, habe sie kennengelernt und könne feststellen, daß er dabei auch sich selber kennengelernt habe. Es sei Teil seiner Studien gewesen, die Juden kennenzulernen und sich selbst aus jüdischer Sicht zu erkennen. Er habe nachgeforscht und herausgefunden, daß ungefähr ein Drittel seiner Freunde am College Juden waren, daß sie wußten, daß sie Juden waren, daß sie unbeliebt waren und gemieden wurden, weil sie Juden waren, und »daß, kurz gesagt, das, was ich für eine Idiotie hielt, eine zutiefst verwurzelte, vertraute und für jedermann akzeptable Sache war. Mit dieser Entdeckung begann mein Studium der Spielregeln des gesellschaftlichen Lebens, und meine Analyse ergab, daß dieses gesellschaftliche Leben es ist, aus dem das politische Leben hervorbricht wie ein somatischer Traum«.[47]

1933, als in Amerika nähere Einzelheiten über die Verfolgung der Juden in Deutschland bekannt wurden und bis in sein Bewußtsein drangen, wurde er zum Judenliebhaber. In diesem Punkt ist er ein wenig apologetisch (ein sich selbst hassender Judenliebhaber?) und bekennt sich sogar zu einer Art genetischem Egalitarismus, der, wie er sagte, dazu führte, daß er sein ganzes Leben lang »verblüffend« unfähig blieb, Juden als Juden zu erkennen. Doch als Judenliebhaber leugnete er

die offensichtlichen Schwächen bestimmter Juden, denn ich hatte das Gefühl, daß ich mich, wenn ich sie zugab, auf die Seite der Sadisten und Mörder stellte. Wie es der Zufall wollte, hatte ich einige enge Freunde, die Juden waren, und ihre Schwächen machten mich zornig. Nach und nach wurde ich, meinem unvoreingenommenen Gerechtigkeitssinn zum Trotz, zu jener Besonderheit, die nur eine voreingenommene Gesellschaft hervorbringen kann und für die es in den Wörterbüchern keinen Namen gibt. Der Niggerliebhaber ist im gewissen Sinne, aber eben nur in diesem einen Sinn, eine Parallele, doch für die eine, ganz bestimmte Art von Sympathie mit den Juden, diese bestimmte Art von Vorliebe für die Juden, die so sehr mein Schicksal wurden, daß ich vor Zorn bebte, wenn ich hörte, daß ein Jude im Gespräch verunglimpft wurde, für diese Sympathie und Vorliebe haben wir kein Wort.[48]

Dies war die Geisteshaltung des Erzählers, als er in einer schwülen Nacht auf dem Union Square in eine hitzige Debatte darüber geriet, ob Amerika in den Krieg in Europa eintreten sollte. Als er behauptet, Roosevelt habe mit seiner Politik der Nichteinmischung de facto Franco unterstützt, wird der Erzähler plötzlich von einem Iren angegriffen: »Was soll das? Was bist du für einer, ein Jude?« Und dann nimmt niemand mehr von ihm Notiz. Als er weiterreden will, kommt es zu folgendem Dialog:

»Halt's Maul, du Jude«, sagte der Ire.

»Ich bin kein Jude«, sagte ich zu ihm.

»Was macht...«

»...Ist mir schnuppe, was du bist«, er sah mich aus seinen

halbdunklen Augen an und schüttelte mich ab. »Du redest wie ein Jude.«

»Was soll das heißen?« Irgendwie war mir zum Lachen. »Wie redet denn ein Jude?«

»Die reden wie du, Freundchen.«

»Das ist ja ein feines Argument! Aber wenn ich kein Jude bin, kann ich auch nicht reden wie…«

»Du wirst schon einer sein. Du siehst aus wie ein Jude.«

»Ich soll *aussehen* wie ein Jude? Hören Sie«, ich drehte mich verzweifelt zu meinem Nebenmann um, »sehe ich aus wie ein Jude? Es ist mir egal, ob ich so aussehe oder nicht – die Juden sind nicht schlechter als jeder andere und immer noch besser als dieser Hurensohn da…«

Ich war nicht wirklich erregt, ich versuchte nur, mich in meiner Sprache der Menge anzupassen, weil ich sie plötzlich brauchte und ihr Urteil mir ungeheuer wichtig war – »aber ich bin wirklich kein Jude, und ich sehe auch nicht jüdisch aus, oder?«

Der Mann musterte mich rasch und sagte, halb zu mir, halb zu dem Iren: »Keine Ahnung. Sicher, aussehn tut er so.«

Eine Welle der Enttäuschung und der Wut ergriff mich; mir kamen fast die Tränen, ich fühlte mich wie einer, der von seinem Bruder verraten worden ist…

»Du siehst aus wie ein Jude. Du redest wie ein Jude. Du *bist* ein Jude«, hörte ich den Iren sagen.[49]

Der Sprecher muß also feststellen, daß er, ganz gleich, ob er in Wirklichkeit Jude ist oder nicht, in der Tat ein »imaginärer« Jude geworden ist, wenn auch nicht aus eigenem Entschluß. Da man ihn wie einen Juden behandelt und als Juden angesprochen hatte, fühlte er sich nun auch *als* Jude, allerdings als einer, der nur in bezug auf die anderen, hier speziell im Kontext seines Streits mit dem Iren, als Jude definiert war. Wenn er allein war, war er kein Jude, es sei denn, er hätte sich jetzt in Beziehung zu seiner Umwelt als deren Opfer, als deren »Jude« begriffen. Doch hat Berryman im Unterschied zu anderen konfessionellen Schriftstellern, die sich in ihrer Literatur ebenfalls als Juden identifizierten und sich gleichfalls das Leben nahmen, nie einen Zweifel daran gelassen, daß er sich des sinnbildhaften Charakters seines Jüdischseins zutiefst bewußt war. Und ihm war schmerzhaft klar, daß die Sache in dem Moment gefährlich zu werden beginnt, in dem die anderen den Juden im übertragenen Sinne tatsächlich für einen Juden halten. Denn, so seine Schlußfolgerung, es ist immer nur der Jude im übertragenen Sinne, den die Antisemiten hassen, das heißt der imaginäre Jude, der Jude in ihrer Phantasie. Sobald dieser sich jedoch ihrer Vorstellung entsprechend verhält, wird die Phantasiegestalt vergegenständlicht, und dann fließt echtes Blut:

> In den folgen Tagen legte sich mein Groll nach und nach, und ich sah ein, daß ich nicht ganz zu Unrecht zum Opfer geworden war. Meine Verfolger hatten recht: ich war ein Jude. Der imaginäre Jude, der ich war, war genauso echt wie der imaginäre Jude, den sie in den anderen Nächten und Tagen mit ihrer Hetzjagd zum echten Juden machten. Jeder Mörder zielt auf den Spiegel, die Peitsche des Folterknechts schlägt auf den Spiegel ein und trifft das echte Bild, und dann fließt Blut, echtes Blut, vermischt mit imaginärem.[50]

Der Dichter Berryman kannte viele Juden und bewunderte viele Eigenschaften, die er für typisch jüdisch hielt (zum Beispiel Geschichtenerzählen, Argumentieren, Interpretieren), und doch symbolisierte der »imaginäre Jude« für ihn nur eine einzige Art von »jüdischem Wissen«, das um die Opferung.

Als Berryman seine Erzählung schrieb, gab es die Figur des Holocaust-Juden noch nicht. Man kann jedoch sagen, daß diese Figur durch sein Wissen über den Holocaust an Gewicht und Ernsthaftigkeit gewonnen hat. Denn er verstand, daß der Jude im übertragenen Sinne – das Opfer – für die tatsächliche Opferung der Juden nötig war. Obwohl dieser »Zwischenfall« sich zu jeder Zeit an jedem Ort hätte ereignen können, wurde er, wie Berryman bemerkt, für ihn erst signifikant, als der Krieg zu Ende war, also im Wissen um den Holocaust. Daraus, daß jemand, der wie ein Jude spricht, als Jude verfolgt wird, schließt Berryman, daß es stets das »Bild« des Juden ist, das verfolgt und umgebracht wird –, und wenn dieses Bild umgebracht wird, so auch der wirkliche Jude, auf den dieses Bild projiziert wurde. Berryman scheint zu erkennen, daß selbst das Judesein im übertragenen Sinne Konsequenzen hat. Und wenn Berryman und andere Juden im übertragenen Sinne auch nichts mit dem Holocaust zu tun hatten, so dürften doch diese Ereignisse und die durch sie hervorgebrachten Metaphern in letzter Instanz eine ganze Menge mit jenen zu tun gehabt haben, die sich, wie Berryman und Plath, für Holocaust-Juden *hielten*.

Siebentes Kapitel

Die Holocaust-Bekenntnisse
der Sylvia Plath

Jeder Mensch ist ein Jude.   *Abram Terz*
(jüdisches Pseudonym
für Andrej Sinjawski)

Alle Dichter sind Juden. *Marina Zwetajewa*

Denn bei uns allen, ob seriös oder leichtfertig,
verfangen sich die Gedanken in Metaphern, und
wir handeln unausweichlich danach. *George Eliot*

I

Zahlreiche Lyriker, die keine Opfer waren, haben sich in ihren
Gedichten mit dem Holocaust auseinandergesetzt. Zu den wohl
umstrittensten Arbeiten gehört in diesem Zusammenhang Sylvia
Plaths letzter Gedichtband *Ariel*. Denn anders als John Berryman,
der zum Juden im übertragenen Sinne wurde, um der Idee des
Antisemitismus auf den Grund gehen zu können, oder Anne
Sexton, die ausdrücklich den Einfluß, den Auschwitz auf ihre
eigene Person gehabt hat, thematisierte, oder selbst Jewgeni Jew-
tuschenko, der sich (und alle Russen) als Juden bezeichnete, um
auf diese Weise an Babi Jar zu erinnern, hat Sylvia Plath ihr eigenes
Ich, das heißt ihre Gefühlswelt, in der Figur des Holocaust-Juden
dargestellt. Man kann darüber streiten, ob diese und andere Dich-
ter, die gleichfalls Nichtopfer waren, wie zum Beispiel William
Heyen, Charles Reznikoff, Irving Feldman und Barbara Helfgott
Hyett als Dichter des Holocaust anzusehen sind oder nicht.[1] Bei
Sylvia Plath liegt der Fall klarer: Sie ist schon deshalb keine Dich-
terin des Holocaust, weil sie nicht über den Holocaust schreibt. Sie
schreibt über ihr eigenes Ich, für das sie neben anderen modernen
Bildern für das Leiden auch das des Holocaust-Juden gebraucht.
Während Dichter wie Abraham Sutzkever, Jizchak Katzenelson,
Nelly Sachs und Paul Celan zur Metaphorisierung des Holocaust
zwangsläufig auf Ereignisse zurückgreifen mußten, die in keiner
Beziehung zu diesem stehen, stellt Plath ihr eigenes Leben, das –

äußerlich – in keiner Beziehung zum Holocaust steht, jetzt im Bild des Holocaust dar.

Mit Recht äußert Alvin Rosenfeld daher seine Zweifel an der These, Sylvia Plaths Gedichte könnten, indem sie selbstbeigebrachte Wunden zur Schau stellen, »die Greuel der Zeit vorführen«.[2] Und er beruft sich dabei auf Edward Butscher, der erklärt: »Es ist einfach ausgeschlossen, daß die Gedichte, die ein amerikanisches Mädchen aus der distanzierten Perspektive der fünfziger Jahre schreibt, die wirkliche, brutale Realität des Holocaust erfassen können.«[3] Dies träfe jedoch bis zu einem gewissen Grade auf alle jungen, in Amerika geborenen Dichter zu, ganz gleich, ob männlichen oder weiblichen Geschlechts, ob Juden oder Nichtjuden, die in den fünfziger Jahren ungefährdet schreiben konnten, also auch auf Heyen, Reznikoff und Feldman, ja, selbst auf Randall Jarrell, um nur einige der amerikanischen Dichter zu nennen, die am eloquentesten auf den Holocaust reagiert haben. Doch im Unterschied zu diesen Dichtern, die bestimmte Aspekte des Holocaust erfassen oder wenigstens auf sie reagieren wollten, hat Sylvia Plath nicht versucht, diese Ereignisse in irgendeiner Form literarisch nachzugestalten. Der Holocaust existiert für sie nicht als Erfahrung, die nacherzählt oder beschrieben werden kann, sondern nur als ein ihr (wie allen Nachgeborenen) verfügbares Ereignis, eine Vorstellung, eine Idee, in deren Bildern sie eine andere brutale Realität ausdrückt – die Realität ihres eigenen seelischen Schmerzes.

In diesem Kapitel über Sylvia Plath sollen nicht die Ereignisse des Holocaust in neuem Licht gezeigt werden. Uns interessiert, wie die Dichterin ihre Welt und ihre persönlichen Erfahrungen im Lichte des Holocaust darstellt. Das heißt, wir wollen ergründen, wie der Holocaust, nachdem er bereits zum Archetyp seiner selbst geworden und als eigenständiges Sinnbild in die gesellschaftliche Phantasie eingegangen ist, auch zur Metapher für spätere Schmerzen, Leiden und Zerstörungen wurde. Im Mittelpunkt unseres kritischen Interesses soll dabei nicht mehr das »Recht« des Dichters, die Metaphern des Holocaust zu verwenden, stehen, sondern Fragen wie: Erstens, wie funktioniert die Holocaust-Metaphorik in einer Lyrik, deren eigentlicher Gegenstand nicht der Holocaust ist? Zweitens, in welcher Weise ordnen und erzeugen diese Metaphern die Weltsicht der Dichterin? Drittens, welche Folgen kann es für einen Dichter haben, wenn er die Holocaust-Metaphern benutzt? Viertens, welches implizite Verständnis des Holocaust offenbart die Metaphorik der Dichterin? Und fünftens, welche im gesellschaftlichen Bewußtsein ganz allgemein verankerten Metaphern sind in der Holocaust-Metaphorik der Dichterin enthalten? Denn wenn Sylvia Plaths Gedichte auch nicht den Holocaust zum Thema haben, so zeigen doch ihre Holocaust-Tropen, obschon sie nur die Realitäten ihrer Gefühlswelt organisieren und ihre Bedeutung auf diese projizieren, indirekt, welches Verständnis die Dichterin von den Ereignissen des Holocaust hatte. Bei dem Versuch, ihre Gefühle zu artikulieren, erkannte Sylvia Plath, daß diese unlösbar an solche im gesellschaftlichen Bewußtsein verankerten Metaphern wie den Holocaust geknüpft waren, Metaphern, die offenkundig ihre Phantasie besetzt hielten, wenngleich sie ihr andererseits halfen, ihre Vorstellungen zu gestalten.

Was die Monate vor ihrem Selbstmord betrifft, so läßt sich schwerlich sagen, inwieweit ihre Phantasiewelt in dieser Zeit von den Bildern des Holocaust besetzt war, so daß sie dann, nachdem sich diese Bilder einmal dort eingenistet hatten, bei jeder häuslichen Spannung, jeder alltäglichen Reiberei an diese Vorstellungen von massenhaftem Leiden erinnert wurde. Denn dies war die Zeit, als die Ereignisse des Holocaust ans Licht der Öffentlichkeit kamen und, wenn schon nicht kollektives Wissen, so doch kollektive Erinnerung wurden. Zwischen April und Dezember 1961, als das Interesse der Öffentlichkeit und der Medien durch den Eichmann-Prozeß in Jerusalem auf bis dahin unbekannt gebliebene Einzelheiten des Holocaust gelenkt wurde, war Sylvia Plath schwanger (nachdem sie im Februar eine Fehlgeburt gehabt hatte) und zog mit ihrem Ehemann Ted Hughes von London nach Devon. Zwischen Eichmanns Verurteilung im Dezember 1961 und seiner Hinrichtung im April 1962 lebte und schrieb sie in ihrem neuen Zuhause auf dem Lande, das sie im September verließ, als sie von Hughes Untreue erfuhr. Zwischen September und Dezember 1962, in ihrer düstersten Zeit, schrieb Sylvia Plath ihre sogenannten Holocaust-Gedichte, »Mary's Song«, »Lady Lazarus« und »Daddy«. Am Morgen des 16. Februar 1963 drehte sie in ihrer Londoner Wohnung den Gashahn auf und nahm sich das Leben.

Sowohl in *Ariel* als auch in dem autobiographischen Roman *Die Glasglocke*, an dessen Fertigstellung sie zu jener Zeit gerade arbeitete, sind zahlreiche Hinweise auf das Leiden der Juden enthalten, die sich indes nicht alle auf den Holocaust beziehen. In ihren Gedichten wie in ihrer Prosa gewinnen persönliche Erfahrungen und Themen des häuslichen Lebens historische Signifikanz; die Dinge des Alltags hatten, ebenso wie der Schmerz selbst, alle Unschuld verloren. »Erzähl mir nicht, die Welt brauche etwas Heiteres«, schreibt sie an ihre Mutter. »Ein Mensch, der Belsen durchgemacht hat, egal, ob *physisch oder psychisch*, der braucht keinen, der ihm sagt, daß die Vöglein tirilieren, der braucht einfach nur das Wissen, daß noch jemand außer ihm dort war und das Schlimmste weiß, genau so, wie es ist.«[4] Sylvia Plath unterscheidet hier zwar zwischen demjenigen, der Belsen tatsächlich durchlebt hat, und dem, der nur psychisch (das heißt in seiner Phantasie) dort war. Aber nichtsdestoweniger wird dieser allein durch die Tatsache, daß jener tatsächlich in Belsen war, niedergedrückt. Mittels einer imaginären Verbindungslinie reflektiert und schafft sie zugleich eine Verbindung zwischen ihrem privaten Schmerz und einem viel gewaltigeren, überwältigenden *Weltschmerz*.

Mit dem Holocaust-Juden verwendete Plath keineswegs zum ersten Mal eine jüdische Opfergestalt als Metapher. Indem sie die Icherzählerin ihres autobiographischen Romans Esther nennt, identifiziert sie sich implizit mit der jüdischen Königin, die ihr Judentum geheimhielt, bis Haman eine Verschwörung anzettelte, um ihr Volk zu vernichten, und sie zur Retterin der Juden wurde. In dem die Identität der Protagonistin vermittelnden Schlüsseltropus klingen mithin sowohl die potentielle Opferwerdung der Juden als auch die Errettung der Juden aus der Unterdrückung an. Und wie Sylvia Plath sich selbst im Tropus der Esther einführt, so führt sie die Geschichte von Esthers Gemütszustand durch die Metapher einer anderen – im weiteren Sinne ebenfalls jüdischen – Tragödie ein. Ihr autobiographischer Roman *Die Glasglocke* beginnt wie folgt:

> Es war ein verrückter, schwüler Sommer, der Sommer, als die Rosenbergs auf den elektrischen Stuhl kamen, und ich wußte nicht, was ich in New York sollte. Ich bin albern, was Hinrichtungen angeht. Bei der Vorstellung, auf dem elektrischen Stuhl hingerichtet zu werden, wird mir übel, und in den Zeitungen war von gar nichts anderem die Rede – an jeder Straßenecke und an den muffigen, nach Erdnuß riechenden Mäulern der Unter-

grundbahn starrten mich glotzäugige Schlagzeilen an. Es hatte mit mir nichts zu tun, aber ich mußte darüber nachdenken, wie das war, lebendig verbrannt zu werden, an den einzelnen Nerven entlang.

Das mußte das Schlimmste auf der Welt sein, dachte ich... Andauernd hörte ich von den Rosenbergs, im Radio und im Büro, bis ich sie nicht mehr aus dem Kopf brachte.[5]

Obwohl die Rosenbergs mit ihr »nichts zu tun« hatten, mußte sie immer an sie denken; und nachdem sie einmal als Schlüsselobsession ihrer »Autobiographie« in ihre geistige Welt gelangt waren und sich darin eingenistet hatten, hatten sie alles mit ihr und den Vorstellungen, die sie von sich selbst hatte, zu tun. Auf einmal war sie unfähig, sich selbst zu erkennen oder über sich selbst zu schreiben, ohne dabei auf die Rosenbergs Bezug zu nehmen.

Als öffentlich akzeptierte Opfer wurden die Rosenbergs zur Metapher, mit der Sylvia Plath ihre New Yorker Erfahrungen einleitet und in einen Bezugsrahmen stellt und mit der sie schließlich ihren eigenen Schmerz erkennt. Plath stellt den Tod der Rosenbergs nicht nur durch das Holocaust-Bild, »lebendig verbrannt zu werden an den einzelnen Nerven entlang«, dar; in einem früheren Gedicht erinnert sie sich mit der Metapher dieses Todes auch an ihre eigene Elektroschock-Therapie:

By the roots of my hair some god got hold of me.
I sizzled in his blue volts like a desert prophet.
An meinen Haarwurzeln kriegte mich ein Gott zu fassen.
Ich schmorte in seinen blauen Voltstößen wie ein Wüstenprophet.[6]

Sie fragt sich, »wie das war«, und findet die deutlichste Parallele in ihrer eigenen Folter. Juden, Juden als Opfer, und ihr eigenes Gefühl, Opfer zu sein, scheinen miteinander verschmolzen, zuerst in ihrer Metapher von den Rosenbergs, danach in den wiedererinnerten Bildern ihrer Elektroschock-Therapie, und verknüpfen auf diese Weise zwei voneinander unabhängige Lebensrealitäten. Hatte sie zunächst nur den Schmerz und das Leiden anderer empathisch durch ihr eigenes Ich reflektiert, so begann sie nun, ihr eigenes Ich auch durch jene anderen zu reflektieren.

Angesichts der zahllosen Opfer der Geschichte erhebt sich die Frage, welcher Aspekt der Vernichtung der Juden während des Holocaust dafür ausschlaggebend war, daß diese Katastrophe Sylvia Plaths Phantasie stärker als andere anregte. Warum sieht sie sich hier nicht als Armenierin oder schwarze Sklavin oder als Russin im Gulag? Daß Plath sich für den Tropus des Holocaust-Juden entscheidet, hängt nicht so sehr damit zusammen, daß diese Metapher a priori adäquat wäre, als vielmehr damit, daß der Holocaust-Jude als Metapher für Leiden seinen Platz im gesellschaftlichen Bewußtsein hat. Was auf die Hinrichtung der Rosenbergs zutraf, galt in noch stärkerem Maße für den Holocaust: Sein hervorstechender Zug war, daß eine große Öffentlichkeit von ihm Kenntnis hatte, daß er fest im gesellschaftlichen Bewußtsein verankert war. Hatte es bislang im allgemeinen Generationen gebraucht, bis die Bilder von Zerstörungen, Epoche für Epoche, Buch für Buch, Eingang in die literarische Imagination fanden, so wurden die ererbten Erinnerungen von Generationen in Amerika in den fünfziger und in England in den sechziger Jahren durch die Massenmedien auf einen Zeitraum von wenigen Monaten komprimiert. Am bekanntesten als Metaphern wurden Bilder, die von den Medien ihrer Spektakularität und häufig nicht zuletzt ihrer besonderen Grausamkeit wegen ausgewählt worden waren. Für eine Schriftstellerin und Dichterin wie Sylvia Plath, die sich in Briefe und Zeitungen zu vergraben pflegte, wurden diese Metaphern nachgerade zu einer Art Währung, in der sie ihre Gedanken mit der übrigen Welt austauschte, wobei sie diese Bilder in ihrer ursprünglichen Gestalt buchstäblich in sich aufnahm, um sie dann, mit ihrem eigenen Prägestempel versehen, der Öffentlichkeit zurückzugeben.

Alvarez erinnert uns daran, daß der Holocaust-Jude nicht Sylvia Plaths einzige Opfer-Metapher war. In einer frühen Fassung von »Lady Lazarus« verwendet sie eine eher heterogene Metaphorik und zitiert auch die japanischen Atombombenopfer. Doch ging es ihr dabei wohl weniger darum, eine unmittelbare Beziehung zwischen diesen beiden Formen des Leidens herzustellen; Alvarez ist der Ansicht, daß sie die Japanerin ausschließlich wegen des Reims eingeführt hat. Das Bild des japanischen Opfers war bereits in den gängigen Metaphernschatz integriert, den sie nun nach dem geeigneten Klang durchforschte.

Gentlemen, ladies

These are my hands,
My knees.
I may be skin and bone,
I may be Japanese ...

»»Warum gerade *Japanerin*?‹ krittelte [Alvarez] an ihr herum.
›Brauchen Sie einfach den Reim? Oder wollen Sie es sich leicht
machen, indem sie die Atomopfer mit reinziehen? Wenn Sie schon
vorhaben, ein so grelles Material zu verwenden, dann müssen Sie
auch genau wissen, was sie damit anfangen wollen...‹ Sie wehrte
sich mit scharfen Worten gegen seine Kritik, aber als das Gedicht
nach ihrem Tod veröffentlicht wurde, war die Zeile nicht mehr
da.«[7] Wie Alvarez rückschauend einräumt, hatte sie die Japanerin
tatsächlich wegen des Reims eingesetzt und dabei in Kauf genommen, daß dieses Bild wenig relevant war. Das beweist, daß sie sich
in diesem Fall bei der Wahl ihrer Metaphern wohl nicht nur von
der Hoffnung leiten ließ, mit derartigen Anspielungen bestimmte
Bedeutungen erzeugen zu können, sondern auch Fragen von Form
und Klang berücksichtigte.
Beide Male, beim Bild der Japanerin wie bei den jüdischen Metaphern, greift Plath auf das massenhafte anonyme Leiden der
Kriegszeit zurück, einer Zeit, deren Zeitgenossin sie ist, obschon
ihr historisches Gedächtnis sich nicht auf eigenes Erleben gründet,
sondern einerseits durch Geschichtsbücher und die klassische
Dichtung und andererseits durch die aus den Fernsehnachrichten,
den Zeitungen und dem Radio auf sie einstürmenden Bildern
geprägt wurde, das heißt durch die Massenmedien, die grundsätzlich für die Entstehung und Verbreitung von Metaphern und Symbolen sorgen, und zwar nicht primär dadurch, daß sie selbst diese
Bilder als Metaphern verwenden, als vielmehr dadurch, daß sie die
Phantasie der Menschen mit ihnen sättigen. Für Sylvia Plath dürfte
es nicht unwichtig gewesen sein, daß die Ereignisse, wenn schon
nicht aus ihrer eigenen Lebenserfahrung, so doch aus der Epoche
stammten, in der sie selbst lebte. Auf diese Weise hatte sie Anteil an
der Epoche der Opferung und war ebenso ein Opfer der neuen
Zeiten, wie die Juden und die Japaner durch bestimmte Ereignisse
dieser neuen Zeiten zu Opfern geworden waren.

Sylvia Plath bildet ihre Metaphern im wesentlichen dadurch, daß sie der Sprache kollektive gesellschaftliche Erfahrungen einverleibt, Erfahrungen, die die Dichterin verinnerlicht und privatisiert und die sie dazu benutzt, ihre Gefühlswelt zu ordnen, um ihnen dann in ihren Gedichten wieder äußerliche Gestalt zu geben. »Das gesellschaftliche Grauen der Nazilager und das individuelle Grauen einer zerbrochenen Identität«, behauptet Arthur Oberg, »werden synonym«; aber nicht, weil sie tatsächlich analog wären, sondern ganz einfach, weil die Wechselwirkung von gesellschaftlichem und persönlichem Grauen historisch und privat zugleich ist.[8] Seit diese Bilder des Holocaust in das gesellschaftliche Bewußtsein integriert sind, dringen sie unweigerlich auf einer bestimmten Ebene in die Phantasie des Individuums ein, wo sie immer wieder von neuem heraufbeschworen werden, um persönliche Erfahrungen einzuordnen. Wenn also die Lagererfahrung als »modernes Klischeebeispiel«, wie Alvarez sagt, für persönlichen Schmerz verwendet wird, so muß dies nicht unbedingt bewußt oder gezielt geschehen; es kann einfach eine Form sein, die eigene Gefühlswelt durch die Sprache und die Metaphern einer äußeren Welt zu erkennen. An dieser Stelle könnte man nun fragen, ob es überhaupt möglich ist, die »private« Welt von der »historischen« zu trennen, da wir doch zum einen unser privates Leben nur vermittels der gesellschaftlichen (das heißt historischen) Sprache auszudrücken vermögen und zum anderen die Geschichte nur erkennen können, indem wir sie unseren privaten Mustern entsprechend ordnen. Plaths Gedichte, die das ganze Ausmaß dieser Wechselbeziehung von Privatem und Historischem verkörpern, beuten im Grunde nicht das Grauen aus; sie schöpfen lediglich aus dem Fundus der gesellschaftlichen Sprache, der zwangsläufig durch das Grauen geprägt ist. So wird in »Mary's Song« aus einem »Sonntagslamm, das in seinem Fett brutzelt« auf einmal, während die Sprecherin durch das Fenster in der Tür des Backofens schaut, ein Opferlamm. Das Feuer, das es »köstlich macht«, verwandelt sich in

The same fire
Melting the tallow heretics
Ousting the Jews.
Their thick palls float

Over the cicatrix of Poland, burnt out
Germany.
They do not die.

Grey birds obsess my heart,
Mouth-ash, ash of eye.
They settle. On the high

Precipice
That emptied one man into space
The ovens glowed like heavens, incandescent.

It is a heart.
This holocaust I walk in,
O golden child the world will kill and eat.[9]

Durch Assoziationen, die eher von dem, was die Phantasie der
Dichterin besetzt hält, als von ihrer eigenen Befindlichkeit erzählen, verwandelt sich die Sprecherin unvermittelt aus einer Frau, die
in den Ofen hineinsieht, in eine, die in ihn hineingeht, und an
diesem Punkt scheint es, als ergriffe der Ofen von ihr Besitz. Das
Sterbetuch der Juden weht über ihr und in ihr, und sie sterben
nicht, sondern dringen ein in ihr Herz. Selbst die Zweideutigkeit
der Syntax spiegelt gleichsam die Verworrenheit ihrer ineinander-
fließenden Assoziationen wider. Zunächst sieht sie, um dann das
Gesehene zu metaphorisieren und schließlich – Triebkraft und
Opfer der Metapher in einem – selbst Teil dieser Metapher zu
werden.
»Mary's Song« handelt ebensowenig wie ihre anderen Gedichte
vom Holocaust, offenbart aber dennoch ein bestimmtes Verständnis, eine bestimmte Sicht auf den Holocaust. Immerhin greift sie
nur ausgewählte Bilder auf, die wiederum zeigen, daß sie zu gerade
diesen Bildern einen ganz besonderen persönlichen Zugang hat. In
»Mary's Song« geht es ihr weder um das persönliche Leid der
Opfer noch um den Massenmord oder die Geschichte der Judenverfolgung. Den Kern der Metapher bildet vielmehr die Idee der
Opferschaft und der Opferung Unschuldiger. Plath leidet mithin
nicht »als Jüdin«, sondern stellt ihr Leiden in Gestalt ihrer eigenen
Vorstellung davon dar, wie (ja, sogar warum) die Juden gelitten

haben. Und diese ist, wie Edward Butscher meint, durch eine entschieden christliche Sicht geprägt: »Wie die Opfer von Hiroshima leidet Sylvia unschuldig für die Verbrechen anderer.«[10] Das heißt, sie leidet wie eine Märtyrerin, wie Christus, und, im Geiste, wie eine Jüdin für die Sünden der anderen. Durch diese Metapher und deren Verschwimmen mit ihrer Selbstwahrnehmung als Opfer stellt sich der Holocaust bei Sylvia Plath als eine Art Golgatha dar. Sie läßt hier überdies eine erstaunliche Sensibilität für die Pessach-Bezüge des Verses »a lamb cracking in his fat [that] sacrifices its opacity« erkennen und ist sich offenbar der etymologischen Anklänge von Opfer und Brandopfer in der Zeile »this Holocaust I walk in« durchaus bewußt. Doch indem sie sich selbst zum Opfer macht, beweist sie zugleich ihr begrenztes Verständnis für das Wesen des jüdischen Leidens: auch hier wird ihre Vorstellung von einem »Holocaust«, in dem Juden, wie unschuldig sie auch sein mögen, geopfert werden, automatisch zur Metapher für eine spezifisch christliche Form der Erinnerung an bestimmte Ereignisse. So benutzt sie zwar ein Wissen über den Holocaust als Metapher für ihren Schmerz, ihre eigene Opferschaft, doch ist dieses Wissen selbst zwangsläufig im wesentlichen christlich vorgeprägt.

In »Lady Lazarus« und »Daddy« treten weniger die Konturen ihres Verständnisses des Holocaust-Juden als die Art und Weise zutage, wie die Metapher selbst ihren privaten Schmerz formt, ausdrückt und vielleicht sogar anfacht. Über »Daddy« sagte Plath: »In dem Gedicht spricht ein Mädchen, das einen Elektrakomplex hat. Ihr Vater starb, und sie hielt ihn für Gott. Ihr Fall wird noch dadurch erschwert, daß ihr Vater auch ein Nazi war und ihre Mutter höchstwahrscheinlich eine Halbjüdin. In der Tochter beziehungsweise in ihrer Phantasie verbinden sich diese beiden Belastungen miteinander und lähmen sich gegenseitig – sie muß die schreckliche kleine Allegorie erst einmal ausleben, bevor sie frei von ihr ist.«[11] Der springende Punkt ist hier, daß Sylvia Plath im Grunde ihren eigenen Metaphern nicht über den Weg traut: Das Gedicht wird von einem Mädchen gesprochen (nicht geschrieben), und der Vater der Sprecherin (nicht ihr eigener) ist Nazi, ihre (nicht Plaths) Mutter jüdisch. Die Ironie liegt freilich darin, daß sich offenbar weder die Sprecherin noch die Dichterin selbst dadurch, daß man diese »schreckliche kleine Allegorie ausleben muß, bevor man frei ist«, von eben jener Allegorie befreit haben,

sondern die Allegorie und ihren Schmerz nur noch tiefer verinnerlicht haben. Ich möchte sogar behaupten, daß Plath diese Metaphern, die ja gewissermaßen vom Grund ihres Unglücks kommen,
gleichzeitig dargestellt und zur Darstellung ihres eigenen Ich benutzt hat.

> An engine, an engine
> Chuffing me off like a Jew.
> A Jew to Dachau, Auschwitz, Belsen.
> I began to talk like a Jew.
> I think I may well be a Jew.

> The snows of Tyrol, the clear beer of Vienna
> Are not very pure or true.
> With my gypsy ancestress and my weird luck
> And my Taroc pack and my Taroc pack
> I may be a bit of a Jew.

> I have always been scared of *you*,
> With your Luftwaffe, your gobbledygoo.
> And your neat moustache
> And your Aryan eye, bright blue.
> Panzer-man, panzer-man, O You –

Die Nazis hatten nichts damit zu tun, daß sie sich von ihrem Vater
(der nun eine Metapher für ihren Mann ist) unterdrückt fühlte;
aber trotzdem *war* sie unterdrückt. Angesichts des metaphorischen Ineinanderfließens beider Männer in diesen Versen könnte
man sogar annehmen, daß Plath hier über ihre persönliche Beziehung zu Ehemann und Vater hinausgeht, um auf die allgemeinere
Erfahrung der Unterdrückung der Frau durch den Mann hinzuweisen. Sie hätte auch die Metaphern Sklave und Herr oder sogar
Zar und Jude verwenden können; doch da die Sprecherin anfangs
als Jüdin redet, hielt sie es für richtig, es dabei zu belassen. Ob sie
zur Jüdin wurde, weil ihr Vater bereits »nazihaft« war, oder ob sie
aus dem Vater einen Nazi gemacht hat, weil sie selbst sich bereits
als Jüdin identifizierte, ist nicht mit letzter Sicherheit zu klären. Es
ist jedoch möglich, daß eine Seite der Gleichsetzung in letzter
Instanz die andere determiniert hat, so daß der Kreis sich auf diese

Weise schloß. Denn sobald sie »ein bißchen jüdisch« geworden war, begann die Sprecherin (genau wie die Dichterin), ihre Welt »nach jüdischer Art« darzustellen.

Einerseits räumte Plath einigermaßen selbstbewußt ein, daß sie ihre eigenen authentischen Lebenserfahrungen als Material für ihr Schreiben wie auch als Fundus, aus dem sie ihre Metaphern schöpfen konnte, benötigte: »Wie konnte ich über das Leben schreiben, wenn ich nie eine Liebesaffäre gehabt hatte oder ein Baby oder jemand sterben gesehen hatte?«[12] Andererseits sah sie sich auch als Erbin einer, man könnte sagen, kulturellen oder literarischen Erinnerung. Wenn sie über die Erfahrungen anderer Menschen las, schien sie diese zu ihren eigenen zu machen. Und obwohl sie glaubte, ihre Gedichte kämen »direkt aus [ihren eigenen] sinnlichen und emotionalen Erfahrungen«, schrieb sie: »Ich habe nichts übrig für diese Schreie aus der Tiefe des Herzens, die durch nichts anderes hervorgerufen sind als durch eine Nadel oder ein Messer oder was auch immer.«[13] Es ist demnach möglich, daß ihr eigener seelischer Schmerz in ihrer Wahrnehmung zeitlich und damit auch ursächlich mit dem Schmerz der Opfer des Holocaust verbunden war.

Wenn Plath in einem BBC-Interview erklärt, die »persönliche Erfahrung sollte keine Erfahrung im geschlossenen Raum sein, bei der man immerzu narzißtisch in den Spiegel sieht, ... [sondern] eine Allgemeingültigkeit haben, etwa im Hinblick auf Dinge wie Hiroshima und Dachau«[14], dann scheint sie damit genau jener Wechselwirkung zwischen äußeren und inneren Realitäten das Wort zu reden und betonen zu wollen, daß wir nicht umhin können, die eine aus der Perspektive der anderen zu sehen. Mit »Allgemeingültigkeit« meinte Plath wohl nicht nur, daß jene persönliche Erfahrung im Hinblick auf Hiroshima und Dachau relevant sein solle, sondern auch, daß diese historischen Bilder für ihre eigenen persönlichen Erfahrungen nur allzu relevant waren. Das heißt, es wird sich nie ganz klären lassen, ob sie ihren Schmerz aus dem Wissen um Hiroshima und Dachau ableitete oder nur auf diese gesellschaftlichen Erfahrungen zurückgriff, um ihren Schmerz metaphorisch darzustellen.

Nachdem sie begonnen hatte, sich das Leiden anderer vorzustellen, um auf diese Weise ihrer eigenen Not Ausdruck zu verleihen, sah die Dichterin wohl nicht mehr die Chance, wieder sicheren

Boden unter die Füße zu bekommen. Vielleicht wurde ihr klar, daß ihre Methode, zur Darstellung ihres Schmerzes nach den denkbar extremsten Metaphern zu suchen (ihren Schmerz, wie sie sagte, zu allegorisieren, um ihn auf diese Weise zu lindern), nicht dazu angetan war, das eigene Leid mit Hilfe dieser im gesellschaftlichen Bewußtsein verankerten Metaphern einfach nur nach außen zu projizieren, sondern daß sie sich damit in Wahrheit diese Metaphern in ihr Innerstes injizierte und ihre Gefühlswelt so in ein »Konzentrationslager des Geistes« verwandelt hatte.[15] Mit ihrem Versuch, im »jüdischen Schmerz« ein materielles Korrelat für ihre Seelenqualen zu finden beziehungsweise diese Qualen auf diese Weise zu objektivieren, hat Sylvia Plath ihren privaten Schmerz gewissermaßen durch die Bilder von Auschwitz gebrochen und ihn so vergrößert und womöglich noch verschlimmert. Anstatt ihr Leiden zu objektivieren und sich auf diese Weise mit Hilfe der Allegorie Linderung zu verschaffen, hat sie die Allegorie selbst verinnerlicht, so daß die Folgen dieser Metapher sowohl für sie selbst als auch für ihre Dichtung noch härter wurden.

So fand sie nicht nur das, wie Alvarez es ausgedrückt hat, »moderne Klischeebeispiel für die Hölle auf Erden«, sondern mußte wohl überdies feststellen, daß diese Fakten in gewisser Weise die Wurzel ihres seelischen Schmerzes bildeten und deshalb nur um so mehr geeignet schienen, diesem Ausdruck zu verleihen. Schwer zu sagen, an welchem Punkt

    A cake of soap
    A wedding ring
    A gold filling[16]

zur sprachlichen Währung werden, in der die nachfolgende Qual zu messen ist, und an welchem Punkt diese Bilder im Grunde den Schmerz, den sie ausdrücken sollen, noch verstärken. In diesem Zusammenhang ist es wohl nicht verwunderlich, daß diese Bilder als Bruchstücke einer überwältigend schmerzhaften gegenwärtigen Realität so nahe an der Oberfläche ihres metaphorischen Repertoires trieben. Im Falle von Sylvia Plath fragt man sich sogar, ob sie diese Metaphern, die ihre Seelenqual noch vergrößerten, nicht vielleicht gerade aus ihrem Glauben an die Realitäten geholt hat. Vielleicht hat die Erkenntnis, daß es ein äußeres Äquivalent – und viel mehr als das – für ihren Schmerz gab und daß Millionen Menschen von ihm heimgesucht wurden, daß ihre Metaphern also mehr waren als nur Metaphern, Sylvia Plath gezwungen, ihren Seelenschmerz so ernst, so schwer zu nehmen.

2

In seinem frühen Essay über die Holocaust-Literatur mahnt A. Alvarez, er habe in seinem Leben »persönlich ein halbes Dutzend Selbstmörder oder Beinahe-Selbstmörder kennengelernt, und jeder hat sich vor seiner Tat wie wild in die Literatur über die Lager versenkt«.[17] Hier klingt nicht nur George Steiners Satz an, daß, wer mit diesem Material umgeht, darin umkommt, sondern Alvarez dachte dabei wohl auch an die Dichterin Sylvia Plath, die sich weniger in die Literatur über die Konzentrationslager versenkt, als vielmehr ihr eigenes Ich in die Bilder der Lager hineingesenkt hat. So irreführend und sogar gefährlich es ist, über derartige Kausalzusammenhänge zu spekulieren, so kann Alvarez doch nicht umhin, die Frage nach den Folgen zu stellen, die das Werk eines Dichters für dessen Existenz hat. »Für den Künstler selbst ist die Kunst nicht unbedingt heilsam«, schreibt er. »Damit, daß er seinen Phantasien Ausdruck verleiht, wird er nicht unbedingt von ihnen erlöst. Statt dessen wohnt der Kreativität die böse Logik inne, daß der Akt des Gestaltens ihm das zutage geförderte Material erst recht erschließt. Und wenn er dann damit arbeitet, kann es geschehen, daß er es auf einmal ausleben muß.«[18] Die Frage ist hierbei nicht, ob Plath ihre eigenen Tropen beim Wort genommen und »ausgelebt« hat. Die Schwierigkeit besteht vielmehr darin, zwischen ihrem Selbstverständnis und ihrer Selbstdarstellung beziehungsweise Selbststilisierung zu unterscheiden. Es ist vielleicht gar nicht zu klären, inwieweit ihre Metaphern das Selbstverständnis der Sprecherin widerspiegeln und inwieweit sie so etwas wie ein Verständnis post factum erzeugen, obwohl beides für die Dichterin Folgen gehabt haben dürfte.

Der Psychoanalytiker und Überlebende Dori Laub befaßt sich eingehender mit dieser Möglichkeit und fragt:

> Benutzt der Künstler beziehungsweise der Patient... die moderne Metapher – die eine, für seine Zeit typische Metapher –, um seinen eigenen persönlichen Konflikt, seine Angst und Ver-

zweiflung auszudrücken? Ist sie nur ein äußerliches, auf seine innere Phantasiewelt zugeschnittenes Gefäß? Oder ist seine Gefühlswelt bereits auf seltsame Weise in Mitleidenschaft gezogen durch die Realität grauenhafter Ereignisse und deshalb ganz besonders sensibilisiert und gerade solchen Themen zugeneigt? Haben wir unsere historische Realität schon so weit in unser unbewußtes Seelenleben aufgenommen, und verleihen die Patienten ihr deshalb so bereitwillig Ausdruck, wenn das therapeutische Umfeld dies zuläßt?[19]

Laubs Interesse galt vor allem der Art und Weise, wie die Metaphern eines Patienten den psychologischen Konflikt, das Wesen und die Symptombildung sowie den psychotherapeutischen Prozeß selbst reflektieren und zugleich prägen. Doch indem er hier die Frage stellt, ob die Gefühlswelt auf seltsame Weise durch die Realität grauenhafter Ereignisse in Mitleidenschaft gezogen ist, deutet er an, daß die Metaphern, mit denen Dichter und Patienten ihre Gefühlswelt ausdrücken, als Quelle und Ausdrucksmittel seelischen Schmerzes wirken, und zwar sowohl für die Überlebenden als auch für diejenigen, die keine Opfer des Holocaust sind, die von diesen Schrecken nur wissen, sie aber niemals unmittelbar erlebt haben. Wie andere Erfahrungen als Metaphern des Holocaust gedient und das Verstehen und die Artikulation bestimmter Ereignisse geprägt haben, so funktioniert jetzt der Holocaust selbst als vorherrschende Metapher für andere Ereignisse, besonders für die Realitäten der Gefühlswelt, die möglicherweise durch das Wissen über den Holocaust hervorgebracht werden.

Sylvia Plaths metaphorische Identität als Holocaust-Jüdin in ihre metaphorischen beziehungsweise metonymischen Bestandteile aufzuspalten heißt indes, eine weitere Grundlage ihrer Aneignung dieser Metaphorik zu unterstellen. Denn dann können wir auf der metonymischen Ebene, auf der wir »zwischen den Erscheinungen unterscheiden und dabei zugleich das eine auf den Status einer Manifestation des anderen reduzieren«[20], einerseits zugestehen, daß die einzelnen Bestandteile der Metapher sich voneinander unterscheiden, ohne andererseits die Wechselbeziehung zwischen ihnen zu bestreiten. In diesem Falle wird das enorme Leiden der Juden zum geeigneten Tropus für den Schmerz der Dichterin, weil es auch mit zu diesem Schmerz beigetragen hat. Anstatt die beiden Arten von Schmerz nur in der reinen Objekt-Objekt-Beziehung der Metapher zusammenzuführen, dürfte Plath sie wohl eher als eine »Teil-Ganzes«-Beziehung begriffen haben. Noch weiter zugespitzt, wäre Plaths Schmerz dann sogar eine Fortsetzung (nicht nur eine Parallele) des ursprünglichen jüdischen Leidens, einer empathischen Verbindung, die sie verschlüsselt hat, indem sie zur »Holocaust-Jüdin« wurde.

So spekulativ es sein mag, zu behaupten, zwischen Sylvia Plaths Metaphern und ihren seelischen Schmerzen gäbe es einen kausalen Zusammenhang, so scheint es uns doch angesichts der erschreckenden Selbstmordrate unter denjenigen, die, ähnlich wie Plath, unter dem Eindruck des Holocaust schrieben, gerechtfertigt, weitere Überlegungen zu dieser Frage anzustellen. Wir alle, die wir auf dem Gebiet der Literatur arbeiten, haben Kollegen – Überlebende und Nichtopfer –, die an ihrem Wissen um die Ereignisse zerbrochen sind. Viele, die im buchstäblichen Sinne überlebt haben, waren in Wahrheit seelisch auf den Tod verletzt und haben sich schließlich, da sie die Erschütterung, die ihr Glaube an die Menschheit erlitten hatte, nicht verwinden konnten, das Leben genommen. Keinen von denen, die Selbstmord begangen haben – angefangen mit berühmten jüdischen Führern wie Samuel Zygelboim in London, der mit seinem Selbstmord die Aufmerksamkeit auf das Elend der Juden zu lenken suchte, und Adam Czerniakow im Warschauer Getto, der wohl die Schuld für die Deportation seiner Gemeinde auf sich nahm, über den polnischen nichtjüdischen Überlebenden Tadeusz Borowski bis hin zu Jean Améry, der sich selbst als Holocaust-Juden bezeichnet hat, oder zu dem überlebenden Dichter Paul Celan und den beiden überlebenden Romanschriftstellern Pjotr Rawicz und Primo Levi –, scheint (im Gegensatz zu Albert Camus' Behauptung) die Tatsache, daß sie ihrem Schmerz Ausdruck verliehen, vor der Verzweiflung bewahrt zu haben. Vielmehr wurde ihr Schmerz wohl dadurch nur noch vertieft. Auch die Zahl der nichtjüdischen Dichter, die sich als Holocaust-Juden identifizierten und daran zerbrachen, ist erschütternd hoch: John Berryman, Randall Jarrell, Anne Sexton und Sylvia Plath nahmen sich das Leben, nachdem sie ihr eigenes Ich buchstäblich im Schatten des Holocaust dargestellt hatten. Damit soll keineswegs behauptet werden, es gäbe einen Kausalzusammenhang zwischen den Dichtern und ihren Metaphern. Es geht uns nur darum, die Folgen zu benennen, die diese Metaphorik offenbar für das Selbstverständnis jener Dichter und für ihre Sicht auf ihre Umwelt hatte.

Alvin Rosenfeld schreibt über Sylvia Plath und John Berryman: »Während ihr Selbstmord ... auch zwischen uns und ihren Büchern vermittelt, nimmt man hinter den persönlichen Qualen, die sie dazu gebracht haben müssen, sich das Leben zu nehmen, keinen historischen Determinismus wahr. Der Druck, dem sie erlagen, scheint aus ihrer Biographie herzurühren, sein Schmerz scheint nicht über das Leben eines einzelnen Menschen hinauszureichen.«[21] Man könnte in diesem Zusammenhang fragen, inwieweit der Mensch überhaupt fähig – oder unfähig – ist, seinen eigenen Schmerz als »historisch determiniert« anzunehmen, und ob es möglich ist, klar zu unterscheiden zwischen »historisch determiniertem« und »aus der eigenen Biographie herrührendem« Schmerz. Denn solange wir die Geschichte in uns aufnehmen, indem wir unser Wissen aus denselben Quellen schöpfen wie die Opfer der Geschichte, wird der aus der Biographie eines Lesers herrührende Schmerz wohl nie ganz eindeutig von dem durch die Geschichte erzeugten zu trennen sein. Die Frage ist also, inwieweit Plath die Geschichten über die Lager, die sie las und hörte, zu ihren eigenen gemacht hat. Anstatt uns zu fragen, ob eine Schriftstellerin, die nach dem Holocaust lebte, durch Erinnerungen, die sie nur aus der Literatur aufgenommen hat, traumatisiert sein kann, sollten wir uns die Frage stellen, inwieweit die Schriftstellerin durch ihre literarisch-historische Erinnerung an den Holocaust traumatisiert war.

E. D. Hirsch stellt sich in die aristotelische Tradition, wenn er sagt, daß wir den gegenwärtigen Augenblick nicht nur aus der Sicht bereits bekannter Typen erkennen *können*, sondern ihn zwangsläufig aus dieser Sicht sehen *müssen*, und behauptet: »Wir könnten niemals einen neuen Typus von Bedeutung erfinden oder verstehen, wenn wir nicht in der Lage wären, Analogien zu erkennen und neue Dinge unter die bereits bekannten Typen zu subsumieren.«[22] Für Sylvia Plath war dieser bereits bekannte Typus das Leiden des Holocaust, das ihr allein durch seine literarische Darstellung bekannt war, die dann ihr eigenes psychisches Elend prägte (und vielleicht vergrößerte). Wenn wir fragen, ob das Leiden des Holocaust überhaupt als Typus gefaßt werden darf, so impliziert dies, daß wir gewissermaßen die Macht hätten, darüber zu urteilen, welche Ereignisse für andere stehen können, welche Ereignisse in das Bewußtsein Eingang finden. Doch sobald die Ereignisse des Holocaust in die Sprache gelangen – und sei es auch durch authentischere Mittel wie etwa Tagebücher und Memoiren –, gewinnen sie, wie wir an den Werken der tatsächlichen Überlebenden gesehen haben, eine gewisse typologische Dimension. Daß Plath den bereits bekannten Schmerz des Holocaust nicht aus erster Hand kannte, macht ihn nur noch typologischer, nur noch abhängiger von den Formen und der Metaphorik der Medien, durch die sie mit diesen Ereignissen in Berührung kam. Auf diese Weise gelangte das kollektive Leiden des Holocaust sehr wohl als *Typus* in Plaths Dichtung, und zwar gemeinsam mit anderen Typen wie Lazarus und Lesbos, und als Typus stellte sie ihn auch dar. Schwer zu sagen, inwieweit sie diese Typen gewählt hat, um ihren Schmerz auszudrücken, inwieweit sie dann von ihrer Gefühlswelt Besitz ergriffen und diese ordneten – und inwieweit sie ihre Qual verschlimmerten.

»Alle Dichter sind Juden«, schrieb Paul Celan und zitierte damit die russische Dichterin Marina Zwetajewa – ein Bild, das nach Alvin Rosenfeld bedeutet: »Alle Dichter schreiben aus einem Zustand des Bedrängtseins heraus, und am meisten diejenigen jüdischen Schriftsteller, ... die auf deutsch geschrieben haben.«[23] Der Kritiker setzt hier voraus, daß es einen Holocaust-Juden, einen Juden im übertragenen Sinne gibt, dessen Existenz als literarischer Typus von anderen jüdischen Autoren immer wieder bestätigt wird. So heißt zum Beispiel für Nelly Sachs Judesein nicht, die mosaischen Gesetze zu befolgen, sondern Leiden und Angst zu erdulden. Für sie stehen die Juden stellvertretend für die ganze leidende Menschheit.[24] So richtet eine Figur bei Edmond Jabès über die Mitgefangenen, die »bald in die ... Vernichtungslager zerstreut werden sollten«, als spreche sie »im Namen des HErrn zu SEinem versammelten Volke ...: ›Ihr seid alle Juden, selbst die Antisemiten, denn ihr seid zum Martyrium bestimmt.‹«[25] Und so behauptet selbst Uri Zwi Greenberg, der kompromißloseste unter den jüdischen Nationalisten, daß – weil es »dafür, für unser Elend ... / keine anderen Analogien gibt« –

Für jede grausame Qual, die der Mensch dem Menschen antut in einem arischen Land – Einer der kommt, um zu vergleichen, sagen wird: Er wurde gequält wie ein Jude.

Über jede Angst, jeden Schrecken, jede Einsamkeit, jeden Schmerz,
Jedes Murmeln, jedes Weinen in der Welt
Wird er, der vergleicht, sagen: Diese Analogie ist von jüdischer Art.[26]

Weil das Leiden des Holocaust mit nichts zu vergleichen war, wurde es zum Präzedenzfall, zum Maßstab, an dem alles spätere Leiden gemessen wurde. Auf ihrer Suche nach Metaphern, die ihren privaten Schmerz ausdrücken konnten, griff Sylvia Plath mithin nach den extremsten Bildern, die ihrer Phantasie verfügbar waren, den Bildern »von jüdischer Art«.

3

»In keinem der Essays, die Plath würdigen«, schreibt Irving Howe, »habe ich eine Aussage gefunden, die dem Charakter, geschweige denn dem Wert ihrer Vision gerecht geworden wäre.«[27] Der Charakter ihrer Vision ist jedoch, ebenso wie der Charakter einer jeden Vision, notwendig metaphorisch; ihr Wert liegt in dem Verständnis, das eine solche Vision offenbart oder schafft. Sie sieht die Welt, ihren Platz darin und ihre private Qual in der Metapher einer Erfahrung, die bisweilen literarischer (Lesbos, Lazarus), bisweilen persönlicher Natur ist und nicht selten eine Mischung aus beidem. Worin sich ihre Vision, der Wert ihrer Vision und die Bilder, mit denen sie ihre Vision begreift und zugleich ausdrückt, voneinander unterscheiden, können wir uns schwerlich vorstellen. Doch das Ausmaß, in dem die Bilder des Holocaust ihre Vision geprägt, ja, sogar inspiriert haben, dürfte einen hinreichenden Ansatz zur kritischen Lektüre ihrer Gedichte bieten.
Die Kritiker der Holocaustmetaphorik von Sylvia Plath bemängeln vor allem das Fehlen deutlicher empirischer Verbindungen zwischen ihrem Leben und den Todeslagern und halten es für »unpassend«, daß die Dichterin Anleihen aus dem, wie sie es nennen, emotionalen »Reservoir« des Holocaust macht. Alvin Rosenfeld fragt, ob es irgendwelche Berührungspunkte gibt zwi-

schen dem Leiden des Mädchens mit dem Elektrakomplex und den Qualen, die die Hitleropfer erduldet haben: »... eine Ähnlichkeit, die ausreicht, um daraus eine gültige Analogie zu ziehen.«[28] Doch dieser Ansatz geht davon aus, daß es nur eine einzige Basis der Metaphernbildung gibt, nämlich die, daß zwei disparate Erfahrungen a priori gewisse gemeinsame Eigenschaften besitzen – Kant bezeichnet solche Metaphern als »angemessen« –, und vernachlässigt die »unterlegte« Ähnlichkeit, die die Dichterin in ihren Metaphern erzeugt. Denn vielleicht ist die »Symmetrie zwischen den Leiden des kleinen Mädchens« und den Qualen, die die Hitleropfer erduldet haben, nicht oberflächlicher als zwischen Eliots Abend und dem »auf einem Tisch narkotisierten Patienten«. Aber in keinem der beiden Fälle versucht der Dichter eine echte Analogie zu ziehen: Es handelt sich hier nur um metaphorische Vergleiche, darum, daß ein Ding im Lichte eines anderen gesehen wird. Die Frage sollte also nicht lauten: »Darf der Holocaust als gesellschaftliche Metapher benutzt werden?«, sondern: »Wie ist der Holocaust als gesellschaftliche Metapher benutzt worden?«

Ebenso wie Rosenfeld findet auch Irving Howe die in solchen Metaphern enthaltenen Vergleiche »äußerst unverhältnismäßig«. Er behauptet jedoch überdies, daß Sylvia Plath diese Vergleiche bewußt anstelle: »Plath *versucht*, ihrem persönlichen Schmerz größeres Gewicht zu verleihen, dem persönlichen Aufschrei Bedeutung zu geben, indem sie das Mädchen als Opfer eines Nazi-Vaters darstellt.« Aus Gründen, die wir später untersuchen wollen, kann die Selbststilisierung der Dichterin als Holocaust-Jüdin für Howe einfach nicht funktionieren. Sie erscheint ihm vielmehr als gezieltes Bemühen, ihrem Schmerz Gewicht zu verleihen, und dies auf Kosten des Holocaust, an dem der Kritiker tatsächlich leidet. »Es hat etwas Monströses, äußerst Unverhältnismäßiges an sich, wenn verworrene Gefühle hinsichtlich des eigenen Vaters bewußt mit dem historischen Schicksal der europäischen Juden verglichen werden; etwas Trauriges, wenn der Vergleich spontan angestellt wird.«[29] Das, wogegen Howe sich wendet, ist der Aspekt des Gewollten in Plaths Metapher. Ihren Wunsch, ihrem Schmerz eine Bedeutung zu geben, findet er hingegen akzeptabel. Aber vielleicht hat Plath, ebenso wie die Dichter vor ihr, die tatsächlich über den Holocaust schrieben, diese Metaphern im Grunde gar nicht frei gewählt, sondern war von ihnen besessen. Es mag in der Tat, wie Howe meint, etwas Trauriges an sich haben, wenn diese »Vergleiche« spontan angestellt werden, aber das Traurige ist wohl eher, daß wir über ein solches Reservoir des Grauens verfügen, als daß wir spontan davon Gebrauch machen.

Der letzte und schärfste Punkt der Kritik ist in diesem Zusammenhang jedoch nicht der Vorwurf, Plaths Metaphern seien lediglich unverhältnismäßig oder beuteten den Holocaust bewußt aus, sondern der, daß sie sich, indem sie solche Metaphern gebraucht, moralisch fragwürdig verhalte. »Hat irgendein Schriftsteller, hat irgendein Mensch außer dem wirklichen Überlebenden das Recht, sich mit dieser Todesstaffage zu umgeben?« fragt George Steiner[30], worauf wir antworten könnten: nicht mehr, als irgendeiner von uns ein Recht hat, sein eigenes Los mit dem der Juden auf ihrer Flucht aus Ägypten oder die Zerstörung der Städte während des Krieges mit der Zerstörung Jerusalems im Jahre 587 vor Christus zu vergleichen. Wir umgeben uns mit diesen »Todesstaffagen« nicht, weil sie passen, sondern weil sie die in unserer Sprache erinnerten Archetypen sind, mit deren Hilfe wir unser heutiges Leben begreifen. Wenn Steiner schreibt: »Auschwitz und Belsen wohnen im Herzen unseres heutigen Lebens und unserer Sensibilität, wie die energiegeladene, böse Leere einer gnostischen Vision«[31], erkennt er die solchen Ereignissen innewohnende Potenz, zu Archetypen zu werden, im Grunde an. Aber Steiner fragt weiter: »Inwieweit begeht jemand, der selbst nicht teilgehabt hat an den Ereignissen und lange nach ihnen kommt, auf eine subtile Weise Diebstahl, wenn er die Nachklänge und die Embleme von Auschwitz heraufbeschwört und seinem eigenen Muster eine enorme Menge fertiger Emotionen einverleibt?« Und damit begibt er sich auf eine recht abstrakte moralische Ebene. »Subtiler Diebstahl« und »Recht« sind Begriffe, die suggerieren, daß Plath moralisch ein Verbrechen an den Opfern begangen habe, indem sie »ihnen nicht nur ihren Tod, sondern auch ihr Leben stahl«[32], wo doch das eigentliche Verbrechen wohl eher von der Erinnerung selbst, die sich durch die Sprache der Gesellschaft ausdrückt, begangen worden ist. Denn wie Robert Alter uns in einem etwas anderen Zusammenhang ins Gedächtnis ruft, ist die Sprache »das einzige künstlerische Ausdrucksmittel, das sich im Laufe der Geschichte spürbar entwickelt ... und mithin ist die Literatur diejenige Kunst, die – mehr als jede andere mit Erinnerung befrachtet –

allein dadurch, daß sie all ihre Ressourcen nutzt, ihre Vergangenheit resümiert, um ihre Gegenwart auszudrücken.«[33] Wer der Sprache die »Last der Erinnerungen«, die sie im Laufe der Geschichte angehäuft hat, absprechen wollte, der spräche der Literatur ihr historisches Bewußtsein ab.

Im Grunde aber gibt es, was die Haltung der Kritiker zu Plaths Holocaust-Metaphorik betrifft, nur einen wunden Punkt, nämlich die »Metapherngemeinschaft«. Denn neben ihrer kognitiven Bedeutung, so Ted Cohen, wohnt der Metapher auch eine gewisse »Kultivierung von Intimität« inne, das heißt bei dem Schöpfer einer Metapher und bei deren Leser müssen mehrere gemeinsame Grundvoraussetzungen erfüllt sein. »Das umfaßt drei Aspekte: 1. der Sprecher gibt so etwas wie eine verschlüsselte Einladung; 2. der Hörer unternimmt eine gewisse Anstrengung, um die Einladung anzunehmen; und 3. in dieser Transaktion wird eine Gemeinsamkeit anerkannt.«[34] Wenn der Leser sich aus irgendeinem Grund entschließt, die Einladung nicht anzunehmen, etwa weil ein widersprechendes Wissen den Austausch in Form der Metapher stört, kann sich die »Metapherngemeinschaft« nicht herstellen.

Was Sylvia Plath und ihre Kritiker betrifft, so wird die Einladung zur Metapher von letzteren aus verschiedenen Gründen abgelehnt: hinsichtlich des »gemeinschaftlichen Wissens« besteht in der Tat von vornherein ein ernster Widerspruch zwischen dem, was Plath weiß, und dem, was die meisten ihrer Kritiker wissen. Auch in diesem Punkt kann uns Cohens Studie weiterhelfen:

Das Gefühl einer engen Gemeinschaftlichkeit resultiert nicht nur aus dem gemeinsamen Bewußtsein, daß eine bestimmte Einladung ausgesprochen und angenommen wurde, sondern auch aus dem Bewußtsein, daß nicht jeder dieses Angebot machen oder annehmen kann... *Ein wörtlicher Gebrauch der Sprache wird von allen verstanden, die diese Sprache sprechen. Ein metaphorischer Gebrauch aber kann von niemand anders verstanden werden als von denen, die die gleichen Informationen über das Wissen des jeweils anderen, seine Überzeugungen, Intentionen und Haltungen besitzen wie der andere.*[35]

Wie wir aus Steiners, Rosenfelds und Howes Äußerungen über Sylvia Plath ersehen können, fehlte diesen drei Kritikern von Anfang an die Bereitschaft, sich auf diese aus den Bildern des

Holocaust konstruierten Metaphern einzulassen. Sie wehrten sich dagegen, die Möglichkeit einer Wechselbeziehung zwischen den Metaphern des Holocaust und der persönlichen Geistesverfassung der Dichterin zu akzeptieren. Man nahm die Metaphern entweder wörtlich und betrachtete sie als empirische Vergleiche, und in diesem Fall sah man sie als falsche Analogien, oder man empfand sie als übermäßig mit Pathos überladen und unterstellte Plath, sie habe den Holocaust für ihre Zwecke ausbeuten wollen. In beiden Fällen hat die Fähigkeit oder Unfähigkeit, diese Einladungen anzunehmen, mit völlig unterschiedlichen und vielleicht sogar unversöhnlichen Betrachtungsweisen des Holocaust zu tun, damit, welche persönliche Beziehung jemand zum Holocaust hat und ob er ihn als *kollektive* Katastrophe definiert. Denn die Sprache ist zwar eine gemeinsame, doch das Gewicht, die Befrachtung und die Bedeutung, die verschiedene Leser- und Autorengruppen Begriffen wie Auschwitz und Belsen beimessen, könnten nicht disparater sein.

Plath schrieb ihre Gedichte als Nichtjüdin, auf deren Gefühlswelt der Holocaust offenbar eine verheerende Wirkung hatte, und sie schrieb sie für andere Menschen in ihrer »Metapherngemeinschaft«, für die der Holocaust ebenfalls eine wesentliche Metapher war, ein universeller Bezugspunkt für alles Böse, alle Unterdrückung, alles Leiden. Die Gemeinschaft der jüdischen Leser jedoch begreift diese Ereignisse unweigerlich in ihrer ganzen nüchternen Realität (man denke an Rosenfelds Betonung der Realität der Ereignisse) und nicht selten im Zusammenhang mit Familienschicksalen. Für diese jüdische Gemeinschaft widerspricht zwangsläufig allein schon die Tatsache, daß Sylvia Plath die Ereignisse gleichsam zu privatisieren versucht, dem allgemeineren Verständnis des Holocaust als einer ihrem Wesen nach *kollektiven* Katastrophe, denn hier wurde nicht ein Individuum zerstört, sondern ein ganzes Volk vernichtet. Plaths Privatisierung der Ereignisse ignoriert somit deren enorme kollektive Bedeutung, die von jüdischen Schriftstellern sofort verstanden und zum Ausdruck gebracht wurde. Sind Auschwitz und Belsen für Plath Symbole des Leidens an sich, im gesellschaftlichen Bewußtsein verankerte Metaphern, die durch nichts »geheiligt« sind, so sind sie für die Gemeinschaft der Juden die unmittelbaren Symbole eines spezifisch jüdischen Leidens (der Holocaust wird als jüdische Katastrophe definiert) und Realitäten, die sie entweder am eigenen Leib erlebt haben oder mit denen sie durch das Leiden ihrer Angehörigen verbunden sind.

Wenn wir die von Cohen genannten Kriterien der »Metapherngemeinschaft«, das heißt ein gemeinsames Wissen, gemeinsame Überzeugungen, Intentionen und Haltungen, als Maßstab nehmen, dann leben Plath und ihre Kritiker von Anfang bis Ende in ganz verschiedenen Welten. Daß die Gemeinschaft der Kritiker sich nicht darauf einläßt, in die Metaphernwelt der Sylvia Plath einzutauchen, ist nicht unbedingt eine Frage der fehlenden Bereitschaft. Angesichts der Bedeutung und des Sinns, die ein Teil der metaphorischen Gleichsetzung für sie von vornherein hat, sind sie einfach nicht dazu fähig. Für diejenigen, die außerhalb der engen Metapherngemeinschaft stehen, wird Plaths metaphorische Inanspruchnahme des Holocaust sich immer wie eine offenkundige und einigermaßen illegitime Hyperbel lesen. Und da Plath durch nichts anderes als durch ihre literarische Identifikation mit dem Holocaust verbunden ist, betrachten sie sie im Endeffekt sogar als Außenseiterin in der von ihr selbst geschaffenen Tropengemeinschaft. Denn wenn Plaths Schmerz nicht als tatsächlicher Teil des größeren Schmerzes des jüdischen Leidens wahrgenommen wird, verliert die von ihr erzeugte metonymische Verbindung auch als Metapher jegliche Überzeugungskraft und Autorität.

Entscheidend ist also nicht, ob Sylvia Plath Jüdin war oder nicht. Als jüdische Schriftstellerin hätte sie diese Bilder wahrscheinlich nicht auf die gleiche Weise verwenden können, ihr ganzes Verständnis und ihr Wissen von den Ereignissen hätte ihr dies nicht gestattet, ebenso wie dieses Wissen ihren Kritikern nicht gestattete, diese Bilder zu akzeptieren. Tatsächlich gibt es wohl kaum einen jüdischen Schriftsteller, der das kollektive Leiden des Holocaust als Metapher für ein ausdrücklich privates Leid verwendet hat, ein Leid, das in keiner Beziehung zu Krieg oder militärischer Verfolgung steht. Das heißt nicht, daß von jüdischen Autoren überhaupt keine Holocaust-Metaphern benutzt würden. Diese finden in der modernen jüdischen Literatur über Ereignisse, die nichts mit dem Holocaust zu tun haben, durchaus häufig Verwendung, allerdings niemals im Zusammenhang mit rein privatem Leid.

Hier drängt sich in der Tat die Parallele zwischen der »Bekenntnis-

lyrik« und der Zeugnismethode der Holocaust-Literatur auf:
Denn was ist Bekenntnislyrik anders als eine Lyrik, die vor allem
auf die persönliche Authentizität und Verbindung zu ihrem Material Wert legt? Genau wie so viele andere Formen des literarischen
Zeugnisses braucht die Bekenntnislyrik als Zeugnis für den privaten Schmerz des Dichters, um überzeugen zu können, um Autorität zu haben, persönliche Authentizität. Aber wie in der Zeugnisliteratur die interpretatorischen Wahrheiten durch die fälschliche
Überbetonung der Augenzeugenautorität unterminiert werden,
so ergeht es auch den Wahrheiten der Bekenntnislyrik, wenn sie
allein nach diesem Kriterium bewertet werden. Im Falle von Sylvia
Plath sollten wir uns nicht dabei aufhalten, die Authentizität ihrer
Metaphern zu bestreiten. Wir sollten ihre Gedichte vielmehr daraufhin betrachten, wie hier der Holocaust als Tropus Eingang in
das gesellschaftliche Bewußtsein gefunden hat und wie er sowohl
die Weltsicht der Dichterin als auch ihre Art und Weise beeinflußt
hat, diese Weltsicht in ihren Versen darzustellen.
Da der Holocaust im gesellschaftlichen Bewußtsein gewissermaßen
»aktenkundig« wurde durch den Eichmann-Prozeß in Jerusalem –
also zu einer Zeit, da eine Flut von Bildern aus den Konzentrationslagern durch die Medien ging und das Interesse der Weltöffentlichkeit beherrschte, wie seit dem Krieg nicht mehr –, fand er
als potentieller Tropus Eingang in die literarische Phantasie aller
Schriftsteller. So wird er auch im Gedächtnis der Öffentlichkeit
bewahrt, als Teil einer größeren Erfahrungssphäre, auf der die
Sprache selbst fußt. Es ist daher verwunderlich, daß die Kritik
seine Verwendung als Metapher verdammt und sie all denen ver-
wehren will, für die der Holocaust keine »authentische« Erfahrung war. Denn indem die Sprache diese Erfahrungen absorbiert
und sich zu eigen macht, bewahrt sie die Erfahrung gewissermaßen weit über das Leben aller authentischen Zeugen hinaus.
Anstatt den Einfluß des Holocaust auf unser heutiges Weltver-
ständnis, unsere heutigen Darstellungen der Welt beschränken zu
wollen, sollte die Kritik es sich zur Aufgabe machen, zu untersuchen, welche Wirkung der Holocaust gehabt hat. Denn indem
Schriftsteller und Kritiker mit diesen Bildern aktuelle Erfahrungen
ausdrücken, halten sie die Ereignisse im Bewußtsein lebendig und
messen damit zugleich deren Einfluß. Wenn wir den Holocaust
jedoch aus unserer Phantasie verdrängen, ihn mystifizieren und

jeglichen Zugang zu ihm unterbinden, laufen wir Gefahr, daß er ganz und gar aus dem gesellschaftlichen Bewußtsein verschwindet. Und dies scheint mir ein zu hoher Preis dafür, daß man ihn vor denjenigen schützt, die die Erinnerung an ihn für unbillige Metaphern mißbrauchen. In diesem Falle ist eine mißbrauchte Erinnerung, mit der wir uns kritisch auseinandersetzen können, besser als gar keine Erinnerung.

Achtes Kapitel

Schreibende Soldaten erinnern sich an den Holocaust

Antikriegslyrik in Israel

Wenn er mir von der Bindung Ismaels erzählt,
erzähle ich ihm von der Bindung Isaaks.
Mordechai Gladman

I

All die vielen, in jahrhundertelanger Geschichte im Hebräischen angehäuften Archetypen für das Leiden werden überlagert und überwältigt von jenen, die in der Zeit des Holocaust entstanden sind. Zum Teil liegt es an der schieren Ungeheuerlichkeit der Ereignisse, zum Teil an der großen Anzahl von Überlebenden des Holocaust in Israel (1948 nahezu die Hälfte der Bevölkerung) und zum Teil schließlich auch an der zentralen negativen Bedeutung, die die zionistische Ideologie dem Holocaust als letzter Konsequenz des Ausgeliefertseins der Juden in der Diaspora beimißt, daß die Bilder und Metaphern der Shoah alle historisch früher entstandenen so gut wie verdrängt haben. Die Shoah wird heute bereits nicht nur rückwirkend als Symbol für alle früheren Katastrophen eingesetzt, was diesen eine Bedeutsamkeit verleiht, die sie andernfalls nicht hätten. Sie ist auch in der jüdischen Literatur zum Maßstab geworden, an dem nun alles Unglück nach dem Holocaust, sei es jüdisch oder nicht, gemessen wird.

Der Impuls, das Leiden anderer Völker in der Sprache und den Archetypen der eigenen Tradition darzustellen, ist gewiß nicht neu. Wir haben das schon bei Franz Werfels Roman *Die vierzig Tage des Musa Dagh* gesehen, dessen Thema die Massaker an den Armeniern sind und in dem zum Beispiel aus den tatsächlich zweiundfünfzig Tagen Belagerung, gebrochen durch den biblischen (das heißt jüdischen) Archetyp, vierzig Tage wurden. Da den jüdischen Schriftstellern nach dem Holocaust ein weiterer Komplex von Metaphern zur Verfügung steht, ist es nahezu unvermeidbar, daß die Opfer von Katastrophen, die sich nach dem

Holocaust ereignet haben, in der jüdischen Literatur aus der Perspektive des Leidens des Holocaust dargestellt werden. Wenn Elie Wiesel beispielsweise für die Opfer der Massaker in Kambodscha, die vietnamesischen Boat People, die vergessenen Armenier, die Schwarzen in Südafrika oder selbst für die ganze Menschheit als potentielles Opfer eines nuklearen Holocaust eintritt (»die ganze Welt ist nun jüdisch im Angesicht eines nuklearen Holocaust«, sagte er), dann will er damit weder das Leiden der Juden verniedlichen noch das der heutigen Opfer übertreiben.

Wenn eine andere Überlebende uns in einem Videointerview erzählt, das erste Bild nach dem Holocaust, das ihr den eigenen Schmerz wieder lebendig werden und sie beinahe totales Mitleid empfinden ließ, sei das der vietnamesischen Boat People gewesen, die nirgendwo landen durften, so ist es ihr nicht um eine Gleichsetzung zu tun, sondern sie reflektiert damit die einzige ihr mögliche Art und Weise, solche Ereignisse zu verstehen. Nach dem Holocaust, so erzählt sie uns, kann sie nicht mehr schweigend dasitzen, während diese Menschen leiden. Sie verlangt, daß sie gerettet werden, daß sie irgendwo die Aufnahme finden, die man ihr und ihrer Familie seinerzeit verweigert hat.[1] Diese Analogien müssen nicht unbedingt auf den Wunsch nach moralischer Äquivalenz zurückgehen. Es wird mit ihnen auch nicht behauptet, daß das Maß des Leidens in beiden Fällen gleichzusetzen sei. Sie rühren wohl vielmehr vor allem aus einem reinen Mitgefühl mit den Opfern her, das die Erinnerung an die eigenen Erfahrungen als Opfer hervorruft.

So natürlich es für die Überlebenden in Israel ist, heutige Verfolgungen aus der Perspektive ihrer vergangenen Erfahrungen zu sehen, so zwiespältig ist eine solche Sicht in letzter Instanz. Als Opfer sowohl des gegenwärtigen PLO-Terrors als auch der vergangenen Nazi-Greuel projizieren die Überlebenden des Holocaust in Israel einerseits rückblickend ihre Erinnerungen an die Nazis auf ihre neuen Mörder: Die PLO wird als verlängerter Arm Hitlers wahrgenommen, der zu Ende führen soll, was die Nazis nicht geschafft haben. Andererseits neigen Überlebende, die andere Menschen als Opfer wahrnehmen, dazu, sie aus der Perspektive ihrer eigenen Opferschaft zu sehen. Das hat zur Folge, daß die Überlebenden und ihre Kinder in Israel sich geradezu in eine nationale Erinnerung an den Holocaust flüchten, um das Leiden anderer darzustellen, und zwar nicht mit dem Ziel, eine Übereinstimmung zwischen den verschiedenen Arten des Leidens zu finden, sondern um dieses Leiden in der einzigen zur Verfügung stehenden Sprache auszudrücken. Allein dadurch, daß moderne israelische Dichter auf hebräisch über die Erfahrungen eines feindlichen Soldaten oder der Palästinenser schreiben, beschwören sie zwangsläufig das in dieser Sprache verinnerlichte eigene Leiden der Juden herauf.

In den Reflexionen, die israelische Schriftsteller und Soldaten 1967 nach dem Sechs-Tage-Krieg im Kibbuz Ein Ha-horesh niederschrieben, gingen sie den außerordentlich komplizierten Zusammenhängen zwischen der Erinnerung an den Holocaust, ihrer eigenen Motivation zu kämpfen und ihrem Feindbild auf den Grund. Zweiundzwanzig Jahre nach dem Zweiten Weltkrieg und trotz ihrer stolzen zionistischen Erziehung betrachteten diese israelischen Soldaten sich nolens volens im Grunde nur als die nächste Generation von Juden an der Schwelle eines zweiten großen Massakers, und sie reagierten darauf auf dem Schlachtfeld, als ob in jedem einzelnen Feuergefecht ihr eigenes und das Leben eines ganzen Volkes auf dem Spiel stünden. Aus dem, was Muki Tzur über das Warten auf den Beginn dieses Krieges schreibt, wird deutlich, daß ihn vor allem die ererbte Erinnerung an den Holocaust zum Kämpfen motiviert hat und ihm und seinen Kameraden Auftrieb gab: »Wir neigen dazu, diese Tage vor dem Krieg vergessen zu wollen, und vielleicht ist das auch richtig so, aber das waren die Tage, in denen wir dem jüdischen Verhängnis, vor dem wir all die Jahre wie vor einem Gespenst davongelaufen sind, am nächsten waren. Plötzlich redete alles von München, vom Holocaust, davon, daß das jüdische Volk seinem Schicksal überlassen werden sollte.«[2] Als Abba Kovner – der während des Holocaust in Wilna Partisanenführer gewesen war und in dem zionistischen Glauben, daß die Existenz Israels per definitionem einen neuen Holocaust »undenkbar« mache, nach Israel gekommen war – diese Annahme später leicht skeptisch hinterfragte, antwortete ihm ein anderer Soldat, solch ein neuer Holocaust sei nicht nur denkbar, er sei in der Tat das Leitmotiv, das den Sinn seines Lebens als Soldat ausmache:

Es ist wahr, daß die Leute geglaubt haben, wir würden vernichtet werden, wenn wir den Krieg verlören. Sie hatten Angst. Wir haben diese Vorstellung aus den Konzentrationslagern bekommen – oder ererbt. Es ist eine konkrete Vorstellung für jeden, der in Israel aufgewachsen ist, selbst wenn er persönlich Hitlers Verfolgung nicht erlebt, sondern nur davon gehört oder gelesen hat.

... Hatten Sie wirklich das Gefühl, daß es hier zur Vernichtung kommen könnte? [fragt Kovner]

... Ja, sicher. Ich glaube, das ist eine Vorstellung, mit der jeder in Israel lebt.[3]

Das ist das Paradoxe an der Art und Weise, wie die Israelis ihr Dilemma begreifen. Einerseits kann nur ein Volk, das mit Israels Hartnäckigkeit gegen einen neuen Holocaust kämpft, überleben. Andererseits aber ist der Sabra in dem Glauben erzogen worden, daß Israel für die Juden der einzige sichere Hafen auf der Welt ist, der einzige Garant gegen einen neuen jüdischen Holocaust, und daß »Holocausts« nur in der Diaspora geschehen. Und so muß der Soldat in seinem Kampf paradoxerweise gerade deshalb an das, was in der Diaspora geschah, denken, weil es auch in Israel geschehen könnte.

Aber das ist nicht die einzige Zwickmühle, in der sich die Israelis befinden. Noch schwerwiegender ist, was Muki Tzur am Ende seiner einleitenden Betrachtung zum Ausdruck bringt:

Wir wissen alle, was Völkermord bedeutet, jene unter uns, die den Holocaust erlebt haben, und jene, die später geboren wurden. Vielleicht ist das der Grund, weshalb die Welt uns niemals verstehen wird, niemals unseren Mut verstehen oder die Zweifel und die Gewissensnöte begreifen wird, die wir während des Krieges und danach hatten. Wer den Holocaust überlebt hat, wer Bilder sieht von einem Vater und einer Mutter, die die Schreie hören, welche die Träume ihrer Nächsten aufstören, wer die Geschichten gehört hat, der weiß, daß kein anderes Volk solche qualvollen Visionen hat. *Und diese Visionen sind es, die uns zwingen zu kämpfen, und die wiederum auch bewirken, daß wir uns unseres Kampfes schämen ...*

... Wir tragen im Herzen einen Schwur, der uns verpflichtet, niemals wieder zum Europa des Holocaust zurückzukehren, aber gleichzeitig wollen wir jenes jüdische Gefühl der Identität mit den Opfern nicht verlieren.[4] (Hervorhebung von mir.)

Der Israeli, der mit der Erinnerung an die vergangene Opferung seines Volkes in die Schlacht gezogen ist, um nie wieder Opfer zu werden, entdeckt die Quelle sowohl seiner Stärke als auch seiner Schwäche als Sieger: dieselbe Vorstellung von Opferung, die ihn als Soldat motiviert, nötigt ihn auch zu ungewöhnlicher Sympathie mit seinen besiegten Feinden, die er jetzt aus der Perspektive der Niederlagen seines eigenen Volkes sieht.

Solange die gespaltene Erinnerung an die jüdischen Märtyrer einerseits und die jüdischen Helden andererseits in Israel als vorherrschender ideologischer Tropus besteht, können die israelischen Soldaten nicht aufhören, sich emotional mit den Opfern zu identifizieren, und die Soldaten sind die ersten, denen das klar wird:

> Mir war unbehaglich bei dem Gedanken, daß wir eine siegreiche Armee sind, eine starke Armee. Wenn ich jemals eine klare Vorstellung von den Jahren des Weltkriegs und vom Schicksal der europäischen Juden gehabt habe, dann damals, als ich die Straße nach Jericho hoch ging und die Flüchtlinge mir aus der anderen Richtung entgegenkamen. Ich habe mich unmittelbar mit ihnen identifiziert. Als ich die Eltern sah, die ihre Kinder an der Hand hinter sich herzogen, sah ich mich wirklich beinahe selbst, wie ich von meinem Vater gezogen werde. Das war vielleicht eine der unmittelbaren Erfahrungen, die eine Assoziation mit den Kriegsjahren heraufbeschworen. Wenn wir im Einsatz waren, hat man es nicht so gemerkt, bloß eben in den Momenten, wo wir das Leiden der anderen fühlten, der Araber, gegen die wir kämpften. Das war vielleicht das Tragische, daß wir uns mit der anderen Seite identifizieren mußten, mit unseren Feinden.[5]

Dieser Soldat zog keinen Vergleich zwischen den arabischen und den jüdischen Flüchtlingen, geschweige denn zwischen den Umständen dieser beiden Kriege. Aber allein dadurch, daß er die Flucht seiner Feinde als Augenzeuge miterlebt hat, sah (das heißt verstand) er sie notwendig unter dem einzigen ihm möglichen Aspekt, nämlich unter dem Aspekt der früheren Deportation seiner eigenen Familienangehörigen. Das Erstaunlichste an dieser Passage ist vielleicht nicht einmal, daß er das Dilemma seiner Feinde rückblickend in einer jüdischen Metapher erfaßt, sondern daß er jetzt im Grunde seine Erinnerungen an die eigene Vergangenheit unter dem Aspekt der Flucht der Araber aus ihren Städten erfaßt. Vergangene und gegenwärtige Erfahrungen fließen ineinander, so daß er die eigene Niederlage aus der Sicht der Niederlage seiner Feinde in sich aufnimmt und umgekehrt die Niederlage der Feinde aus der Sicht der eigenen; die Realität der arabischen Flüchtlinge, die der Soldat sieht, hat seiner Erinnerung an die eigene Vergangenheit Gestalt verliehen, eine Gestalt, die sich dann durch die Metapher der Erinnerung an die Vergangenheit der Juden ausdrückt.

Diese Wechselwirkung zwischen vergangener und gegenwärtiger Verfolgung, zwischen dem Zwang zu kämpfen und der Schande zu kämpfen, zeigt Israels eigenes ambivalentes Bedürfnis, sich des Holocaust zu erinnern und ihn zu vergessen: sie ist auch der Grund, weshalb die Juden in Israel leben, der Grund für die Existenz des Staates Israel. Und sie ist es, die sie bewegt, Mitgefühl zu haben mit ihren neuen, besiegten Feinden. Über die Folgen dieser Vorstellungen kann man nur spekulieren: Inwieweit kann diese Erinnerung und das durch sie hervorgerufene Mitgefühl mit dem Feind die Israelis in ihrer Entschlossenheit, weiterzukämpfen, schwankend machen, und inwieweit macht sie Israel stärker? Mit diesem Dilemma ringt Israel von Anfang an. 1982 erlebte es eine Zuspitzung in der Antikriegslyrik schreibender israelischer Soldaten.

2

Hatten die Erinnerung an den Holocaust und die Analogien, die sich daraus ergaben, daß eine Vernichtung unter dem Blickwinkel einer anderen erinnert wurde, die israelischen Soldaten 1948, 1967 und 1976 angespornt, ums Überleben zu kämpfen, so geschah 1982 im Libanon etwas Merkwürdiges. Als Ministerpräsident Menachem Begin einem Reporter darüber Auskunft geben sollte, weshalb Israel Beirut bombardiert hatte, antwortete er mit der Gegenfrage: »Und wenn Hitler persönlich sich in einem Gebäude mit zwanzig unschuldigen Bürgern versteckt hielte, würden Sie das Gebäude dann noch immer nicht bombardieren?« Der Ministerpräsident wurde daraufhin sogleich unter anderem von den Historikern Yehuda Bauer und Ze'ev Mankowitz sowie von dem Romanschriftsteller Amos Oz attackiert, die ihm antworteten:

»Nein, Herr Ministerpräsident, Ihr Beispiel geht nicht auf...«;
»Beirut ist nicht Berlin.«[6] Eines der Unterscheidungsmerkmale
der Antikriegslyrik, die während des Krieges und danach aus dem
Libanon kam, bestand gerade darin, daß diese Lyrik es ablehnte,
den Krieg mit den Bildern des Holocaust zu rechtfertigen, obschon ihre Verfasser diese Bilder andererseits zugleich als wichtig-
stes Mittel zur Darstellung der Opfer dieses Krieges – besonders
der Kinder – einsetzten.

Während der Dauer dieses langwierigen Krieges und sogar noch
nach dem Rückzug der Israelis aus dem Libanon tauchten überall
in Israel Gedichte und Aufsätze, Flugblätter und Plakate auf, die
unter direkter oder indirekter Bezugnahme auf den Holocaust auf
diesen Krieg reagierten. Die beiden Anthologien *Grenzüberschreitung. Gedichte vom Libanonkrieg* und *Kämpfen und Töten
ohne Ende: Politische Dichtung im Libanonkrieg*[7] veranschauli-
chen besonders deutlich, daß es einfach nicht möglich war, die
aktuelle Vernichtung und das gegenwärtige Leid darzustellen oder
von ihm zu lesen, ohne dabei sowohl auf die ältesten Bilder der
Liturgie als auch auf die erst in jüngerer Zeit, nämlich durch den
Holocaust, erzeugten Metaphern zurückzugreifen. Doch so do-
minant der Holocaust vor 1982 als Symbol für das Überleben
gewesen war, so wurde er jetzt ironisch auf die Situation der
Israelis im Libanon bezogen. Zum erstenmal war nicht das Leiden
der Juden Hauptgegenstand der israelischen Kriegslyrik. Anstatt
den Tod israelischer Soldaten oder den Zustand der trauernden
Hinterbliebenen daheim in den Bildern der traditionellen jüdischen Archetypen zu metaphorisieren, verwendeten die israelischen Dichter des Libanon-Krieges solche Archetypen häufiger,
um den Tod und das Leiden anderer, besonders der arabischen
Kinder, darzustellen. Der Holocaust wurde jetzt nicht als Metapher für jüdisches Leiden, sondern als Antitropus zu diesem benutzt. In einem Gedicht, das während des Krieges gedruckt wurde
und weite Verbreitung fand, beschwört zum Beispiel Efraim Sidon
die Erinnerung an den Holocaust eindeutig mit dem Ziel, sie als
Rechtfertigung des Libanon-Krieges zu verwerfen. Das Gedicht
beginnt mit der ironischen Behauptung, daß die Kinder an ihrem
Schicksal selbst schuld seien:

Ich klage die Kinder in Sidon und Tyros,
deren Zahl man noch nicht zählen konnte,

die Dreijährigen, Siebenjährigen, Kinder jeden Alters,
des Verbrechens an, in der Nachbarschaft von Terroristen gelebt
zu haben.
Kinder, hättet Ihr nicht in ihrer Nähe gelebt,
so könntet Ihr heute Schüler sein.
Jetzt werdet Ihr bestraft werden.[8]

Er fährt dann fort, indem er die Frauen und Mütter anklagt, die
neben den Terroristen wohnten, ebenso die Häuser, in denen die
Terroristen Unterschlupf fänden, und es endet damit, daß er allen
Menschen im Libanon rundherraus die Schuld am Holocaust gibt
und ihnen droht, sie alle würden dafür bestraft werden:

Ich klage alle Bewohner des Libanon dafür an,
was die Nazis uns im Weltkrieg antaten.
Denn von Generation zu Generation
muß jeder sich immer so sehen –
immer, immer
als würde er Hitler vernichten.
Und das tut Begin.
Ich klage an!
Natürlich.
Denn ich bin immer, immer Opfer.[9]

Das Pessachgebot: »von Generation zu Generation soll ein jeder
sich ansehen…« vollendet der Dichter mit den Worten: »Als
würde er Hitler vernichten«, und erkennt damit einerseits die
Pflicht zur Erinnerung an, die er andererseits durch seine ironische
Weiterführung zugleich zurückweist. Sidon nimmt hier die Holocaust-Metapher beim Wort und treibt sie auf die Spitze, indem er
sie als Argument für den Krieg benutzt, um zu zeigen, wie ungeeignet sie als Begründung militärischer Aktionen ist.
Ihrem Nachwort zu *Kämpfen und Töten ohne Ende* haben
die Herausgeber die Abbildung eines Plakats vorangestellt, das
eine israelische Karte von Beirut zeigt, die mit Chaim Nachman
Bialiks Gedicht »Über das Gemetzel« nebeneinander in Arabisch
und Hebräisch überdruckt ist. Diese Grafik zwingt den Leser
ganz buchstäblich, die Karte von Sabra und Shatilla zwischen den
Zeilen und mit den Versen des Nationaldichters Bialik zu lesen.
Sie transponiert auch buchstäblich die jüdischen Erfahrungen
ins Arabische, mit dem dieser Sprache eigenen Reservoir an Bezü-
gen, Anspielungen und Tropen, und nimmt dabei das Leiden der

Palästinenser in Bialiks Verse mit auf. Denn nun, da »Über das Gemetzel« zur Darstellung eines anderen Schmerzes benutzt wird (wie damals von den Schreibern des Wilnaer und des Warschauer Gettos), ordnet das Gedicht den Schmerz der anderen nicht nur ein, sondern absorbiert ihn auch und erinnert ihn dadurch.

Wie Abrahams schwerste Glaubensprüfung die schließlich abgebrochene Opferung Isaaks war, so war wohl in der jüdischen Tradition das am schwersten zu ertragende Leid stets das der Kinder. Für Bialik war die Grenze des Erträglichen erreicht, als er auf die Pogrome von Kischinjow mit jenen Zeilen aus »Über das Gemetzel« antwortete, die inzwischen geradezu Gesetzesbedeutung erlangt haben:

Angeklagt sei, wer Rache! ruft,
wen es nach Rache dürstet für das vergossene Blut eines Kindes.
Der Teufel hat noch nicht erfunden ...

Diese Grenze war auch für die Schreiber des Gettos erreicht, die die Ermordung von Kindern während des Holocaust beschrieben haben; für die israelischen Dichter war sie offenbar erreicht, als sie auf das Leiden eingingen, das Kinder vor ihren Augen erdulden mußten. An diesem Punkt griffen sie deshalb zu den stärksten Antworten auf die Vernichtung, über die ihre eigene Nation verfügte, und machten freien Gebrauch davon. So waren es vor allem die im Libanon ermordeten Kinder, die schreibende israelische Soldaten zu den erbittertsten Antikriegsgedichten provozierten und die Bilder der Kinder des Holocaust wieder heraufbeschworen.

Wie das Abschlachten und die Deportation von Kindern während des Holocaust für die Schreiber des Gettos alle bestehenden Archetypen hinfällig machten[10], so war es wohl häufig auch das Leiden von Kindern, das israelische Antikriegslyriker veranlaßte, ihr eigenes akzeptiertes Vokabular der Leiden, die der Krieg verursacht, in Frage zu stellen und damit im Grunde die kindlichen Opfer des Krieges im Libanon mit den kindlichen Opfern ihrer eigenen Erinnerungen zu vergleichen. Und obwohl die »Bazooka-Kids« der PLO für die israelischen Soldaten eine ebenso tödliche Gefahr darstellten wie die regulären PLO-Kämpfer, dürfte die Gewissenskrise, die sie ausgelöst haben, noch traumatischer gewesen sein; denn sie zerstörten bei den Israelis nicht nur die Haltung, daß

Kinder etwas Heiliges sind, sondern auch den Glauben daran, daß sie in einem konventionellen Krieg kämpften. In letzter Instanz fachten diese »Bazooka-Kids« überdies einen noch tieferen Haß auf einen Feind an, der seine Kinder als Schutzschilde und Frontsoldaten benutzte. Andererseits aber betrachtete man die »Bazooka-Kids« der Tradition entsprechend als Opfer, und zwar, im gegebenen Falle, als Opfer sowohl der feindlichen Soldaten als auch der eigenen Leute.

So beginnt beinahe jede metaphorische Bezugnahme auf den Holocaust in diesen Gedichten mit dem Bild leidender Kinder. An einem gewissen Punkt hat möglicherweise gerade diese nie dagewesene Vorstellung, gegen Kinder (die Bazooka-Kids) kämpfen zu müssen und zugleich zu erleben, wie in Sabra und Shatilla Massaker an Kindern verübt wurden, Israels Entschlossenheit in diesem Krieg gebrochen und so viele Soldaten veranlaßt, gegen diesen Krieg zu sein. Denn wir sehen hier abermals, daß die Erinnerung an die im Holocaust ermordeten jüdischen Kinder die Israelis zwar einerseits zum Kämpfen zwang, sie aber andererseits als Soldaten durch ihr Mitleid mit dem Leid von Kindern gelähmt wurden.

Indem die Erinnerungen an bedrängte Gettokämpfer, an Kinder, die brutal behandelt wurden, und an die Todeslager zu archetypischen Bezugspunkten innerhalb der Ereignisse des Holocaust wurden, haben sie sich zu eigenständigen Metaphern verfestigt. So sind in einem einzigen Bild aus dem Holocaust, dem Foto des kleinen Jungen, der mit erhobenen Armen dasteht, umringt von lachenden deutschen Soldaten, mehrere Aspekte dieser Zeit auf den Punkt gebracht, vor allem die Angst, die Hilflosigkeit, der Mut der Opfer und die barbarische Herzlosigkeit der Mörder. Doch wenn dieses Bild aus seinem Kontext herausgelöst wird und allein für einen ganzen Komplex von Ereignissen stehen soll, ist es nur allzuleicht emblematisch auf andere übertragbar und kann dazu dienen, auch die Bedeutung anderer Ereignisse zu organisieren. Auf diese Weise ist der kleine Junge nicht nur zum Symbol für die Unschuld der Opfer des Holocaust geworden, sondern wurde nun von den einstigen Opfern als Archetyp aufgegriffen, mit dem sich das aktuelle Leiden von Kindern begreifen läßt.

So zeigt Hanoch Levine 1982 in seinem »satirischen Kabarett« *Ha-patriot* ein palästinensisches Kind, das mit erhobenen Armen in der Mitte der Bühne steht, umringt von lachenden israelischen Soldaten, was wohl der bis dahin deutlichste Vergleich zwischen dem Leiden der Juden während des Holocaust und der Lage der Araber auf der West Bank gewesen sein dürfte. Als leicht identifizierbares Symbol in der Ikonographie des jüdischen Leidens provozierte diese gezielt eingesetzte Pose auf der Bühne helle Empörung bei den Überlebenden, wobei die meisten sich weniger darüber erzürnten, daß die Kinder miteinander verglichen wurden, als vielmehr über den darin mitschwingenden Gedanken, die Israelis verhielten sich jetzt ebenso wie damals die Nazis. Denn so sehr die Analogie zwischen Nazis und Israelis als unannehmbar empfunden wurde, so blieb doch das Bild des Kindes als Opfer nichtsdestoweniger ein stets wiederkehrendes Motiv in allen jüdischen Darstellungen jüdischen wie nichtjüdischen Leidens.

Doch Levines Erinnerung an dieses Kind verfolgt, genau wie die anderen traditionellen jüdischen Archetypen, die die Dichter des Libanon-Krieges verwendet haben, den doppelten Zweck, zum einen die Situation eines palästinensischen Kindes auf der West-Bank zur Metapher zu erheben und zum anderen die Benutzung der Bilder des Holocaust zur Rechtfertigung dieser Situation zu disqualifizieren. Dieser zweite Aspekt des Vergleichs war es wohl, der die Zensur veranlaßte, die weiter unten zitierte Passage aus dem Stück zu streichen. Das Bild des kleinen Jungen selbst war in Israel bereits Teil des ikonographischen Vokabulars geworden und konnte nicht geleugnet werden. In dieser Szene hält Lahav, die Hauptfigur, dem kleinen Jungen einen Revolver an die Stirn und sagt dabei zu seiner ermordeten Mutter:

Er wird dein Blut und das Blut deiner ermordeten Familie rächen..., Mutter, als dein kleiner Bruder nachts allein auf dem Feld vor den Deutschen stand, und der Deutsche zielte mit dem Revolver auf seinen Kopf, und dein kleiner Bruder zitterte vor Furcht und sagte (und er singt, als er mit dem Revolver auf den kleinen Jungen zielt):
Schieß nicht,
Ich habe eine Mutter.
Sie wartet zu Hause auf mich.
Ich habe noch nicht
zu Abend gegessen.
Töte mich nicht.

Ich bin ein Kind.
Ich bin ein Lebewesen wie du.
Was habe ich dir getan?
Was würde es dir ausmachen,
wenn ich am Leben bliebe?[11]

Lahav steht hier neben dem kleinen Jungen und leiht seine Stimme
dem palästinensischen Kind, das wir vor uns sehen, läßt es zu Wort
kommen, obwohl er eigentlich für ein ermordetes jüdisches Kind
spricht, das sein Onkel gewesen wäre. Indem er diese Metapher
des Holocaust, seine eigene Erinnerung und die Figur des palästinensischen Kindes in einem Moment verknüpft, reflektiert und
erzwingt der Dramatiker ein jüdisches Verständnis des palästinensischen Kindes.

3

Wie um seinen mit dem Grauen der Vergangenheit erfüllten Worten noch mehr Vehemenz zu geben, bevor er sie auf die Zukunft
anwendet, beschwört Zwi Atzmon in seinem Gedicht »Yizkor«
Katastrophe auf Katastrophe, um die Litanei schließlich mit ab-
geschlachteten arabischen Kindern zu beenden. Obwohl das Yizkor an keinem der rituellen Gedenktage zur Erinnerung an die
Katastrophen der jüdischen Geschichte (*Jom Hashoah* und
Tischa be Aw) gesprochen wird, ist es inzwischen Sitte geworden,
mit diesem Gebet, insbesondere dort, wo es als Ikone auf Holocaust-Denkmalen und -Monumenten steht, die Erinnerung and
die Toten des Holocaust zu verbinden. *Yizkor* ([Gott] wird gedenken) und *Zachor* (Gedenket!) wurden zu liturgischen Worten
des Gedenkens nicht nur an die Toten, sondern auch an die Zeiten und die Umstände, unter denen die geliebten Menschen gestorben sind.

In seinem als *Widderuf* des *Yizkor*-Segens verstandenen Gedicht
weitet Zwi Atzmon den zuletzt genannten Aspekt aus, indem er
nicht nur (wie traditionell üblich) die Namen seiner toten Angehörigen aufführt, sondern von dem größeren, kollektiven Tod eines
Volkes spricht, und dies nicht nur, um an die Toten zu erinnern, ja,
nicht einmal, um daran zu erinnern, daß sie gestorben sind. Ihm
geht es ausdrücklich darum, wie sie gestorben sind.

In Eretz Israel erhob sich das jüdische Volk,
das mit Gewalt aus seinem Land ins Exil vertrieben wurde.
Verfolgt, gefoltert, in die Sklaverei
verkauft, und vertrieben aus Frankreich, aus Portugal, aus England...
Vergewaltigt, geschlagen, geopfert..., ertränkt...
Und am hellichten Tage ermordet, während der Kreuzzüge, während der schwarzen Pest, den Kosackenrevolutionen und in der Dunkelheit der Inquisition.
Entführt, eingekerkert, dahingemetzelt und gesteinigt
Entwürdigt in Pogromen und verwünscht, weil es Gott getötet hätte
Und das Blut kleiner Kinder tränke.[12]

Wie das ursprünglich persönliche Yizkor-Gebet in den Gedenkgottesdiensten zur Erinnerung an den Holocaust auf den kollektiven Tod eines Volkes ausgedehnt wird, so dehnt Atzmon den Schwerpunkt des Gedenkens aus und lenkt damit das Augenmerk darauf, *wie* ein Volk gestorben ist. Sobald aber der Schwerpunkt ein anderer geworden ist, wird die Erinnerung an die Todesart zur eigenständigen Metapher. Und dann wird, wie bei den anderen Dichtern, der Tod von Kindern der Ausgangspunkt, der den Dichter verstummen läßt, der ihn sich noch einmal an Bialiks Verse »Rache... für das vergossene Blut eines Kindes...« erinnern läßt. Er fängt sich wieder, und wiederholt stammelnd:

Und die Rache an jedem kleinen Kind wird herausgeschrien.
Und plötzlich
steht er morgens auf und sieht
steht er morgens auf und sieht
Kinder, die bei Sonnenaufgang erschossen wurden,
und wirkliches Blut, nicht nur Erniedrigung.
Arabische Kinder, ohne halben Trost.

Die ermordeten Kinder bedrängen den Dichter und bringen ihn zugleich dazu, ihrer im Yizkor zu gedenken. Daß diese Kinder von Christen getötet wurden, macht die Erinnerung des Sprechers an die traditionell antijüdischen Verfolgungen vielleicht noch schlimmer. Doch das Blut ist echtes Blut, nicht das phantasierte Blut des Kindermordes, dessen die Juden traditionell verdächtigt wurden, und nicht nur eine blutige Verleumdung, wie Begin die gegen Israel erhobenen Anschuldigungen genannt hat, und es waren echte arabische Babies, die dort in Sabra und Shatilla abgeschlachtet wurden.

Am Ende zitiert Atzmon anderthalb Zeilen aus der *Hatikwa*, der israelischen Nationalhymne, um so das spezifisch Jüdische aus dem Geist seines Gedichtes buchstäblich herauszuschneiden:

In Eretz Israel erhob sich das jüdische Volk
aus seinem zweitausendjährigen Schweigen mit seiner zweitausendjährigen Geschichte.

Und solange als es im Innersten eine Seele hat: bin ich angeklagt[13]

Nachdem der Dichter die arabischen Kinder in diesen Katalog des antijüdischen Terrors mit aufgenommen hat, stellt er sie in einen unmittelbaren metaphorischen Kontext. Und damit schreibt Atzmon nicht nur die Nationalhymne, sondern auch das Gebet für die Toten neu und transponiert beide, um die arabischen Kinder dem kollektiven jüdischen Gedächtnis einzuverleiben.

Am eindringlichsten und klarsten ist die Kinder-Metapher in den Gedichten von Dalia Ravikovitch, die nicht nur den Holocaust gewissermaßen zum Bild der leidenden Kinder verdichtet, sondern die Kinder der arabischen Flüchtlinge metonymisch als Symbol der Situation des ganzen arabischen Volkes stehen läßt. Obwohl Ravikovitch nicht ausdrücklich auf den Holocaust Bezug nimmt, kann man manche ihrer Gedichte schwerlich lesen, ohne dabei die Dinge zu assoziieren, die wir mit der Erinnerung und der Sprache des Holocaust verbinden. In »Beirut verlassen« befiehlt der Sprecher den Flüchtlingen:

Nehmt die Rucksäcke,
die Töpfe und Pfannen
und die Bücher des Koran

…

Und Kinder laufen wie aufgescheuchte Hühner im Dorf herum.

An diesem Punkt wirft die Dichterin ein:

Wie viele Kinder habt ihr?
Wie viele Kinder habt ihr?
Es ist schwierig, in einer solchen Situation, auf Kinder achtzugeben.

…

Steckt in die Tüten, was nicht zerbrechlich ist,

Kleidung, Tücher, Bettzeug und Windeln
und etwas zur Erinnerung
Vielleicht eine glänzende Geschoßhülse
oder irgend etwas, das gelegen kommt
und die Babys mit wäßrigen Augen
und die Bazooka-Kids.

Und dann ruft sie uns in einer Sprache, die ein für allemal gezeichnet ist von ihrer Anwendung auf die Juden in Nazideutschland sowie von der jüdischen Erinnerung an eine Vertreibung, deren einziges Ziel der Himmel war, eine neue »Reise der Verdammten« ins Gedächtnis und schafft sie damit zugleich neu, wobei die Dichterin kaum Zweifel an der Herkunft ihrer Metaphorik läßt:

Wir wollen euch auf dem Wasser ziellos segeln sehen,
nicht einem Hafen oder einer Küste entgegen
Nirgendwo werden sie euch empfangen
Ihr seid verdammte Menschen
Ihr seid Menschen, die nicht zählen
Ihr seid überflüssige Menschen
Ihr seid nichts als eine Handvoll Läuse
stechend und juckend
bis zum Wahnsinn.[14]

In dieser ironischen Inversion spricht die Dichterin im Namen aller Juden, die das Leiden der Juden in der Vergangenheit rächen wollen, indem sie in der Gegenwart ihre Feinde, die Flüchtlinge, dazu verurteilen, *wie* Juden zu leiden.

In »Man kann ein Kind nicht zweimal töten« überlagert Ravikovitch schließlich eine unmittelbar von Bialik übernommene Metaphorik mit einer vom Holocaust geprägten Sprache, und auch hier sind es wieder Kinder, die das Grauen symbolisieren und das Gedicht zugleich inspiriert haben.

Über Abwasser-Lachen in Sabra und Shatilla
schicktet ihr große Massen von Menschen
riesige Massen
von der Welt der Lebenden in die Welt der Toten.

Nacht um Nacht.
Zuerst schossen sie
danach hängten sie
zuletzt schlachteten sie mit Messern.

Entsetzte Frauen tauchen abgehetzt
hinter einem kleinen Aschehügel auf:
»Dort schlachten sie uns,
in Shatilla.«

Ein zarter Schweif des Neumonds hing
über den Lagern.
Unsere Soldaten erleuchteten den Platz mit Leuchtraketen
taghell.

»Zurück zum Lager, marsch!«, befahl der Soldat
den schreienden Frauen aus Sabra und Shatilla.
Er hatte Befehle auszuführen.
Und die Kinder waren bereits in dreckige Lachen geworfen
worden
ihre Münder weit geöffnet
Still.
Niemand wird ihnen nochmal wehtun.
Man kann ein Baby nicht zweimal töten ... [15]

Die Soldaten »führen« lediglich »Befehle aus«, und das geschieht,
wenn nicht am hellichten Tage, so doch im Lichte der Flammen, in
die die Soldaten den Ort getaucht hatten. Man kann ein Kind nicht
zweimal töten, stellt sich heraus, es sei denn, in der Erinnerung
und in den Bildern, in denen unser Gedächtnis die heutigen Erfahrungen faßbar macht. So sterben die Kinder aus Bialiks Gedicht
und jene, die uns aus dem Holocaust in Erinnerung sind, ein ums
andere Mal bei jedem neuen Mord an einem Kind.
Nach der Klarheit, mit der sich die Soldaten des Sechs-Tage-
Krieges in ihren Gedichten auf den Holocaust bezogen haben,
erscheinen die späteren Anspielungen vielleicht ein wenig gebrochen und bisweilen sogar willkürlich. Mitunter scheint der Bezug
allein aus dem spezifischen Wissen des Lesers um die Ereignisse zu
erfolgen, indem die Erinnerung an den Holocaust auf ein allgemei-
neres Leiden projiziert wird. In Wahrheit aber werden sowohl die
Analogie als auch die Metapher zunächst immer teilweise im Erinnern der Ereignisse erzeugt. Denn das Gedächtnis der hebräischen
Sprache ist so beharrlich, daß in ihren Worte stets die Erfahrungen
der Vergangenheit mitklingen werden; eine Wendung wie »Wir
haben nichts gesehen und nichts gewußt« ist so mit den Gewaltta-

ten der Vergangenheit befrachtet, daß es unmöglich geworden ist, sie in Israel unbefangen zu verwenden: Man kann sie nur ironisch wiederholen.

Der Rest der Welt scheint bis auf den heutigen Tag das echte Mitgefühl der Israelis mit den Opfern der Massaker von Sabra und Shatilla mit Schuldgefühl zu verwechseln. Als vierhunderttausend Israelis in Tel Aviv aus Protest gegen diese Morde auf die Straße gingen, mißverstand die Welt diesen vehementen Ausdruck der Sympathie mit den Opfern als Eingeständnis von Schuld. Weil es so wunderbar leicht ist und sich geradezu anbietet, jene simple Umkehrung vorzunehmen, bei der der Verfolgte selbst zum Verfolger wird, darum sprach man dem israelischen Volk weltweit die Fähigkeit ab, das Leiden eines anderen Volkes, wenn auch nur im übertragenen Sinne, mitzuempfinden. Die Weltöffentlichkeit konnte nicht verstehen, daß ein solcher Ausbruch der Trauer wohl ebensosehr durch die Erinnerung an vergangenes jüdisches Leiden wie durch das Massaker selbst, das libanesische Christen an Palästinensern begangen hatten, hervorgerufen worden war.

Denn die Erinnerung an die Vergangenheit wird nicht nur *mi dor le dor* -- von Generation zu Generation – überliefert, sie wird zwangsläufig auch in den Bildern erneuert, die dieses Leiden von einer Epoche in die nächste tragen. So wird die Vergangenheit ebenso in den Bildern der Gegenwart erinnert, wie die Ereignisse der Gegenwart aus der Perspektive vergangener Ereignisse neu gestaltet werden. In dieser Wechselbeziehung von Vergangenheit und Gegenwart werden die Erinnerungen von jeder Generation ererbt und überliefert in einem; und so entsteht eine Kette von Analogien, durch die die Ereignisse miteinander verknüpft werden. Wir erfassen die Krisen der Gegenwart unweigerlich mit den Metaphern der Vergangenheit. Anstatt dies immer wieder verhindern zu wollen, sollten wir anerkennen, daß das historische Gedächtnis durch diese Art der Erfassung gestärkt werden kann. Wir können uns die Krisen unserer Zeit und die in die Geschichte eingegangenen Krisen der Vergangenheit doch nur vergegenwärtigen, indem wir die einen aus der Perspektive der anderen sehen. Und ist das nicht schließlich unsere einzige Möglichkeit, uns an sie zu erinnern?

Dritter Teil

Texte des Holocaust

Eine Textkritik

Einleitung

Im Mittelpunkt der vorliegenden Studie über den Holocaust in der Literatur steht die These, daß wir diese Epoche – wie übrigens jede andere auch – nur aus ihren uns überlieferten Darstellungen erkennen können. Ich hatte eingangs eine kritische Betrachtung der Holocaust-Literatur angekündigt, die alle Arten von Texten einschließt, das heißt literarische und graphische Darstellungen ebenso wie Erinnerungen. Bislang allerdings kamen hier nur die schriftlich fixierten Reaktionen zur Sprache, obgleich auch in jenen anderen Textsorten, genau wie in den literarischen und historischen Schilderungen des Holocaust, sowohl die Ereignisse selbst als auch die nationalen Mythen, religiösen Archetypen und ideologischen Modelle zum Ausdruck kommen, die unser Erinnern an den Holocaust strukturieren und ihm Kontur geben. Die unterschiedlichen Texte und Kontexte, die die Ereignisse heute vermitteln, reflektieren Bedeutungen und Interpretationen des Holocaust nicht nur, sie erzeugen sie auch.

Ich habe daher, um diese kritische Betrachtung auf die übrigen Holocaust-Studien ausdehnen zu können, den Begriff Holocaust-Texte etwas weiter gefaßt, so daß nicht mehr nur Tagebücher, Memoiren, fiktionale Literatur, Dramatik und Lyrik, sondern eine Auswahl filmischer Zeugnisse sowie bestimmte Gedenkstätten und Museen unter diese Kategorie fallen. Dieser folgende Teil zum Thema »Texte des Holocaust«, den ich an das Ende meiner Studie stelle, kann keine vollständige Zusammenschau aller außerliterarischen Echos auf den Holocaust geben; diese müßte neben vielem anderen auch die Malerei, die Musik, die Fotografie und die Liturgie umfassen. Dieser Schlußteil, der auf einer semiotischen Lektüre von Film- und Denkmaltexten basiert, möchte auf die Bedeutung hinweisen, die dem von mir gewählten Ansatz für die Interpretation sowohl früherer als auch künftiger, sowohl literarischer als auch graphischer Darstellungen und Texte des Holocaust zukommen könnte. Darüber hinaus sollen in diesem Abschnitt die Unterschiede im Verständnis der Ereignisse herausgearbeitet werden, die die jeweiligen Medien hervorbringen. Und schließlich soll deutlich gemacht werden, daß es in der Holocaust-Forschung zwar verschiedene Disziplinen, vor allem aber eine grundlegende interdisziplinäre Kontinuität gibt. Der folgende Abschnitt untersucht, wie das Erinnern in Gedenkstätten und filmischen Schilderungen textliche Gestalt annimmt, und bietet damit ein Modell für die weitere Erforschung der Darstellung des Holocaust an. So könnte dieser Teil, der mein Buch abschließt, der Holocaust-Forschung neue Themen erschließen und mit dazu beitragen, daß die wissenschaftliche Auseinandersetzung mit dem Holocaust als Form der Erinnerungsarbeit weitergeht.

Aufzeichnung eines Holocaust-Videozeugnisses in Yale. (Das Foto wurde uns freundlicherweise vom Büro für Öffentlichkeitsarbeit der Yale University zur Verfügung gestellt.)

Der überlebende Simon Srebnik inmitten seiner früheren Nachbarn im Dorf Chelmo, die in *Shoah* Teile seiner Geschichte erzählen. (Das Foto wurde uns freundlicherweise zur Verfügung gestellt von New Yorker Films.)

Auf dem symbolischen Friedhof in Treblinka erinnern 17000 Granitblöcke an einzelne Menschen und ganze jüdische Gemeinden, die in diesem Todeslager ausgelöscht wurden. Errichtet 1964 nach Entwürfen der Bildhauer Adam Haupt und Franciszek Duszenko. (Foto: Monika Krajewska.)

Das Denkmal in Auschwitz-Birkenau steht am Ende der Eisenbahngleise. Errichtet 1967 nach Entwürfen von P. Casella, J. Jarnuskiewicz, J. Palka und F. Simoncini. (Foto: James E. Young.)

Reste der Krematorien und Gaskammern in Auschwitz-Birkenau. (Foto: James E. Young.)

In Dachau erinnern Reihen symbolischer Fundamente an die Baracken, die früher hier standen. (Foto: James E. Young.)

Das Denkmal von Majdanek. Errichtet 1970 nach Entwürfen von Wiktor Tolkin und Janusz Dembek. (Foto: James E. Young.)

Durch die Öffnung am Fuße des gewaltigen Monuments fällt der Blick auf das Krematorium und die Wachtürme von Majdanek, die noch stehen. Ein Mausoleum erhebt sich über der Asche der Ermordeten. (Foto: James E. Young.)

Grabsteinmonumente an der Stelle des alten jüdischen Friedhofs von Sandomierz, nach dem Krieg von Überlebenden errichtet. (Foto: Monika Krajewska.)

Stützmauer aus zerbrochenen Grabsteinen auf dem jüdischen Friedhof in Warschau. (Foto: James E. Young.)

Der Bruch in der jüdischen Geschichte wird in Kazimierz durch die Grabsteinfragmente und durch den Riß in der Mauer symbolisiert. (Foto: Monika Krajewska.)

Das Warschauer Gettodenkmal. Links: Basrelief auf der Ostseite, rechts: Westseite. (Foto: Foto-Ruch.)

Neuntes Kapitel

Video- und Filmzeugnisse des Holocaust

Die Dokumentation des Zeugnisses

Der Film handelt von meinen eigenen Obsessionen. Anders wäre er nicht möglich gewesen.
Claude Lanzmann

1. Film und Erzählung

Die Erinnerung kommt selten als langer, gewundener Erzählstrang daher. Viel öfter erinnern wir uns in frei assoziierten Momenten, in Zeitkernen, um die herum die Ereignisse sich gruppieren und Signifikanz gewinnen. Wenn die Hersteller eines Video- oder Filmdokuments einen Überlebenden vor laufender Kamera nach seinen Erinnerungen befragen, fügen sie damit paradoxerweise Bruchstücke von Erinnerungen zu einer endlosen Rolle, einer Art Zelluloid-Megillah, aneinander. Diese High-Tech-Zeugnisse werden dann in den Videoarchiven, etwa in Yale oder an der UCLA und am Gratz College auf Kassetten aufgezeichnet, katalogisiert, indiziert, geschnitten und transkribiert. Von diesen Archiven aus werden sie verteilt, um in Schulen und im Fernsehen gezeigt oder in Studiengängen, die sich speziell mit der Geschichte und der Literatur des Holocaust befassen, sowie in allgemeineren Kursen über mündlich überlieferte Geschichte, Psychotherapie und Zeugnisliteratur verwendet zu werden.

Untersuchen wir Video- und Filmzeugnisse als Texte, die genau wie literarische Zeugnisse konstruiert sind, so müssen wir dabei beachten, daß es hier die dem Medium Film eigentümlichen formalen Elemente sind, die die Geschichten der Überlebenden erklären und ihnen Bedeutungen unterlegen. Denn jedes Medium prägt dem Material, das es vermittelt, seine eigenen, ganz spezifischen Eigenschaften auf. Indem es die Ereignisse wiedergibt, gestaltet es sie. Die Literatur erinnert die Ereignisse anders als die Fotografie, die Malerei anders als die Bildhauerei, Ausstellungen in Museen anders als Videozeugnisse. In diesem Kapitel sollen einige der Formen untersucht werden, mit denen in Videozeugnissen Verständnis und Bedeutung des Holocaust konstruiert und wiedergegeben werden. Genauer gesagt, geht es darum, den Prozeß des Zeugnisablegens selbst zu untersuchen, wobei ich vom wörtlichen, etymologischen Sinn des Wortes *testificare* – »Erzeugen des Zeugnisses« – ausgehen möchte.

Zwar warnen Kritiker wie Lawrence Langer davor, in literarischen Darstellungen des Holocaust und in Holocaust-Videozeugnissen nach ästhetischer oder moralischer Geschlossenheit zu suchen[1], doch ist es eine Tatsache, daß das Videozeugnis die Erinnerungen des Überlebenden gewissermaßen doppelt integriert und ordnet, nämlich einmal in der Erzählung des Sprechers und einmal in der erzählenden Bewegung, die das Medium selbst erzeugt. Denn ebenso wie die erzählende Darstellung in der Literatur verbindet das Videozeugnis, ganz gleich, ob es dem Sprecher durch mitfühlende Zuhörer entlockt wird oder dieser es, dem Gebot der Tradition gehorchend, ablegt, Zeit und Raum, verknüpft es die Ereignisse miteinander und stellt so ein Kontinuum her, führt zu neuen Erkenntnissen, erzeugt Kausalzusammenhänge und historische Bedeutungen. Die Horizontalbewegung von Video und Film impliziert ein Gespür für Sequenzen, eine lineare Kausalität, die Erklärungen für die Ereignisse vorschlägt. So wird jedem Zeugnis von Anfang bis Ende ein bestimmtes Verständnis der Ereignisse unterlegt. Genau wie das literarische Zeugnis, das sich in Tagebüchern und Memoiren über den Holocaust manifestiert, sind mithin auch die Video- und Filmzeugnisse abhängig von den formalen Struktureigenschaften narrativer Texte, die ihnen jeweils Gestalt und Stimme geben.

Im Holocaust-Videozeugnis überschneiden sich zumindest zwei Ebenen der erzählerischen Darstellung, die filmische mit ihrer Horizontalbewegung, ihren Schnitten, ihrem Nebeneinander von Bildern, und die der eigentlichen Geschichte des Überlebenden selbst, die so zu einer Darstellung in der Darstellung wird. Das Videozeugnis neigt ganz selbstverständlich dazu, von einer Darstellungsebene auf die andere hinüberzugleiten; denn da die Geschichte des Überlebenden sein Inhalt zu sein scheint, erweckt es den Anschein, als bestimme dieser die Struktur des Texts insgesamt, obwohl seine Geschichte zwangsläufig nur als ein Teil in den gesamten Komplex der durch das Medium Videofilm erzeugten Darstellung eingeht. So gesehen, kann man sagen, daß das Holocaust-Videozeugnis eine Kombination aus der Geschichte des Überlebenden, dem Erzählen dieser Geschichte und der audiovisuellen Aufzeichnung des Zeugnisses ist.

Der Dokumentarfilmer Frederick Wiseman sagte einmal in einem Interview: »Eine Sache, die mir bei all [meinen] Filmen zu schaffen macht, ist, wie man zu einer abstrakteren, allgemeineren Aussage über die Dinge, um die es geht, kommen kann, und zwar ohne einen Erzähler einzuführen, einfach, indem man die Ereignisse durch den Schnitt zueinander in Beziehung setzt.«[2] Wiseman, der bei seinen Filmen nicht nur Regie geführt, sondern diese auch selbst geschnitten hat, der also sowohl für die Auswahl der Ereignisse als auch für die endgültige Form ihrer Präsentation verantwortlich zeichnet, verstand sich zutiefst als Handwerker der Dokumentaristik und »Erzeuger« des Zeugnisses. Er begriff, daß er allein dadurch, daß er Filmstreifen in einer bestimmten Ordnung aneinanderfügte, Kausalfolgen erzeugte und Theorien zur Erklärung von Ereignissen lieferte, obwohl er diese Ereignisse scheinbar nur dokumentierte. Der Film selbst mit seiner Horizontalbewegung (nicht der in ihm auftretende Sprecher) erzählt die Ereignisse und bringt so ein spezifisches Wissen über sie hervor.[3]

Annette Insdorf, die diese Auffassung teilt, meint in ihrer Studie über den Holocaust-Dokumentarfilm, aus diesem Grunde könne es ein unvermitteltes Zeugnis im Film nicht geben. Insdorf bestreitet André Bazins naive Behauptung, die Kameralinse (auf französisch *objectif* genannt) trete nur als nüchterne, leblose Mittlerin zwischen Realität und Zuschauer. Sie erinnert daran, daß »die Bilder, je nachdem, wie die Einstellung, der Kamerawinkel, das Licht und die Entfernung zum Gegenstand gewählt werden, jedesmal anders erscheinen. Der Gegenstand bleibt derselbe. Die Kameraposition ist es, die darüber entscheidet, ob er bedeutungslos, bedrohlich oder neutral wirkt.«[4] Nehmen wir zu diesen Bedingungen noch Drehzeit und Drehort, die von den Interviewern gestellten Fragen, die Gemütsverfassung des Überlebenden an einem bestimmten Tag, aktuelle Ereignisse, die als Analogien auftauchen, oder gar Untertitel und Übersetzungen hinzu, dann stellen wir fest, daß es niemals das Ziel des filmischen Zeugnisses sein kann, Erfahrungen zu dokumentieren oder Fakten an sich zu präsentieren. Es dokumentiert vielmehr den Zeugen, wie er Zeugnis ablegt, und es dokumentiert das Verständnis und die Bedeutung, die bei der Tätigkeit des Zeugnisablegens selbst erzeugt werden.

Wie jede andere Darstellung muß auch das Holocaust-Videozeugnis einen Anfang und ein Ende haben, so daß die Erfahrungen des Überlebenden sowohl für den Sprecher als auch für den Zuschauer in einen bestimmten Rahmen gestellt werden. »Fangen Sie mit dem Anfang an«, schlägt der Interviewer vor, und der Überlebende muß entscheiden, wo dieser Anfang liegt. Hat es damit angefangen, wie seine Familie nach dem Ersten Weltkrieg von Rußland nach Deutschland übersiedelte, oder damit, wie sie im Radio hörten, daß Hitler Reichskanzler geworden war, oder mit der *Kristallnacht*?[5] Fing es damit an, daß die Gemeinde ins Getto deportiert wurde, oder damit, wie sie in Auschwitz ankamen? Oder setzt die kollektive Erinnerung an den Holocaust in Wahrheit schon Jahrhunderte früher ein, beim *Churban* des Ersten und des Zweiten Tempels und den nachfolgenden Pogromen? Und wo endet das Zeugnis? Bei der Befreiung aus dem Lager oder bei der Ankunft in Israel? Wenn das Band abgelaufen ist, oder wenn der Interviewer müde wird? Kann die Erinnerung überhaupt ein Ende haben? Je nachdem, wo man Anfang und Ende festlegt, werden bestimmte Prämissen, Schlußfolgerungen und Bedeutungen für das ganze Zeugnis erzeugt. In diesem Kontext sei daran erinnert, daß der Überlebende im Videozeugnis genau wie der Memoirenschreiber sein Zeugnis im vollen Wissen um das Ende beginnt, was unweigerlich dazu führt, daß er frühere Erfahrungen mit späteren in Zusammenhang bringt und mitunter auch aus der Perspektive dieser späteren Erfahrungen darstellt. Manche Erinnerungen schildert er in allen Einzelheiten, andere hingegen, die vor und nach dem Zeugnisblock liegen, läßt er gänzlich unerwähnt.

Lawrence Langer stellt fest, daß keines dieser Zeugnisse dem anderen gleicht, was indes nichts damit zu tun hat, daß jeder Zeuge ganz und gar einmalige Erfahrungen mitzuteilen hat. Der Grund ist vielmehr, daß jede einzelne »Geschichte« von unzähligen individuellen Strukturmustern geprägt ist. »Selbst dann, wenn Zeugen in ein und demselben Arbeits-, Konzentrations- oder Todeslager gewesen sind«, schreibt Langer, »werden die erinnerten Details durch so viele verschiedene Faktoren – Gedächtnis, Persönlichkeit, Ausmaß des Erinnerungsverlusts, Dauer der Haft, Gesundheit, psychische Verfassung, Tiefe der religiösen Bindung – modifiziert, daß ihre Zeugnisse keine einheitliche Sicht erbringen können.«[6] Mit geschlossener Sicht meint Langer dabei eine universelle Sicht, die alle Opfer teilen und die all diese Erfahrungen einander anähnelt, obwohl die Videobänder genau das Gegenteil zu bestätigen scheinen. Wenn allerdings Zeugen die gleiche *Weltanschauung*[7] haben, sind die Unterschiede im Verständnis ihrer Erfahrungen weniger gravierend. Das liegt nicht daran, daß sie in jedem Fall die gleichen Erfahrungen gemacht haben, sondern daran, daß die Erzähler zur Beschreibung ihrer Erfahrungen nicht selten auf die gleichen Traditionen und die gleiche Sprache zurückgreifen. So werden disparate Ereignisse dadurch, daß sie in den gleichen Bildern erzählt werden, in ihrem Ausdruck vereinheitlicht und durch eine gemeinsame Sicht auf die Erfahrungen integriert.

Denn im Gegensatz zu Langers Behauptung, diese Videozeugnisse hätten vielfach »keine symbolische Dimension oder legendenhafte Resonanz, [seien] nicht durch literarische Beispiele modifiziert«[8], stützen sich diese Darstellungen sehr wohl notwendigerweise nicht weniger als die literarischen Zeugnisse auf die Mythen, Metaphern und Ideologien, die die Welt und die Sprache der Überlebenden beherrschen. Kann man die Geschichte zweier junger Mädchen, die sich monatelang unter einer durch einen Misthaufen verdeckten Falltür versteckt halten (Langers Beispiel), erzählen, ohne darin eine Allegorie auf die Lage der Juden in Europa während des Holocaust zu erkennen? Und während einige dieser Zeugen überaus wortkarg sind, verstehen sich andere überraschend bildhaft auszudrücken. »Als die Sonne aufging [in Auschwitz]«, erzählt eine Frau mit klarem Blick und in eindringlichem Ton, »war sie nicht wie die Sonne. Ich schwöre Ihnen, sie war nicht hell… Für mich war sie schwarz.«[9] Diese Überlebende hat Paul Celans *Todesfuge* vielleicht nie gehört, und doch kann der Zuhörer nicht umhin, die literarische Anspielung auf die ersten Worte dieses Gedichts wahrzunehmen, dieses »Schwarze Milch der Frühe…«, das an sich schon eine klassische Metapher für das Groteske jener Zeit ist. Die Sprecher stellen in diesen Zeugnissen ihre Erfahrungen mit derselben Zwangsläufigkeit bildlich dar, mit der die Bilder auf dem Bildschirm die Sprecher selbst zum Bild werden lassen.

2. Das Zeugnisbild und seine Interpretation

Viele Überlebende beschlossen nach dem Krieg, nur noch englisch zu sprechen und auch ihr Zeugnis auf englisch abzulegen, weil ihnen diese Sprache neutral und unbelastet erschien und, paradoxerweise, als Sprache ohne Gedächtnis. Häufig stellen Überlebende, die die Ereignisse in Jiddisch, Polnisch oder Deutsch erlebt haben, fest, daß das Englische für sie nicht nur ein Ausdrucksmittel ist, sondern gleichsam zwischen ihnen und ihren Erfahrungen vermittelt. In Video- und Filmzeugnissen wird dieses Simultanübersetzen der Ereignisse aus der Erinnerung in Sprache und aus einer Sprache in eine andere bei laufender Kamera überraschend deutlich, und zwar auf eine Weise, wie dies in der Literatur nicht möglich ist. Gerade die visuelle Aufzeichnung des Vorgangs der sprachlichen Formulierung der Erinnerungen, das Suchen nach den richtigen Worten und die damit zugleich erfolgende Interpretation der Ereignisse wird hier zum wesentlichen Bestandteil des Videotexts.

Am besten läßt sich dieser Prozeß vielleicht in Claude Lanzmanns Film *Shoah* verfolgen, in dem alle Phasen der Übersetzung auf der Leinwand zu sehen sind. Das hat mitunter die Wirkung, daß man sich wie in einem multilingualen Hallraum fühlt, in dem die Erfahrungen geradezu nach Sprache zu suchen scheinen. In *Shoah* stellt Lanzmann seine Fragen in französischer Sprache, dann werden sie von einem Dolmetscher ins Polnische, Jiddische oder Hebräische übersetzt, in einer dieser Sprachen beantwortet, ins Französische zurückübersetzt und dann in Frankreich mit englischen Untertiteln ausgestrahlt. Für den Zuschauer werden also Fragen und Antworten buchstäblich dreimal in verschiedenen Übersetzungen (das heißt Interpretationen) wiederholt. Und obwohl jede Sprache dem Zeugnis eine geringfügig andere Wendung gibt, hat man fast das Gefühl, daß keine dieser Sprachen für sich allein der Aufgabe gerecht werden könnte. Dieses Wiederholen und scheinbare Umformulieren der Ereignisse in Sprache und der Eindruck, daß sich die Ereignisse der Sprache entziehen, sind hier zumindest Teil des Texts.

Ein weiterer wichtiger Teil des Texts ist, daß Fragen und Antworten bei laufender Kamera von Lanzmanns Dolmetschern übersetzt (und mithin interpretiert) werden. Lanzmann hat sich zwar bemüht, seine Fragen so direkt und unzweideutig wie möglich zu stellen, aber dennoch klingen sie mitunter so ironisch, ja sarkastisch, daß sich die Zeugen hätten beleidigt fühlen können, wenn seine Sätze nicht von den Dolmetschern umformuliert worden wären. Und wie sich zeigt, haben seine Dolmetscher auch die Antworten gefiltert, indem sie versuchten, nur das wiederzugeben, was ihnen in bezug auf Lanzmanns Frage relevant zu sein schien. Die Vermittler sind in diesem Falle eindeutig Interpreten: sie übersetzen die französische Frage in eine annehmbare polnische, bekommen eine Antwort auf eine polnische Frage und dolmetschen diese zurück in das Bezugssystem des französischen Originals, wobei sie sie sogar leicht korrigieren, um sie mit der Intention der ursprünglichen Frage, wie sie sie verstehen, in Einklang zu bringen.

Hier wird also nicht nur eine Geschichte oder eine Erzählung mit den Mitteln des Films oder der Videotechnik dokumentiert, sondern es handelt sich buchstäblich um die Erzeugung des Zeugnisses: die angestrengte und bewußte Wahl der Worte, die Auswahl der Details und Erinnerungen, die Wirkung dieser Details auf den Sprecher und schließlich die Wirkung dieser Details auf die Erzählung selbst. Wir sehen zu, wie Erfahrungen zu Sprache werden, wir beobachten den Moment, in dem die Erinnerung in Sprache verwandelt wird, nicht selten zum erstenmal. Während der Schriftsteller das Schweigen brechen muß, um es darzustellen, ist dieses Schweigen im Videozeugnis ebenso präsent wie die Worte selbst; das Schweigen, das in einem gedruckten Buch allenfalls in Gestalt von leeren Seiten existieren kann, geht hier einher mit dem Bild eines Menschen, der schweigt, der keine Worte findet. Im Unterschied zum literarischen Zeugnis kann das Videozeugnis auch das *Nicht*erzählen einer Geschichte darstellen, den Moment, in dem die Erinnerung nicht in Sprache verwandelt wird. Wir erleben das Sprechen und das Nichtsprechen, die Entscheidung, ob man fortfahren soll oder nicht. Anders als in der geschriebenen Darstellung, die dazu neigt, die Zwischenräume zwischen Worten und Gedanken aufzuheben, bleiben im Videozeugnis die Pausen und das Zögern beim Erzählen einer Geschichte erhalten. Das Gefühl der Inkohärenz der Erfahrungen, der assoziative Charakter ihrer Rekonstruktion, das sichtbare Suchen nach Begriffen und Sprache, all das bleibt im Video konserviert und wird ebenso Teil des textlichen Gehalts des Videozeugnisses wie die Geschichte des Überlebenden.

Und wie Lawrence Langer feststellt, ist hier »direkt und sichtbar deutlich«, daß der Sprecher seine Geschichte im Akt des Erzählens noch einmal ganz intensiv durchlebt.[10] Das heißt, wir beobachten buchstäblich, wie der Erzähler sein Zeugnis solange ordnet, korrigiert und neu erzählt, bis er eine ihn zufriedenstellende Fassung gefunden hat. Wir können den Akt des Erzählens sehen, das Ansetzen, das Innehalten, die Vorläufigkeit, die in der Natur der Sache liegt. Wir nehmen wahr, wie die Erzähler nach Sprache suchen, wenn ihnen einfach die Worte fehlen, wie ihnen gewisse Metaphern gleichsam automatisch von der Zunge gehen, wie sie, wenn das, was sie erzählen, sie emotional bewegt, anfangen, über sich selbst nachzudenken. In all dem erleben wir die qualvolle Entstehung des Zeugnisses, erleben wir, wie das Zeugnis buchstäblich vor unseren Augen erzeugt wird.

Der Prozeß des Erinnerns, des Konstruierens, des Korrigierens, des Formulierens von Gedanken und des Suchens nach einer Ordnung, der in literarischen Texten zumeist unsichtbar bleibt, reichert das Videozeugnis mit jener schmerzhaften Selbsterkenntnis und Selbstbesinnung an, die dem literarischen Zeugnis fehlt. Dieses Moment der Selbstbesinnung ist den Erzählern übrigens auch selbst bewußt; häufig reagieren sie beim Sprechen auf den Klang und den Sinn ihrer eigenen Worte, korrigieren sich mitunter sogar leicht im Ton. Bisweilen scheint es, als wären sie ihr eigenes Publikum; sie denken über das eben Gesagte nach, lassen es sich noch einmal durch den Kopf gehen und scheinen sich manchmal zu fragen, was ihre Geschichte eigentlich soll.

Manche Überlebende scheinen sich regelrecht vor ihren eigenen Geschichten schützen zu wollen. Sie nähern sich ihren Erinnerungen mit Vorsicht, kreisen sie ein, als wollten sie die mögliche Wirkung ihrer Worte, und zwar nicht nur auf die Zuhörer, sondern auch auf ihre eigene Person, im voraus berechnen. Irgendwie bleiben diese Erinnerungen in der Gefühlswelt des Überlebenden als Wunde lebendig. Wenn wir zusehen, wie diese Erinnerungen aus der privaten Sphäre ans Licht der Öffentlichkeit treten, empfinden wir auch etwas von dem Schmerz, der darin liegt, und können nicht nur die Folgen der Erfahrungen selbst, sondern auch die des Erzählens ein wenig besser verstehen.

Im Zeugnisbild sehen wir auch die Spuren einer Geschichte, die der Überlebende nicht erzählt, Spuren, die in seinen Augen, seinen Bewegungen, seiner Mimik zu verfolgen sind. All das geht ein in den Gesamttext des Videozeugnisses und zeigt uns viel mehr als das, was wir sehen und hören. Hier begreifen wir, daß die Erinnerung nicht allein durch das Erzählen, sondern ebenso durch Körpersprache und Verhalten vermittelt wird. Wir erkennen im Grunde, daß es Formen des Zeugnisses gibt, die uns nur das Video oder der Film erschließen können, Formen des Zeugnisses, die wir mit eigenen Augen sehen müssen. In *Breaking Silence*, Eva Fogelmans Film über die Kinder von Überlebenden und ihr Verhältnis zu ihren Eltern, entdecken wir, daß diese Kinder ein bestimmtes Verständnis der Ereignisse ererbt haben, eine ganze Welt von Erinnerungen, die wenig mit dem zu tun hat, was ihre Eltern ihnen erzählt haben. Für viele Kinder lag das Problem zum Teil gerade darin, daß ihre Eltern nichts erzählt haben, daß sie vielmehr mit unzähligen Verhaltensmustern und nichtverbalen Zeichen konfrontiert waren, die sie kaum zu deuten vermochten. Das Zeugnis ihrer Eltern schlug sich unter anderem nieder in permanenter Zerstreutheit, übersteigerter Fürsorglichkeit, im unbewußten Herunterspielen der Probleme der Heranwachsenden (aus der Perspektive von Auschwitz) oder einfach in Schuldgefühlen, weil man überlebt hatte. Und obwohl all das vermutlich nie verbalisiert oder eindeutig erklärt wurde, hat es sich den Kindern über tausend kleine Alltäglichkeiten als Erinnerung vermittelt. Und wie Körpersprache, Schweigen und andere nichtverbale Verhaltensweisen von Eltern bestimmte Mitteilungen an die Kinder enthalten, so übermitteln die Überlebenden im Videozeugnis den Zuschauern bestimmte nichtverbale Botschaften und Erinnerungen.

Wenn wir uns *Breaking Silence* oder *Shoah* oder diese Videozeugnisse ansehen, finden wir darin somit ein ganzes Universum nichtverbaler Erinnerungen vermittelt – von Zeichen, die ebenso interpretiert und entschlüsselt werden müssen wie die Sprache. Bilder wirken zwar häufig als Bekräftigung des verbalen Zeugnisses und unterstützen die Authentizität des Sprechers und dessen, was er sagt, aber sie können das Zeugnis auch untergraben oder komplizieren. Das zeigt sich besonders in *Shoah*, wo die Worte selbst nicht selten sehr wenig von der Geschichte erzählen. Unter anderem erinnern wir uns an den polnischen Dorfbewohner, der gefragt wird, ob er sich an die Deportation der Juden aus Grabow erinnert. Zu dieser Zeit, antwortet er, habe er in der Mühle dort gegenüber gearbeitet, und sie hätten alles gesehen. »Was hat er dabei gedacht, war es ein trauriges Schauspiel?« fragt Lanzmann. »Ja«, lautet die Antwort, »es war traurig, das zu sehen, man kann so etwas nicht mit frohen Augen sehen.«[11]

»Man kann so etwas nicht mit frohen Augen sehen«, lautet die Antwort. Und doch lächelt unser Sprecher. Ist er verlegen oder stolz oder erfreut oder einfach nur befangen vor der Kamera? Versucht er hier ironisch zu sein, versucht er, mit seiner Antwort sowohl Lanzmann als auch sich selbst gerecht zu werden? All diese Interpretationen sind möglich, aber sie sind nur möglich, weil wir das Bild und die Worte vor uns haben. Das Lächeln aber bleibt mit seinem Zeugnis verbunden; es erzeugt Ironie und übermittelt damit eine Botschaft, die viel tiefgründiger ist als diese vier Wörter »nicht mit frohen Augen«. Die Bedeutung ergibt sich hier aus dem Textganzen, wozu auch Blicke, das Abwenden des Blicks und Lächeln gehören.

Die visuellen Bilder des Videozeugnisses sind auch noch in anderer Hinsicht bedeutsam. Mit zu den abscheulichsten Niederträchtigkeiten, die den Juden in der Zeit des Holocaust angetan wurden, gehörte wohl die gezielte Verdrängung einer jahrtausendealten Kultur durch eine, wie David Roskies es genannt hat, »monströse Kuriositätenschau von Opfern ungeheuerlicher Greueltaten«. Leider sind die unfaßbaren Bilder von ausgemergelten Leichnamen und Überlebenden für viele Amerikaner nicht nur das einzige, was von der europäisch-jüdischen Zivilisation übrigblieb, sondern auch das einzige, was sie über den Holocaust und seine Überlebenden wissen. In der Regel sind diese Bildern des heillosen Grauens, das am Ende der Geschichte der Juden auf dem europäischen Kontinent stand, alles, was man in der Schule zum Thema Holocaust erfährt. Der Anteil der Juden am politischen und geistig-kulturellen Leben, die Rolle, die sie bis dahin in der Geschichte Europas gespielt hatten, all das wird nicht berücksichtigt. Doch wie an die Stelle der einstmals blühenden jüdischen Gemeinden die Bilder der Leichen und der zu Skeletten abgemagerten Häftlinge getreten sind, treten jetzt an die Stelle der Bilder dieser ausgezehrten Überlebenden die wohlgenährten, äußerlich wiederhergestellten Überlebenden auf den Videobändern. Die Videoaufnahmen zeigen uns heile Menschen, mögen diese innerlich auch noch so zerstört sein, und geben auf diese Weise den Überlebenden – und damit auch den ermordeten Opfern – ihre Identität als Menschen zurück. Statt der immer gleichen Schwarzweißbilder von hohläugigen Opfern sehen wir die Überlebenden, wie sie heute sind, und werden so daran erinnert, daß alle die Opfer früher, vor dem Krieg, Menschen waren. So werden Opfer wie Überlebende wieder in die menschliche Gesellschaft integriert und erhalten dadurch ihre Identität als Menschen und ihre Individualität zurück. Und so können die Videobänder zumindest einen Bruchteil der Würde und der Menschlichkeit wiederherstellen, die die Nazis zerstören wollten. Und wie den Überlebenden im Videozeugnis ihre Würde wiedergegeben wird, so auch jenen, die wir auf dem Filmmaterial von der Befreiung der Lager sehen, wo sie ihrer Würde ein für allemal beraubt scheinen.

3. Der Historiker und das Videozeugnis

Wie es scheint, mindern für den Historiker leider gerade diese Bilder mit ihrer ganzen, unverhohlenen Subjektivität des Erinnerns den Wert solcher Holocaust-Videozeugnisse. Zwar ist er auf genau diese Art von rekonstruierten Quellen angewiesen, doch neigt er nicht selten dazu, »Dokumenten«, die zu sehr mit Pathos befrachtet sind, die zu offensichtlich konstruiert wirken und sich ausschließlich auf das Gedächtnis eines einzelnen Menschen stützen, zu mißtrauen. Es ist wahr, solche Bilder, besonders Porträtaufnahmen, berühren uns geradezu körperlich und rufen beim Zuschauer emotionale und parasympathische Reaktionen hervor, die er kaum zu steuern vermag. Wir reagieren auf die Bilder von Menschen wie auf wirkliche Menschen. Folglich reagieren wir emotional, wenn im Videozeugnis Erzähler und Geschichte gleichsam eins werden. Und je emotionsgeladener der Videotext ist, desto melodramatischer wirkt er. Aber als Melodram oder Schauspiel, gleich welcher Art, verliert er für den Historiker die Glaubwürdigkeit des unkonstruierten Beweises.
Doch es ist nicht nur der Aspekt der Beweiskraft, der es einigen Historikern so schwer macht, diese Zeugnisse heranzuziehen.

Ähnlich wie in der Musik oder im Film bewegt sich im Video die Darstellung von einem gegebenen Punkt oder Moment aus in horizontaler Richtung weiter; Videobilder sind abhängig von dieser Bewegung, die ein längeres Nachdenken über einen bestimmten Moment, ein konkretes Detail erschwert, da dieses im nächsten Moment schon wieder in einen neuen Zusammenhang eingebettet ist. Wenn wir das Band anhalten, ist keine Geschichte, kein Ton mehr da, wir sehen nur noch das Bild des Überlebenden, doch jetzt ohne unterlegten Text oder Kommentar. So hält der Zuschauer im allgemeinen mit der Bewegung des Bandes Schritt, läßt sich vom Medium und vom Bild gefangennehmen und hat nicht die Möglichkeit, innezuhalten und über das Gesagte nachzudenken. Eindrücke, nicht zu Ende gedachte Gedanken, im Ansatz steckengebliebene Reaktionen und Emotionen sammeln sich an und fließen mit im Strom des Videobandes, einem Strom, der kein Innehalten und kein Nachdenken zuläßt.

Viele Historiker sind denn auch der Meinung, der Inhalt der erzählten Geschichte, das Medium als solches mit seiner Nähe zur Pseudohistorizität und zum dokumentarischen Theater und das schiere Pathos der gezeigten Bilder hätten alles in allem eine antikognitive Tendenz, die sich unmittelbar auf die Substanz der Videoaufnahmen auswirke und die mit ihren traditionellen Vorstellungen von Objektivität und Verläßlichkeit historischen Quellenmaterials nicht zu vereinbaren sei. Es ist eine Binsenwahrheit, daß ein Text rhetorisch um so glaubwürdiger beziehungsweise authentischer wird, je leidenschaftsloser er scheint. Dem steht indes die etwas neuere Binsenweisheit entgegen, daß der Verzicht einer Darstellung auf jedweden Stil selbst ein Stil ist, eine Methode, die Nahtstellen der Konstruktion eines Textes zu vertuschen und ihn objektiv, natürlich und wahr erscheinen zu lassen. Und an diesem Punkt werden die Einwände des Historikers gegen Holocaust-Videozeugnisse durchaus fragwürdig, denn viele Historiker, die es vorziehen, sich auf Quellen wie Fotos, Zugfahrpläne oder Augenzeugenberichte aus dieser Zeit stützen, auf rhetorisch objektive Quellen mithin, die in Wirklichkeit ebenso konstruiert und ebenso vorläufig sind wie das Videozeugnis, scheinen zu vergessen, daß jeder Beweis seinem Wesen nach ein Konstrukt ist.

Aber da wir den Ansprüchen des Historikers an Beweiskraft und Faktizität ohnehin nicht genügen können, empfiehlt es sich, diesen

Punkt ganz und gar aus unserer Betrachtung über das Holocaust-Videozeugnis auszunehmen. Anstatt uns zu fragen, inwieweit das Videozeugnis als Beweis dafür, daß bestimmte Ereignisse tatsächlich geschehen sind, aufgefaßt werden sollte oder inwieweit es uns verleitet, eine bestimmte Darstellung der Ereignisse, ein konkretes Konstrukt für glaubwürdig zu halten, sollten wir uns auf den Kern der Sache konzentrieren, auf das, worum es bei diesem Zeugnis eigentlich geht, nämlich darum, wie die Überlebenden ihre Erfahrungen verstehen und ausdrücken, wie sie diese Katastrophe aus heutiger Sicht beurteilen und wie sie die Welt von heute im Schatten des Holocaust verstehen. Denn die Videoaufzeichnung verlangt wohl Anstrengung des Gedächtnisses und gründliches Erinnern, aber sie verlangt nicht unbedingt absolute Exaktheit. Das Problem bei Videozeugnissen besteht nicht darin, daß die Überlebenden die Fakten falsch interpretieren (obwohl auch das gelegentlich vorkommt), sondern in unserer Erwartung, mit Hilfe dieser Bänder an verifizierbare Fakten zu gelangen. Es waren ja, wie schon gesagt, nicht die Fakten an und für sich, die die Mörder motivierten oder die Opfer verwirrten. Was sie dazu brachte, so oder so zu handeln, war ein bestimmtes Verständnis der Fakten. Wenn wir das in Betracht ziehen, wird uns auch klar, wie dieses Verständnis, wie Hoffnungen, Wünsche, Träume den Fakten ihren Stempel aufdrücken; und dann erkennen wir, wie wichtig all diese Dinge sind, damit wir die Opfer und ihre Art, auf ihre Erfahrungen zu reagieren, verstehen können.

Wenn der Historiker einsieht, daß er selbst ein Produzent von Bedeutungen ist, fällt es ihm vielleicht weniger schwer, mit den Bedeutungen umzugehen, die die Überlebenden in ihren Zeugnissen erzeugen. Zahlen, Orte, Namen, Daten, Abfolgen von Ereignisse, all das ist hierbei wichtig, und eine der Aufgaben des Historikers besteht darin, diese Daten so rein und so gewissenhaft wie möglich zusammenzutragen. Aber ebenso wichtig wie das Sammeln von »reinem Datenmaterial« muß in der historischen Forschung auch sein, wie diese Ereignisse von Opfern und Tätern begriffen, erklärt, in bestimmte Zusammenhänge eingeordnet wurden. Denn wie die Ereignisse verstanden und mißverstanden wurden, mit Hilfe welcher Metaphern sie verstanden wurden und welche Irrwege das Verständnis ging, all das hat auf die Ereignisse zurückgewirkt und Einfluß genommen auf den Verlauf des Geschehens. Auch die Interpretationen zeitgenössischer Historiker haben die Ereignisse mitgestaltet, und dies ist ein Aspekt der Daten, der für die Historiker eigentlich von allergrößtem Interesse sein müßte.

Historisch wertvoll sind diese Videobänder nicht, weil man sich von ihnen neutrales Quellenmaterial versprechen kann, sondern weil sie »erzählte Geschichte« festhalten. Geoffrey Hartman, Fachberater in den Yale Video Archives, stellt ausdrücklich fest: »Der Hauptzweck unserer Interviews ... besteht nicht darin, die bereits beträchtliche Menge an Faktenwissen über diese schrecklichen Jahre zu vergrößern. Die mündlich überlieferte Geschichte lebt von Erinnerungen, vom Rekonstruieren, von der Phantasie.«[12] Das trifft zwar auch auf die geschriebene Geschichte zu, doch anders als bei literarischen Darstellungen ist bei diesen audio-visuellen Zeugnissen, die im allgemeinen die Tendenz haben, die Art und Weise ihrer Konstruktion zu verbergen, der Prozeß des Konstruierens, die Aktivität des Zeugen, bewahrt. Das Wissen, das wir aus ihnen gewinnen, ist kein rein historisches, sondern ein metahistorisches; es schließt verschiedene Aktivitäten mit ein, zum Beispiel die des Erzählens, des Ordnens der Geschichte oder des Ergriffenwerdens von den Ereignissen und ihrem Pathos. Wenn man bedenkt, daß wir es bei diesen Videozeugnissen mit Geschichte und mit dem Erzählen von Geschichte in einem zu tun haben, dann sind sie geradezu Musterbeispiele postmoderner Historiographie: Die Ereignisse werden mit Pathos, ohne vorher feststehende Zielrichtung, konfus wiedergegeben, und dabei bleibt die Aktivität des Erzählens als solche intakt. Das Medium selbst hat zwar, genau wie andere fotografische Medien, die Tendenz, seine Objekte zu naturalistisch darzustellen, kann aber dennoch, gerade dadurch, daß es sich zu seinen spezifischen Eigenschaften bekennt, den Prozeß der Erzeugung einer Darstellung durch die Videotechnik und durch den Sprecher sichtbar machen.

Vielleicht ist das der Grund, weshalb Hartman weiter schreibt, daß die Zeugnisse der Yale Archives nicht das Geschichtswissen vergrößern wollen, sondern »sich mehr für das Individuum als für die Masse interessieren, für die Geschichte, die jeder einzelne in sich verkörpert und weiter mit sich herumträgt, dafür, wie der Geist mit seinen Erinnerungen ringt, ihnen einen Sinn gibt oder ihnen einfach ins Auge sieht, für jede in mündlicher Form überlieferte

Version des Überlebens...«[13] Wenn wir nun den Prozeß der Zeugniserzeugung untersuchen wollen, müssen wir uns nicht bei irgendeinem vermeintlich normativen Zeugnisprodukt aufhalten,
sondern können uns auf die Aktivität des Zeugnisablegens selbst
konzentrieren. Zeugnis ablegen heißt, ein Zeugnis zu erzeugen,
und das erinnert uns daran, daß das Zeugnis nicht einfach nur
überliefert, sondern erzeugt wird und daß wir als Zuschauer an
seiner Erzeugung beteiligt sind. Das Ziel besteht darin, den Zeugen selbst, sein Sicherinnern an die Ereignisse und den Vorgang des
Mitteilens seiner Erinnerungen daran, nicht aber die Ereignisse als
solche zu dokumentieren.

4. Zuhörer und Interviewer

Welche Rolle spielen nun Zuhörer und Interviewer im Holocaust-
Videozeugnis? Elie Wiesel meint, der Zuhörer wirke inspirierend
auf den Überlebenden des Holocaust, der eine Geschichte zu
erzählen hat. Doch wir können feststellen, daß der Zuhörer-Inter-
viewer weit mehr ist als nur Inspirator. Seine Fragen bringen den
Zeugen nicht nur zum Sprechen. Sie entscheiden buchstäblich
darüber, was für eine Geschichte der Überlebende erzählt, welche
Form, welche Richtung er ihr gibt. Der Interviewer kann, je nach
Übung und Wissensstand, je nachdem, ob er eigene Holocauster-
fahrungen und -erinnerungen hat und wie diese beschaffen sind, je
nachdem, wie er seine Aufgabe versteht, ebensosehr Teil des Zeugnisses des Überlebenden werden wie dieser selbst.
Tatsächlich wird weder in filmischen Zeugnissen wie *Shoah* noch
in Videozeugnissen Wert darauf gelegt, die Rolle des Interviewers
bei der Erzeugung des Zeugnisses zu verschleiern. Das läßt darauf
schließen, daß die meisten Regisseure solcher Projekte mit einem
außerordentlich wachen kritischen Bewußtsein an ihre Aufgabe
herangehen. In Yale ist man zwar daran interessiert, ein »möglichst
frei fließendes Zeugnis zu bekommen«, doch wie Hartman uns
sagt, dürfen »die Interviewer sich nicht völlig ausblenden oder so
tun, als seien sie nicht da«.[14] Dieses Gleichgewicht ist in den Yale-
Videos weitgehend gewahrt, obwohl Kamerapositionen und Ton-
arrangements dafür sorgen, daß der Zuschauer den Interviewer in

der Regel nicht sieht. Auf diese Weise vermeiden es die Interviewer in Yale, die zumeist ausgebildete Psychotherapeuten sind, sich offen in das Zeugnis hineinzudrängen, obwohl sie den Zeugen tatsächlich durchgängig führen.

Auf einem Band erzählt beispielsweise ein besonders sensibler Überlebender, wie seine Großmutter während einer Deportation einen deutschen Soldaten bat, ihr beim Einsteigen in einen Güterwagen zu helfen, und dieser ihr statt dessen einen tödlichen Schlag gegen den Kopf versetzte. Der Erzähler hält an diesem Punkt inne, scheint in sich gekehrt und beginnt still zu weinen. Nach einigen Minuten faßt sich der Überlebende wieder und versucht fortzufahren. Hier unterbricht ihn der Interviewer-Psychiater behutsam. »Darf ich Sie fragen«, beginnt er behutsam, »ich verstehe, daß Sie emotional in höchster Erregung sind, aber was bewegt Sie jetzt genau? Die Erinnerung an damals? Haben Sie damals geweint?«[15] Gleichzeitig fährt die Kamera ganz nah an das Gesicht des Überlebenden heran und zeigt seine Augen und seinen Schmerz in Großaufnahme. Je nachdem, wie wir diese Szene interpretieren, wird der Text dieses Zeugnisses hier entweder um die emotionale Wirkung erweitert, die das Zeugnis des Zeugen auf diesen selbst hat, oder engt sich der Blickwinkel ein auf das Pathos des Augenblicks, um beim Zuschauer eine ähnliche Reaktion hervorzurufen. Dem Interviewer geht es um ein umfassenderes Verständnis der Erinnerungen, das es ihm ermöglichen soll, dem Trauma eines »Patienten« auf den Grund zu gehen und es zu lindern. Daher ist es wohl ganz natürlich, daß er den Überlebenden fragt, warum er zusammengebrochen ist und geweint hat. Ob aber dieses Anliegen dazu führt, daß der Zeuge weiter spricht, oder ob er ihm vielleicht sogar hilft, seine Geschichte zu verstehen, dürfte davon abhängen, wie der Interviewer seine eigene Rolle während der Aufzeichnung begreift. In jedem Falle trägt er zur Erzeugung eines Zeugnisses bei, das nicht nur die Erinnerungen des Überlebenden vermittelt, sondern auch dessen Fähigkeit, diese Erinnerungen zu bewältigen. Ähnlich verfährt eine andere Interviewerin bei der Befragung eines Priesters, der als unbeteiligter Zuschauer bei einer Deportation zugegen war. An einem bestimmten Punkt, wo sie glaubt, daß der Zeuge etwas Wesentliches fortgelassen hat, entschließt sie sich nachzuhaken. Der Priester beschreibt, unter welchen Umständen er seinerzeit Zeuge des Geschehens wurde, wie er durch eine

Zaunlücke zusah, wie man Juden in einen Zug pferchte. Anschließend redet er volle vierzig Minuten über das Verhalten von Ungarn und Deutschen und die diesem Verhalten zugrunde liegenden Moralnormen. Die Interviewerin läßt ihn aussprechen und fragt dann, ob er mit jemandem über das, was er gesehen hat, gesprochen habe. »Das ist eine gute Frage. Wissen Sie . . . [lange Pause], ehrlich gesagt, ich glaube nicht. Ich glaube nicht, daß ich das getan habe.« »Was haben Sie geglaubt, wo sie hinfuhren?« fragt die Interviewerin. »Das kann ich wirklich nicht mehr sagen«, antwortet der Priester.[16] Die Interviewerin versucht hier, in dem Zeugen etwas freizulegen, indem sie sanft, aber entschieden darauf besteht, daß der Sprecher auf einen Punkt zurückkommt, dem er offenbar ausweichen möchte. In diesem Fall aber geht es nicht darum, das Trauma dieser Erinnerung zu lindern, sondern darum, es zu verstärken und den Sprecher mit seinem eigenen Handeln beziehungsweise seinem Nichthandeln, seinem bloßen Zusehen, zu konfrontieren. Damit bestimmt die Interviewerin nicht nur die Richtung des Zeugnisses, sondern erzeugt auch dessen Signifikanz. Der Sprecher erkennt, worauf die Interviewerin hinauswill, und gibt schließlich nach: »Ich hatte so etwas mein Lebtag nicht gesehen, ich bin einfach weggelaufen.«[17] Die Interviewerin ist zufrieden mit dieser erreichten Einsicht, von der man das Gefühl hat, daß sie nicht nur dem Sprecher, sondern auch den Zuschauern nützt, und sie läßt den Priester ohne weitere Unterbrechung weiterreden.

Stellen die Interviewer ihre Fragen bei den Videoaufzeichnungen im wesentlichen hinter der Kamera, so ist es in *Shoah* Claude Lanzmann, die Hauptfigur des Films, die die Fragen stellt. Zwar verleiht hier allein schon die Länge des neuneinhalbstündigen Films, verbunden mit der dem Medium eigenen Faktenrhetorik, den Zeugnissen eine gewisse Endgültigkeit, doch behält Lanzmann in den Gesprächen mit seinen Zeugen stets im Auge, daß der Dialog ein Prozeß der Zeugniserzeugung ist. Lanzmann unterbricht und reizt seine Gesprächspartner nicht nur, er ist auch die meiste Zeit mit ihnen im Bild. Darüber hinaus wird auch der Prozeß des Drehens selbst bewußt mitgefilmt, besonders dort, wo die Aufnahmen heimlich gemacht werden. Wenn Lanzmann darüber spricht, daß *Shoah* im wesentlichen ein konstruierter Film ist, bekennt er denn auch ausdrücklich, daß er nicht allein an diesen

Zeugnissen beteiligt war, sondern die Rolle eines Choreographen, ja, eines Autors gespielt hat. Er vergleicht den Film mit einem Theaterstück, einem Drama, einer »Fiktion von Realität«.[18] Auf die Frage, nach welchen Kriterien er die Überlebenden ausgesucht, die Auswahl aus den insgesamt 350 Stunden Filmmaterial getroffen hat, antwortet Lanzmann schlicht: »Der Film handelt von meinen eigenen Obsessionen.«[19]

In einer der am offensichtlichsten choreographierten Szenen läßt Lanzmann den Überlebenden Abraham Bomba in einem Frisiersalon in Tel Aviv arbeiten und befragt den früheren Friseur dabei nach seinen Aufgaben als Haarschneider in Treblinka. Während Bomba einem Kunden in Tel Aviv die Haare schneidet, bittet Lanzmann ihn, zu erzählen, wie er den Opfern in Treblinka die Haare geschnitten hat, bevor sie vergast wurden. Lanzmann wollte mit dieser langen Haarschneideszene nur seinen Fragen nach Bombas Aufgaben als Haarschneider in Treblinka einen Rahmen geben, und er erzielt damit unbestreitbar eine sehr starke Wirkung. Durch dieses Haareschneiden im jüdischen Staat, in einem normalen Frisiersalon in Tel Aviv, wird die Tatsache, daß Bomba gezwungen wurde, Juden, auch seiner eigenen Familie, an der Schwelle zum Tod die Haare abzuschneiden, noch grotesker. Das Erzählte wird auf diese Weise optisch suggeriert, und das optische Spiel verfehlt nicht seine Wirkung. Es packt die Zuschauer und verleiht Bombas Zeugnis ironischerweise noch zusätzlich Gewicht, wirft allerdings auch Fragen auf hinsichtlich der Behandlung des Zeugen durch den Interviewer.

Susan Sontag erinnert in anderem Zusammenhang daran, daß das Schießen von Aufnahmen mit der Kamera und das Schießen mit einem Gewehr mehr gemeinsam haben als nur die Metaphern, mit denen wir diese Tätigkeiten umschreiben: wir peilen das Ziel an, drücken ab und fangen damit das Leben unseres Objekts ein.[20] Nora Levin fragt, ob wir nicht im Holocaust-Videozeugnis im Grunde das gleiche tun, ob wir die Überlebenden nicht, indem wir sie zwingen, ihre Erfahrungen zu rekonstruieren und diese, nachdem sie sie bereits in Wirklichkeit durchlitten haben, noch einmal, diesmal vor unseren Augen, im übertragenen Sinne, zu durchleiden, ein zweites Mal zu Opfern machen.[21] Sie bezieht sich dabei speziell auf Lanzmanns gnadenloses Interview mit Bomba, in dem er den Überlebenden bittet, uns nicht nur zu erzählen, was er erlebt hat, sondern auch, was er gefühlt hat, wenn er »die nackten Frauen« in die Gaskammer gehen sah. Bomba weicht diesem Teil der Frage aus, und Lanzmann kommt darauf zurück. »Ich habe Sie doch gefragt: Was haben Sie das erste Mal empfunden, als Sie die nackten Frauen mit den Kindern sahen; was haben Sie gefühlt? Sie haben nicht darauf geantwortet.« Bomba versucht zu antworten und bricht dann ab: »Zu furchtbar ... Ich kann nicht.« »Ich bitte Sie. Wir müssen das machen. Sie wissen das«, insistiert Lanzmann. »Lassen Sie uns aufhören«, sagt Bomba. Und Lanzmann antwortet: »Ich bitte Sie, fahren Sie fort.«[22] Bis Bomba schließlich seine Gefühle beschreibt und damit zuläßt, daß diese von neuem in ihm lebendig werden und ihn peinigen. Er weint jetzt und empfindet offensichtlich Höllenqualen. Was Lanzmann damit erreichen wollte, war, uns nicht nur das Zeugnis, sondern auch etwas von dem Schmerz miterleben zu lassen, den das Zeugnis auslöst. Die Frage ist, ob er uns damit ein Modell für unsere eigenen Reaktionen geben will, oder ob es ihm nur um die Wirkung geht.

In einem anderen Teil von *Shoah* stellt sich zwischen Lanzmann, dem Überlebenden, dem Kameramann und den umstehenden Zuschauern eine zermürbend schwierige Beziehung her. Simon Srebnik, der einzige überlebende Jude aus einem Dorf in der Nähe von Chelmno, kehrt in seinen Heimatort zurück und wird anfangs von seinen früheren Nachbarn herzlich aufgenommen. Auf Lanzmanns gezielte Fragen hin reden die Dorfbewohner ganz offen darüber, warum die Juden damals ihrer Meinung nach in der Kirche zusammengetrieben und umgebracht wurden. Der Dorflehrer zitiert die Erklärung, die der Rabbi der Gemeinde selbst seinen Leuten gegeben habe und die angeblich lautete: weil »die Juden Christus, der völlig unschuldig war, zum Tode verurteilt haben ... Als sie es getan haben, ... schrien sie: ›Sein Blut komme über uns und über unsere Kinder!‹«[23] Der Überlebende Srebnik steht die ganze Zeit schweigend und mit wachsendem Unbehagen inmitten seiner ehemaligen Nachbarn, auf seinen Lippen ein schmales, festgefrorenes Lächeln. Sein Blick sucht Sicherheit bei denen, die ihn hierher zurückgebracht haben, schnellt von der Kamera fort zu Lanzmann, beinahe, als suche er schon den Weg für seine nächste Flucht. Seine Augen zeigen, daß er das alles schon einmal gehört hat, hier im selben Dorf, aus dem Munde derselben Leute, vor derselben Kirche, von der aus seine Familie deportiert worden ist. Er erzählt uns und Lanzmann, was an jenem Tag geschah, aber viel aufschlußreicher ist das, was seine Augen und sein ironisches Mienenspiel ausdrücken.

»Werden die umstehenden Zuschauer sich ihrer eigenen Verhaltensmuster stärker bewußt, wenn sie das Muster erkennen, nach dem der Interviewer vorgeht?« fragt Langer an einer Stelle.[24] Das ist eine ausgezeichnete Frage, denn wenn wir verstehen, welche Rolle der Interviewer im Videozeugnis spielt, können wir auch besser verstehen, was uns selbst dabei eigentlich bewegt. Wenn wir die Rolle des Interviewers hinterfragen, dann nicht, weil wir seine Art des Fragens oder die Antworten, zu denen er »die Zeugen hinführt«, diskreditieren wollen. Es geht uns lediglich darum, zu zeigen, daß der Interviewer für die Form, die das Zeugnis annimmt, bis zu einem gewissen Grade mitverantwortlich ist. Das bedeutet anzuerkennen, daß neben anderen Faktoren, die das Zeugnis vermitteln, es also erzeugen, auch die Fragen des Interviewers eine entscheidende Rolle spielen. Es bedeutet auch anzuerkennen, daß das Zeugnis ein Produkt der Wechselbeziehung zwischen Zeuge und Interviewer ist, die bestimmte Anliegen haben und von bestimmten Obsessionen verfolgt werden, Anliegen und Obsessionen, die letzlich unsere eigenen sind.

5. Die Kritiker und das Videozeugnis

Geoffrey Hartman hat festgestellt, daß die reine Tonbandaussage dem Zeugnis nicht etwa einen Körper verleiht, sondern es entkörperlicht, indem es den Sprecher von seiner Stimme trennt.[25] Genau wie der literarische Zeuge wird auch der Sprecher im Audiozeugnis tendenziell durch das Wort verdrängt. Obwohl der Sprecher nicht jedes Detail seiner Zeugenaussage durch seine akustische Präsenz bestätigen kann, erleben wir hier immerhin zumindest, daß er existiert, und das konkretisiert sein Zeugnis in einer Weise, wie es der geschriebene Text nicht kann. Im Videozeugnis jedoch bleibt der Zeuge, anders als im Audiozeugnis oder im literarischen Zeugnis, direkt mit seiner Geschichte verbunden. Wir beobachten den Sprecher, während er seine Geschichte erzählt, und dadurch haucht praktisch jeder Atemzug des Erzählers seinen Worten Leben ein. Der Text bleibt durch die Anwesenheit des Sprechers lebendig. Der Sprecher wird nicht von seinen Worten getrennt, sondern erfüllt sie mit seiner Gegenwart, seiner Autorität, und so wird im Video die Verbindung zwischen dem Überlebenden und seiner Geschichte in einer Weise aufrechterhalten, wie dies in der literarischen Darstellung nicht möglich ist. Während das literarische Zeugnis letztlich nur eine Spur von der Geschichte sowie allenfalls von der Tätigkeit des Schreibens, die es hervorgebracht hat, hinterlassen kann, hinterläßt das Videozeugnis gleichsam auch eine Spur des Überlebenden selbst. Während im literarischen Erzählakt der Überlebende von seiner Darstellung getrennt wird, so daß der Erzähler und seine Erfahrungen letztlich nur durch voneinander losgelöste Zeichen repräsentiert werden, erscheint der Sprecher im Videozeugnis als Verkörperung der Darstellung und umgekehrt.

Dies ist einer der Wesenszüge des Videozeugnisses, die die kritische Auseinandersetzung mit dieser Form so schwierig machen. Die Interpretation des Videozeugnisses eines Überlebenden kommt fast einer Kritik des Überlebenden selbst gleich. Es versteht sich beinahe von selbst, daß Lawrence Langer, der als einer der ersten die Holocaust-Literatur zum Gegenstand einer neokritischen Analyse gemacht hat, auch auf den Gedanken kam, das Videozeugnis über den Holocaust als literarischen Text zu behandeln. Doch nachdem er Hunderte solcher Kassetten mit nach Hause genommen und sie sich Nacht für Nacht angesehen hatte, stellte er fest, daß sie sich der kritischen Analyse zu entziehen schienen. Hier konnte er nicht, wie in der Literatur, den Überlebenden von seiner Geschichte trennen. Im Unterschied zu den Worten auf dem Papier wirkten die lebendigen Gesichter, Stimmen, Bilder, die auf den Bändern zu sehen waren, so *un*mittelbar, daß sie den Kritiker aus dem Gleichgewicht brachten. »Trotz all meiner Übung im Interpretieren von Erzählungen«, schreibt Langer, »fällt mir zu [diesen Videozeugnissen] einfach nichts ein.«[26] Solange der Erzähler und seine Geschichte eins bleiben, im Videobild vereinigt sind, erscheinen Bild und Erzählung ebenso unantastbar wie der Erzähler selbst. Es geht Langer, wie es vielen anderen Kritikern mit der Holocaust-Literatur geht: seine Abneigung, diese Zeugnisse auf reinen Text zu reduzieren und ihn durch die Mühlen der Kritik zu drehen, ist so groß, daß er versucht ist, sie für sich sprechen zu lassen und sich eines Kommentars von außen weitgehend zu enthalten.

Denn diese Texte sind in der Tat insofern »privilegiert«, als sie authentisch darstellen, wie Augenzeugen den Holocaust erlebt und verstanden haben. Doch genau wie andere privilegierte Zeugnisse – ja, selbst die Heilige Schrift – der Exegese bedürfen, die einen Teil dessen ausmacht, was sie in der jüdischen Tradition lebendig erhält und bewahrt, verlangen auch diese Videos, daß wir sie sorgfältig interpretieren. Und wieder einmal ist es Geoffrey Hartman, der das Dilemma, in dem sich der Kritiker befindet, am treffendsten charakterisiert: »Diese Zeugnisse sind Texte, und zwar nicht, weil wir sie wie Literatur analysieren wollen, was nur eine andere Art wäre, sie zu profanisieren, sondern weil sie aus zusammenhanglosen, angreifbaren, fehlbaren Erinnerungen bestehen, die der Interpretation bedürfen.«[27] Denn wie die Heilige Schrift, die sich als *edut* – Zeugnis – versteht, konstruieren Videozeugnisse unweigerlich Ereignisse, auch wenn sie uns auffordern, diese weiter zu interpretieren. Wie andere privilegierte Texte unterlegen die Holocaust-Videozeugnisse die Ereignisse mit Bedeutung und Sinn, auch wenn sie die Zuschauer zugleich auffordern, weitere Bedeutungen und einen anderen Sinn in ihnen zu finden. Wenn wir einer kritischen Antwort auf diese Zeugnisse ausweichen, kann es geschehen, daß wir sie ganz und gar aus unserem Wissen und Bewußtsein verdrängen, so daß sie dann nur mehr in unserem Innern, also auf der emotionalen Ebene existieren. Dann werden wir nicht zum Verständnis bewegt, sondern sind lediglich bewegt, gerührt, und diese Zeugnisse verkommen zu einer Art Unterhaltung auf Kosten des Überlebenden. Es mag in der Tat schwieriger sein, solche lebendig gewordenen Texte zu interpretieren und kritisch zu untersuchen, ohne dabei einen Teil dessen, was sie so lebendig macht, zu zerstören. Aber die Alternative ist noch viel grausamer und, besonders innerhalb einer Tradition, die ihre geheiligten Texte durch Interpretation zu erhalten pflegt, in letzter Instanz unzulässig. Unser Ziel ist es daher, sowohl den privilegierten Status dieser Zeugnisse zu bewahren als auch die Herausforderung, sie kritisch zu interpretieren, anzunehmen. Als privilegierte Texte verlangen diese Zeugnisse von uns lediglich, daß wir äußerst vorsichtig und behutsam mit unseren Spekulationen sind, nicht aber, daß wir sie gänzlich aus der Interpretation herausnehmen.

Menschen, die in geschriebener oder gesprochener Form Zeugnis ablegen, haben zwar das dringende Bedürfnis, uns nicht nur ihre Geschichte zu erzählen, sondern auch ihre Erfahrungen mit uns zu teilen. Tatsächlich aber können sie uns nichts weiter mitteilen als ihr spezifisches Wissen über und ihre spezifischen Erinnerungen an den Holocaust. Die Erfahrungen müssen sie allein tragen. Für den Überlebenden bedeutet der historische Imperativ *Zachor* (Erinnere Dich!) nicht nur, sich zu erinnern um des Erinnerns willen, sondern seine Erinnerungen weiterzuerzählen, um andere an das, was geschehen ist, zu erinnern. Wenn Zeugnisablegen wörtlich »Zeugnis machen« heißt, dann heißt es vielleicht auch, andere zu Zeugen zu machen. Wenn wir diese Zeugnisse sehen, werden wir jedoch nicht Zeugen der Erfahrungen des Überlebenden, sondern nur des Zeugnisablegens und seines ganz bestimmten, nur ihm eigenen Verständnisses der Ereignisse. Denn das Zeugnis vermittelt nicht die Erfahrungen; es vermittelt lediglich das besondere Verständnis dieser Erfahrungen, das nur ein Überlebender haben kann, das Verständnis eines Menschen, der die Ereignisse nicht bloß am eigenen Leibe erlebt, sondern sie, während sie sich ereigneten, zugleich interpretiert hat. Dieses Verständnis bekommt dann besonderen Wert für unser Verständnis, dafür, wie wir heute die Ereignisse in ihrem Kontext verstehen und wie aus damaliger Sicht eines das andere nach sich zog. Diese spezifische Erinnerung an die Ereignisse stirbt mit den Überlebenden aus, und das ist der Grund, weshalb diese Zeugnisse und ihre Interpretationen für uns so kostbar sind und wir sie aufzeichnen und bewahren müssen.

Zehntes Kapitel

Die Textur der Erinnerung

Holocaust-Gedenkstätten
und ihre Bedeutung

Gebt uns eine leere Wand, damit wir uns selbst
wahrhaftiger und fremder sehen können. Nun
gebt uns Papier, um darauf zu schreiben. Nun
gebt uns den Tag, diesen Tag. Nehmt ihn weg. Der
Raum, der übrigbleibt, ist Das Denkmal.

Mark Strand

Niemand weiß, wo Moses begraben ist, aber wir
wissen, wo er gelebt hat, und wir wissen noch
immer alles über sein Leben. Heute ist alles genau
umgekehrt. Wir wissen nur, wo die Begräbnisplätze sind. Wo wir leben, ist unbestimmt und
unbekannt. Wir ziehen umher, wir wechseln die
Orte, wir ziehen um. Nur die Begräbnisplätze
sind bekannt.

Yehuda Amichai

I

Während ich für diese Studie über die Holocaust-Literatur in den
Archiven recherchiert habe, schaute ich mitunter auf von den
Tagebüchern und Memoiren und den Akten, die vor mir auf dem
Tisch lagen, und ließ den Blick durch das Museum, in dem ich saß,
und die Ausstellungshallen schweifen. In solchen Momenten taten
sich die Texte plötzlich auf und ließen die Gebäude und Depots
regelrecht in sich ein, die Zeiträume und die Orte, an denen ich
vergangenen Ereignissen nachforschte. Im Verlauf meiner wissenschaftlichen Arbeit wurde mir klar, daß ich die außerordentliche
Stellung, die die Erinnerung an den Holocaust in Europa, Israel
und Amerika einnimmt, unmöglich übergehen konnte. Die Magazine des YIVO in New York, die Archive von Dachau und Neuengamme in Deutschland, der Lesesaal des Jüdischen Historischen
Instituts in Warschau, die Bibliothek und das Museum in Auschwitz, das Staatliche Jüdische Museum in Prag und die Archive
sowie das Museum von Yad Vashem in Jerusalem – jede dieser
Stätten besaß ihre eigene Textur der Erinnerung. In den Gedenk-

stätten der einzelnen Länder, in jedem Nationalmuseum und -archiv fand ich einen anderen Holocaust, und mitunter fand ich gar keinen.

Unsere Zeit, die doch jede Nachricht, jeden Text gründlich auf ihre Signifikanz hin prüft, schien mir den Formen und Bedeutungen des Erinnerns, das durch Gedenkstätten und Museen geweckt wird, überraschend wenig kritische Aufmerksamkeit zu schenken und erstaunlich wenig Interesse für jene Einrichtungen zu besitzen, deren eigentlicher Zweck es doch sein sollte, die Erinnerung an den Holocaust zu vertiefen. Es gibt zahlreiche kritische Studien, die sich differenziert damit auseinandersetzen, wie der Holocaust in literarischen, historischen und religiösen Texten erinnert wird. Doch bislang liegt noch kein einziges Werk vor, das den tatsächlichen Prozeß, die Mechanismen des Konstruierens von Erinnerung in solchen Gedenkstätten untersucht. In der ikonographischen, architektonischen und textlichen Organisation dieser Gedenkstätten spiegeln sich stets bestimmte politische und kulturelle Erkenntnisse und Haltungen wider; gleichzeitig haben diese Einrichtungen einen entscheidenden Einfluß darauf, was künftige Generationen von dieser Zeit erfahren, wie sie sie verstehen werden.[1]

Wenn ich mich hier mit den in Holocaust-Gedenkstätten und -Museen erzeugten »Texten« gesondert befasse, dann nicht nur, um die verschiedenen ideologischen Umdeutungen der Ereignisse zu zeigen oder den künstlerischen Rang dieser Denkmale zu bewerten, wiewohl meine Kritik auch diese beiden Aspekte einschließt. Mein eigentliches Anliegen ist es jedoch, den tatsächlichen Mechanismen des Erinnerns an den Holocaust auf den Grund zu gehen: zu sehen, wie die Erinnerungen bewahrt und gleichzeitig beschnitten werden, welche Arten von Bedeutung mit den Ereignissen verknüpft werden, welches Wissen über sie vermittelt wird, wie diese Bedeutungen sich im Laufe der Zeit entwickelt haben, wie die Betrachter auf das in den Gedenkstätten vergegenständlichte Erinnern reagieren und wie es um die gesellschaftliche und politische Wirkung solcher Holocaust-Gedenkstätten bestellt ist. Wenn die Existenzberechtigung der Holocaust-Gedenkstätten in jener Forderung »Vergeßt das nie« liegt, wollen wir in diesem Kapitel fragen, was es eigentlich konkret ist, das in Bergen Belsen, Dachau, Auschwitz, Babi Jar, Yad Vashem oder dem Liberty State

Park in Jersey unvergessen bleibt. Denn zwischen dem Was und dem Wie des Erinnerns besteht notwendigerweise ein Zusammenhang, und wie die Ereignisse erinnert werden, hängt wiederum davon ab, welche Gestalt die Erinnerungsbilder von heute dem Erinnern geben.

»Alle Kunst ist bis zu einem gewissen Grade Abstraktion«, schrieb der Bildhauer Henry Moore »(in der Bildhauerei zwingt einen allein schon das Material fort von der reinen Darstellung und hin zur Abstraktion).«[2] Doch damit nicht genug, denn wie das Material den Schöpfer eines Denkmals fortzwingt von der reinen Darstellung, so zwingt es auch seine Vision in bestimmte Formen und Dimensionen, und dies alles prägt die Textur der Erinnerung. Schauplätze, die dem Künstler im Gedächtnis geblieben sind, die Geldgeber, die Größe seines Ateliers, die Arten des Steins oder, bei Arbeiten in Metall, die Fertigung der Gußformen und der Abguß, all das sind die Elemente, aus denen sich die endgültige Version der zum Monument gewordenen Erinnerung zusammensetzt. In diesem Kapitel soll die ganze Anlage solcher Gedenkstätten einer kritischen Analyse unterzogen und das Erinnern an den Holocaust in seiner Wechselwirkung von Ereignissen und Gedenkstätten einerseits und Gedenkstätten und Betrachtern andererseits untersucht werden.

Die Methoden der Interpretation sind die gleichen, die ich bereits auf die anderen Texte des Holocaust angewandt habe. Mit ihnen möchte ich nun die Grundstrukturen dieser Gedenkstätten ermitteln, ohne jedoch die Integrität ihrer Schöpfer in Zweifel ziehen zu wollen. Dabei ist es unumgänglich, die Art und Weise, wie die verschiedenen Nationen die Ereignisse rekonstruieren, miteinander zu vergleichen und gegebenenfalls auf bestimmte ideologische Prämissen, die dem offiziellen Gedenken an den Holocaust in den einzelnen Ländern zugrunde liegen, näher einzugehen, wobei es mir allerdings fernliegt, die Gedenkstätten in irgend einer Weise zu disqualifizieren. Es geht mir lediglich darum, die sie beherrschenden Paradigmata und Geisteshaltungen so weit als möglich sichtbar zu machen. Mein Thema ist mithin nicht so sehr die bewußte oder unbewußte Manipulation der Geschichte, die allem Erinnern und jeglicher Darstellung immanent ist, sondern es sind die Umdeutungen, die das Erinnern an den Holocaust automatisch erfährt, sobald es räumlich, plastisch und ikonographisch dargestellt wird. Wie schon in meinen Ausführungen zur Holocaust-Literatur gilt mein Interesse auch hierbei nicht allein dem Erinnern an den Holocaust. Ich möchte zugleich ein kritisches Bewußtsein dafür wecken, wie dieses Erinnern erreicht wird.

2

Ein Rosenstrauch bezeichnet in Dachau die Stelle, an der Tausende von Häftlingen an die Wand gestellt und erschossen wurden. Hundert Holzapfelbäume stehen im »Babi Yar Park« in Denver, Colorado für viele tausend Juden, die in einer Schlucht nahe bei Kiew in der Ukraine niedergemäht wurden. Ein einsam zwischen Dutzenden von Massengräbern aufragender Obelisk aus Beton komprimiert in Bergen-Belsen jüdisches Erinnern. Berge von Haar, Brillen und Zahnbürsten erinnern in Auschwitz metonymisch an die Menschen, zu deren Leben sie einst gehörten. All diese Ikonen stehen heuten für vergangene Realitäten, verdrängen diese damit zugleich und setzen neue an ihre Stelle. Und so liegt im Prozeß der Denkmalbildung selbst ein »geschichtsrevisionistisches« Potential, dem wir nicht entrinnen können.

Wenn es zum Beispiel in der Gedenkstätte Babi Jar heißt, einhunderttausend Menschen, die im übrigen lediglich als »Kiewer Bürger und Kriegsgefangene« identifiziert werden, seien dort niedergemetzelt worden, so wird damit nicht die Zahl der tatsächlichen Opfer übertrieben, es wird auch unterschlagen, daß diese Opfer fast sämtlich umgebracht wurden, weil sie Juden waren.[3] Oder wenn im Museum von Neuengamme in einer Fotomontage Bilder von gefallenen Soldaten der *Wehrmacht*[4], zerbombten deutschen Städten und befreiten jüdischen *KZ-Häftlingen*[5] nebeneinandergestellt werden, dann wird damit der »Opfer des Krieges« ganz allgemein gedacht und unterschlagen, wer diesen Krieg entfesselt hat. Die Denkmale eines Volkes löschen ebensoviel Geschichte aus dem Gedächtnis, wie sie darin festhalten.

Doch auch in diesem Fall ist das eigentlich Gefährliche an diesen »vergeßlichen Denkmalen«, daß der Betrachter dazu neigt, die Rhetorik eines Denkmals mit dem Wesen der Ereignisse, an die es erinnert, zu verwechseln. Im Gegensatz etwa zur Literatur, die sich deutlicher als Medium zu erkennen gibt, kommt es bei diesen monumentalen Darstellungen des Holocaust, die sich den Anschein des Dokumentarischen geben, nicht selten zu einer Überlagerung der erinnerten Ereignisse durch die Denkmaltexte. Besonders auffällig ist das bei Denkmalen, die sich auf den Territorien ehemaliger Konzentrationslager befinden, wo die Authentizität des Ortes den Betrachter so stark gefangennimmt, daß er dazu neigt, gewisse übertragene Bedeutungen wörtlich zu nehmen.

In den »KZ-Gedenkstätten«, wie ich sie nennen möchte, scheinen sich die Ikonen der Vernichtung nachgerade die Autorität der eigentlichen Ereignisse anzueignen. Die Gedenkstätten von Majdanek und Auschwitz, die nach dem gleichen rhetorischen Prinzip funktionieren wie die Fotografie, bei der Darstellung und Objekt scheinbar eins sind, wirken bedrückend und quälend auf den Betrachter, und das nicht nur wegen der Ereignisse, an die sie erinnern, sondern auch, weil sie den Betrachter zwingen, die grauenhafte Tatsache zu akzeptieren, daß das, was dort gezeigt wird, »real« ist. Beide Lager sind im wesentlichen so erhalten geblieben, wie die Russen sie vor vierzig Jahren vorgefunden haben. Wachttürme, Stacheldraht, Baracken und Krematorien, die anderswo abstrahiert, ja sogar mythologisiert werden, stehen hier greifbar in ihrer Unversehrtheit. Nur die körperlose Zeit scheint zwischen dem Betrachter und den Realitäten der Vergangenheit zu vermitteln, die durch diese Artefakte nicht nur re-präsentiert werden, sondern in ihnen präsent sind. Als Bruchstücke im buchstäblichen Sinne und als Spuren der Ereignisse verwischen diese Artefakte der Katastrophe den Unterschied zwischen sich und dem, wofür sie stehen. So beanspruchen diese KZ-Gedenkstätten für sich die Autorität *un*rekonstruierter Realitäten und verleiten uns damit gewissermaßen nicht allein dazu, ihre Realität mit der der echten Todeslager zu verwechseln, sondern überdies die im Denkmal manifestierte Sicht auf die Geschichte für die unvermittelte Geschichte zu halten.

Allerdings sind die KZ-Gedenkstätten als solche ebenso bedeutungslos wie Fotos ohne Bildunterschriften; ihre Bedeutung ergibt sich zum einen aus dem Wissen, mit dem wir sie betrachten, und zum anderen aus den sie begleitenden erklärenden Texten. Doch wie die schweigenden Ruinen der Lager durch solche Texte »komplettiert« werden, so liefert die einfache Tatsache, daß sie als

Ruinen existieren, die traurige Bestätigung sämtlicher historischer Erläuterungen, wie ausgeklügelt oder weithergeholt sie auch sein mögen. In Majdanek werden heute ganze Baracken voller Schuhe und Hüte von Opfern ausgestellt, um, wie den Texttafeln in diesen Räumen zu entnehmen ist, die Ausplünderung und wirtschaftliche Verwertung der Opfer durch die deutsche Nazi-Industriellen zu Beweisen. In ähnlicher Weise scheint auch der Begleittext zur »Schwarzen Wand« von Auschwitz seinen materiellen Beweis in jener Wand als solcher zu finden. Wenn geschrieben steht, daß an dieser Wand vor allem politische Häftlinge erschossen wurden oder daß in diesen Baracken Kriegsgefangene untergebracht waren, die nur als Polen identifiziert werden, dann ist dies eben auch das einzige, woran diese Erinnerungsikonen erinnern.

An der Todesrampe von Auschwitz-Birkenau, umgeben von verfallenen Baracken, rostigen Elektrozäunen, zerbombten Krematorien und mit Asche gefüllten Bassins, markieren vier stilisierte Sarkophage das Ende der Gleise und den Anfang der »Todeszone«. Dahinter steht ein Turm aus Steinblöcken, der einem gewaltigen Grabstein ähnelt und in der Mitte ein Dreieck trägt – Symbol für den Stoffwinkel, den jeder Häftling an seiner Lagerkleidung trug. Zusammen mit den es umgebenden Artefakten erinnert und beweist dieses Ensemble die schlichte Mitteilung, die auf zwanzig steinernen Tafeln in ebenso vielen Sprachen eingemeißelt steht, darunter auch in Jiddisch und Hebräisch: »Zwischen 1940 und 1945 litten und starben hier vier Millionen Menschen durch die Hände nationalsozialistischer Mörder.« Die religiöse Identität dieser Menschen und den Grund ihres Leidens lassen diese Erinnerungsikonen unerwähnt.

Die Baracken von Auschwitz I wurden zu nationalen Ausstellungspavillons umgestaltet, darunter einer, der 1978 eröffnet wurde und ausschließlich dem Schicksal der Juden in Auschwitz gewidmet ist. Der Massenmord an den polnischen Juden wird hier nicht nur gleichsam als Facette des Leidens anderer Völker dargestellt, sondern ausdrücklich im Zusammenhang mit der verheerenden Zerstörung ganz Polens gesehen. In seiner Rede anläßlich der Eröffnung des jüdischen Pavillons in Auschwitz brachte Janusz Wieczorek die heute in Polen herrschende Sicht auf Auschwitz, die sich auch in dieser Gedenkstätte widerspiegelt, zum Ausdruck:

Verehrte Gäste, hier, auf dem Friedhof Europas, in dieser Ne-

kropole menschlicher Hoffnungen und unvorstellbarer Tragödien, sollte man wohl schweigen...

Doch schweigen heißt auch resignieren, und daß wir heute hier
versammelt sind, beweist, daß wir nicht aufgegeben haben.

Es mangelt heute nicht an erwiesenen Fakten; die Wissenschaftler und Statistiker, die die Geschichte des Zweiten Weltkriegs
erforschen, des Martyriums jener Staaten und Nationen, die
Nazideutschland zu politischer und biologischer Vernichtung
verurteilt hatte, haben diese Fakten ans Licht gebracht. An
erster Stelle unter diesen Verdammten rangieren Juden und
Polen...

Die Wissenschaftler und die Statistiker haben die Zählung der
Millionen Juden und Polen, die in diesem Holocaust umgekom-
men sind, schon beinahe abgeschlossen. Oświęcim, Treblinka,
Chelmno, Płaszow, Bełsec, Sobibor, Lodz, Bialystok und das
Warschauer Getto und Dutzende anderer Orte im »Warta-Di-
strikt« und im »General Gubernyia« – alles Schauplätze der
Vernichtung, Stationen des Kreuzwegs der polnischen Juden
und der Juden, die aus anderen Ländern Europas hierher ver-
schleppt wurden. Wir wissen fast alles über ihre Gehenna, das
Elend der Polen.[6]

In dieser Ansprache stehen Juden und Polen nicht nur gemeinsam
an erster Stelle in der Hierarchie der Opfer. Indem der Redner
politische mit biologischer Vernichtung gleichsetzt, deutet er an,
daß ihnen auch das gleiche Los zugedacht war. Und obschon er
nicht bestreitet, daß die Opfer in den KZs und Gettos in ihrer
überwältigenden Mehrzahl Juden waren, gibt er der Erinnerung
daran durch die polnischen Ortsnamen automatisch eine polnische Prägung, so daß die Schauplätze des jüdischen Martyriums
eine eindeutig polnische Signifikanz erhalten. Indem sie »fast alles
über ihre [der Juden] Gehenna« wissen, können die Polen ihr
eigenes Elend schließlich besser erkennen.

Nun ist es in Polen sehr verbreitet, in Denkmaltexten zu den
Lagern Juden und Polen gleichzusetzen, doch geschieht dies aus
durchaus unterschiedlichen Gründen. Es geht keineswegs nur
darum, die Erfahrung der Juden vereinnahmen oder etwa überhaupt verschleiern zu wollen. Wenn man bedenkt, welche Erfahrungen die Polen selbst während des Krieges machen mußten und
daß sie sich ohnehin im allgemeinen als die ersten und eigentlichen

Opfer der Deutschen sehen, sind solche Gedenkstätten, in denen das Leiden von Juden und Polen als ein gemeinsames Martyrium dargestellt wird, beinahe folgerichtig. Die Polen sehen darin, daß die Todeslager auf polnischem Boden errichtet wurden, nicht etwa eine Bestätigung des polnischen Antisemitismus oder der Kollaboration, sondern einen Hinweis auf das Los, das die Deutschen dem polnischen Volk in Wahrheit zugedacht hatten. Aus dieser Perspektive mußte es ihnen zwangsläufig so erscheinen, als habe das Morden in den Tötungsfabriken auf polnischem Boden nur bei den Juden angefangen, um schließlich bei den Polen zu enden. Der Massenmord an den Juden erhält also im Gedächtnis der Polen nur insofern Bedeutung, als sie in ihm die Vorstufe zu dem nicht zu Ende geführten Genozid an ihrem eigenen Volk sehen.

Entsprechend wurde das Konzentrationslager Majdanek in der Nähe von Lublin gleich nach seiner Befreiung durch die Rote Armee im Juli 1944 zur ersten Gedenkstätte und dem ersten Museum seiner Art umgewandelt. Welchem Zweck dieses Holocaust-Museum dienen sollte, geht aus einer am 2. Juli 1947 vom Parlament der Volksrepublik Polen erlassenen Verordnung hervor: »Das Territorium des ehemaligen Nazi-Konzentrationslagers Majdanek soll für immer als Stätte des Gedenkens an das Martyrium des polnischen Volkes und anderer Völker erhalten bleiben.«[7] Wie in Auschwitz wurden auch in Majdanek die Baracken in Ausstellungsräume zu verschiedenen Themenschwerpunkten umgestaltet; diese Schwerpunkte waren hier allerdings nicht die Schicksale der einzelnen Nationen, sondern das Lager selbst, seine Planung und Errichtung, die Transporte und die Kategorien der dort internierten Gefangenen, ihre Lebensbedingungen, ihre Ausplünderung und wirtschaftliche Verwertung, ihr Widerstand, ihre Vernichtung, schließlich die Befreiung des Lagers.

Die Ausstellung über den Massenmord in Majdanek beginnt mit mehreren Tafeln, die dem Schicksal der Juden in Majdanek und den anderen Lagern gewidmet sind und die Juden als die ersten in einer langen Reihe von Opfern der nationalsozialistischen Völkermordpolitik darstellen. Im Hintergrund der Halle sind – umgeben von über die ganze Wand reichenden Vergrößerungen deutscher Listen mit den Namen getöteter Häftlinge – leere Zyklon-B-Büchsen bis hoch zur Decke aufgestapelt wie Konservendosen in einem Gemüseladen. Und obwohl die Häftlinge auf diesen Listen von den Deutschen fast durchweg als »polnische Juden« bezeichnet werden, ist jede dieser Wandtafeln mit einem roten Winkel akzentuiert, wie ihn nicht die rassischen, sondern die politischen Opfer an ihrer Häftlingskleidung trugen. So wie der Themenschwerpunkt Massenvernichtung in Majdanek mit den Juden, die die ersten Opfern dieses Prozesses waren, eingeleitet wird, schließt die Ausstellung mit einer Tafel, die die geplante politische Vernichtung der Polen veranschaulicht. Das heißt, die Vernichtung, der die Polen entgangen sind, wird in Beziehung gesetzt zu dem tatsächlichen vollzogenen Massenmord an den Juden, sie wird also als Fortsetzung, ja, als letztes Stadium des jüdischen Holocaust begriffen.

Bis zu einem gewissen Grade kommt das Interesse, das der polnische Staat heute an der Erhaltung jüdischer Gedenkstätten hat, einer Wiedererweckung des untergegangenen polnischen Judentums gleich, das auf diese Weise dem nationalen Erbe der Polen einverleibt werden soll. Damit wird gleichsam eine Metonymie erzeugt, die das Schicksal der polnischen Juden im Zweiten Weltkrieg als Teil des Schicksals der ganzen polnischen Nation in dieser Zeit darstellt. Aus dieser Sicht sind dann die Juden nicht nur, weil sie Juden waren, sondern auch als Polen ermordet worden. Dies aber läuft darauf hinaus, die Katastrophe der Polen in den Begriffen der jüdischen Katastrophe zu interpretieren und den Eindruck zu erwecken, als wäre die eine Kategorie von Opfern durch die andere repräsentiert. Die metaphorische Gleichsetzung von Juden und Polen in der offiziellen Ikonographie der Stätten des Gedenkens an diese Zeit behauptet also, Polen und Juden hätten dasselbe Schicksal geteilt. An diesen Gedenkstätten der – wie man in Polen sagt – Hitlerzeit zeigt sich, daß die Polen den Völkermord an den Juden als Paradigma und Metapher für die Katastrophe, der sie selbst entgangen sind, betrachten und darstellen.[8]

Die Gedenkstätten im Ostblock zeichnen sich durch eine eindeutig politische Orientierung aus, bei der die jüdische Identität der Opfer zumeist untergeht. Allerdings zeigt sich bei näherer Betrachtung, daß Geschichte hier auf die unterschiedlichste Weise verzerrt und verschleiert wird. So finden beispielsweise in Treblinka die ermordeten Juden direkt und zugleich auch indirekt Erwähnung. Große Inschriften am Eingang der Gedenkstätte teilen in mehreren Sprachen mit, daß die 800 000 in diesem Lager ermordeten Menschen fast ausnahmslos Juden waren. Von hier aus folgt der Besucher einem zweihundert Meter langen Pfad aus Eisenbahnschwellen, der durch dichtes Gehölz führt. Er soll die Gleise symbolisieren, auf denen die Transporte in dieses Todeslager rollten. Ursprünglich führten diese Gleise direkt zu den Barakken, Massengräbern und Gaskammern, aber die Deutschen haben alle Spuren des eigentlichen Lagers zerstört, untergepflügt und überpflanzt. Am Ende dieses Pfades betreten wir dann eine ausgedehnte, von Bäumen umstandene Freifläche. In ihrer Mitte erhebt sich ein Obelisk, der von einem symbolischen Friedhof mit über 17 000 in Beton gefaßten, schartigen Granitblöcken umgeben ist. Einige tausend davon tragen die Namen jüdischer Gemeinden in Polen, die während des Holocaust vernichtet wurden.

Vor der Lichtung steht, einer Postenkette gleich, eine Reihe von zwei bis drei Meter hohen Granitsteinen. In jeden dieser Steine ist der Name eines der Heimatländer der in Treblinka umgebrachten Juden eingraviert. Aber durch diese Aufsplitterung der Identität der Ermordeten nach ihren Herkunftsländern erscheinen die jüdischen Opfer als nationale Märtyrer. Sie wurden als Juden umgebracht, auf diesen Steinen aber wird ihrer als Jugoslawen, Polen, Franzosen, Russen und Deutschen gedacht, wodurch das Martyrium eines Volkes gleichsam auf eine Vielzahl von Nationen verteilt wird.

Doch wird die jüdische Identität der Opfer von Treblinka nicht ganz verschwiegen. Nachdem die jüdischen Opfer in den Texten am Eingang direkt genannt sind, kommt der jüdische Charakter der übrigen Gedenkstätte dann in einer recht subtilen Ikonographie zum Ausdruck. Ganz oben an der Rückseite des Obelisken ist ein siebenarmiger Leuchter eingemeißelt; die unübersehbare Menge verschieden geformter Granitsteine, von denen einige dichtgedrängt, andere in etwas größerem Abstand voneinander stehen, erinnert einen sogleich an die alten jüdischen Friedhöfe in Osteuropa. Einen zusätzlichen jüdischen Bezugsrahmen schaffen die Sprachen, in denen der Denkmaltext geschrieben ist. In großen Lettern steht auf einer Steinplatte am Sockel des Obelisken in jiddisch, russisch, englisch, französisch, deutsch und polnisch zu lesen: »Nie wieder«. Worauf sich dieses »Nie wieder« bezieht, das bleibt der Phantasie des Betrachters überlassen oder setzt voraus, daß dieser um die Ereignisse weiß.

Das Erinnern an die Todeslager wird nicht nur in das umfassendere polnische Bewußtsein von dieser Zeit eingeordnet. Häufig gehen Gedenkstätten dieser Art in den Weiten der polnischen Landschaft geradezu unter. Die Nazis haben ihre Vernichtungsfabriken absichtlich in den entlegensten Winkeln Polens errichtet und konnten auf diese Weise nicht nur ihre Taten, sondern auch deren Denkmale sehr effektiv verborgen halten. So versteckt, wie die Todeslager waren, sind heute die Holocaust-Gedenkstätten. Das trifft insbesondere auf die Gedenkstätten Treblinka und Sobibor zu. Wer dorthin will, muß gründlich suchen – ebenso gründlich, wie die Lager versteckt wurden –, bis er fündig wird.

Der Tatsache, daß es in Polen weitgehend an eindeutigen ikonographischen Bezugnahmen auf die ermordeten polnischen Juden fehlt, kommt gewissermaßen selbst eine symbolhafte Bedeutung zu, ähnlich wie die beiden Löcher an einem Türpfosten die *Mesusa* symbolisieren, die einst dort hing. Forscht man beispielsweise in Staatlichen Museum von Kielce nach, so erfährt man, daß es keine Aufzeichnungen über den Pogrom gibt, der sich dort am 4. Juli 1946 ereignete und bei dem sechsundvierzig zurückkehrende jüdische Überlebende ums Leben kamen und Hunderte verletzt wurden. Anfangs tut die Archivarin so, als wüßte sie nichts von diesem Vorkommnis. Doch wenn man hartnäckig weiter fragt, gibt sie zu, daß im Ergebnis einer offiziellen Untersuchung tatsächlich zahlreiche detaillierte Fotos und Augenzeugenberichte existieren. Doch diese Dokumente sind auf einhundert Jahre versiegelt worden, damit »die Zeit die Wunden heilen« kann. Warum keine Gedenktafel, keinerlei Hinweis? Das sei nicht nötig, denn hier gebe es sowieso keine Juden mehr. »Im übrigen«, sagt sie, »ist das eine politische Angelegenheit, und ich bin nur Archivarin.« Zwar bemüht sich der polnische Staat in letzter Zeit verstärkt um die Restaurierung jüdischer Stätten. Meist sind derartige Denkmale jedoch verfallen, oder sie fehlen ganz. Zahlreiche jüdische Friedhöfe in Polen wurden von den Nazis geschändet, so daß die wenigen, die man inzwischen noch nicht untergepflügt oder zubetoniert, aus denen man noch keine Fußballplätze und Autobahnen gemacht hat, heute nur mehr Ruinen von Ruinen sind. In Lukow und Sandomiercz haben Überlebende der Lager die zerbrochenen und verstreuten Grabsteine ihrer Gemeinden zusammengetragen und daraus ein pyramidenförmiges Denkmal errichtet. Das einzige, was heute in Lukow, dessen Einwohnerschaft vor dem Krieg zur Hälfte jüdisch war, an die Juden erinnert, ist dieses Denkmal auf dem jüdischen Friedhof. Ikonographisch noch wirkungsvoller sind die »Grabsteinmauern« auf den jüdischen Friedhöfen von Warschau und Krakow, Stützmauern, die aus Bruchstücken der von den Nazis zerstörten Grabsteine bestehen. Mosaikartig arrangiert, erinnern die in Mörtel eingefaßten, teils glatten, teils vom Zahn der Zeit gezeichneten Marmor- und Granitstücke mit ihren hebräischen Inschriften heute nicht nur an die vernichteten jüdischen Gemeinden von Warschau und Krakau, sondern auch an einen »Pogrom«, der selbst noch an den Grabsteinen begangen wurde.

Solche aus den Überresten jüdischer Grabsteine zusammengefügten Denkmale, die sowohl die Zerstörung der (den Gesetzestafeln Mose nachgebildeten) oben abgerundeten Grabmale selbst als auch die zerschlagenen jüdischen Gemeinden symbolisieren, werden mittlerweile von einer neuen Generation polnischer Denkmalsarchitekten häufig als ikonographisches Gestaltungselement verwendet. So haben zum Beispiel die Gründer des »Bürgerkomitees für den Schutz jüdischer Friedhöfe und Kulturdenkmale in Polen«, Monika und Stanislaw Krajewski, die buchstäblich letzten Überreste jüdischer Vergangenheit in Przasnysz und Kazimierz gerettet, indem sie sie zu Holocaust-Denkmalen zusammenfügten. Nachdem man zunächst vergeblich versucht hatte, die Grabsteine wieder an ihren alten Standorten auf dem Friedhof von Kazimierz aufzustellen, beauftragte die Stadt den Architekten Tadeusz Augustynek, ein Denkmal zu entwerfen, das die Erinnerung an eine untergegangene Gemeinde wiederherstellen und zugleich an all das Schreckliche, das den Juden angetan wurde, erinnern sollte. Es entstand eine fünfundzwanzig Meter lange, sechs Meter hohe, freistehende Grabsteinmauer aus den Bruchstücken geborstener Grabsteine, vor der noch ein kleiner Hügel aus zerbrochenen Grabsteinen liegt. Hier wurde nicht versucht, die jüdische Erinnerung zu glätten; durch die Mauer geht ein schartiger, klaffender Riß, so daß der irreparable Bruch im Kontinuum des jüdischen Lebens und der jüdischen Erinnerung in Polen mit in sie hineingebaut und auf diese Weise bewahrt worden ist.

Noch komplizierter überschneiden sich Geschichte, Erinnern und Staatspolitik in Warschau, wo Monate vor dem Warschauer Aufstand – bei dem sich die Polen gegen die Nazis erhoben und der von den Deutschen niedergeschlagen wurde, während die Rote Armee vom anderen Ufer der Weichsel aus zuschaute – der jüdische Gettoaufstand stattgefunden hatte. Daß der Staat überhaupt bereit war, an beide Aufstände zu erinnern, ist daher vielleicht von ebensolcher Bedeutung wie die Unterschiede zwischen dem jüdischen und dem polnischen Denkmal. Das Denkmal für den Warschauer Aufstand, das keinerlei Hinweis auf die jüdische Erhebung enthält, ist nach dem Vorbild der Freiluftmuseen auf dem Gelände ehemaliger Konzentrationslager gestaltet. Das Denkmal besteht aus einem Block aus nachgemachtem Schutt und ausgebrannten gepanzerten Mannschaftswagen; ergänzend dazu gibt es eine überdachte Ausstellung, in der die Geschichte der Partisanenbrigaden, der Schlachten und der Strategien im einzelnen dargestellt wird. Vom jüdischen Getto hingegen ist nichts erhalten geblieben, nicht einmal ein Artefakt. Nachdem die Deutschen einen Häuserblock nach dem anderen in Brand gesetzt und verwüstet hatten, wurde das Gelände schließlich völlig einplaniert, um dort Neubauten zu errichten. So ist die einzige Erinnerung an den Aufstand und seine Niederschlagung das Warschauer Gettodenkmal von Nathan Rapoport, das überraschend einsam auf einem im übrigen leeren, gepflegten Denkmalplatz steht.

Der aus Warschau stammende Bildhauer schuf den Entwurf für das Monument 1943, wenige Monate nach dem Aufstand, in seinem Exil in Nowosibirsk und legte ihn zunächst dem Moskauer Parteikomitee für Kunst vor, das ihn jedoch rundheraus als von der Konzeption her zu nationalistisch – das heißt zu jüdisch – ablehnte. Als Rapoport Ende 1946 mit einer Ton-Maquette des Monuments nach Warschau zurückkehrte, nahm der Kunstausschuß der Stadt Warschau den Entwurf auf der Stelle an, stellte allerdings die Bedingung, daß das Denkmal am 19. April 1948, dem fünften Jahrestag des Warschauer Gettoaufstands, enthüllt werden müsse. Obwohl sich der Kunstausschuß zu dieser Zeit noch nicht einmal über die genauen Bedingungen des Wiederaufbaus der völlig zerstörten Stadt im klaren war, bestand Rapoport darauf, daß das Denkmal an der Stelle aufgestellt werden sollte, an der sich Mordechai Anielewiczs Bunker befunden hatte. Die Stadt wurde also gewissermaßen um das Gettodenkmal herum wiederaufgebaut.

Der Abguß erfolgte in Paris, weil in Warschau nach dem Krieg keine einzige Gießerei mehr stand. Die Bronzeplastik selbst besteht aus sieben mythisch proportionierten Kämpfern. Sie ist in Granitblöcke eingelassen, die an die Klagemauer in Jerusalem erinnern sollen.[9] Gleichsam eingefaßt von der *Kotel*, ragt die muskulöse, barbrüstige Gestalt Mordechai Anielewiczs heroisch aus Flammen und Ruinen empor. Dieser Anielewicz in seinen zerrissen Hosen und mit den aufgekrempelten Ärmeln, der eine selbstgebaute Granate wie einen Hammer schwingt, hat sich als Partisan, als Arbeiter und als Jude gegen die Nazis erhoben und ist in jeder dieser Eigenschaften das Symbol des Helden schlechthin. Am Denkmalsockel steht eine Widmung in hebräischer, jiddischer und polnischer Sprache: »Dem jüdischen Volk, seinen Helden und seinen Märtyrern«.

Wenn wir die Märtyrer sehen wollen, müssen wir uns allerdings auf die dem Licht abgewandte Rückseite des Denkmals begeben, wo ihrer mit einem steinernen Basrelief zwar gesondert, aber in ebenso archetyischer Form gedacht wird wie der Helden. So gewiß Anielewicz ein Arbeiter ist, sind die bedrängten und gebeugten Gestalten auf der Rückseite archetyische Exiljuden, und nur drei im Hintergrund kaum erkennbare Nazi-Stahlhelme und zwei Bajonette verdeutlichen, daß sich diese Vertreibung von jeder anderen unterscheidet.[10] Mit gesenktem Blick ziehen sie resigniert und passiv in ihr Schicksal, mit Ausnahme eines Rabbiners, der, in einem Arm eine Tora-Rolle, aufwärts blickt und die freie Hand zum Himmel emporreckt, als wollte er Gott beschwören. Das Monument hat also zwei Seiten. Wir müssen jede für sich betrachten, und jede stellt sowohl einen Archetyp als auch ein historisches Ereignis dar.

Wie andere Denkmale auch, hat das Warschauer Gettodenkmal gewissermaßen drei Lebensphasen[11], die Phase von Entwurf und Errichtung, die seiner Existenz als fertiges öffentliches Denkmal und schließlich die seines Daseins in den Köpfen der Menschen, im Volk, über die Zeiten hinweg. Denn welche Bedeutung ein Monument hat und wie es die Erinnerung vermittelt, das hängt nicht allein von seiner Form und Symbolik, sondern auch davon ab, wie der Betrachter darauf reagiert, zu welchen politischen und religiösen Zwecken es von der Gesellschaft benutzt wird, wer es sieht und unter welchen Umständen es weiterverwendet wird, zum

Beispiel, indem sich Abgüsse seiner Figuren an anderen Orten, in einem fremden Kontext behaupten müssen. Rapoport hatte zwar von Anfang an die Absicht, ein jüdisches Denkmal zu schaffen, aber er schuf es unter Berücksichtigung der zu erwartenden Reaktionen der Moskauer Führung, und so wurde sein Werk später als zu wenig jüdisch kritisiert. Da die Figuren sowohl der sozialistischen als auch der jüdischen Tradition entnommen sind, bietet das Denkmal heute Stoff für spezielle wie für allgemeine Deutungen und liefert damit jedem Betrachter – von Willy Brandt bis Nehru, von Jimmy Carter bis Lech Walesa, von Papst Johannes Paul II. bis Yassir Arafat – den ihm gemäßen ikonographischen Kontext. So funktioniert die jüdische Ikone von Fall zu Fall als Denkmalsmetapher für jeweils andere Anliegen. Ob es die Solidarnosc ist, die sie als Symbol des Widerstandes betrachtet, oder ob es die Palästinenser sind, die in ihr ein Symbol ihres eigenen Kampfes sehen, sie verleiht jedem, der vor ihr steht, eine jüdische Aura, wenn auch die eigentliche Vision des Monuments bei jedem Akt des Gedenkens jeweils neu definiert werden muß.

3

In Deutschland sind es vor allem zwei Faktoren, die dem ikonographischen Erinnern des Massenmordes entgegenwirken. Zum einen gab es dort keine Tötungsfabriken im eigentlichen Sinn, und zum zweiten waren so wenige nichtjüdische Deutsche in den Vernichtungslagern interniert, daß in Deutschland offenbar nur eine abstrakte Erinnerung an diese Lager besteht. Dafür spricht, daß jene Periode, die für die Opfer der »Holocaust«, die *Shoah* oder der *dritte Churbm* war, für die Deutschen bis heute die *Hitlerzeit*, der *Weltkrieg* oder, immer öfter, die *KZ-Zeit*[12] ist. Obwohl sich diese Begriffe – ebenso wie die Monumente – grundsätzlich auf ein und dieselbe Ära und mitunter sogar auf dieselben Ereignisse beziehen, kann man sie nicht als Synonyme betrachten; denn welche Bedeutung wir jeweils mit diesen Worten verbinden, hängt wesentlich davon ab, wie jeder dieser Begriffe für denjenigen, der ihn verwendet, die Ereignisse zuordnet, lokalisiert, ja, selbst erklärt. Das hat zur Folge, daß die sogenannten Holocaust-

Gedenkstätten in Deutschland in der Regel, sofern sie an die Juden erinnern, hochgradig stilisiert sind und sich, sofern sie den deutschen Opfern gelten, im allgemeinen auf die Opfer des Faschismus schlechthin beziehen.

Auf einer schattigen Lichtung am Ende eines Feldwegs in der Nähe von Timmendorf in Westdeutschland erinnern eine Gedenktafel und ein großes Holzkreuz an die »Katastrophe der *Cap Arcona*«, eines deutschen Luxusdampfers mit 4600 Menschen an Bord, der in den ersten Maitagen des Jahres 1945 durch die britische Luftwaffe versenkt worden war. Der Text und die Graphik auf der Tafel geben eine Darstellung der Ereignisse, aus der wir entnehmen, daß die *Cap Arcona* eines von drei umgebauten Kreuzfahrtschiffen war, die Tausende von *Häftlingen*[13] des Konzentrationslagers Neuengamme über die Ostsee bringen sollten. Auf offener See, so erfahren wir, wurde sie von englischen Flugzeugen beschossen und bombardiert. Berichten der Anwohner zufolge sind noch Monate später Leichen von dieser *Nacht-und-Nebel-Aktion*[14] bei Neustadt und Timmendorf an ihre blitzsauberen Strände gespült worden. Man begrub sie sofort, um die Ausbreitung von Seuchen zu verhindern.

Aus der Gedenktafel geht jedoch nicht eindeutig hervor, ob die »Katastrophe« der *Cap Arcona* darin bestand, daß so viele Unschuldige von der britischen Luftwaffe getötet wurden, oder aber in der schrecklichen Ironie, daß jene Menschen, die das Lager überlebt hatten, schließlich ein solches Ende fanden. Denn obwohl der Angriff auf das Schiff hier ausführlich geschildert wird, erfahren wir nichts darüber, wo diese *Häftlinge*[15] waren, bevor sie nach Neuengamme (eines der Lager für politische Gefangene) kamen, warum sie in der Lübecker Bucht zusammengezogen wurden, wohin sie gebracht werden sollten oder warum die britische Luftwaffe die Schiffe bombardiert hat. Daß es sich um eine Katastrophe handelte, die es durchaus verlangte, in einem Denkmal verewigt zu werden, war wohl immerhin klar. Doch welcherart die Katastrophe war, das stellte sich erst im Kontext dieser Denkmalerrichtung heraus. Das Ergebnis ist ein Denkmal für 7000 wehrlose Gefangene, die von den Briten getötet wurden. Daß viele dieser Gefangenen den Todesmarsch von Auschwitz überlebt hatten, daß die meisten von ihnen Juden waren und daß sie alle hastig aus den Konzentrationslagern im Norden Deutschlands evakuiert worden waren, um irgendwohin – niemand weiß, wohin – außerhalb Deutschlands gebracht zu werden, daran erinnert dieses Denkmal nicht.[16]

Aber das Entscheidende hierbei ist nicht, daß diese Gedenktafel in Timmendorf die Ereignisse im Umfeld der »Katastrophe der *Cap Arcona*« bewußt manipuliert, sondern daß die Schöpfer von Denkmaltexten die Ereignisse grundsätzlich und unweigerlich rekonstruieren müssen; und das bedeutet, daß ihre Texte eben nicht nur die tatsächlichen Ereignisse, die sie vor dem Vergessen bewahren wollen, sondern mindestens im gleichen Maße ihre eigenen Interpretationen und Erfahrungen reflektieren. Es mag sein, daß bei der Schaffung der Gedenktafel von Timmendorf ein gewisses Eigeninteresse und ein selektives Gedächtnis mit im Spiel waren. Doch wir sollten uns darüber im klaren sein, daß solche Verzerrungen unvermeidlich sind. Und vielleicht besteht das Problem gar nicht einmal so sehr in der bewußten oder unbewußten Manipulation der Geschichte, die nun einmal im Wesen von Erinnerung und Darstellung liegt. Wie wir im Fall Bitburg gesehen haben, dürfte die eigentliche Gefahr wohl eher in einer unkritischen Rezeption von Denkmalen liegen, also darin, daß eine konstruierte und vergegenständlichte Erinnerung als normative Geschichte akzeptiert und dann als reine, unvermittelte Bedeutung behandelt wird.

So zog Präsident Reagan aus den Denkmalen für die deutschen Kriegstoten in Bitburg scheinbar ganz »natürliche« Schlußfolgerungen. Weil in jener Erde, die der Erinnerung an die deutschen Kriegstoten geweiht ist, Soldaten der *Waffen-SS* und der *Wehrmacht*[17] gemeinsam begraben liegen, werden die verschiedenen Rollen, die sie im Krieg gespielt haben, dem größeren, allgemeineren Gedenken an ihr gemeinsames Schicksal untergeordnet. Im Tode vereint mit Landsleuten, denen sie im Krieg vielleicht Schaden zugefügt haben, sowie mit ihren Vorgängern aus dem Ersten Weltkrieg, von denen sie einige – zumindest die Juden – wohl als ihre Feinde angesehen hätten, haben die hier begrabenen SS-Soldaten nun nicht nur ihren Platz gefunden im größeren Kontinuum jener Deutschen, die für ihr *Vaterland*[18] gefallen sind, sondern sie sind ganz allgemein zu Kriegsopfern schlechthin geworden. Und diese besondere Konstellation des Erinnerns in Bitburg sowie die damit verbundenen »selbstverständlichen« Wahrheiten veranlaßten Ronald Reagan und Helmut Kohl, viele andere historische

Aspekte des Krieges zu ignorieren, ja, sogar die Empfehlung zu geben, daß man diese vergessen sollte.

Als erstes Konzentrationslager auf deutschem Boden ist Dachau heute ein Musterbeispiel dafür, wie die Deutschen Denkmale ihrer *KZ-Zeit*[19] errichten. In dem 1933 für politische Feinde des Reiches errichteten Lager Dachau waren *deutsche* Opfer untergebracht, darunter auch viele Juden. So grauenhaft die Verhältnisse in Dachau auch waren, die dortige Gaskammer wurde niemals in Gebrauch genommen, so daß in den Krematorien »nur« die sterblichen Überreste der Erschossenen, der Erschlagenen und, am häufigsten, der an Krankheiten Gestorbenen verbrannt wurden. Die meisten der Überlebenden von Dachau, die heute noch in Deutschland leben, sind Christen, viele von ihnen Geistliche und Sozialdemokraten, deren Erinnerungen im Mittelpunkt dieses Gedenkstättenprojekts stehen. Es gibt daher auf dem Lagergelände drei konfessionelle Orte des Gedenkens, die katholische Todesangst-Christi-Kapelle, die evangelische Versöhnungskirche und die Israelitische Gedenkstätte.

Wie der Name »Kuratorium für das Sühnedenkmal im Konzentrationslager Dachau« jedoch nahelegt, haben die verschiedenen Gruppen von Opfern in Dachau ihre Gedenkstätten aus durchaus unterschiedlichen Motiven errichtet. Die beiden christlichen Kirchen sind nicht der Trauer um den Tod der jüdischen Lagerinsassen geweiht, sondern sollen die Verbrechen der Nazis gegen die Menschlichkeit sühnen. Alle drei konfessionellen Stätten auf dem Lagergelände sind in hohem Maße stilisiert und intellektualisiert und tendieren dazu, hervorzuheben, wie sehr sich die Gegenwart von der Vergangenheit unterscheidet. Von den blitzblanken Barackenfußböden über die gefegten Kieswege draußen bis hin zum Krematorium, das, wie wir einem Schild entnehmen, von neun bis siebzehn Uhr geöffnet ist, herrschen heute dort, wo die »Erinnerung« an Schmutz und Chaos wachgehalten werden soll, Sauberkeit und Ordnung. Angesichts der beinahe antiseptischen Reinheit des Geländes und der beiden nachgebildeten Baracken, der dezenten Symbolik der Fundamente der übrigen Baracken sowie des ausgezeichneten Museums ist es nicht überraschend, wenn man hier Besucher klagen hört, diese Gedenkstätte ästhetisiere die Vergangenheit, ganz so, als ob sie nicht an sie erinnern, sondern sie besiegen wolle. Suggerieren die scheinbar unveredelten Ruinen in den KZ-Gedenkstätten in den östlichen Ländern dem Besucher das Gefühl, er habe die tatsächlichen physische Artefakte der Nazizeit vor sich, so verleiten die frisch gestrichenen, wirkungsvoll arrangierten Symbole von Dachau ihn in aller Offenheit zu *meta*physischen Spekulationen.

Anders die Gedenkstätte Bergen-Belsen, die der Besucher als Friedhof, als großen Begräbnisplatz wahrnimmt. Abgesehen von einer Ausstellung in dem aus nur einem Raum bestehenden Museumsbau aus Stein und Glas, die eine kurze Übersicht über die Geschichte des Nationalsozialismus und der Konzentrationslager gibt, erfährt man hier nur wenig darüber, was gerade in Bergen-Belsen bis zur Befreiung geschah. Hauptthemen sind vielmehr der Tod der Häftlinge und ihre Massengräber. Diese werden durch Reihen kleiner Grabhügel symbolisiert, ein jeder mit einer Einfassung aus Stein und Mörtel versehen, auf der die Anzahl der hier begrabenen Toten vermerkt ist: »Hier ruhen 5000 Tote« beziehungsweise 2000 oder 1000. Inmitten dieser Grabhügel und verstreuter einzelner Grabsteine mit hebräischen Inschriften steht ein vier Meter hohes steinernes Mal, das in hebräischer und englischer Sprache an das Schicksal der Juden erinnert. Dem allgemeinen Gedenken an die anonymen Opfer ist ein zweiunddreißig Meter hoher weißer Obelisk aus Marmor und Granit gewidmet, der sich hundert Meter weiter vor einer freistehenden Mauer erhebt. Nur der Gesang der Vögel und der Lärm der auf dem angrenzenden britischen Militärgelände landenden Flugzeuge stören die Totenstille jenes Fleckens Erde, der sich im Laufe der Zeit mit Sträuchern und Blumen überzogen hat. Der Wald ringsherum bildet so etwas wie einen natürlichen Grenzwall zwischen diesem Ort und der Außenwelt, was abermals dem Bemühen der Nazis, das Lager versteckt zu halten, geschuldet ist.

Angeregt durch die Umerziehungsmaßnahmen der Alliierten in Deutschland nach dem Krieg, haben sich die deutschen Museen, die an die Zeit des Zweiten Weltkriegs erinnern, die Aufgabe gestellt, nicht nur Gedenkstätten zu sein, sondern zugleich erzieherisch zu wirken, wobei sich das eine automatisch aus dem anderen ergibt. So haben die Leiter der Mahn- und Gedenkstätte Neuengamme bei Hamburg auf dem Gelände des ehemaligen Konzentrationslagers ein internationales Sommer-Arbeitslager für Schüler eingerichtet. Das Programm, so Wilfried Meiller, Dozent am dortigen Dokumentationszentrum, ziele darauf ab, den Jugendlichen von heute Kenntnisse über die nationalsozialistische Vergangenheit zu vermitteln und zugleich die Verständigung von jungen Menschen verschiedener Nationalitäten zu fördern. Beide Ziele werden im Zusammenhang der Denkmalerrichtung durchgesetzt, die so im Wortsinne zu einer Art *Denkmal-Arbeit*[20] wird. Im vollen Bewußtsein des üblen Nachklangs des deutschen Wortes *Arbeitslager*[21] bedient sich das Projekt des unverfänglicheren und international verständlichen englischen Begriffs »Workcamp«.

Wo sich einst Lagerhäftlinge in der Ziegelei als Sklaven zu Tode arbeiten mußten, um das Hitlerreich aufzubauen, dort betätigen sich heute Freiwillige im »Workcamp Neuengamme«, indem sie die Erinnerung ausgraben. Das Konzentrationslager wird wie eine archäologische Grabungsstätte behandelt, wo Spuren der Vergangenheit des Holocaust ausgegraben und als Beweise für die Greueltaten der Nazis katalogisiert werden. In dieser Archäologie des Holocaust graben die Schüler Artefakte jener Zeit aus, zum Beispiel Nägel, Werkzeuge, alte Schuhe, anhand deren die Lehrkräfte die Ereignisse rekonstruieren, anschaulich und zum Denkmal werden lassen. In gewisser Weise birgt dieser archäologische Ansatz von Neuengamme die Gefahr in sich, daß der Holocaust und die Lager auf diese Weise als längst vergangene und nicht mehr zugängliche Geschichte erscheinen könnten. Doch das ist wohl, genau genommen, bei jedem Museum der Fall. Denn, wie doch Th. W. Adorno warnte: »Der Ausdruck ›museal‹ hat im Deutschen unfreundliche Farbe. Er bezeichnet Gegenstände, zu denen der Betrachter nicht mehr lebendig sich verhält und die selber absterben.«[22] Mit jedem rostigen Artefakt holen die Archäologen des Holocaust die Vergangenheit in die Gegenwart und zersplittern damit unweigerlich die Ereignisse, mit dem Ziel, sie zu rekonstruieren.

4

Eingedenk der Warnung Adornos könnte man sagen, daß allein schon die bloße Existenz eines Diaspora-Museums in Tel Aviv, des *Beit Hatfutsot*, die offizielle israelische Sicht widerspiegelt, wonach die in der Welt verstreut lebenden Juden Vertreter einer toten, abgestorbenen Kultur sind. In dieser Ausstellung wird auf das Leben in der Diaspora in der Vergangenheitsform Bezug genommen. Der Holocaust als letzte und bedeutsamste Manifestation der Diaspora wird als Beweis für die Unhaltbarkeit des Lebens im Exil interpretiert, als endgültige Rechtfertigung eines jüdischen Staates, der den Juden ein Weiterleben nach dieser Katastrophe sichert. Genau diese Betonung des jüdischen Lebens vor und nach dem Holocaust ist es jedoch, durch die sich die israelischen Holocaust-Museen und Gedenkstätten von denen in Europa unterscheiden. Während sich die europäischen Museen unerbittlich auf die Vernichtung der Juden konzentrieren und ein ganzes Jahrtausend jüdischen Lebens in Europa vor dem Krieg nahezu außer acht lassen, ordnen die israelischen Museen die Ereignisse in ein geschichtliches Kontinuum ein, das das jüdische Leben vor und nach der Vernichtung umfaßt.

Außer in der Darstellung ihrer Vernichtung kommen die Juden in den europäischen Museen kaum vor. Weder ihr vielfältiges Leben vor dem Krieg noch ihr Leben in Israel und Amerika nach dem Krieg finden hier sonderlich große Beachtung. In den israelischen Museen in den Kibbuzim, so etwa in Lohamei Hageta'ot, Tel Yitzchak, Givat Chaim und Yad Mordechai, auch in Yad Vashem, der Gedenkstätte für die Märtyrer und Helden in Jerusalem, liegt der Schwerpunkt auf dem jüdischen Leben. Für Israel markiert der Holocaust weniger das Ende des jüdischen Lebens als vielmehr das Ende der Möglichkeit eines Lebens im Exil. Und so ist er in die jüdische Geschichte integriert. Er mag ein Wendepunkt sein, eine Bestätigung der zionistischen Ideologie, aber er steht doch immer in Beziehung zum vorherigen jüdischen Leben in Europa und zum jüdischen Leben danach in Israel. So wurde der Kibbuz Lohamei Hageta'ot (wörtlich übersetzt: Kämpfer der Gettos) von Überlebenden der Lager und Gettos gegründet, darunter viele ehemaligen Partisanen und Mitglieder der *Hechalutz* und der Jüdischen Kampforganisation. Obwohl das Museum dem Andenken des Dichters Jizchak Katzenelson gewidmet ist, erinnern sowohl der Name des Kibbuz als auch die Gesamtkonzeption der Gedenkstätten weniger an das Sterben als an den Kampf der Juden während des Krieges und an ihr Überleben nach dem Krieg. Nur zwei der zwölf Ausstellungsräume des Museums haben die Gettos, die Konzentrationslager und die Vernichtung zum Thema. Die Ausstellung ist so konzipiert, daß man in diese Räume erst gelangt, wenn man die graphischen Rekonstruktionen von Wilna, dem litauischen Jerusalem, und dem »Schtetl Olkieniki« gesehen hat, eine Konzeption, die nahelegt, daß der Weg zum Holocaust durch die Zentren und *Schtetlach* der Diaspora führte, der Weg aus dem Holocaust hingegen durch den Widerstand zum Überleben und schließlich in die Kibbuzim und zu der neuen, dynamischen Eigenständigkeit der Juden in ihrem eigenen Land. So wird der Holocaust nicht nur mit Aspekten des Lebens im Exil in Verbindung gebracht, sondern in einen Kontext gestellt, der uns daran erinnert, daß es jüdisches Leben schon davor gab und auch danach noch geben wird. Entsprechend steht auch die Feier zum Tag des Gedenkens an den Holocaust stets unter demselben Motto: »Von der Zerstörung zur Rettung«.

Die Erinnerung an den Holocaust findet am Tag des Gedenkens an den Holocaust, dem *Jom Hashoah Wehagwurah*, in ganz Israel auf verschiedenen Ebenen statt. Ursprünglich bereits 1953 von der Knesset im Rahmen des Mandats für eine Gedenkstätte für die Märtyrer und Helden des Holocaust (Yad Vashem) gesetzlich eingeführt, wird der *Jom Hashoah* erst seit 1959 offiziell begangen. Daß überhaupt ein spezieller Tag des Gedenkens an den Holocaust eingeführt wurde, ist in vieler Hinsicht bedeutsam, ebenso die Tatsache, daß dieser Tag nicht nur an den Holocaust, sondern zugleich auch an den Heldenmut (*gwurah*) erinnern soll. Denn er ist kein religiöser, sondern ein nationaler Gedenktag. In den meisten orthodoxen Gemeinden ist das Gedenken an den Holocaust Teil der Klagegebete, die an *Tischa be Aw* gesprochen werden, um an die Zerstörung des Ersten und Zweiten Tempels zu erinnern. Demgegenüber gedenkt das orthodoxe Rabbinat in Israel der Opfer des Holocaust offiziell am 10. Tewet, dem *Jom Hakaddish*. Mit der Einführung eines eigenständigen Gedenktages für die *Shoah*, an dem zugleich die Helden geehrt werden, also die Juden, die selbst für ihre Rettung gekämpft und nicht nur Gott um Rettung angefleht haben, gelang es der Regierung, die *Shoah* ganz und gar aus dem religiösen Kontinuum herauszulösen und das Gedenken so zu einer nationalen Angelegenheit zu machen. Der *Jom Hashoah*, der in Israel weder als Fasten- noch als Trauertag begangen wird, wurde auf den siebenundzwanzigsten Tag des Nissan festgesetzt. Dieser Tag ist durchaus nicht mit destruktiven Assoziationen befrachtet. Man entschied sich für einen Tag aus der sechswöchigen Spanne des Warschauer Gettoaufstandes. Dieser hatte am 19. April 1943 begonnen, an Erew Pessach also, der selbst ein Tag des Erinnerns an Errettung und Freiheit ist. Der Tag des Gedenkens an den Holocaust, der nach dem hebräischen Kalender in den Pessach-Monat fällt und sieben Tage vor *Jom Hasikaron* (Gedenktag für die israelischen Kriegstoten) sowie acht Tage vor *Jom Ha'atzma'ut* (israelischer Unabhängigkeitstag) liegt, erinnert an Ereignisse der biblischen und der jüngsten Geschichte, an gegenwärtigen Widerstand und nationale Unabhängigkeit in einem und stellt auf diese Weise eine Verbindung zwischen diesen her.

Die Idee, den Holocaust als Teil der langen jüdischen Geschichte zu betrachten, veranschaulicht Nathan Rapoports *Megilat'esh* (Schriftrolle des Feuers), die hoch oben in den judäischen Bergen zwischen Jerusalem und Tel Aviv steht. Das Denkmal, das ursprünglich für den New Yorker Riverside Park konzipiert war, wurde von der Städtischen Kunstkommission als »zu schwer und zu deprimierend« abgelehnt. B'nai B'rith hingegen erkannte, daß diese Schriftrolle der jüdischen Geschichte in Israel am besten aufgehoben war, und übernahm sie gern. So sind hier nun Szenen des Holocaust in die Geschichte Israels integriert, deren Entfaltung als ein Kontinuum von ineinandergreifenden Ereignissen dargestellt wird. Tagtäglich besuchen israelische Schulklassen die »Schriftrolle des Feuers« und studieren an diesem Denkmal Schritt für Schritt die jüdische Geschichte.

Der ausgedehnte Komplex von Yad Vashem, der Gedenkstätte für die Märtyrer und Helden in Jerusalem, der Denkmale, heilige Stätten, Archive und Ausstellungen umfaßt, ist zweifellos die konzeptionell am meisten ausgereifte und vielschichtigste Holocaust-Gedenkstätte überhaupt. Yad Vashem wurde am 19. August 1953 auf Beschluß des israelischen Parlaments gegründet, teilweise wohl als Reaktion auf die tags zuvor erfolgte Enthüllung des »Denkmals für den unbekannten jüdischen Märtyrer« in Paris, und ausdrücklich ermächtigt, »Material in Israel über jene Juden zu sammeln, die ihr Leben im Kampf und im Aufstand gegen die Nazis und ihre Helfer hingaben, und das Andenken der Opfer zu erhalten, wie auch das der Gemeinden, Organisationen und Institutionen, die zerstört wurden, weil sie jüdisch waren«. In Artikel

2, Absatz 2 werden weitere Aufgaben festgelegt, darunter: »Material über die Vernichtung und das Heldentum der Juden zu sammeln, zu prüfen und zu veröffentlichen und es damit dem Volke zu eigen zu machen«.[23] Und in Absatz 3 wird die Aufgabe formuliert, »den Tag, der durch die Knesset als Tag des Gedenkens an den Kampf und die Vernichtung des europäischen Judentums festgesetzt wurde, in Israel und im Bewußtsein des ganzen jüdischen Volkes als nationalen Trauertag zu verwurzeln und der Opfer und Helden gemeinsam zu gedenken«.[24] Yad Vashem (wörtlich übersetzt: »ein Denkmal und einen Namen« nach Jesaja 56, 5) institutionalisiert und symbolisiert mithin das bleibende, tätige Erinnern des Holocaust in Israel.

Auch ikonographisch werden in Yad Vashem die Ereignisse verschiedenen Traditionen zugeordnet und mit spezifischer nationaler und historischer Bedeutung versehen, wenngleich dies auf unterschiedliche Weise und in komplizierten Formen geschieht. Indem hier das Andenken sowohl der *Helden* als auch der *Märtyrer* der Massenvernichtung bewahrt wird, wendet sich Yad Vashem aktiv gegen den aus israelischer Sicht übertriebenen Kult um die Rolle der Juden als Opfer. Unter anderem deshalb hat man in Yad Vashem eine Kopie von Rapoports Warschauer Gettodenkmal aufgestellt. Doch die zionistische Ideologie läßt keine Stagnation bestimmter Archetypen zu, sondern fordert eine stärkere Herausarbeitung des Gegensatzes zwischen den passiven »alten« und den kämpferischen »neuen« Juden. Denn in Israel hat man ein überwaches Gespür für die historischen Folgen dieser konkurrierenden Klischees. Viele israelische Historiker sind der Ansicht, daß die im christlichen Europa verbreiteten jüdischen Stereotypen den traditionellen Antisemitismus verstärkt haben. Das Selbstverständnis der Juden als bloße Opfer habe diese noch verletzbarer gemacht. Deshalb sind die heute in Israel für die Gestaltung von Gedenkstätten Verantwortlichen bemüht, den kommenden Generationen alternative Ikonen anzubieten. So wird neben der traditionellen Verletzbarkeit und Schwäche des Diaspora-Juden (zentraler Glaubenssatz des Zionismus) zugleich das Bild des neuen, kämpferischen Juden dargestellt, um so die Ereignisse der Vergangenheit zu erklären und der Jugend lebbare Modelle zu geben.

Die in drei Hauptabteilungen unterteilte, eindrucksvolle geschichtliche Ausstellung von Yad Vashem reflektiert auch eine typisch israelische Sicht auf die Ereignisse. In der ersten Abteilung wird anhand von Fotos, Flugblättern, Propagandaschriften der Nazis und historischen Darstellungen die Entstehung und Verbreitung antijüdischer Gesetze und Aktionen zwischen 1933 und 1939 gezeigt. Die Schikanen, die Deportationen, ja, sogar die Pogrome der *Kristallnacht*[25] werden hier als logische Folgen der Tradition des Antisemitismus in Europa dargestellt. Aus diesem Raum gelangt man in eine Abteilung, die unter dem Motto »Der Kampf um das Überleben: 1939-41« steht und eine Fortsetzung des ersten Komplexes ist.

Dann folgt ein Bruch in der Ausstellung, und wir müssen uns physisch aus einer Halle, das heißt einer Epoche, in eine andere begeben. Wir verlassen diese Abteilung, gehen noch einmal zurück in das Foyer und betreten von dort aus den nächsten Raum. Dieser ist ausschließlich dem Prozeß der Massenvernichtung von 1941 bis 1945 vorbehalten, dessen Größenordnungen und Methoden so beispiellos waren, daß er sich – die Gliederung der Ausstellung deutet es an – einer ikonographischen Einordnung in den Kontext der traditionellen Judenverfolgung entzieht. Ein Teil des Raumes befaßt sich mit dem Schweigen der Weltöffentlichkeit und damit, wie jüdischen Flüchtlingen in vielen Ländern die Aufnahme verweigert wurde. Aber in Yad Vashem endet die historische Spurensuche nicht, wie in anderen Gedenkausstellungen über den Holocaust, mit der Befreiung der Lager, sondern sie geht weiter. Nach einem abermaligen Bruch verlassen wir die Vergangenheit und finden im nächsten Saal den bewaffneten jüdischen Widerstand und seine Nachwirkungen dargestellt. In angrenzenden Ausstellungen wird eine Verbindung zwischen dem Warschauer Gettoaufstand, dem Kampf jüdischer Partisanen und der aktuellen Geschichte in Gestalt des Staates Israel hergestellt. Denn wie die Fotos von Überlebenden, die in Haifa und Caesarea landen, belegen, kommt das »Ende des Holocaust« erst mit der Rückkehr der Überlebenden und ihrer Erlösung in Eretz Israel.

Bevor wir die große, einem mächtigen, in die Erde gesenkten megalithischen Grab gleichende Gedächtnishalle von Yad Vashem betreten, lesen wir die Worte des Baal Schem Tow, in denen der Grund für die Existenz dieser Gedenkstätte in Israel zusammengefaßt ist: »Vergessen verlängert die Zeit des Exils! Das Geheimnis der Erlösung liegt in der Erinnerung.« Im gedämpften Licht fällt unser Blick nach unten auf die ewige Flamme und die in den steinernen Boden eingemeißelten Namen der Todeslager. Der weite, dunkle Raum, selbst eine Manifestation von Verlust, lädt uns ein zu Gedenken und Besinnung, und dieser Einladung folgen wir im ewig wachen Kontext von Exil, Erinnern und Erlösung.

5

Während in Israel der Holocaust in Lehre und Forschung als ein – wenn auch entscheidendes – Ereignis unter anderen in der langen jüdischen Geschichte angesehen wird, beherrscht er in Amerika zunehmend die gesamte jüdische Vergangenheit und Gegenwart. Anstatt den Holocaust als Teil der jüdischen Geschichte zu behandeln, wird an amerikanischen Schulen nur allzuoft die gesamte jüdische Geschichte aus der Perspektive des Holocaust vermittelt. In Amerika, wo es andere Museen zur jüdischen Vergangenheit oder zum gegenwärtigen Leben in der Diaspora nicht gibt, tendieren die Holocaust-Museen dazu, die gesamte jüdische Kultur und Identität nicht etwa als Teil eines größeren jüdischen Kontinuums darzustellen, sondern sie ausschließlich um diese historische Periode zu gruppieren. So werden etwa selbst im Falle des für den Staat New York geplanten Holocaust-Museums, das die Ereignisse immerhin in ein Kontinuum jüdischen Lebens vor und nach der Massenvernichtung einordnen soll, in dem beabsichtigten Namen »Museum des jüdischen Erbes – Ein lebendiges Denkmal des Holocaust« jüdische Kultur und Holocaust zusammengefaßt und damit praktisch einander gleichgesetzt.

Beschränken in Europa und Israel politische und ideologische Parameter unweigerlich den Charakter der dortigen Gedenkstätten, so ist es in den Vereinigten Staaten die Holocaust-Erfahrung der Amerikaner, die diesen Einrichtungen mindestens ebenso enge Grenzen setzt. Für die jungen amerikanischen GIs beispielsweise, die Dachau und Buchenwald befreiten, schließt eine Geschichte des Holocaust die jüdischen Lebensbedingungen im Vorkriegseuropa, das schmerzhafte Auseinanderreißen von Familien, die Deportationen in die Gettos und Lager, ja sogar den Vernichtungsprozeß selbst zwangsläufig aus. Und da die »amerikanische Erfahrung« des Holocaust 1945 auf die *Befreiung* der Lager beschränkt blieb, ist es nur natürlich, daß das Holocaust-Monument, das den Titel »Befreiung« trägt, im Liberty State Park in New Jersey steht, und zwar in Sichtweite der Freiheitsstatue, eines der bedeutsamsten ideologischen Symbole Amerikas. Dieses von Nathan Rapoport geschaffene Denkmal zeigt einen jungen GI, der, mit ernster Miene und gesenktem Blick ausschreitend, ein KZ-Opfer auf den Armen trägt – eine Darstellung, die beinah an eine Pietà erinnert. Die durch die verschlissene Häftlingskleidung schimmernde, skelettartig abgemagerte Brust des Opfers, seine ausgebreiteten Armen und sein teilnahmslos zum Himmel gerichteter Blick drücken Hilflosigkeit aus. In diesem Monument klingt nicht allein die spezifische Erfahrung der Amerikaner während des Krieges an, sondern auch ihr traditionelles Selbstverständnis, die Idealisierung ihrer Erlöserrolle im Krieg und ihrer Rolle als Zufluchtsort für alle Menschen auf der Welt, die »mühselig und beladen« sind.

Angesichts des pluralistischen Selbstverständnisses der Amerikaner ist es nicht verwunderlich, daß Ideale wie Freiheit und Pluralismus in den USA das Leitmotiv bereits vorhandener wie auch geplanter Holocaust-Museen bilden. So wurde das Holocaust-Museum des Simon Wiesenthal Centers in Los Angeles umbenannt in »Museum der Toleranz«, um auf diese Weise sowohl seine pädagogische Zielstellung (Toleranz) als auch die Pluralität des Publikums, das es zu erreichen hofft, hervorzuheben. Nachdem die finanziellen Mittel des Komitees für die Errichtung einer Babi-Jar-Gedenkstätte in Denver erschöpft waren, konnte diese Gedenkstätte nur mit finanzieller Unterstützung der örtlichen ukrainischen Gemeinde fertiggestellt werden. Heute erinnert diese Stätte an die »zweihunderttausend Opfer, die in Babi Jar bei Kiew in der Ukrainischen Sowjetrepublik zwischen dem 29. September 1941 und dem 6. November 1943 starben. In der Mehrzahl Juden, Ukrainer und andere.« Von den Stufen des neuen Museums in New York wird man auf den Holocaust, Ellis Island und die Freiheitsstatue blicken können. Jimmy Carter definierte den Holocaust als Ermordung von elf Millionen unschuldiger Menschen durch die Nazis und gründete daraufhin in Washington die *Holocaust Memorial Commission*. Wird das vorgesehene Museum dem Andenken von sechs Millionen Juden geweiht sein, die abgeschlachtet wurden, weil sie als Juden geboren waren, oder wird es an elf Millionen Menschen erinnern, die in den verschiedenen Konzentrationslagern aus den verschiedensten Gründen umgebracht wurden? Oder wird es ein Museum zum Holocaust ganz allgemein werden, das die Massaker an den Armeniern, Kambodschanern und Russen mit einschließt? In Anbetracht der egalitaristischen Ideale der Amerikaner könnte ein nationales amerikanisches Holocaust-Museum sich schwer damit tun, seine Zielsetzungen enger zu umreißen.

Die Nazis hatten die totale Vernichtung der Juden geplant. Sie wollten die Juden aus der Geschichte und aus dem Gedächtnis auslöschen. Unter diesem Gesichtspunkt ist jeder Bericht über den Holocaust prinzipiell eine Manifestation des Scheiterns ihrer Pläne. Doch wenn wir uns die Entwicklung, angefangen mit einer Verordnung aus dem Jahre 1936, die es deutschen Steinmetzen verbot, Grabsteine für Juden zu bearbeiten, über die methodische Vernichtung der Zeugnisse früherer Judenverfolgungen in Wilna bis hin zu Hitlers Plänen für ein Museum über die ausgestorbene jüdische Rasse in Prag, näher ansehen, wird eines ganz deutlich: Sollte der erste Schritt zur Vernichtung eines Volkes darin bestehen, es aus dem Gedächtnis zu streichen, so wäre der letzte Schritt seine gezielte Wiederbelebung gewesen. Denn wie der Plan für das Prager Museum und andere Monumente seines Sieges über die Juden zeigen, hat Hitler nie vorgehabt, die Juden zu »vergessen«; er wollte lediglich die jüdische Erinnerung an die Ereignisse durch seine eigene verdrängen.[26] Die totale Liquidation konnte weder durch die physische Vernichtung noch durch das anschließende konsequente Totschweigen der Juden erreicht werden. Wenn es den Nazis jedoch gelungen wäre, den spezifisch jüdischen *Typus* der Erinnerung auszurotten, dann hätten sie auch die Möglichkeit einer Regenerierung durch das Erinnern zunichte gemacht, die die jüdische Existenz seit jeher kennzeichnet.

Der Zweck nationaler Monumente besteht indes nicht allein darin, Erinnerungen zu ersetzen oder sie entsprechend den eigenen Klischees neu zu schaffen. Es geht auch darum, die ganze Gesellschaft zu gemeinsamer Erinnerungsarbeit zu bewegen. Wenn die in den Monumenten einer Nation verkörperten Mythen oder Ideale wirklich die Mythen und Ideale des Volkes sind, dann verleiht eine solche Vergegenständlichung ihnen Substanz und Gewicht und läßt sie natürlich und wahrhaftig erscheinen, und so entsteht zwischen dem Volk und seinen Monumenten unausweichlich eine Partnerschaft. Und genau darum ist es nötig, daß wir diesen Denkmalen kritisch begegnen, denn nur das kann uns vor einer Komplizenschaft bewahren, die die Symbole unseres Erinnerns zu bloßen Idolen erstarren ließe. Denn in diesen Symbolen vollzieht sich nicht nur die Denkmalbildung, sondern es besteht auch eine Wechselwirkung zwischen den Ereignissen und den Symbolen, wie zwischen diesen und uns selbst. Wenn wir uns das vergegenwärtigen, akzeptieren wir zugleich, daß unsere Verantwortung für die in unseren Denkmalen geborgenen Erinnerungen mehr ist als nur ein Ritual. Wenn wir, um zu gedenken, zu den Denkmalen des Holocaust kommen, dann tun wir dies ja nicht um ihrer selbst willen; in jenem Raum der Besinnung, den die Denkmale ausfüllen und den sie uns zugleich erschließen, kommen wir zu uns selbst. Selbstkritische Monumente gibt es nicht, es gibt nur kritische Betrachter.

Schlußbetrachtungen

Die kritische Untersuchung eines literarischen Genres schließt dessen Definition ein und setzt zudem lückenlose bibliographische Kenntnis voraus. Die Literaturgeschichte wirkt, ebenso wie andere Disziplinen der Geschichtsschreibung, als stille Gebieterin über Sein oder Nichtsein. Im Falle der Literatur sind es die Ereignisse, die Schriftsteller und ihre Werke, die im kritischen Bewußtsein existent werden, weil sie in bestimmten Formen auch »auf dem Papier« existent sind. Und wie jede andere Geschichte hat auch die Geschichte der Holocaust-Literatur Strukturen, die bewirken, daß bestimmte Autoren und Werke ausgewählt und andere unterschlagen werden. Die vorliegende Studie macht davon keine Ausnahme. Je nachdem, ob man unter Holocaust-Literatur nur jene Literatur versteht, die im Verlauf der Ereignisse geschrieben wurde (im Unterschied zu der danach entstandenen), ob man sie einer allgemeinen »Literatur der Greuel« zurechnet oder den jüdischen Reaktionen auf die ganz spezielle Katastrophe oder ob man sie als etwas völlig Eigenständiges, keinem Kontinuum Zugehöriges ansieht, variieren natürlich auch die Form, der Umfang und die Definition dieser Literatur. Doch wie jede verantwortungsvolle Geschichtsschreibung muß auch die Literaturgeschichte berücksichtigen, daß die Prämissen ihrer Kritik nicht nur über Umfang und Gestalt ihres Gegenstandes entscheiden, sondern auch die Kritiker zu ganz bestimmten Schlußfolgerungen führen. Der nächste Schritt besteht deshalb in der Förderung eines kritischen Bewußtseins von der Sprache der Kritik und den Modellen, mit deren Hilfe wir sowohl die tatsächlichen historischen Ereignisse als auch deren Darstellung in den Texten der Schriftsteller interpretieren.

In seinem wegweisenden Essay »Weiße Mythologie« warnt Jacques Derrida vor der »Naivität des Metaphysikers, des erbärmlichen Umherschweifenden«, der die Metaphern seiner eigenen Kultur nicht erkennt, vor einer »weißen Mythologie«, die wir nicht mehr sehen können, die aber dennoch fortfährt, die Wirklichkeit zu strukturieren, und uns zu bestimmten philosophischen Schlußfolgerungen über diese Wirklichkeit verleitet.[1] Das grundlegende Problem, vor dem die Schriftsteller, Historiker, Philosophen und Literaturkritiker heute stehen, ist daher die Frage: Wie löst man sich weit genug von der Sprache, den Metaphern und den metaphysischen Prämissen seiner Kritik, um zwischen den Bedeutungen und Schlußfolgerungen, die man selbst auf Texte und Realitäten projiziert hat, und denen, die man scheinbar aus diesen abgeleitet hat, unterscheiden zu können? Und wie die Metaphern der Kultur sich im Verlauf der Geschichte »unsichtbar gemacht« und nur die Opfer und die von ihnen geprägte Sicht der Geschichte hinterlassen haben, so neigen auch die Metaphern der kritischen Interpretation dazu, sich unsichtbar zu machen und ein Palimpsest von naturalisierten historisch-kritischen Schlußfolgerungen zu hinterlassen.

Der kritische Schriftsteller mag nun bestrebt sein, die Vorstellungen, die sich unser Geist von den Ereignissen des Holocaust macht, nicht nur unbewußt, sondern in vollem Bewußtsein wahrzunehmen. Denn die geheimen Strukturen und Neigungen unseres Geistes stehen unserem kritischen Begreifen des Holocaust vielleicht ebenso im Wege, wie die Prämissen, von denen die Opfer und Schriftsteller ausgegangen sind, ihrem Begreifen im Wege standen. Wenn wir versuchen, eine kritische Metasprache zu formulieren, mit der wir sowohl die Ereignisse des Holocaust als auch die Literatur, in der die Ereignisse zusammengefaßt sind, interpretieren können, dann gibt es unter Umständen nur eine Möglichkeit, im Rahmen unserer Forschung die Projektionen unseres Geistes auf die Ereignisse hin zu überschreiten, nämlich die, daß wir uns diese Projektionen bewußt machen. So schwierig es ist, die historischen Fakten des Holocaust von unserer Art und Weise, diese Fakten zu beschreiben, zu trennen, so geht doch eine »kritisch denkende« Betrachtung des Holocaust und seiner Literatur letztlich davon aus, daß zwischen den Handlungen und Schlußfolgerungen, die Kritiker, Leser und Protagonisten der Geschichte aus der bewußten Konstruktion der Realität herleiten, und denen, die sich aus dem ergeben, was unser Geist unbewußt auf die Ereignisse projiziert, ein qualitativer Unterschied besteht. Das soll die Kritiker, Schriftsteller und Leser keineswegs entmutigen, Urteile zu fällen, Schlußfolgerungen zu ziehen oder auf der Grundlage eines spezifischen Wissens über den Holocaust zu handeln – drei Dinge, die, so könnte man sagen, die wissenschaftliche Praxis ausmachen.

Es geht vielmehr darum, daß wir unter keinen Umständen jemals wieder blindlings unseren jeweiligen Denkmustern folgen dürfen. Es geht um den Unterschied zwischen blindem und umsichtigem Handeln, wobei letzteres keine höhere Autorität für sich in Anspruch nimmt als jedes andere gegebene Denkmuster.

Das heißt, wenn die Autoren und die Kritiker von Holocaust-Texten sich dessen bewußt sind, daß jede Interpretation Bilder und Vorstellungen von der Welt erzeugt, wenn sie sich dessen bewußt sind, daß sich dieses Wissen auch einsetzen läßt, um in der Welt wirksam zu werden, dann werden sie weiteres Wissen über den Holocaust erzeugen können, auch wenn sie die praktischen Konsequenzen dieses Wissens sorgsam im Auge behalten. Zwar mag jede kritische Interpretation durch ihre eigenen Prämissen begrenzt sein, aber dennoch kann die Interpretation – vorausgesetzt, man bleibt sich dessen gewärtig, daß sie ein Konstrukt ist – das Handeln, das sie bewirkt, bis zu einem gewissen Grade auch steuern. Denn eine selbstkritische Interpretation vermag die Aufmerksamkeit sowohl auf ihre relative Wahrheit als auch auf die relative Autorität zu lenken, durch die sie sich als Anleitung zum Handeln empfiehlt. Was ein solches selbstkritisches Denken hier so nützlich macht, ist die Tatsache, daß es *alle* möglichen Wirkungsbedingungen, einschließlich der religiösen, regionalen und literarischen Bezugsfelder, in Betracht zieht. Dieser Ansatz führt dazu, daß die Selbstinterpretation des Handelns zum Regulativ dieses Handelns wird und damit als Teil jener Bedingungen fungiert, die wir abwägen, bevor wir handeln.

Wir dürfen jedoch nicht zulassen, daß unser bewußtes Wissen über den Holocaust alles sich aus diesem Wissen ergebende Handeln neutralisiert oder paralysiert, sondern müssen auch die anderen Kriterien im Auge behalten, nach denen wir entscheiden, wann wir entsprechend einem bestimmten Wissen handeln und wann nicht. Das heißt, selbst wenn wir uns darüber im klaren sind, daß wir den Erscheinungen der Wirklichkeit eine ganz spezifische Gestalt verleihen, so bleibt doch die Frage, was eigentlich darüber entscheidet, ob eine Interpretation »adäquat« oder »inadäquat« ist. Ein Kriterium dafür wäre nach Nietzsche, inwieweit unsere Interpretationen »lebensfördernd, lebenserhaltend, arterhaltend, vielleicht gar artzüchtend« sind.[2]

Mark Warren bemerkt in seinem aufschlußreichen Essay »Nietzsche and the Concept of Ideology«, daß Nietzsche zwar einerseits versucht, den absoluten Wahrheitsanspruch von Ideen zu untergraben, indem er ihnen universelle Wahrheit grundsätzlich abspricht, andererseits aber die relative, pragmatische Wahrheit von Ideen akzeptiert, wenn auch nur hinsichtlich ihres Werts für bestimmte Lebensformen.[3] Diese Kriterien zur Beurteilung von Interpretationen des Holocaust scheinen uns für die Untersuchung seiner Darstellung ganz besonders gut geeignet zu sein, denn sie lassen Bedeutungsvielfalt zu *und* liefern uns eine Basis, von der aus wir diese Bedeutungen bewerten können. Die Adäquatheit oder Inadäquatheit einer Interpretation eines bestimmten Ereignisses ergibt sich nicht aus irgendeiner der Interpretation innewohnenden Eigenschaft. Warren zufolge sind vielmehr »die Formen des Bewußtseins... in letzter Instanz danach zu bewerten, inwieweit sie dazu dienen, Formen des ›Lebens‹ zu ermöglichen«.[4] So gesehen, entscheiden weder die Glaubwürdigkeit noch die prinzipielle Richtigkeit einer Interpretation, sondern allein ihre Fähigkeit, das Leben selbst zu erhalten und zu ermöglichen, über ihre Adäquatheit. Ob wir überhaupt imstande sind, dieses kritische Bewußtsein zu erlangen, darüber kann man sich streiten. Ich möchte aber vorschlagen, daß wir künftig versuchen sollten, diese Art von Bewußtheit zum Bestandteil der kritischen Methode zu machen, mit der wir an die Darstellung des Holocaust herangehen.

»Heute führen die Juden ein Doppelleben«, schreibt Yerushalmi. »Als Folge von Emanzipation in der Diaspora und staatlicher Souveränität in Israel befinden sie sich heute wieder im Hauptstrom der Geschichte. Von ihrem Ort in der Geschichte und von dem Weg, der dorthin geführt hat, haben sie aber im allgemeinen eher mythische als realistische Vorstellungen. Mythos und Gedächtnis wirken aufs Handeln. Manche Mythen sind lebenswichtig und verdienen, für unsere Zeit neu interpretiert zu werden; andere führen in die Irre, wieder andere sind gefährlich und müssen bekämpft werden.«[5] Es ist sicherlich nicht einfach, mythische und realistische Vorstellungen auseinanderzuhalten, doch wenn wir kritisch denken, wird es uns leichter fallen, zu unterscheiden, welche von den Mythen, mit denen wir die Welt interpretieren, lebenswichtig sind und welche das Leben bedrohen. Denn wir können ja nicht wählen, ob wir eine mythische Vergangenheit haben oder nicht, sondern nur, wie Yerushalmi deutlich macht, welche Art von Vergangenheit wir haben. Indem wir anerkennen, daß die Vergangenheit in der Gegenwart weiterlebt, daß sie Einfluß darauf nimmt, wie wir die Gegenwart wahrnehmen und interpretieren, akzeptieren wir, daß die Vergangenheit unserer Welt Sinn gibt und unser Handeln determiniert, doch das bedeutet nicht, daß wir uns ihr ganz und gar unterwerfen.

Ich hoffe, es ist mir in dieser Studie gelungen, zu zeigen, daß es uns zwar – solange wir an das »Vokabular« unserer Kultur und an die sie tragenden Archetypen gebunden sind – nicht möglich sein mag, wirklich neue Formen des Reagierens auf die Katastrophe zu finden, daß wir aber heute im Rahmen der kritischen Paradigmen unserer eigenen Tradition im selbstkritischen Bewußtsein dessen, wohin unsere traditionsbedingten Reaktionen führen, reagieren können. Denn wenn moderne Reaktionen auf die Katastrophe den Zusammenbruch und die Ablehnung der traditionellen Formen und Archetypen beinhalten, so könnte eine postmoderne Antwort darauf sein, anzuerkennen, daß wir – auch wenn wir die absoluten Bedeutungen und Antworten, die diese »archaischen« Formen uns bieten, ablehnen – unweigerlich auf genau diese Formen angewiesen sind, um den Holocaust ausdrücken und begreifen zu können. Im Lichte dieser Erkenntnis kann eine kritische Lektüre uns nicht nur helfen, sowohl die heiligen Texte als auch die Texte der modernen Literatur besser zu verstehen, sondern überdies zu begreifen, wie unser Leben und diese Texte unlösbar miteinander verbunden sind. Es scheint nur angemessen, daß diese Erkenntnis nun selbst Eingang findet in die Tradition.

Anmerkungen

Einleitung

1 Zitiert nach: Yosef Hayim Yerushalmi, *Zachor: Erinnere Dich! Jüdische Geschichte und jüdisches Gedächtnis*, Berlin 1988, S. 80.

2 Ebenda, S. 82.

3 Robert Alter, »Deformations of the Holocaust«, in: *Commentary*, Februar 1981, S. 49.

4 Zur Interpretation der literarischen und historischen Welten Scholem Alejchems siehe: David G. Roskies, »Laughing Off the Trauma of History«, in: *Against the Apocalypse: Responses to Catastrophe in Modern Jewish Culture*, Cambridge, Mass./London 1984, S. 163-195.

5 Hayden White, *Tropics of Discourse: Essays in Cultural Criticism*, Baltimore/London 1978, S. 126

6 Edouard Roditi, »Post-Holocaust Prophets«, in: *European Judaism 5*, Nr. 2 (Sommer 1971), S. 51, Rezension zu Irving Halperin, *Messengers of the Dead: Literature of the Holocaust*, Philadelphia 1970.

7 Yosef Hayim Yerushalmi, *Zachor: Erinnere Dich! Jüdische Geschichte und jüdisches Gedächtnis*, a. a. O., S. 105.

8 Ebenda.

9 Dies wird besonders deutlich bei David G. Roskies, a. a. O., S. 35.

10 Siehe Hayden White, »The Burden of History«, in: *History and Theory 5*, Nr. 2 (1966), S. 127.

11 Yehuda Bauer, *The Holocaust in Historical Perspective*, Seattle 1978, S. 46.

12 Ebenda.

13 Paradoxerweise wird, wie J. Hillis Miller meint, die Vermittlung historischer Fakten durch die Literatur vielleicht gar nicht durch den erzählenden Charakter der »konstruierten Geschichte« unterlaufen, sondern in letzter Instanz wohl eher durch Romanschriftsteller wie Anthony Trollope, die mit ihrem dauernden Skeptizismus und ihrem permanenten Wissen um den fabulierenden Charakter ihrer Konstruktionen – und zwar selbst jener, die den Anspruch auf Historizität erheben – Zweifel daran aufkommen ließen, daß die Literatur unverfälschte Fakten überliefern kann: »Insofern der Roman Fragen hinsichtlich der grundlegenden Postulate des Geschichtenerzählens aufwirft, zum Beispiel hinsichtlich solcher Begriffe wie Ursprung und Ziel, Bewußtsein oder Individualität, die Frage der Kausalität oder des allmählichen Entstehens einer einheitlichen Bedeutung, wird mit der Erzählform indirekt auch die Geschichte selbst oder das Schreiben von

Geschichte in Frage gestellt. Es zeigt sich, daß das, was gewissermaßen der *locus standi*, mit dem der Roman geschrieben wurde, zu sein schien, selbst von der Aktivität des Geschichtenerzählens unterlaufen wird. Es erweist sich, daß der Roman, insofern er die Postulate des ›Realismus‹ in der Literatur ›dekonstruiert‹, auch die naiven Vorstellungen von der Geschichte oder vom Schreiben der Geschichte dekonstruiert.« Siehe J. Hillis Miller, »Narrative and History«, in: *English Literary History 41* (1974), S. 462.

14 Hayden White, *The Fictions of Factual Representation*, a. a. O., S. 121.
15 Ebenda, S. 123.
16 Ebenda.
17 Ebenda.
18 In diesem späten Stadium dürfte es schwierig sein, alle modernen Theoretiker zu zitieren, die über das Problem der literarischen Konstruktion der Geschichte gearbeitet haben. Wir wollen hier jedoch einige wesentliche Schriften erwähnen, die die Entwicklung der Forschung zu diesem Gegenstand besonders stark geprägt haben: Roland Barthes, »Historical Discourse«, in: Michael Lane (Hg.), *Introduction to Structuralism*, New York 1970, S. 145-155; J. Hillis Miller, »Narrative and History«, a. a. O., S. 445-473; Lionel Gossman, »History and Literature: Reproduction or Signification«, Louis O. Mink, »Narrative Form as a Cognitive Instrument«, beide in: Robert H. Canary und Henry Kozicki (Hg.), *The Writing of History: Literary Form and Historical Understanding*, Madison 1978, S. 3-39; S. 129-149; Paul Veyne, *Writing History: Essay on Eptistemology*, Middletown, Conn. 1984, Paul Ricœur, *Zeit und Erzählung*, Bd. 1, München 1989.
Großen Dank schulde ich Hayden White und seinen Schriften, vor allem *The Burden of History*, a. a. O.; »Interpretation in History«, in: *New Literary History 4* (1972-1973); »The Historical Text as Literary Artifact«, in: *Clio 3*, Nr. 3 (1974); »Historicism, History and the Figurative Imagination«, in: *History and Theory 14* (1975); »The Fictions of Factual Representation«, in: Angus Fletcher (Hg.), *The Literature of Fact*, New York 1976; alle erschienen in Hayden White, *Tropics of Discourse: Essays in Cultural Criticism*, a. a. O.; »The Value of Narrativity in the Representation of Reality«, in: *Critical Inquiry 7* (Herbst 1980); »The Politics of Historical Interpretation: Discipline and De-Sublimation«, in: *Critical Inquiry 9* (1982). Siehe auch: *The Content of the Form: Narrative Discourse and Historical Representation*, Baltimore, London 1987.
Neben diesen Arbeiten zur Theorie der Geschichtsdarstellung hier noch zwei neuere Studien zur »Literatur des Faktischen«, die für die vorliegende Untersuchung von unschätzbarem Wert gewesen sind: Barbara Foley, *Telling the Truth: Theory and Practice of Documentary*

Literature, Ithaca/London 1986, und Shelley Fisher Fishkin, *From Fact to Fiction: Journalism and Imaginative Writing in America*, Baltimore/London 1985. Weitere Arbeiten, derer ich mich bediente, sind im Text sowie in den Fußnoten zitiert.

19 Hayden White, »The Politics of Historical Interpretation«, a. a. O., S. 124f.

20 Ebenda, S. 122.

21 Roland Barthes, »Historical Discourse«, a. a. O., S. 148f.

22 Ebenda, S. 149.

23 Ebenda, S. 154.

1. Beim Wiederlesen von Tagebüchern und Memoiren aus dem Holocaust

1 Vgl. Yosef Hayim Yerushalmi, *Zachor: Erinnere Dich. Jüdische Geschichte und jüdisches Gedächtnis*, a. a. O., S. 79.

2 Vgl. ebenda, S. 58f.

3 Frederick Hoffman, *The Mortal No: Death and the Modern Imagination*, Princeton 1964, S. 159.

4 Ebenda.

5 Ebenda.

6 Terrence Des Pres, *The Survivor: An Anatomy of Life in the Death Camps*, New York 1976, S. 29. Eine vorzügliche Diskussion zur Bereitschaft, Zeugnis abzulegen, findet sich auf den Seiten 27-50.

7 Lawrence Langer schreibt zum Beispiel: »Vor 1939 war die Phantasie der Realität stets voraus, nach 1945 aber hatte die Realität die Phantasie überholt, so daß nichts von allem, was der Künstler heraufbeschwor, mit der Intensität oder dem Ausmaß an Unwahrscheinlichkeit mithalten konnte, die das *universe concentrationaire* kennzeichnete.« Siehe: Lawrence Langer, *The Holocaust and the Literary Imagination*, New Haven/London 1975, S. 35.
Ähnlich äußert sich auch Edward Alexander: »Was wir selbstgefällig ›Realität‹ nennen, ist mittlerweile unglaublicher als alles, was sich der phantasiereichste Schriftsteller vorher hätte träumen lassen.« Siehe: Edward Alexander, *The Resonance of Dust: Essays on Holocaust Literature and Jewish Fate*, Columbus 1979, S. 19.

8 Saul Friedländer, *Kitsch und Tod. Der Widerschein des Nazismus*, München/Wien 1984, S. 82f.

9 Robert Scholes, *Structural Fabulation*, Notre Dame 1975, S. 7.

10 Siehe: Janet Blatter, »Art from the Whirlwind«, in: Janet Blatter und Sybil Milton, *Art of the Holocaust*, London 1982, S. 22-35.

11 Des Pres, The Survivor: *An Anatomy of Life in the Death Camps*, a. a. O., S. 31.

12 Siehe: Abraham Katsh (Hg.), *Buch der Agonie. Das Warschauer Tagebuch von Chaim A. Kaplan*, Frankfurt a. M. 1967, S. 124.

13 Lionel Gossman, »History and Literature: Reproduction or Signification«, a. a. O., S. 32.

14 David G. Roskies, *Against the Apocalypse: Responses to Catastrophe in Modern Jewish Culture*, a. a. O., S. 35. Siehe auch Yosef Hayim Yerushalmi, *Zachor: Erinnere Dich! Jüdische Geschichte und jüdisches Gedächtnis*, a. a. O.

15 Ebenda, S. 135.

16 Elie Wiesel, »Die Massenvernichtung als literarische Inspiration«, in: *Gott nach Auschwitz*, Freiburg im Breisgau 1979, S. 30.

17 Lily Edelman, »A Conversation with Elie Wiesel«, in: Harry J. Cargas (Hg.), *Responses to Elie Wiesel: Critical Essays by Major Jewish and Christian Scholars*, New York 1978, S. 14 (Hervorhebungen von mir).

18 Primo Levi, *Ist das ein Mensch? Erinnerungen an Auschwitz*, Frankfurt am Main 1979, S. 68.

19 Weiteres über den selbstinterpretatorischen Charakter der Heiligen Schrift siehe: Michael Fishbane, »Revelation and Tradition: Aspects of Inner-Biblical Exegesis«, in: *Journal of Biblical Literature* 99, Nr. 3 (1980), S. 343-361.

20 Siehe: Emil Fackenheim, »Midrashic Existence after the Holocaust: Reflections Occasioned by the Work of Elie Wiesel«; Byron L. Sherwin, »Wiesel's Midrash: The Writings of Elie Wiesel and Their Relationship to Jewish Tradition«, beide in: Alvin H. Rosenfeld und Irving Greenberg (Hg.), *Confronting the Holocaust: The Impact of Elie Wiesel*, Bloomington/London 1978, S. 99-116; S. 117-132.

21 Zu den Details einer ähnlichen Diskussion in strenger religiösem Kontext siehe: Susan Handelman, »Controversy: Fragments of the Rock: Contemporary Literary Theory and the Study of Rabbinic Texts - A Response to David Stern«, in: *Prooftexts* 5, Nr. 1 (Januar 1985), S. 75-103.

22 Butz und seine Kollegen geben eine skandalöse Zeitschrift zum »historischen Revisionismus« heraus, die von neofaschistischen Organisationen und der National Front in Amerika und England finanziert wird und in der sie behaupten, der Holocaust habe weder in noch außerhalb der literarischen Darstellung stattgefunden.

23 Elie Wiesel, »Die Massenvernichtung als literarische Inspiration«, a. a. O., S. 27.

24 Derselbe, *Der Bettler von Jerusalem*, Frankfurt am Main/Berlin 1987, S. 134.

25 Philippe Lejeune, *Le Pacte autobiographique*, Paris 1975, S. 26.
26 Siehe: Lennard J. Davis, *Factual Fictions: The Origins of the English Novel*, New York 1983, S. 74.
27 Karl J. Weintraub, »Autobiography and Historical Consciousness«, in: *Critical Inquiry 1*, Nr. 3 (1975), S. 827.
28 Zur weiteren Diskussion dieser Aspekte in den Tagebüchern von Herman Kruk und Selig Kalmanowitsch siehe: Robert Liberles, »Diaries of the Holocaust«, in: *Orim 1*, Nr. 2 (Frühjahr 1986), S. 44f.
29 David Roskies stellte dies bereits vor mir fest in: *Against the Apocalypse*, a. a. O., S. 199-212.
30 Anne Frank, *Das Tagebuch der Anne Frank*, Berlin 1961, S.290f.
31 Frances Goodrich und Albert Hackett, *Das Tagebuch der Anne Frank*. Ein Schauspiel, Frankfurt am Main 1958, S. 142.
32 Moshe Flinker, *Young Moshe's Diary: The Spiritual Torment of a Jewish Boy in Nazi Europe*, Jerusalem 1979, S. 121.
33 Zu einer ausgezeichneten Geschichte dieser ersten Berichte siehe: John Conway, »The First Report about Auschwitz«, in: *Simon Wiesenthal Center Annual 1* (1984), S. 133-151.
34 »Eye-Witness Report of the Annihilation of the Jews of Poland«, in: *The Ghetto Speaks*, Pressemitteilung der Amerikanischen Vertretung der Allgemeinen Jüdischen Arbeitergewerkschaft Polens, Nr. 9, 1. März 1943, S. 1.
35 Ebenda.
36 Benzion Dinur, »Problems Confronting ›Yad [V]ashem‹ in its Work of Research«, in: Benzion Dinur und Shaul Esh (Hg.), *Yad [V]ashem Studies on the European Catastrophe and Resistance*, Jerusalem 1957, S. 19.
37 Ebenda, S. 19f.
38 Karl J. Weintraub, »Autobiography and Historical Consciousness«, in: *Critical Inquiry*, a. a. O., S. 826f.
39 K. Y. Ball-Kaduri, »Evidence of Witnesses, its Value and Limitations«, in: *Yad [V]ashem Studies on the European Catastrophe and Resistance 3* (1959), S. 80.
40 David G. Roskies, »The Holocaust According to the Literary Critics«, in: *Prooftexts 1*, Nr. 2 (Mai 1981), S. 211.
41 Yechiel Szeintuch, *Yiddish and Hebrew Literature under the Nazi Rule in Eastern Europe*, Diss., Jerusalem 1978, zitiert nach: Roskies, David G., »The Holocaust According to the Literary Critics«, a. a. O., S. 211.
42 Emil Fackenheim, *The Jewish Return into History: Reflections in the Age of Auschwitz and a New Jerusalem*, New York 1978, S. 58.
43 Abraham Katsh (Hg.), *Buch der Agonie. Das Warschauer Tagebuch des Chaim A. Kaplan*, a. a. O., S. 50, 70, 224f.

44 Siehe: Anhang zu *The Warsaw Diary of Adam Czerniakow: Prelude to Doom*, New York 1979, S. 402.

45 Ebenda, S. 376f.

46 Nachman Blumental, »A Martyr or Hero? Reflections on the Diary of Adam Czerniakow«, in: *Yad Vashem Studies 7.* (1968), S. 168.

47 Abraham Katsh (Hg.), *Buch der Agonie. Das Warschauer Tagebuch von Chaim A. Kaplan*, a. a. O., S. 248.

48 Ebenda, S. 43.

49 Ch. S. Peirce, »Elements of Logic«, Bd. 2 in: *Collected Papers of Charles Sounders Peirce*, Cambridge, Mass. 1932, § 228.

50 Zitiert nach: Sidra Ezrahi, *By Words Alone: The Holocaust in Literature*, Chicago/London 1980, S. 21. (Hervorhebungen von mir.)

51 Jacques Derrida, *Die Schrift und die Differenz*, Frankfurt am Main 1972, S. 103.

52 Ebenda, S. 110.

2. Vom Zeugnis zur Legende

1 Yaffa Eliach, *Hasidic Tales of the Holocaust*, New York 1982.

2 Ebenda, S. XXIII f.

3 Ebenda, S. XXVIII.

4 Ebenda, S. XVIII.

5 Ebenda, S. 4.

6 Sara Nomberg-Przytyk, *Auschwitz: True Tales from a Grotesque Land*, hg. von Eli Pfefferkorn und David H. Hirsch, übersetzt von Roslyn Hirsch, Chapel Hill/London 1985.

7 Ebenda, S. 29.

8 Ebenda, S. 95 f.

9 Ebenda, S. 96.

10 Ebenda, S. 172.

11 Ebenda, S. 161.

12 Ebenda, S. 108.

13 Ebenda, S. 109.

14 Wieslaw Kielar, *Anus Mundi. Fünf Jahre Auschwitz*, Frankfurt am Main 1979, S. 250.

15 Siehe: Bruno Bettelheim, *The Informed Heart: Autonomy in a Mass Age*, Glencoe 1960, S. 264f. Bettelheims Version basiert auf Eugen Kogon, *Der SS-Staat*, Berlin 1974, S. 154.

16 Filip Müller, *Sonderbehandlung. Drei Jahre in den Krematorien und Gaskammern von Auschwitz*, München 1979, S. 138.

17 »Deposition of Stanislaw Jankowski«, in: Jadwiga Bezwinska und

Danuta Czech (Hg.), *Amidst a Nightmare of Crime: Manuscripts of Members of Sonderkommando*, Oswiecim (Auschwitz) 1973, S. 55 f.; »Reminiscences of Broad«, in: Dieselben (Hg.), *KL Auschwitz Seen by the SS: Höss, Broad, Kremer*, Oswiecim (Auschwitz) 1978, S. 179.

18 Filip Müller, *Sonderbehandlung. Drei Jahre in den Krematorien und Gaskammern von Auschwitz*, a. a. O., S. 140.

19 »Reminiscences of Broad«, a. a. O., S. 179.

20 Zusätzlich zu den oben zitierten Versionen von Bettelheim, Broad, Jankowski, Kielar, Kogon, Müller und Nomberg-Przytyk siehe: Tadeusz Borowski, »The Death of Schillinger«, in: *This Way for the Gas, Ladies and Gentlemen*, New York 1982, S. 143-146; Arnost Luštig, *A Prayer for Katerina Horovitzova*, New York 1973, S. 162; Sylvia Rothchild (Hg.), *Voices from the Holocaust*, New York 1981, S. 162.

21 Sara Nomberg-Przytyk, *Auschwitz: True Tales from a Grotesque Land*, a. a. O., S. 163.

22 Ebenda, S. 168.

3. Dokumentarische Literatur über den Holocaust

1 Hana Wirth-Nesher, »The Ethics of Narration in Donald M. Thomas's The White Hotel«, in: *The Journal of Narrative Technique 15*, Nr. 1 (Winter 1985), S. 17.

2 Arnold Wesker, »Art Between Truth and Fiction: Thoughts on William Styron's Novel«, in: *Encounter* (Januar 1980), S. 52.

3 Barbara Foley, »Fact, Fiction, Fascism: Testimony and Mimesis in Holocaust Narratives«, in: *Comparative Literature 34*, Nr. 4 (Herbst 1982), S. 337.

4 »The White Hotel«, in: *Times Literary Supplement*, 26. März 1982.

5 Anatoli Kusnezow, *Babi Jar*, Berlin 1968, S. 76.

6 Donald M. Thomas, *Das weiße Hotel*, München/Wien 1983, S. 263 ff.

7 »The White Hotel«, in: *Times Literary Supplement*, 2. April 1982, S. 24.

8 Donald M. Thomas, *Das weiße Hotel*, a. a. O., S. 269.

9 Anatoli Kusnezow, *Babi Jar*, a. a. O., S. XV.

10 »The Memories«, in: *New York Times Book Review*, 9. April 1967, S. 45. Ebenfalls zitiert bei Sidra Ezrahi, *By Words Alone*, a. a. O., S. 31.

11 Vgl. die Beschreibungen in D. M. Thomas, *Das weiße Hotel*, S. 243 und Fotos der Massaker in Liepaja, Lettland, und Sniadowa, Polen, in: Gerhard Schoenberner, *Der gelbe Stern: die Judenverfolgung in Europa 1933-1945*, Frankfurt am Main 1982.

12 Siehe: Roland Barthes, *Die helle Kammer: Bemerkungen zur Photo-*

graphie, Frankfurt am Main 1985, und R. B., *Image - Music - Text*, New York 1977, S. 15-51.

Susan Sontag, *On Photography*, New York 1973; bemerkenswert ist in diesem Zusammenhang, was Sontag speziell über Holocaust-Fotos schreibt, die sie als Zwölfjährige gesehen hat: »Ich hatte noch nie etwas gesehen, weder auf Fotos noch im wirklichen Leben, das mich so scharf, so tief und so unmittelbar getroffen hat.« Damit verweist sie auf die enorme »Macht« der Fotografie als Beweismittel.

Siehe auch Joel Snyder und Neil Walsh Allen, »Photography, Vision, and Representation«, in: *Critical Inquiry 2*, Herbst 1975, S. 145; John Berger, *About Looking*, New York 1980; und Kendall L. Walton, »Transparent Pictures: On the Nature of Photographic Realism«, in: *Critical Inquiry 11*, Nr. 2 (Dezember 1984), S. 246-277.

13 Alfred Andersch, *Efraim*, Zürich 1967, S. 299f.

14 Pierre Julitte, *Block 26: Sabotage at Buchenwald*, New York 1971, S. XI; ebenfalls zitiert in: Sidra Ezrahi, *By Words Alone*, a. a. O., S. 25 im Zusammenhang mit einer ausgezeichneten Betrachtung über die Dokumentation als Kunst.

15 Ezrahi schlägt vor, Steiners Bericht zum Beispiel zu vergleichen mit Jankel Wierniks Tagebuch *A Year in Treblinka* und Vasili Grossmans *L'Enfer de Treblinka*. Siehe: Sidra Ezrahi, *By Words Alone*, a. a. O., S. 32.

16 Ebenda, S. 25.

17 Jean-François Steiner, *Treblinka. Die Revolte eines Vernichtungslagers*, Hamburg 1966, S. 347. Die Anmerkung, die Steiner im Nachwort zur französischen Originalausgabe macht, hat den gleichen Wortlaut: »L'Enfer de Treblinka, par un correspondant de guerre de l'armée soviétique qui interrogea les premiers témoins.« J.-F. S., *Treblinka*, Paris 1966, S. 394.

18 Cynthia Haft nennt die Bücher von Steiner und Reiner als Beispiele für literarische Unanständigkeit, als »einem Trend zugehörig, den wir verabscheuen«, und stellt fest, daß Reiner nachdem man ihm gerichtliche Auflagen erteilt hatte, sein Buch überarbeitet und an den entsprechenden Stellen Quellenangaben eingefügt hat. Siehe: Cynthia Haft, *The Theme of Nazi Concentration Camps in French Literature*, Den Haag/Paris 1973, S. 191.

19 Jean-François Steiner, *Treblinka. Die Revolte eines Vernichtungslagers*, a. a. O., S. 330.

20 Leon W. Wells, *The Death Brigade*, New York 1978, S. 133. Siehe unter vielen anderen ausgezeichneten Memoiren: Erich Kulka, *Escape from Auschwitz*, South Hadley, Mass. 1986, und Filip Müller, *Sonderbehandlung. Drei Jahre in den Krematorien und Gaskammern von Auschwitz*, a. a. O.

21 Alvin H. Rosenfeld, *A Double Dying: Reflections on Holocaust Litera-ture*, Bloomington/London 1980, S. 66; John Hersey, *The Wall*, New York 1950; Leon Uris, *Mila 18*, New York 1961.

22 Ronald Weber, *The Literature of Fact*, Athen 1980, S. 163. (Hervorhe-bung von mir.)

23 Lennard Davis, *Factual Fictions: The Origins of the English Novel*, New York 1983, S. 212 f.

24 Ebenda, S. 23.

25 Ebenda, S. 17.

26 Ebenda, S. 35.

27 Ebenda, S. 16.

4. Dokumentarisches Theater, Ideologie und die Rhetorik des Tatsächlichen

1 Andreas Huyssen, »The Politics of Identification«, in: *New German Critique 19* (Winter 1980), S. 133. Dieser Aufsatz ist nachgedruckt in: Andreas Huyssen, *After the Great Divide: Modernism, Mass Culture, Postmodernism*, Bloomington/Indianapolis 1986, S. 94-144.
Siehe auch Alvin H. Rosenfelds Bemerkung zu Peter Weiss in dem Beitrag »Exploiting Atrocity«, in: A. H. R., *A Double Dying*, a. a. O., S. 154-159; und Oliver Clausen, »Weiss/Propagandist and Weiss/Playwright«, in: *New York Times Magazine 2*, Oktober 1966, S. 132.

2 Jack D. Zipes, »The Aesthetic Dimensions of the German Documen-tary Drama«, in: *German Life and Letters 24*, Nr. 4 (1971), S. 346.

3 Ebenda.

4 Roland Barthes, *Mythen des Alltags*, Frankfurt am Main 1964, S. 7.

5 Jacques Derrida, »Weiße Mythologie«, in: J. D., *Randgänge der Phi-losophie*, Wien 1988, S. 205-258, besonders S. 209.

6 Siehe: Roland Barthes, »Historical Discourse«, a. a. O., S. 151.

7 Ausführlichere Darlegungen zu Wurzeln, Zielen und Methoden des sozialistischen Realismus in: Katerina Clark, *The Soviet Novel: His-tory as Ritual*, Chicago/London 1981, S. 3-45.

8 Fredric Jameson, »The Ideology of the Text«, in: *Salmagundi 31* (1975-1976), S. 235.

9 Terry Eagleton, »Ideology, Fiction, Narrative«, in: *Social Text* (1979), S. 63.

10 Eine der grundlegenden methodologischen Voraussetzungen der Do-kumentarliteratur formuliert Louis Althusser in seiner Ideologiedefi-nition als »Ausdruck des Verhältnisses der Menschen zu ihrer ›Welt‹, das heißt die ... Einheit ihres wirklichen Verhältnisses und ihres imagi-

nären Verhältnisses zu ihren wirklichen Existenzbedingungen.« Louis Althusser, *Für Marx*, Frankfurt am Main 1968, S. 184.

11 Peter Weiss, *Die Ermittlung. Oratorium in 11 Gesängen*, Frankfurt am Main 1965.

12 Siehe: Peter Weiss, »Das Material und die Modelle«, in: *Theater heute*, März 1968. S. 33 f.

13 Dieses Paradox in Weiss' Intentionen wird auch erörtert in: Alvin H. Rosenfeld, *A Double Dying*, a. a. O., S. 154 f.; Otto Best, *Peter Weiss*, Bern/München 1971, S. 132 f.; R. C. Perry, »Historical Authenticity and Dramatic Form: Hochhuth's ›Der Stellvertreter‹ and Weiss's ›Die Ermittlung‹«, in: *Modern Language Review 64* (1969), S. 828.

14 Peter Weiss, »Das Material und die Modelle«, a. a. O., S. 33.

15 Derselbe, *Die Ermittlung*, a. a. O., S. 7.

16 Derselbe, »Das Material und die Modelle«, a. a. O., S. 33.

17 In »Das Material und die Modelle« protestiert Weiss zugleich gegen die Mystifizierung der alltäglichen Ereignisse durch die Presse, fordert Erklärungen und verurteilt »Verdunklung und Verblindung«, die »die Bevölkerung in einem Vakuum von Betäubung und Verdummung... halten«. Siehe a. a. O., S. 33. Obwohl Weiss hier, wie man sieht, behauptet, daß seine Erklärung natürlich (oder gewissermaßen wissenschaftlich) sei, setzt er an die Stelle von »Bedeutungslosigkeit« im wesentlichen eine einzige, allgemeine, festgelegte Bedeutung; damit bestreitet er jedoch, daß es in diesem Zusammenhang vielerlei Bedeutungen geben kann, und scheint auf diese Weise eine Art der Mystifizierung durch eine andere, weniger offensichtliche zu ersetzen.

18 Peter Weiss, »Das Material und die Modelle«, a. a. O., S. 33.

19 Ebenda, S. 32

20 Ebenda, S. 33.

21 Ebenda.

22 Ebenda.

23 Paul Gray, »A Living World: An Interview with Peter Weiss«, in: *Tulane Drama Review 2* (1966), S. 106.

24 Vgl. Peter Weiss, *Die Ermittlung*, a. a. O., S. 47-50 mit Hermann Langbein, *Der Auschwitz-Prozeß, eine Dokumentation*, 2 Bd., Frankfurt am Main 1965, S. 253.

25 Peter Weiss, »Meine Ortschaft«, in: *Rapporte*, Frankfurt am Main 1968, S. 114.

26 Derselbe, *Die Ermittlung*, a. a. O., S. 91.

27 Ebenda, S. 123.

28 Ebenda, S. 124.

29 Ebenda, S. 184.

30 Ebenda, S. 217.

31 Ebenda, S. 126.

32 Ebenda, S. 129.

33 Ebenda, S. 11.

34 Ebenda, S. 104

35 Ebenda, S. 218.

36 Derselbe, »Die Materialien und die Modelle«, a. a. O., S. 33.

37 Vgl. Paul Gray, »A Living World«, a. a. O., S. 108.

38 Georg Lukács, »Die Gegenwartsbedeutung des kritischen Realismus«, in: G. L., *Probleme des Realismus*, Bd. 1, Neuwied/Berlin 1971, S. 555.

39 Ebenda, S. 560.

40 Fredric Jameson, *The Political Unconscious: Narrative as a Socially Symbolic Act*, Ithaca 1981.

41 William C. Dowling, *Jameson, Althusser, Marx: An Introduction to the Political Unconscious*, Ithaca 1984, S. 48 f.

42 Peter Weiss, »Das Material und die Modelle«, a. a. O., S. 33.

43 Siehe: Protokoll der am 20. Januar 1942 in Berlin abgehaltenen Wannsee-Konferenz: »Unter entsprechender Leitung sollen nun im Zuge der Endlösung die Juden in geeigneter Weise im Osten zum Arbeitseinsatz kommen. In großen Arbeitskolonnen, unter Trennung der Geschlechter, werden die arbeitsfähigen Juden straßenbauend in diese Gebiete geführt, wobei zweifellos ein Großteil durch natürliche Verminderung ausfallen wird.« Zitiert nach: Reinhard Rürup (Hg.), *Topographie des Terrors: Gestapo, SS und Reichssicherheitshauptamt auf dem »Prinz-Albrecht-Gelände«. Eine Dokumentation*, 7. erweiterte Auflage, Berlin 1989, S. 146.

44 Peter Weiss, »Das Material und die Modelle«, a. a. O., S. 33.

45 Hayden White, »The Historical Text as Literary Artifact«, in: Robert Canary und Henry Kozicki, *The Writing of History*, a. a. O., S. 42.

46 Derselbe, »Historicism, History and the Figurative Imagination«, a. a. O., S. 53.

5. Die Namen des Holocaust

1 Edward Alexander, »Stealing the Holocaust«, in: *Midstream* (November 1980), S. 49.

2 Vgl. Bill Henderson (Hg.), *The Pushcart Prize: Best of the Small Presses,* Yonkers, N. Y. 1973, S. 127.

3 Siehe: Richard G. Hovinnisian, *The Armenian Holocaust: A Bibliography Relating to the Deportations, Massacres, and Dispersion of the Armenian People, 1915-23*, Cambridge, Mass. 1978. In diesem Zusammenhang sei auch darauf verwiesen, daß Abram L. Sachar als Kanzler

der Universität Brandeis ersucht wurde, daß Vorwort zu diesem Band zu schreiben.

4 Franz Werfel, *Die vierzig Tage des Musa Dagh*, Frankfurt am Main 1959.

5 Weitere Ausführungen aus geschichtlicher Sicht über Ähnlichkeiten und die Sprache, in der diese sowohl reflektiert als auch erzeugt werden, siehe: Yehuda Bauer, »The Place of the Holocaust in Contemporary History«, in: Jonathan Frankel (Hg.), *Studies in Contemporary Jewry*, Bd. 1, Bloomington 1984, S. 215-217.

6 Tesha B'Av (9. Av), nach der Mischna (Ta'anit 4, 6) der Tag des Gedenkens an die Bestrafung des Volkes Israel in der Wildnis, die Zerstörung des Ersten und Zweiten Tempels und den Fall Betars. Siehe: Shaye J. D. Cohen, »The Destruction: From Scripture to Midrash«, in: *Prooftexts 2*, Nr. 1 (Januar 1982), S. 20. Es sei noch erwähnt, daß man in Israel ungeachtet dessen, daß es dort mit dem Yom Hashoah einen speziellen Holocaust-Gedenktag gibt, in orthodoxeren Kreisen auch an Tesha B'av der Massenvernichtung in Europa gedenkt und die Katastrophen somit zusammenfaßt und einem einzigen Kontinuum zuordnet.

7 Siehe auch: Uriel Tals vorzüglichen Exkurs über hermeneutische Aspekte des Begriffes Shoah. Uriel Tal, »Holocaust and Genocide«, in: *Yad Vashem Studies 13* (1979), S. 46-52. Vgl. auch: »Excursus on the Term: Shoah«, in: *Shoah, 1*, Nr. 4 (1979).

8 Ebenda, S. 48.

9 Ebenda, S. 48 f.

10 Gerd Korman, »The Holocaust in American Historical Writing«, in: *Societas 2* (Sommer 1972), S. 250-270. Siehe auch: Leon A. Jick, »The Holocaust: Its Use and Abuse within the American Public«, in: *Yad Vashem Studies 14* (1981), S. 303-318.

Der Vollständigkeit halber sei noch erwähnt: die früheste mir bekannte Verwendung des Begriffs Holocaust in diesem Kontext findet sich in einer Fußnote in der Einleitung zu einer von A. A. Brill 1938 besorgten englischsprachigen Ausgabe der Werke von Sigmund Freud. Brill vermerkt dort: »Ach! Gerade als diese Seiten zur Druckerei gegeben werden, erschüttert uns die schreckliche Nachricht, daß der Nazi-Holocaust plötzlich Wien erfaßt und damit Professor Freud mit seiner Familie zu tatsächlichen Opfern in den Händen der größten Geißel der Zivilisation gemacht hat.« Siehe: *The Basic Writings of Sigmund Freud*, hg. und übersetzt von A. A. Brill, New York 1938, S. 32.

11 Weiter hierzu siehe: Jakob J. Petuchowski, »Dissenting Thoughts About the Holocaust«, in: *Journal of Reform Judaism* (Herbst 1981), S. 1-9.

12 Yehuda Bauer, *The Holocaust in Historical Perspective*, a. a. O., S. 31.

13 Weitere Ausführungen zu epistemologischen Problemen der Einzigartigkeit des Holocaust siehe u. a.: Yehuda Bauer, »The Place of the
Holocaust in Contemporary History«, a. a. O.; J. B., »Whose Holocaust?«, in: *Midstream* (November 1980), S. 42-46; Henry L. Feingold,
»Determining the Uniqueness of the Holocaust: The Factor of Historical Valence«, in: *Shoah 2* (Frühjahr 1981), S. 3-11; Steven T. Katz, »The
›Unique‹ Intentionality of the Holocaust«, in: *Post-Holocaust Dialogues: Critical Studies in Modern Jewish Thought*, New York 1983,
S. 287-317.

14 Alvin H. Rosenfeld, *A Double Dying*, a. a. O., S. 180.

15 Derselbe, »On Holocaust and History«, in: *Shoah 1*, Nr. 1 (1978).

16 José Ortega y Gasset behauptet: »Ist das Instrument des übertragenen
Ausdrucks in der Form der Tabu-Vorschriften einmal zustande gekommen, so kann es alsbald zu den verschiedensten Zwecken benutzt
werden. Einer davon, der in der Poesie vorherrschend wurde, will das
reale Objekt adeln. Man gebraucht das Bild in schmückendem Sinne,
um die geliebte Wirklichkeit zu verherrlichen.« In der modernen Dichtung, so Ortega y Gasset, »in der die Metapher die eigentliche Substanz
und nicht mehr bloßes Ornament ist«, sei vielleicht das Gegenteil der
Fall; dort komme womöglich »das herabsetzende Bild« vor, »das die
arme Wirklichkeit, statt sie zu adeln, schmäht und schwärzt«. Das
hieße, daß die Metapher die Wirklichkeit nicht mehr länger verherr-
licht, sondern sie herabsetzt. Ortega y Gasset würde vermutlich nicht
widersprechen, wenn man darin einen gewissen Groll oder, behutsamer ausgedrückt, einen Widerwillen gegen die Realitäten der Gegenwart sieht. Er stellt lediglich fest: »Der Metapher allein danken wir die
Möglichkeit, uns aus dem Staub zu machen«, und fügt dann nachdenk-
lich hinzu: »Es ist in der Tat wunderbar, daß im Menschen eine Geistes-
tätigkeit existiert, die eine Sache durch eine andere ersetzt, nicht so
sehr, um zu dieser zu gelangen, als um jener zu entfliehen. Die Metapher beseitigt einen Gegenstand, indem sie ihn mit einem anderen
maskiert. Sie hätte keinen Sinn, wenn ihr nicht ein Urinstinkt zugrunde
läge, der den Menschen dazu treibt, gewisse Wirklichkeiten zu mei-
den.« Zitiert nach: José Ortega y Gasset, »Die Vertreibung des Menschen aus der Kunst«, in: *Gesammelte Werke*, Bd. 2, Stuttgart 1978,
S. 249, 248.

17 Karsten Harries, »Metaphor and Transcendence«, in: Sheldon Sachs
(Hg.), *On Metaphor*, Chicago/London 1978, S. 78.

18 José Ortega y Gasset, »Die Vertreibung des Menschen aus der Kunst«,
a. a. O.

19 Paul Ricœur, *The Rule of Metaphor*, Toronto 1977, S. 198.

20 Yehuda Bauer, *The Holocaust in Historical Perspective*, a. a. O., S. 10.

21 Raul Hilberg, *Die Vernichtung der europäischen Juden. Die Gesamtge-schichte des Holocaust*, Berlin 1982, S. 27.

22 Zu spezifischen Vergleichen zwischen der Lage der Juden und der der Armenier im Ersten Weltkrieg siehe: Vladimir Jabotinsky, *Die jüdische Legion im Weltkrieg*, Berlin 1930, S. 9, 15, 20, 23.

23 Diesen Begriff prägte Jacob Letschinsky 1941, um Ereignisse zu be-zeichnen, die den Rahmen der traditionellen Begrifflichkeit sprengten. Zitiert nach: Gerd Korman, »The Holocaust in American Historical Writing«, a. a. O.

24 Robert Alter, »Deformations of the Holocaust«, a. a. O., S. 52. Siehe auch Abschnitt 2 von Kapitel Neun zu einer Debatte genau dieser Analogie in Israel.

25 Alwin H. Rosenfeld, *A Double Dying*, a. a. O., S. 135.

26 David G. Roskies, *Against the Apocalypse: Responses to Catastrophe in Modern Jewish Culture*, a. a. O., S. 13 f.

27 Ebenda, S. 191.

28 Zusätzlich zu den ersten Kapiteln von Roskies' *Against the Apocalypse* siehe auch Alan Mintz' vorzügliche Darlegungen zum Prozeß der Metaphorisierung in den Klageliedern (Alan Mintz, »The Rhetoric of Lamentations and the Representation of Catastrophe«, in: *Prooftexts: A Journal of Jewish Literary History* 2, Nr. 1 (Januar 1982), S. 1-17) sowie seine Überarbeitung dieses Artikels in: *Hurban: Responses to Catastrophe in Hebrew Literature*, New York 1984, S. 17-48.

29 Michael Fishbane, »Revelation and Tradition: Aspects of Inner-Bibli-cal Exegesis«, a. a. O.

30 David Roskies, *Against the Apocalypse: Responses to Catastrophe in Modern Jewish Culture*, a. a. O., S. 19. (Hervorhebung von mir.)

31 Ebenda, S. 69.

32 Ebenda.

33 Ebenda, S. 23.

34 Siehe: Lawrence Langer, *Versions of Survival: The Holocaust and the Human Spirit*, Albany 1982. Langer wirft Viktor Frankl, Bruno Bettel-heim und Terrence Des Pres im wesentlichen vor, sie verleibten den Holocaust ihrem jeweiligen jüdisch-christlichen Moralsystem ein, *um auf diese Weise* das Grauen bis zu einem gewissen Grade zu mildern und es damit ungeschehen zu machen. In meinem Artikel »Versions of the Holocaust«, in: *Modern Judaism 3*, Nr. 3 (Oktober 1983), S. 339-346, bin ich ausführlicher auf dieses Problem eingegangen.

6. Der Holocaust wird zum Archetyp

1 Jizchak Katzenelson, *The Song of the Murdered Jewish People*, Beit Lohamei Hagettaot, Israel 1980, S. 19. Der hier zitierten deutschen Prosafassung liegt die obengenannte englische Fassung (Übersetzung: Noah H. Rosenbloom) zugrunde. Eine deutsche Nachdichtung erschien 1951 unter dem Titel *Lied vom letzten Juden* in Zürich.

2 Ebenda, S. 13.

3 Ebenda, S. 19.

4 Ebenda, S. 14, 32, 37.

5 Ebenda, S. 28.

6 Ebenda, S. 35.

7 Ebenda, S. 17.

8 Ebenda, S. 40.

9 Ebenda.

10 Ebenda, S. 53.

11 Ebenda, S. 67.

12 Ebenda, S. 82.

13 Ebenda, S. 84.

14 Sidra Ezrahi, *By Words Alone*, a. a. O., S. 55.

15 Tadeusz Borowski, *This Way for the Gas, Ladies and Gentlemen*, a. a. O., S. 105, 152, 153.

16 Ebenda, S. 29.

17 Ebenda, S. 176.

18 Ebenda, S. 168.

19 Ebenda, S. 177f.

20 Ebenda, S. 178.

21 Ebenda, S. 131.

22 Elie Wiesel, *Messengers of God: Biblical Portraits and Legends*, New York 1976.

23 Ebenda, S. XI.

24 Ebenda, S. 46.

25 Ebenda, S. 71.

26 Ebenda, S. 74.

27 Ebenda, S. 95.

28 Ebenda, S. 95.

29 Ebenda, S. 97.

30 Ebenda, S. 211.

31 Jean Améry, »Über Zwang und Unmöglichkeit, Jude zu sein«, in: *Jenseits von Schuld und Sühne*, München 1966, S. 149.

32 Philip Roth, *Der Ghost Writer*, München 1980, S. 140.

33 Ebenda, S. 210f.

34 Sander Gilman, *Jewish Self-Hatred: Anti-Semitism and the Hidden Language of the Jews*, Baltimore/London 1986, S. 357.
35 Philip Roth, *Die Prager Orgie*, München 1986, S. 76.
36 Ebenda, S. 79f.
37 Ebenda, S. 91.
38 Ebenda, S. 108.
39 John Berryman, »The Development of Anne Frank«, in: *The Freedom of the Poet*, New York 1976, S. 92f.
40 Ebenda, S. 126.
41 Siehe: »Author's Notes« am Schluß von Berrymans Roman *Recovery*, New York 1973, S. 241.
42 Ebenda, S. 241.
43 Ebenda, S. 240. (Hervorhebung des Autors.)
44 Ebenda.
45 James D. Bloom, *The Stock of Available Reality: R. P. Blackmur and John Berryman*, Lewisburg 1984, S. 183. Zu Berrymans Selbstidentifizierung als Jude siehe auch: John Haffenden, *The Life of John Berryman*, London 1982, S. 236, 382.
46 »The Imaginary Jew« erschien zuerst in: *The Kenyon Review VII*, Nr. 4 (Herbst 1945), S. 529-539. Die Geschichte erhielt in jenem Jahr beim Literaturwettbewerb der Zeitschrift den ersten Preis und wurde später in *The Freedom of the Poet* und in *Recovery* nachgedruckt. Zitiert nach: *The Freedom of the Poet*, S. 359.
47 Ebenda, S. 361.
48 Ebenda.
49 Ebenda, S. 365.
50 Ebenda, S. 366.

7. Die Holocaust-Bekenntnisse der Sylvia Plath

1 Hier die Titel einiger Gedichtbänden mit Holocaust-Lyrik von Autoren, die keine Opfer waren: William Heyen, *Erika: Poems of the Holocaust (including The Swastika Poems)*, New York 1984; Charles Reznikoff, *Holocaust*, Santa Barbara 1977; Irving Feldman, *The Pripet Marshes and Other Poems*, New York 1965; Barbara Helfgott Hyett, *In Evidence: Poems of the Liberation of Nazi Concentration Camps*, Pittsburgh 1986. Im Zusammenhang mit vorherigen Abschnitten ist anzumerken, daß die Werke Reznikoffs und Hyetts ausdrücklich auf Zeugenaussagen beruhen, die die Autoren in Versform verarbeitet haben.

2 Alvin H. Rosenfeld, *A Double Dying: Reflections on Holocaust Litera-ture*, a. a. O., S. 181.

3 Edward Butscher, *Sylvia Plath: Method and Madness*, New York 1976, S. 327.

4 Sylvia Plath, *Letters Home*, New York 1975, zitiert nach Dannie Abse, »The Dread of Sylvia Plath«, in: *Poesis* 7, Nr. 1 (1986), S. 19. (Hervor-hebung von mir.)

5 Sylvia Plath, *Die Glasglocke*, Frankfurt am Main 1990, S. 7.

6 Aus: »Tarot Card«, zitiert nach Edward Butscher, a. a. O., S. 113.

7 A. Alvarez, *The Savage God: A Study of Suicide*, New York 1970, S. 117.

8 Arthur Oberg, *Modern American Lyric: Lowell, Berryman, Creely, and Plath*, New Brunswick 1978, S. 146.

9 Sylvia Plath, »Mary's Song«, in: *The Collected Poems of Sylvia Plath*, hg. von Ted Hughes, London o. J.

10 Edward Butscher, *Sylvia Plath: Method and Madness*, a. a. O., S. 322.

11 Aus der Einleitung zu *New Poems*, einer für das dritte Programm von BBC vorbereiteten Lesung, die jedoch nicht gesendet wurde. Zitiert in: Charles Newman (Hg.), *The Art of Sylvia Plath: A Symposium*, Lon-don 1970, S. 65. Die deutsche Übertragung von Sylvia Plaths Gedich-ten »Lady Lazarus« und »Daddy« besorgte Erich Fried; in seiner Fassung lauten die zitierten Auszüge wie folgt: S. 269 (»Papi«):

> Ein ratterndes Knattern, ein Zug,
> Der mich forttrug, als wär ich ein Jud.
> Ein Jud nach Dachau, Auschwitz, Belsen.
> Ich fang zu reden an wie ein Jud.
> Ich denke, ich bin vielleicht ein Jud.
>
> Schnee in Tirol, helles Bier in Wien,
> Die sind nicht sehr rein und gut.
> Mit meiner Großmutter Zigeunerin
> Und mit meinen Tarockkarten glaub ich, ich bin
> Vielleicht auch ein wenig ein Jud.
>
> Meine Angst vor dir war stets absolut:
> Dein Schnurrbart, und was Deine *Luftwaffe* tut,
> Und deine Rednergesten,
> Und dein arisches Auge voll blauer Glut,
> *Panzer*mann, *Panzer*mann, Tunichtgut!

und S. 272 (»Madame Lazarus«):

> Ein Würfel Seife
> Ein Ehering
> Ein Goldzahn

Sylvia Plath, *Ariel*. Gedichte. Englisch und deutsch, Frankfurt am Main 1990, S. 25, 109.

12 Sylvia Plath, *Die Glasglocke*, a. a. O., S. 119.

13 Zitiert nach: Charles Newman, *The Art of Sylvia Plath. A Symposium*, a. a. O., S. 64.

14 Ebenda.

15 Butscher berichtet, bei einer Begegnung mit dem Dichter George Macbeth habe Sylvia Plath geäußert: »Wie ich sehe, haben Sie auch ein Konzentrationslager im Kopf.« Siehe: Edward Butscher, *Sylvia Plath: Method and Madness*, a. a. O., S. 335.

16 Vgl. Anm. 11.

17 A. Alvarez, »The Literature of the Holocaust«, in: *Commentary* (November 1964), S. 64.

18 Derselbe, *The Savage God: A Study of Suicide*, a. a. O., S. 38.

19 Dori Laub, »Holocaust Themes: Their Expression in Poetry and in the Psychological Conflicts of Patients in Psychotherapy«, in: *The Nazi Concentration Camps: Structure and Aims; The Image of the Prisoner; The Jews in the Camps, Proceedings of the Fourth Yad Vashem International Historical Conference* - January 1980, Jerusalem 1984, S. 576.

20 Hayden White, *Metahistory: The Historical Imagination in Nineteenth Century Europe*, Baltimore/London 1973, S. 35.

21 Alvin H. Rosenfeld, *A Double Dying: Reflections on Holocaust Literature*, a. a. O., S. 18.

22 E. D. Hirsch Jr., *The Aims of Interpretation*, Chicago/London 1976, S. 105.

23 Alvin H. Rosenfeld, *A Double Dying: Reflections on Holocaust Literature*, a. a. O., S. 99.

24 Siehe: Olof Lagercrantz, *Versuch über die Lyrik der Nelly Sachs*, Frankfurt am Main 1967, S. 47f.

25 Edmond Jabès, *Das Buch der Fragen*, Frankfurt am Main 1989, S. 165.

26 Uri Zwi Greenberg, »We were not Likened to Dogs among the Gentiles«, in: Ruth Finer Mintz (Hg.), *Modern Hebrew Poetry*, Berkeley/Los Angeles 1966, S. 124-126.

27 Irving Howe, »The Plath Celebration: A Partial Dissent«, in: Edward Butscher (Hg.), *Sylvia Plath: The Woman and the Work*, New York 1977, S. 235.

28 Alvin H. Rosenfeld, *A Double Dying: Reflections on Holocaust Literature*, a. a. O., S. 177, 179.

29 Irving Howe, »The Plath Celebration: A Partial Dissent«, a. a. O., S. 232.

30 George Steiner, »In Extremis«, in: *The Cambridge Mind*, Cambridge 1976, S. 305.

31 Ebenda, S. 305.

32 Siehe: Edward Alexander, »Stealing the Holocaust«, a. a. O., S. 46-50.
33 Robert Alter, *Defenses of the Imagination: Jewish Writers and Modern Historical Crises*, Philadelphia 1977, S. 8.
34 Ted Cohen, »Metaphor and the Cultivation of Intimacy«, in: Sheldon Sachs (Hg.), *On Metaphor*, a. a. O., S. 6.
35 Ebenda, S. 7. (Hervorhebungen von mir.)

8. Schreibende Soldaten erinnern sich an den Holocaust

1 *Testimony of Edith P.* (T-107), Video Archive for Holocaust Testimonies at Yale.
2 *The Seventh Day: Soldiers Talk About the Six-Day War*, aufgezeichnet und herausgegeben von einer Gruppe junger Kibbuz-Mitglieder, Middlesex 1971, S. 38.
3 Ebenda, S. 217f.
4 Ebenda, S. 38f. (Hervorhebung von mir.)
5 Ebenda, S. 216f.
6 Amos Oz, »Hitler kwar met, adoni rosh ha-memshalah« (Hitler ist schon tot, Herr Ministerpräsident), Nachdruck in: *Chaziat Gwul: Shirim Mimilchemet Levanon [Grenzüberschreitung. Gedichte vom Libanonkrieg]*, Tel Aviv 1983, S. 71 (hebr.). Aus dem Hebräischen von Thomas Sparr. Siehe auch: Yehuda Bauer, »Fruits of Fear«, in: *Jerusalem Post* vom 3. Juni 1982, S. 8 und Ze'ev Mankowitz, »Beirut is not Berlin«, in: *Jerusalem Post* vom 4. August 1982, S. 8.
7 *We'ein tikhlah lakeravot welahereg: Shirah politit bemilchemet Levanon [Kämpfen und Töten ohne Ende. Politische Dichtung im Libanonkrieg]*, hg. und mit einem Nachwort versehen von Hannan Hever und Moshe Ron, Tel Aviv 1984. Aus dem Hebräischen von Thomas Sparr.
8 Ebenda, S. 124.
9 Ebenda.
10 Siehe hierzu auch: David G. Roskies, *Against the Apocalypse: Responses to Catastrophe in Modern Jewish Culture*, a. a. O., S. 221.
11 Aus dem Programm von *Ha-patriot* [Der Patriot], zitiert nach: Sidra Ezrahi, »Revisioning the Past: The Changing Legacy of the Holocaust in Hebrew Literature«, in: *Salmagundi* (Herbst 1985 – Winter 1986), S. 268, übersetzt von Sidra Ezrahi. Ich danke Mrs. Ezrahi dafür, daß sie mich 1983 in Israel auf dieses Theaterstück aufmerksam gemacht hat. Weitere Ausführungen über das Stück und Gedichte, die sich darauf beziehen, siehe: Hannan Hever, »Hebrew Poetry under Occupation«, in: *Tikkun 2* (1987), S. 84-87, 122-126.

12 *We'ein tikhlah lakeravot welahereg: Shirah politit bemilchemet Leva-non*, a. a. O., S. 12.

13 Ebenda.

14 Ebenda, S. 65 f.

15 Ebenda, S. 55 f.

9. Video- und Filmzeugnisse zum Holocaust

1 Lawrence Langer, »Preliminary Reflections on the Videotaped Inter-views at the Yale Archive for Holocaust Testimonies«, in: *Facing History and Ourselves News* (Winter 1985), S. 4f. Siehe auch Langers ausführliche Argumentation gegen eine einheitliche literarische Sicht in: *Versions of Survival: The Holocaust and the Human Spirit*, a. a. O.

2 Siehe: Bill Nichols, *Ideology and the Image: Social Representation in the Cinema and Other Media*, Bloomington 1981, S. 2. Eine besonders umfassende Kritik der formalen Aspekte von Film und Dokumentari-stik findet sich auf S. 43-103.

3 Hayden White und andere erinnern in diesem Zusammenhang daran, daß die Bedeutung der »Erzeugung von Wissen durch Darstellung« [narrative] in der Etymologie des englischen Verbs *to narrate* (erzählen, darstellen) enthalten ist, das sich vom lateinischen *gnarus* (wissend) herleitet; dieses wiederum kommt von der Sanskritwurzel *gna* (wis-sen). Siehe: Hayden White, »The Value of Narrativity in the Repre-sentation of the Real«, a. a. O., S. 5 f.

4 Annette Insdorf, *Indelible Shadows: Film and the Holocaust*, New York 1983, S. 77.

5 Im Original deutsch.

6 Lawrence Langer, »Preliminary Reflections on the Videotaped Inter-views at the Yale Archive for Holocaust Testimonies«, a. a. O., S. 4.

7 Im Original deutsch

8 Lawrence Langer, »Holocaust Testimonies and Their Audience«, in: *Orim: A Jewish Journal at Yale 1*, Nr. 1 (Frühjahr 1986), S. 97.

9 *Testimony of Edith P.* (T-107), a. a. O.

10 Lawrence Langer, »Preliminary Reflections on the Videotaped Inter-views at the Yale Archive for Holocaust Testimonies«, a. a. O., S. 4.

11 Claude Lanzmann, *Shoah*, Düsseldorf 1986, S. 122.

12 Geoffrey Hartman, *Video Archive for Holocaust Testimonies at Yale Newsletter* (Frühjahr-Sommer 1985), S. 1.

13 Derselbe, »Preserving the Personal Story: The Role of Video Doc-umentation«, in: *Dimensions: A Journal of Holocaust Studies 1*, Nr. 1 (Frühjahr 1985), S. 15.

14 Ebenda, S. 17.

15 *Testimony of Leon S.* (T-45), Video Archive for Holocaust Testimonies at Yale.

16 *Testimony of Father John S.* (T-216), Video Archive for Holocaust Testimonies at Yale.

17 Ebenda.

18 Siehe: Timothy Garton Ash, »The Life of Death«, in: *The New York Review of Books*, 19. Dezember 1985, S. 30.

19 Claude Lanzmann, *Shoah*, a. a. O., S. 30.

20 Susan Sontag, *On Photography*, a. a. O., S. 15.

21 Nora Levin, »Some Reservations about Lanzmann's Shoah«, in: *Sh'ma: A Journal of Jewish Responsibility*, 18. April 1986, S. 92.

22 Claude Lanzmann, *Shoah*, a. a. O., S. 157f.

23 Ebenda, S. 136.

24 Lawrence Langer, »Preliminary Reflections on the Videotaped Interviews at the Yale Archive for Holocaust Testimonies«, a. a. O., S. 5.

25 Geoffrey Hartman, »Preserving the Personal Story: The Role of Video Documentation«, a. a. O., S. 14.

26 Lawrence Langer, »Holocaust Testimonies and Their Audience«, a. a. O., S. 96.

27 Geoffrey Hartman, »Preserving the Personal Story: The Role of Video Documentation«, a. a. O., S. 17.

10. Die Textur der Erinnerung

1 Abgesehen von meinem eigenen Aufsatz »Memory and Monument«, in: Geoffrey Hartman (Hg.), *Bitburg in Moral and Political Perspective*, Bloomington 1986, auf dem dieses Kapitel basiert, und einem Buch zu diesem Thema, an dem ich derzeit arbeite, beschränkt sich die englischsprachige kritische Literatur zur Frage der Holocaust-Denkmale auf eine ausführliche Katalogisierung und ästhetische Wertung dieser Denkmale durch Sybil Milton, deren Studie *In Fitting Memory: Holocaust Memorials and Postwar Political Culture* noch nicht abgeschlossen ist, sowie folgende Arbeiten: Adolf Rieth, *Monuments to the Victims of Tyranny*, New York/London 1968; Harold Marcuse, Frank Schimmelfennig und Jochen Spielmann, *Steine des Anstoßes: Nationalsozialismus und Zweiter Weltkrieg in Denkmalen, 1945-85*, Hamburg 1985; Erich Fein, *Die Steine reden, Gedenkstätten des österreichischen Freiheitskampfes: Mahnmale für die Opfer des Faschismus. Eine Dokumentation*, Wien 1975; Detlev Garbe (Hg.), *Die vergessenen KZs: Gedenkstätten für die Opfer des NS-Terrors in der Bundesrepublik*, Bornheim-Merten

1983; Bernd Eichmann, *Versteinert Verharmlost Vergessen: KZ-Gedenkstätten in der Bundesrepublik Deutschland*, Frankfurt am Main 1985; Herbert Holte, »Vergangenheitsbewältigung und Ausländerfeindlichkeit: Eine Befragung von Jugendlichen im Dokumentenhaus KZ Neuengamme«, in: *Argument zur museumspädagogischen Praxis*, Hamburg 1984.

Außerdem einige themenbezogene Artikel, wie zum Beispiel Michael Berenbaum, »On the Politics of Public Commemoration of the Holocaust«, in: *Shoah* (Herbst/Winter 1982), S. 6-37; Stephen Brockmann, »Bitburg Deconstruction«, in: *The Philosophical Forum 17*, Nr. 3 (Frühjahr 1986), S. 159-175; Josef Lishinsky, »Yad Vashem as Art«, in: *Ariel: A Review of Arts and Letters in Israel*, Nr. 55 (1983), S. 7-25; Annette Wiewiorka, »Un lieu de mémoire Le Mémorial du martyr juif inconnu«, in: *Pardes 2* (1985), S. 80-98, englisch in: *Dimensions* (Sommer 1987); James D. Wilkinson, »Remembering World War II: The Perspective of the Losers«, in: *The American Scholar* (Sommer 1985), S. 329-343; Efraim Zurof, »Yad Vashem: More Than a Memorial, More Than a Name«, in: *Shoah 1*, Nr. 3 (Winter 1979), S. 4-9.

2 Henry Moore, »On Sculpture & Primitive Art«, in: Robert L. Herbert (Hg.), *Modern Artists on Art: Ten Unabridged Essays*, Englewood Cliffs, N. J. 1964, S. 140.

3 Yehuda Bauer zufolge betrug die tatsächliche Zahl der vom 29. September bis 1. Oktober 1941 in Babi Jar getöteten Juden wahrscheinlich 33 000. Siehe: Yehuda Bauer, *History of the Holocaust*, New York/London/Toronto/Sidney 1982, S. 198 f. Die auf der Tafel an dem Denkmal genannte höhere Zahl bezieht sich auf sämtliche Einwohner von Kiew, die zwischen 1941 und 1943 von den Deutschen getötet wurden.

4 Im Original deutsch.

5 Im Original deutsch.

6 Janusz Wieczorek, Vorsitzender des Rates für die Erhaltung von Denkmalen des Kampfes und des Märtyrertums, Ansprache anläßlich der feierlichen Eröffnung des jüdischen Pavillons im ehemaligen Konzentrationslager Auschwitz-Birkenau am 17. April 1978 (Veröffentlichung des Staatlichen Museums Auschwitz).

7 Zitiert nach: Stanislaw Duzak (Hg.), *Majdanek* (offizieller Führer für das Staatliche Museum), Lublin 1985.

8 Ein solcher Austausch wird sogar durch die polnischen Statistiken selbst gefördert. Unter den sechs Millionen Juden, die im Holocaust getötet wurden, waren drei Millionen polnischer Herkunft; unter den sechs Millionen Polen, die im Zweiten Weltkrieg starben, waren drei Millionen Juden. Wenn aber während des Holocaust drei Millionen Polen und drei Millionen polnische Juden starben, dann entspricht die Gesamtzahl der im Holocaust umgekommenen Polen (einschließlich

Juden) genau der Gesamtzahl der im Holocaust umgekommenen Juden, nämlich sechs Millionen. Für viele Polen symbolisiert diese Gesamtzahl der jüdischen Opfer daher die Vernichtung sowohl der Juden als auch der Polen.

9 Es entbehrt nicht einer gewissen Ironie, daß die Granitblöcke, die das Warschauer Gettodenkmal tragen, ursprünglich in Schweden von Hitlers Staatsbildhauer Arno Breker für ein geplantes Monument des Sieges der Deutschen über die polnischen Juden zurechtgehauen wurden.

10 Zu ausführlicheren Darlegungen über die Archetypen, auf die diese Tropen zurückgehen, siehe: David G. Roskies, *Against the Apocalypse: Responses to Catastrophe in Modern Jewish Culture*, a. a. O., S. 297-301.

11 Zu weiteren Informationen über die Planung und Errichtung dieses Monuments siehe des Bilhauers eigene Darstellung in: Richard Yaffe, *Nathan Rapoport Sculptures and Monuments*, New York 1980.

12 Alle drei Begriffe im Original deutsch.

13 Im Original deutsch.

14 Im Original deutsch.

15 Im Original deutsch.

16 Vollständige Berichte über den Vorfall und die damit zusammenhängenden Kontroversen siehe: Günther Schwarberg, *Angriffsziel Cap Arcona*, Hamburg 1983; Rudi Goguel, *Cap Arcona: Report über den Untergang der Häftlingsflotte in der Lübecker Bucht am 3. Mai 1945*, Frankfurt am Main 1982.

17 Beide Begriffe im Original deutsch.

18 Im Original deutsch.

19 Im Original deutsch.

20 Im Original deutsch.

21 Im Original deutsch.

22 Theodor W. Adorno, »Valéry Proust Museum«, in: *Gesammelte Schriften*, Bd. 10.1, Frankfurt am Main 1977, S. 181.

23 Aus: »Gesetz zum Andenken an die Holocaust Märtyrer und Helden - Yad Vashem 5713-1953«, vollständiger Abdruck in: R. Dafni, *Yad Vashem: Gedenkstätte für Holocaust und Heldentum*, deutsche Ausgabe von S. Schossberger, Jerusalem 1987, S. 4f. Dieses Gesetz ist in englischer Fassung auch abgedruckt in: *State of Israel Yearbook*, Jerusalem 1954, S. 250-251. Auszugsweise ist es auch wiedergegeben und erörtert in: Benzion Dinur, »Problems Confronting Yad Vashem in its Work of Research«, in: *Yad Vashem Studies on the European Jewish Catastrophe and Resistance 1* (1957), S. 7-30.

24 Ebenda.

25 Im Original deutsch.

26 Ausführlichere Darlegungen zu Hitlers Plänen für ein Zentrales Jüdisches Museum in Prag siehe: Linda A. Altshuler und Anna R. Cohn, »The Precious Legacy«, in: David Altshuler (Hg.), *The Precious Legacy: Judaic Treasures from the Czechoslovak State Collections*, New York 1983, S. 24-38.

Schlußbetrachtungen

1 Jacques Derrida, »Weiße Mythologie«, in: *Randgänge der Philosophie*, a. a. O., S. 209.

2 Friedrich Nietzsche, *Jenseits von Gut und Böse*, Leipzig 1938, S. 13.

3 Mark Warren, »Nietzsche and the Concept of Ideology«, in: *Theory and Society 13*, Nr. 4 (Juli 1984), S. 549.

4 Ebenda.

5 Yosef Hayim Yerushalmi, *Zachor: Erinnere Dich. Jüdische Geschichte und jüdisches Gedächtnis*, a. a. O., S. 106.

Bibliographie

Adorno, Theodor W., »Valéry Proust Museum«, in: *Gesammelte Schriften*, Bd. 10.1, hg. von R. Tiedemann, Frankfurt a. M. 1977, S. 181-194.

Alexander, Edward, »Stealing the Holocaust«, in: *Midstream* (November 1980).

Alexander, Edward, *The Resonance of Dust: Essays on Holocaust Literature and Jewish Fate*, Columbus 1979.

Alter, Robert, »Deformations of the Holocaust«, in: *Commentary*, Februar 1981, S. 43-54.

Alter, Robert, *Defenses of the Imagination: Jewish Writers and Modern Historical Crises*, Philadelphia 1977.

Althusser, Louis, *Für Marx*, Frankfurt a. M. 1968.

Altshuler, Linda A. und Cohn, A. R., »The Precious Legacy«, in: *The Precious Legacy: Judaic Treasures from the Czechoslovak State Collections*, hg. von David Altshuler, New York 1983, S. 24-38.

Alvarez, A., »The Literature of the Holocaust«, in: *Commentary* (November 1964), S. 65-69.

Alvarez, A., *The Savage God: A Study of Suicide*, New York 1970.

Améry, Jean, »Über Zwang und Unmöglichkeit, Jude zu sein«, in: J. A., *Jenseits von Schuld und Sühne*, München 1966, S. 131-159.

Andersch, Alfred, *Efraim*, Zürich 1967.

Ash, Timothy Garton, »The Life of Death«, in: *The New York Review of Books*, 19. Dezember 1985, S. 26-39.

Ball-Kaduri, K. Y., »Evidence of Witnesses, Its Value and Limitations«, in: *Yad [V]ashem Studies on the European Catastrophe and Resistance 3* (1959), S. 79-90.

Barthes, Roland, *Mythen des Alltags*, Frankfurt a. M. 1964.

Barthes, Roland, »Historical Discourse«, in: *Introduction to Structuralism*, hg. von Michael Lane, New York 1970, S. 145-155.

Barthes, Roland, *Die helle Kammer. Bemerkungen zur Photographie*, Frankfurt a. M. 1985.

Barthes, Roland, *Image - Music - Text*, New York 1977.

Bauer, Yehuda, »The Place of the Holocaust in Contemporary History«, in: *Studies in Contemporary Jewry*, Bd. 1, hg. von Jonathan Frankel, Bloomington 1984, S. 201-224.

Bauer, Yehuda, »Whose Holocaust?«, in: *Midstream* (November 1980), S. 42-46.

Bauer, Yehuda, *History of the Holocaust*, New York/Toronto/Sidney 1982.

Bauer, Yehuda, *The Holocaust in Historical Perspective*, Seattle 1978.

Bauer, Yehuda, »Fruits of Fear«, in: *Jerusalem Post*, 3. Juni 1982, S. 8.

Berenbaum, Michael, »On the Politics of Public Commemoration of the Holocaust«, in: *Shoah* (Herbst/Winter 1982), S. 6-9, 37.

Berg, Nicolas; Jochimsen, Jess und Stiegler, Bernd (Hg.), *Shoah – Formen der Erinnerung: Geschichte – Philosophie – Literatur – Kunst*, München 1996.

Berger, John, *About Looking*, New York 1980.

Berryman, John, »The Development of Anne Frank«, in: *The Freedom of the Poet*, New York 1976, S. 91-106.

Berryman, John, *Recovery*, New York 1973.

Best, Otto F., *Peter Weiss*, Bern/München 1971.

Bettelheim, Bruno, *The Informed Heart: Autonomy in a Mass Age*, Glencoe, Ill. 1960.

Bezwinska, Jadwiga und Czech, D. (Hg.), *Amidst a Nightmare of Crime: Manuscripts of Members of Sonderkommando*, Oswiecim 1973.

Bezwinska, Jadwiga und Czech, D. (Hg.), *KL Auschwitz Seen by the SS: Höss, Broad, Kremer*, Oswiecim 1978.

Blatter, Janet und Milton, S., *Art of the Holocaust*, London 1982.

Bloom, James D., *The Stock of Available Reality: R. P. Blackmur and John Berryman*, Lewisburg, Pa. 1984.

Blumental, Nachman, »A Martyr or Hero? Reflections on the Diary of Adam Czerniakow«, in: *Yad Vashem Studies 7* (1968), S. 165-171.

Borowski, Tadeusz, *This Way for the Gas, Ladies and Gentlemen*, New York 1967.

Brill, A. A. (Hg.), *The Basic Writings of Sigmund Freud*, New York 1938.

Brockmann, Stephen, »Bitburg Deconstruction«, in: *The Philosophical Forum 17*, Nr. 3 (Frühjahr 1986), S. 159-175.

Butscher, Edward (Hg.), *Sylvia Plath: The Woman and the Work*, New York 1977.

Butscher, Edward, *Sylvia Plath: Method and Madness*, New York 1976.

Clark, Katerina, *The Soviet Novel: History as Ritual*, Chicago/London 1981.

Clausen, Oliver, »Weiss/Propagandist and Weiss/Playwright«, in: *New York Times Magazine*, 2. Oktober 1966.

Cohen, Shaye J. D., »The Destruction: From Scripture to Midrash«, in: *Prooftexts 2*, Nr. 1 (Januar 1982), S. 18-39.

Conway, John, »The First Report about Auschwitz«, in: *Simon Wiesenthal Center Annual 1* (1984), S. 133-151.

Czerniakow, Adam, *The Warsaw Diary of Adam Czerniakow: Prelude to Doom*, hg. von Raul Hilberg u. a., New York 1979.

Dafni, R., *Yad Vashem: Gedenkstätte für Holocaust und Heldentum*, Jerusalem 1987.

Davis, Lennard J., *Factual Fictions: The Origins of the English Novel*, New York 1983.

Derrida, Jacques, *Die Schrift und die Differenz*, Frankfurt a. M. 1972.

Derrida, Jacques, *Randgänge der Philosophie*, Wien 1988.

Des Pres, Terrence, *The Survivor: An Anatomy of Life in the Death Camps*, New York 1976.

Dinur, Benzion, »Problems Confronting ›Yad [V]ashem‹ in its Work of Research«, in: *Yad [V]ashem Studies on the European Catastrophe and Resistance* (1957), S. 7-30.

Dowling, William C., *Jameson, Althusser, Marx: An Introduction to the Political Unconscious*, Ithaca 1984.

Duzak, Stanislaw (Hg.), *Majdanek* (Offizieller Führer für das Staatliche Museum), Lublin 1985.

Eagleton, Terry, »Ideology, Fiction, Narrative«, in: *Social Text* (1979).

Edelman, Lily, »A Conversation with Elie Wiesel«, in: *Responses to Elie Wiesel: Critical Essays by Major Jewish and Christian Scholars*, hg. von Harry J. Cargas, New York 1978.

Eichmann, Bernd, *Versteinert Verharmlost Vergessen: KZ-Gedenkstätten in der Bundesrepublik Deutschland*, Frankfurt a. M. 1985.

Eliach, Yaffa (Hg.), *Hasidic Tales of the Holocaust*, New York 1982.

Eliot, George, *Middlemarch*, Stuttgart 1985.

Endlich, Stephanie und von Buttlar, Florian, »Über die Schwierigkeit, sich der NS-Geschichte durch Kunst zu nähern« in: *Imitationen, Nachahmung und Modell: Von der Lust am Falschen*, Basel/Frankfurt 1989.

»Eye-Witness Report of the Anihilation of the Jews of Poland«, in: *The Ghetto Speaks, Pressemitteilung der Amerikanischen Vertretung der Allgemeinen Jüdischen Arbeitergewerkschaft Polens*, Nr. 9, 1. März 1943, S. 1.

Ezrahi, Sidra Dekoven, *By Words Alone: The Holocaust in Literature*, Chicago/London 1980.

Ezrahi, Sidra, »Revisioning the Past: The Changing Legacy of the Holocaust in Hebrew Literature«, in: *Salmagundi* (Herbst 1985-Winter 1986), S. 245-270.

Fackenheim, Emil, *The Jewish Return into History: Reflections in the Age of Auschwitz and a New Jerusalem*, New York 1978.

Fein, Erich, *Die Steine reden, Gedenkstätten des österreichischen Freiheitskampfes: Mahnmale für die Opfer des Faschismus. Eine Dokumentation*, Wien 1975.

Feingold, Henry L., »Determining the Uniqueness of the Holocaust: The Factor of Historical Valence«, in: *Shoah 2* (Frühjahr 1981), S. 3-11.

Feldman, Irving, *The Pripet Marshes and Other Poems*, New York 1965.

Fishbane, Michael, »Revelation and Tradition: Aspects of Inner-Biblical Exegesis«, in: *Journal of Biblical Literature* 99, Nr. 3 (1980), S. 343-361.

Fishkin, Shelley Fisher, *From Fact to Fiction: Journalism and Imaginative Writing in America*, Baltimore/London 1985.

Flinker, Moshe, *Young Moshe's Diary: The Spiritual Torment of a Jewish Boy in Nazi Europe*, Jerusalem 1979.

Foley, Barbara, »Fact, Fiction, Fascism: Testimony and Mimesis in Holocaust Narratives«, in: *Comparative Literature 34*, Nr. 4 (Herbst 1982), S. 330-360.

Foley, Barbara, *Telling the Truth: Theory and Practice of Documentary Literature*, Ithaca/London 1986.

Frank, Anne, *Das Tagebuch der Anne Frank*, Berlin 1961.

Friedländer, Saul, *Kitsch und Tod. Der Widerschein des Nazismus*, München/Wien 1984.

Friedlander, Saul (Hg.), *Probing the Limits of Representation: Nazism and the Final Solution*, Cambridge, Mass. 1992.

Friedlander, Saul, *Memory, History, and the Extermination of European Jewry*, Bloomington 1993.

Garbe, Detlev (Hg.), *Die vergessenen KZs? Gedenkstätten für die Opfer des NS-Terrors in der Bundesrepublik*, Bornheim-Merten 1983.

Geisert, Helmut; Ostendorff, Peter und Spielmann, Jochen, *Gedenken und Denkmal: Entwürfe zur Erinnerung an die Deportation und Vernichtung der jüdischen Bevölkerung Berlins*, Berlin 1988.

Gevul, Chaziat, *Schirim Mimilhemet Levanon (Grenzüberschreitung. Gedichte vom Libanonkrieg)*, Tel Aviv 1983.

Gilman, Sander, *Jewish Self-Hatred: Anti-Semitism and the Hidden Language of the Jews*, Baltimore/London 1986.

Goguel, Rudi, *Cap Arcona: Report über den Untergang der Häftlingsflotte in der Lübecker Bucht am 3. Mai 1945*, Frankfurt a. M. 1982.

Goodrich, Frances und Hackett, A., *Das Tagebuch der Anne Frank. Ein Schauspiel*, Frankfurt a. M. 1958.

Gossman, Lionel, »History and Literature: Reproduction or Signification«, in: *The Writing of History: Literary Form and Historical Understanding*, hg. von Robert H. Canary and Henry Kozicki, Madison 1978.

Gray, Paul, »A Living World: An Interview with Peter Weiss«, in: *Tulane Drama Review 2* (1966), S. 106-114.

Haffenden, John, *The Life of John Berryman*, London 1982.

Haft, Cynthia, *The Theme of Nazi Concentration Camps in French Literature*, Den Haag/Paris 1973.

Halperin, Irving, *Messengers of the Dead: Literature of the Holocaust*, Philadelphia 1970.

Handelman, Susan, »Controversy: Fragments of the Rock: Contemporary Literary Theory and the Study of Rabbinic Texts - A Response to David Stern«, in: *Prooftexts* 5, Nr. 1 (Januar 1985), S. 75-103.

Harries, Karsten, »Metaphor and Transcendence«, in: *On Metaphor*, hg. von Sheldon Sachs, Chicago/London 1978, S. 71-88.

Hartman, Geoffrey H. (Hg.), *Bitburg in Moral and Political Perspective*, Bloomington 1986.

Hartman, Geoffrey H., »Preserving the Personal Story: The Role of Video Documentation«, in: *Dimensions: A Journal of Holocaust Studies 1*, Nr. 1 (Frühjahr 1985), S. 14-18.

Hartman, Geoffrey H., *Video Archive for Holocaust Testimonies at Yale Newsletter* (Frühjahr/Sommer 1985).

Hartman, Geoffrey H. (Hg.), *Holocaust Remembrance: The Shapes of Memory*, Oxford, UK/Cambridge, USA 1994.

Henderson, Bill (Hg.), *The Pushcart Prize: Best of the Small Presses*, Yonkers, N. Y. 1973.

Hersey, John, *The Wall*, New York 1950.

Hever, Hannan und Ron, Moshe (Hg.), *We'ein tikhlah lakeravot welahereg: Shirah politit bemilchemet Levanon (Kämpfen und Töten ohne Ende. Politische Dichtung im Libanonkrieg)*, Tel Aviv 1984.

Hever, Hannan, »Hebrew Poetry under Occupation«, in: *Tikkun 2* (1987), S. 84-86, 122-126.

Heyen, William, Erika: *Poems of the Holocaust (including The Swastika Poems)*, New York 1984.

Hilberg, Raul, *Die Vernichtung der europäischen Juden. Die Gesamtgeschichte des Holocaust*, Berlin 1982.

Hirsch, E. D., *The Aims of Interpretation*, Chicago/London 1976.

Hobbes, Thomas, *Leviathan*, Frankfurt a. M. 1984.

Hoffman, Frederick, *The Mortal No: Death and the Modern Imagination*, Princeton 1964.

Holte, Herbert, »Vergangenheitsbewältigung und Ausländerfeindlichkeit: Eine Befragung von Jugendlichen im Dokumentenhaus KZ Neuengamme«, in: *Argument zur museums-pädagogischen Praxis*, Hamburg 1984.

Hovinnisian, Richard G., *The Armenian Holocaust: A Bibliography Relating to the Deportations, Massacres, and Dispersion of the Armenian People, 1915-23*, Cambridge, Mass. 1978.

Hurban, *Responses to Catastrophe in Hebrew Literature*, New York 1984.

Huyssen, Andreas, *After the Great Divide: Modernism, Mass Culture, Postmodernism*, Bloomington/Indianapolis 1986.

Hyett, Barbara Helfgott, *In Evidence: Poems of the Liberation of Nazi Concentration Camps*, Pittsburgh 1986.

Insdorf, Annette, *Indelible Shadows: Film and the Holocaust*, New York 1983.

Jabès, Edmond, *Das Buch der Fragen*, Frankfurt a. M. 1989.

Jabotinsky, Vladimir, *Die jüdische Legion im Weltkrieg*, Berlin 1930.

Jameson, Fredric, »The Ideology of the Text«, in: *Salmagundi 31*, (1975/1976), S. 204-246.

Jameson, Fredric, *The Political Unconscious: Narrative as a Socially Symbolic Act*, Ithaca 1981.

Jick, Leon A., »The Holocaust: Its Use and Abuse within the American Public«, in: *Yad Vashem Studies 14* (1981), S. 303-318.

Julitte, Pierre, *Block 26: Sabotage at Buchenwald*, New York 1971.

Kaplan, Chaim A., *Buch der Agonie. Das Warschauer Tagebuch von Chaim A. Kaplan*, hg. von Abraham Katsh, Frankfurt a. M. 1967.

Katz, Steven T., »The ›Unique‹ Intentionality of the Holocaust«, in: *Post-Holocaust Dialogues: Critical Studies in Modern Jewish Thought*, New York 1983, S. 287-317.

Katzenelson, Jizchak, *The Song of the Murdered Jewish People, Beit Lohamei Hagettaot*, Israel 1980; deutsch: J. K., *Lied vom letzten Juden*, Zürich 1951.

Katzenelson, Jizchak, *Vittel Diary*, Israel 1972.

Kenrick, D. A., »The White Hotel«, in: *Times Literary Supplement*, 26. März 1982.

Kielar, Wieslaw, *Anus Mundi. Fünf Jahre Auschwitz*, Frankfurt a. M. 1979.

Kogon, Eugen, *Der SS-Staat*, Berlin 1974.

Korman, Gerd, »The Holocaust in American Historical Writing«, in: *Societas 2* (Sommer 1972), S. 251-270.

Kulka, Erich, *Escape from Auschwitz*, South Hadley, Mass. 1986.

Kusnezow, Anatoli, *Babi Jar*, Berlin 1968.

Lagercrantz, Olof, *Versuch über die Lyrik der Nelly Sachs*, Frankfurt a. M. 1967.

Langbein, Hermann, *Der Auschwitz-Prozeß, eine Dokumentation*, 2 Bde., Frankfurt a. M. 1965.

Langer, Lawrence, »Preliminary Reflections of the Videotaped Interviews at the Yale Archive for Holocaust Testimonies«, in: *Facing History and Ourselves News* (Winter 1985), S. 4-5.

Langer, Lawrence, »Holocaust Testimonies and Their Audience«, in: *Orim: A Jewish Journal at Yale 1*, Nr. 1 (Frühjahr 1986), S. 96-110.

Langer, Lawrence, *The Holocaust and the Literary Imagination*, New Haven/London 1975.

Langer, Lawrence, *Versions of Survival: The Holocaust and the Human Spirit*, Albany 1982.

Lanzmann, Claude, *Shoah*, Düsseldorf 1986.

Laub, Dori, »Holocaust Themes: Their Expression in Poetry and in the Psychological Conflicts of Patients in Psychotherapy«, in: *The Nazi Concentration Camps: Structure and Aims; The Image of the Prisoner; The Jews in the Camps. Proceedings of the Fourth Yad Vashem International Historical Conference - January 1980*, Jerusalem 1984, S. 573-587.

Lejeune, Philippe, *Le Pacte autobiographique*, Paris 1975.

Levi, Primo, *Ist das ein Mensch? Erinnerungen an Auschwitz*, Frankfurt a. M. 1979.

Levin, Nora, »Some Reservations about Lanzmann's Shoah«, in: *Sh'ma: A Journal of Jewish Responsibility*, 18. April 1986, S.89-93.

Liberles, Robert, »Diaries of the Holocaust«, in: *Orim: A Jewish Journal at Yale 1*, Nr. 2 (Frühjahr 1986), S. 35-47.

Linenthal, Edward T., *Preserving Memory: The Struggle to Create America's Holocaust Museum*, New York 1995.

Lishinsky, Josef, »Yad Vashem as Art«, in: *Ariel: A Review of Arts and Letters in Israel 55* (1983), S. 7-25.

Lukács, Georg, »Die Gegenwartsbedeutung des kritischen Realismus«, in: G. L., *Probleme des Realismus*, Bd. 1, Neuwied/Berlin 1971.

Luštig, Arnost, *A Prayer for Katerina Horovitzova*, New York 1973.

Maier, Charles, *The Unmasterable Past: History, Holocaust, and German National Identity*, Cambridge, Mass./London 1988.

Mankowitz, Ze'ev, »Beirut is not Berlin«, in: *Jerusalem Post*, 4. August 1982, S. 8.

Marcuse, Harold, Schimmelfennig, F. und Spielmann, J. (Hg.), *Steine des Anstoßes: Nationalsozialismus und Zweiter Weltkrieg in Denkmalen, 1945-85*, Hamburg 1985.

Marrus, Michael R., *The Holocaust in History*, Hannover/London 1987.

Miller, J. Hillis, »Narrative and History«, in: *English Literary History 41* (1974), S. 455-473.

Miller, Judith, *One by One by One: Facing the Holocaust*, New York 1990.

Mink, Louis O., »Narrative Form as a Cognitive Instrument«, in: *The Writing of History: Literary Form and Historical Understanding*, hg. von Robert H. Canary und Henry Kozicki, Madison 1978, S. 129-149.

Mintz, Alan, »The Rhetoric of Lamentations and the Representation of Catastrophe«, in: *Prooftexts 2* (Januar 1982), S. 1-17.

Mintz, Ruth Finer (Hg.), *Modern Hebrew Poetry*, Berkeley/Los Angeles 1966.

Moore, Henry, »On Sculpture & Primitive Art«, in: *Modern Artist on Art: Ten Unabridged Essays*, hg. von Robert L. Herbert, Englewood Cliffs, N. J. 1964, S. 138-149.

Müller, Filip, *Sonderbehandlung. Drei Jahre in den Krematorien und Gaskammern von Auschwitz*, München 1979.

Newman, Charles (Hg.), *The Art of Sylvia Plath: A Symposium*, London 1970.

Nichols, Bill, *Ideology and the Image: Social Representation in the Cinema and Other Media*, Bloomington 1981.

Nietzsche, Friedrich, *Jenseits von Gut und Böse*, Leipzig 1938.

Nomberg-Przytyk, Sara, *Auschwitz: True Tales from a Grotesque Land*, hg. von Eli Pfefferkorn und David H. Hirsch, Chapel Hill/London 1985.

Oberg, Arthur, *Modern American Lyric: Lowell, Berryman, Creely, and Plath*, New Brunswick 1978.

Ortega y Gasset, José, »Die Vertreibung des Menschen aus der Kunst«, in: *Gesammelte Werke*, Bd. 2, Stuttgart 1978.

Peirce, Ch. S., »Elements of Logic«, in: *Collected Papers of Charles Sanders Peirce*, Bd. 2, hg. von Ch. Hartshorne u. P. Weiss, Cambridge, Mass. 1932.

Perry, R. C., »Historical Authenticity and Dramatic Form: Hochhuth's ›Der Stellvertreter‹ and Weiss's ›Die Ermittlung‹«, in: *Modern Language Review* 64 (1969), S. 828-839.

Petuchowski, Jakob J., »Dissenting Thoughts About the ›Holocaust‹«, in: *Journal of Reform Judaism* (Herbst 1981), S. 1-9.

Plath, Sylvia, *Ariel. Gedichte. Englisch und deutsch*, Frankfurt a. M. 1990.

Plath, Sylvia, *Die Glasglocke*, Frankfurt a. Main 1990.

Reznikoff, Charles, *Holocaust*, Santa Barbara 1977.

Ricœur, Paul, *The Rule of Metaphor: Multi-disciplinary Studies of the Creation of Meaning in Language*, Toronto 1977.

Ricœur, Paul, *Zeit und Erzählung*, Bd. 1, München 1989.

Rieth, Adolf, *Monuments to the Victims of Tyranny*, New York/London 1968.

Roditi, Edouard, »Post-Holocaust Prophets«, in: *European Judaism* 5, Nr. 2 (Sommer 1971), S. 51-54.

Rosenfeld, Alvin H. und Greenberg, I. (Hg.), *Confronting the Holocaust: The Impact of Elie Wiesel*, Bloomington/London 1978.

Rosenfeld, Alvin H., »On Holocaust and History«, in: *Shoah* 1, Nr. 1 (1978), S. 19-20.

Rosenfeld, Alvin H., *A Double Dying: Reflections on Holocaust Literature*, Bloomington/London 1980.

Roskies, David G., »The Holocaust According to the Literary Critics«, in: *Prooftexts* 1, Nr. 2 (Mai 1981), S. 209-216.

Roskies, David G., *Against the Apocalypse: Responses to Catastrophe in Modern Jewish Culture*, Cambridge, Mass./London 1984.

Roth, Philip, *Der Ghost Writer*, München 1980.

Roth, Philip, *Die Prager Orgie*, München 1986.

Rothchild, Sylvia (Hg.), *Voices from the Holocaust*, New York 1981.

Rürup, Reinhard (Hg.), *Topographie des Terrors: Gestapo, SS und Reichs-sicherheitshauptamt auf dem »Prinz-Albrecht-Gelände«. Eine Doku-mentation*, Berlin 1989.

Schoenberner, Gerhard, *Der gelbe Stern: die Judenverfolgung in Europa 1933-1945*, Frankfurt a. M. 1982.

Scholes, Robert, *Structural Fabulation*, Notre Dame 1975.

Schwarberg, Günther, *Angriffsziel Cap Arcona*, Hamburg 1983.

The Seventh Day: Soldiers Talk About the Six-Day War, hg. von einer Gruppe junger Kibbuz-Mitglieder, Middlesex 1971.

Snyder, Joel und Allen, Neil Walsh, »Photography, Vision, and Repre-sentation«, in: *Critical Inquiry 2* (Herbst 1975), S. 143-169.

Sontag, Susan, *On Photography*, New York 1973.

Steiner, George, »In Extremis«, in: *The Cambridge Mind*, Cambridge 1976.

Steiner, Jean-François, *Treblinka. Die Revolte eines Vernichtungslagers*, Hamburg 1966.

Szeintuch, Yechiel, *Yiddish and Hebrew Literature under the Nazi Rule in Eastern Europe*, Dissert., Jerusalem 1978.

Tal, Uriel, »Holocaust and Genocide«, in: *Yad Vashem Studies 13* (1979), S. 46-52.

Testimony of Edith P. (T-107), Video Archive for Holocaust Testimonies at Yale.

Testimony of Father John S. (T-216), Video Archive for Holocaust Testi-monies at Yale.

Testimony of Leon S. (T-45), Video Archive for Holocaust Testimonies at Yale.

Thomas, Donald M., *Das weiße Hotel*, München/Wien 1983.

Thomas, Donald M., »The White Hotel«, in: *Times Literary Supplement*, 2. April 1982, S. 24.

Uris, Leon, *Mila 18*, New York 1961.

Veyne, Paul, *Writing History*, Middletown, Conn. 1984.

Vico, Giambattista, *Die neue Wissenschaft über die gemeinschaftliche Natur der Völker*, Berlin 1965.

Walton, Kendall L., »Transparent Pictures: On the Nature of Photo-graphic Realism«, in: *Critical Inquiry 11*, Nr. 2 (Dez. 1984), S. 246-277.

Warren, Mark, »Nietzsche and the Concept of Ideology«, in: *Theory and Society 13*, Nr. 4 (Juli 1984), S. 541-565.

Weber, Ronald, *The Literature of Fact*, Athen 1980.

Weintraub, Karl J., »Autobiography and Historical Consciousness«, in: *Critical Inquiry 1*, Nr. 3 (1975), S. 821-848.

Weiss, Peter, *Die Ermittlung. Oratorium in 11 Gesängen*, Frankfurt a. M. 1965.

Weiss, Peter, »Das Material und die Modelle. Notizen zum dokumentarischen Theater«, in: *Theater heute*, März 1968, S. 32-34.

Weiss, Peter, »Meine Ortschaft«, in: *Rapporte*, Frankfurt a. M. 1968, S. 113-124.

Wells, Leon W., *The Death Brigade*, New York 1978.

Werfel, Franz, *Die Vierzig Tage des Musa Dagh*, Frankfurt a. M. 1959.

Wesker, Arnold, »Art Between Truth & Fiction: Thoughts on William Styrons's Novel«, in: *Encounter* (Januar 1980), S. 48-57.

White, Hayden, *Metahistory: The Historical Imagination in Nineteenth-Century Europe*, Baltimore/London 1973.

White, Hayden, »The Burden of History«, in: *History and Theory 5*, Nr. 2 (1966).

White, Hayden, *The Content of the Form: Narrative Discourse and Historical Representation*, Baltimore/London 1987.

White, Hayden, *Tropics of Discourse: Essays in Cultural Criticism*, Baltimore/London 1978.

Wiesel, Elie, *Der Bettler von Jerusalem*, Frankfurt a. M./Berlin 1987.

Wiesel, Elie, »Die Massenvernichtung als literarische Inspiration«, in: E. W., *Gott nach Auschwitz*, Freiburg i. B. 1979.

Wiesel, Elie, *Messengers of God: Biblical Portraits and Legends*, New York 1976.

Wiesel, Elie, *Die Nacht zu begraben, Elischa*, München/Eßlingen 1962.

Wiewiorka, Annette, »Un lieu de mémoire: Le Mémorial du martyr juif inconnu«, in: *Pardes 2* (1985), S. 80-98, englisch in: *Dimensions* (Sommer 1987).

Wilkinson, James D., »Remembering World War II: The Perspective of the Losers«, in: *The American Scholar* (Sommer 1985), S. 329-343.

Wirth-Nesher, Hana, »The Ethics of Narration in D. M. Thomas's The White Hotel«, in: *The Journal of Narrative Technique 15*, Nr. 1 (Winter 1985), S. 15-28.

Yaffe, Richard, *Nathan Rapoport: Sculptures and Monuments*, New York 1980.

Yerushalmi, Yosef Hayim, *Zachor: Erinnere Dich! Jüdische Geschichte und jüdisches Gedächtnis*, Berlin 1988.

Young, James E., »Versions of the Holocaust«, in: *Modern Judaism 3*, Nr. 3 (Oktober 1983), S. 339-346.

Young, James E., »The Biography of a Memorial Icon: Nathan Rapoport's Warsaw Ghetto Monument«, in: *Representations 26* (Spring 1989), S. 69-106.

Young, James E., »The Counter-monument: Memory against Itself in Germany Today«, in: *Critical Inquiry 18* (Winter 1992), S. 267-296.

Young, James E., »When a Day Remembers: A Performative History of *Yom Hashoah*«, in: *History and Memory* 2 (Winter 1990), S. 54-75.

Zipes, Jack D., »The Aesthetic Dimensions of the German Documentary Drama«, in: *German Life and Letters 24*, Nr. 4 (1971), S. 346-358.

Zurof, Efraim, »Yad Vashem: More than a Memorial, More Than a Name«, in: *Shoah 1*, Nr. 3 (Winter 1979), S. 4-9.

Namenregister

Die eingeklammerten Zahlen nennen die jeweilige Anmerkungsziffer.

Soziologie, Ethnologie, Politik
in den suhrkamp taschenbüchern

Soziologie, Ethnologie, Politik
in den suhrkamp taschenbüchern

Geschichte
in den suhrkamp taschenbüchern

Donghi, Tulio Halperin: Geschichte Lateinamerikas von der Unabhängigkeit bis zur Gegenwart. Aus dem Spanischen von Elke Wehr. st 2327

Enzensberger, Hans Magnus: Der kurze Sommer der Anarchie. Buenaventura Durrutis Leben und Tod. Roman. st 395

Eribon, Didier: Michel Foucault. Eine Biographie. Aus dem Französischen von Hans-Horst Henschen. st 2226

Foucault, Michel: Überwachen und Strafen. Die Geburt des Gefängnisses. Aus dem Französischen von Walter Seitter. st 2271

Gernet, Jacques: Die chinesische Welt. Die Geschichte Chinas von den Anfängen bis zur Jetztzeit. Aus dem Französischen von Regine Kappeler. st 1505

Oz, Amos: Bericht zur Lage des Staates Israel. st 2192

Stierlin, Helm: Adolf Hitler. Familienperspektiven. st 2361

Weimer, Wolfram: Geschichte des Geldes. Eine Chronik mit Texten und farbigen Bildern. st 2307

Wissenschaftsgeschichte seit 1900. 75 Jahre Universität Frankfurt. Von Helmut Coing, Lothar Gall, Jürgen Habermas, Notker Hammerstein, Hubert Markl, Wolfgang J. Mommsen. st 2150

suhrkamp taschenbücher
Eine Auswahl

265/1/11.93

suhrkamp taschenbücher
Eine Auswahl

suhrkamp taschenbücher
Eine Auswahl

suhrkamp taschenbücher
Eine Auswahl

265/4/11.93

suhrkamp taschenbücher
Eine Auswahl